David Oberholzer

Zielperspektive Lebensqualität

Menschen mit Behinderungen unterstützen und begleiten

Oberholzer, David

Zielperspektive Lebensqualität
Menschen mit Behinderungen unterstützen und begleiten

ISBN: 978-3-86741-868-3
Auflage: 1
Erscheinungsjahr: 2013
Erscheinungsort: Bremen, Deutschland

David Oberholzer

Zielperspektive Lebensqualität

Inhaltsverzeichnis

Abbildungsverzeichnis

Abkürzungsverzeichnis

Abs.	Absatz
AG	Aktiengesellschaft
Aufl.	Auflage
BFS	Bundesamt für Statistik
ca.	zirka
DBG	Bundesgesetz über die direkte Bundessteuer
engl.	englisch
et al.	et alia (lateinisch; und andere)
f.	für, folgend
ff.	fortfolgend
GmbH	Gesellschaft mit beschränkter Haftung
HRQoL	Health-related Quality of Life
Hrsg.	Herausgeber
IFEG	Bundesgesetz über die Institutionen zur Förderung der Eingliederung von invaliden Personen
IPT	intégration pour tous
IVG	Bundesgesetz über die Invalidenversicherung
MWSTG	Bundesgesetz über die Mehrwertsteuer
NFA	Neugestaltung des Finanzausgleichs
NGO	Non-Governmental-Organisation (Nicht-Regierungs-Organisation)
NPC	Non-Profit-Company
NPO	Nonprofit-Organisation
OECD	Organisation for Economic Co-operation and Development/Organisation für wirtschaftliche Zusammenarbeit und Entwicklung in Europa
OR	Obligationenrecht
QM	Qualitätsmanagement
QS	Qualitätssicherung
SGB	Sozialgesetzbuch

Vorwort

Sonderpädagogische Dienstleistungsorganisationen wie Behindertenheime oder Behindertenwerkstätten sind seit Beginn der 90er Jahre mit neuen Ansprüchen und Erwartungshaltungen konfrontiert, die Qualität ihrer Leistungen sicherzustellen. Unter immer komplexeren gesellschaftlichen Voraussetzungen und engeren Sozialbudgets nahm dieser Druck in den letzten Jahren kontinuierlich zu. Die Einrichtungen sind gefordert, effektive und effiziente Leistungen mit wenig Personal, geringem Zeitaufwand und zu niedrigen Kosten zu erbringen. Ohne Qualität einzubüßen, stellt dies hohe Anforderungen an die sonderpädagogischen Dienstleistungsorganisationen.

Diese Arbeit leistet einen Beitrag, um diesen Anforderungen zu entgegnen. Es wird das Interventionsframework sensiQoL© entwickelt und präsentiert, mit dem sich lebensqualitätssichernde und -steigernde Maßnahmen von erwachsenen Menschen generieren lassen, die aufgrund besonderer Abhängigkeitsverhältnisse in sonderpädagogischen Dienstleistungsorganisationen leben und arbeiten. Angewendet wird das Interventionsframework von fachkundigen Mitarbeitenden der Organisationen. Sie werden in ihrer täglichen Arbeit unterstützt den Dienstleistungsauftrag zu erfüllen.

In meinem Bemühen, diese Arbeit zu verfassen, bin ich von mehreren Personen unterstützt worden. Ein besonderer Dank gebührt Prof. Dr. Ursula Hoyningen-Süess. Sie hat mich in die Lebensqualitätsthematik eingeführt und die vorliegende Arbeit betreut und begleitet. Prof. Dr. Heinz Gutscher danke ich, dass er sich bereit erklärt hat, diese Arbeit zu beurteilen. Der Kommission für Technologie und Innovation (KTI) des Bundesamtes für Berufsbildung und Technologie und Curaviva (Verband Heime und Institutionen Schweiz) sei herzlich für die finanzielle Unterstützung des Forschungsprojekts ‹Lebensqualität und nachhaltige Qualitätsentwicklung in sonderpädagogischen Betreuungs- und Dienstleistungseinrichtungen› gedankt, in dessen Rahmen diese Arbeit entstanden ist.

Baar, 18. April 2013   David Oberholzer

1. Einleitung

1.1 Ausgangslage

Sonderpädagogische Dienstleistungsorganisationen wie Wohnheime, Tages- oder Werkstätten sind Einrichtungen des Behindertenwesens. Sie kümmern sich um einen Teil jener Menschen, die aus dem Gesellschaftssystem gefallen oder davon bedroht sind herauszufallen. Damit leisten jene einen wichtigen Beitrag für einen funktionierenden Sozialstaat. Die Entwicklung der Menschen, die in solchen Organisationen leben und arbeiten, ist in der Regel beeinträchtigt. Je schwerer und komplexer die Beeinträchtigungen sind, desto stärker sind die Betoffenen auf unterstützende Dienste angewiesen. Deshalb werden Menschen, die in sonderpädagogischen Dienstleistungsorganisationen leben und arbeiten, in diversen Lebensbereichen betreut, gepflegt, begleitet, gefördert und unterstützt.

In den letzten 20 Jahren haben sich die Bedingungen für sonderpädagogische Dienstleistungsorganisationen grundlegend verändert. Traditionell verorteten sie sich außerhalb des ökonomischen Systems und definierten sich als eigenständigen gesellschaftlichen Bereich mit spezifischem Auftrag. Dies führte in den 70er und 80er Jahren des letzten Jahrhunderts zu einem massiven Ausbau sonderpädagogischer Angebotssysteme. Diese Entwicklung wurde Ende der 80er Jahre gebremst. Ein möglicher Grund hierfür kann in der aufkommenden Forderung nach Deinstitutionalisierung liegen. Deinstitutionalisierung beschreibt aus organisationaler Sicht einen Prozess, bei dem große institutionelle und bürokratische Organisationsformen in kleine Wohngruppen umgewandelt werden. Damit soll die Fremdverwaltung behinderten Menschen reduziert werden. Ein zweiter möglicher Grund könnte in der anhaltenden Krise des Wohlfahrtsstaates, des Arbeitsmarktes und der öffentlichen Haushalte liegen. Die Krise zwang den Staat zu Einsparungen. „Die Zeiten, in denen ‹das Geld keine Rolle spielte›, also ‹die fetten Jahre›, sind endgültig vorbei" (Speck 2004b, 27). Eine Auswirkung davon war, dass auch die Ausgaben im Bereich der Behindertenhilfe gekürzt wurden. Damit standen sonderpädagogische Dienstleistungsorganisationen unter großem ökonomischem Druck (Braun 2004, 33 f.; Dederich 2005; Keupp 2004; Speck 2000; 2001; 2004a; 2004b). Von ihnen wurde gute Arbeit zu möglichst tiefen Kosten verlangt (Speck 2004b, 27). Bemüht, diese Anforderung zu erfüllen, implementierten die Einrichtungen Steuerungs- und Kontrollinstrumente, um die knapper gewordenen Mittel effizienter einzusetzen. Die neuen Instrumente waren Strategien, Verfahren und Modelle aus der Betriebswirtschaft (Speck 2004b, 27). Dadurch erhofften sich die Einrichtungen wirkungsvolle Impulse, um ihre Wirksamkeit durch neue Qualitätsstandards,

Kennziffern, Produktbeschreibungen, Managementtechniken und output-gesteuerte Zielformulierungen und -überprüfungen ausweisen zu können (Herrmann 2005, 69; Schäfers 2008, 13). Die Reichweite der implementierten Qualitätsinstrumente und -systeme blieb allerdings unter den Erwartungen. Zwar konnten strukturelle und administrative Qualitätsaspekte sonderpäda-gogischer Dienste erfasst, evaluiert und qua Zertifizierung nach außen öf-fentlichkeitswirksam ausgewiesen werden. Diese sagen beispielsweise et-was darüber aus, ob Leitbild, Statuten, Organigramm oder ein Betriebs- und Betreuungskonzept vorhanden sind, ob es für die Mitarbeitenden Stellenbe-schriebe und Pflichtenhefte gibt, ob für die Klienten ein Aufnahme- und Aus-trittsverfahren besteht, ob die Privatsphäre der Klienten respektiert wird. Was fehlt, sind allerdings inhaltliche Aussagen über diese Qualitätsvorga-ben, welche direkt auf lebensqualitätsrelevante Aspekte der Klienten ausge-richtet sind. Dass die bestehenden Vorgaben solche inhaltlichen und qualita-tiven Aspekte der sonderpädagogischen Prozess- und Ergebnisqualität nicht ausformulieren, ist nachvollziehbar, denn strukturelle und administrative Qualitätsaspekte lassen sich deutlich einfacher quantifizieren (Dederich 2005, 4). Es sind aber gerade diese normativen Lebensqualitätsbereiche, welche für die sonderpädagogische Arbeit unerlässlich sind. An ihnen richtet sich sonderpädagogisches Handeln letztendlich aus und entsprechend auch die Erwartungen. Heute muss deshalb bilanziert werden, dass trotz all ihren Bemühungen der Druck auf sonderpädagogische Dienstleistungsorganisa-tionen weiterhin hoch ist. Sie müssen

1. die Voraussetzungen bereit- und sicherstellen, dass ihre Klienten die Möglichkeit haben, ein für sie gelingendes Leben zu führen, und sie dabei begleiten und unterstützen. Im Vergleich zu früher stehen für diese anspruchsvolle Aufgabe zeitlich, finanziell und personell weniger Ressourcen zur Verfügung. Es fehlen – ergänzend zu den strukturellen und administrativen Qualitätsvorgaben – verbindliche inhaltliche Ziel-stellungen, um sonderpädagogisches Handeln daran auszurichten, zu messen und zu evaluieren. [Gute Arbeit für wenig Zeit, Geld, Personal und ohne inhaltliche Zielstellungen]

2. ihre Leistungen transparent machen und gegenüber der Öffentlichkeit ausweisen. Für diese komplexe Aufgabe fehlt es an geeigneten Ins-trumenten, mit denen sich die Qualität sonderpädagogischer Leistun-gen quantifizieren lässt. [Transparenz der Leistungserbringung ohne geeignete Instrumente]

3. einen hohen Grad an Wirtschaftlichkeit (Effizienz[1]) sicherstellen, indem sie ihr Handeln in betriebswirtschaftliche Strukturen einbetten. Für diesen schwierigen Prozess stehen keine geeigneten Modelle zur Verfügung, entlang derer sonderpädagogisches Handeln in effiziente Handlungsstrukturen überführt werden kann. [Effizienz in der Leistungserbringung ohne geeignete Handlungsstruktur]

Neben den ohnehin schon hohen gesellschaftlichen und sozialpolitischen Anforderungen an sonderpädagogische Dienstleistungsorganisationen führte die anhaltende Krise des Wohlfahrtsstaates, des Arbeitsmarktes und der öffentlichen Haushalte zu verschärften Ungleichheiten und Exklusionsrisiken. Einige Autoren gehen sogar davon aus, dass sich diese Ungleichheiten und Exklusionsrisiken in veränderten Mentalitäten und Einstellungen gegenüber schwächeren Bevölkerungsgruppen und im Schwinden von Solidarität zeigen (Seifert 2007, 197; Speck 2004b, 27). Die Frage ist, wie sonderpädagogische Dienstleistungsorganisationen die an sie gestellten Anforderungen bewältigen können. Offensichtlich braucht es neue Wege und Mittel, um dem erhöhten gesellschaftlichen und sozialpolitischen Anforderungsprofil innerhalb organisationaler Realitäten von sonderpädagogischen Einrichtungen gerecht zu werden. Diese Arbeit greift die erwähnten Anforderungen an sonderpädagogische Dienstleistungsorganisationen auf, diskutiert Lösungen und entwickelt Ansätze, um ihnen konstruktiv zu entgegnen und verbindet sie zu einem konkreten Interventionsframework.

1.2 Zielsetzung

Der Auftrag sonderpädagogischer Dienstleistungssysteme besteht darin, einerseits die Voraussetzungen bereit- und sicherzustellen, damit behinderte Menschen die Möglichkeit haben, ein für sie gelingendes Leben zu führen, und andererseits, sie dabei zu unterstützen und zu begleiten. Diese Arbeit beschäftigt sich explizit mit diesem Auftrag, unter den gesellschaftlichen und sozialpolitischen Anforderungen mit knappen Ressourcen gute Arbeit zu leisten (1), die Leistungen transparent auszuweisen (2) und gleichsam effizi-

---

[1] Institutionell organisierte sonderpädagogische Dienste richten sich an festgelegten und vereinbarten Zielen aus. Der Grad dieser inhaltlich-fachlichen Zielerreichung (Effektivität) bildet den Maßstab der Qualitätsbeurteilung. Eine Leistung ist umso besser, je höher der Grad ihrer inhaltlichen Zielerreichung ist. Dieser Grad ist nicht zu verwechseln mit dem Grad der Wirtschaftlichkeit einer Leistung (Effizienz). Dieser drückt das Verhältnis von eingesetzten Mitteln zum erzielten Output aus. Für sonderpädagogische Dienste ist dies die Relation zum Grad der inhaltlichen Zielerreichung. Demzufolge steht die Effizienz quasi nachgelagert in Abhängigkeit zur Effektivität einer sonderpädagogischen Dienstleistung.

ent zu arbeiten (3). Das Ziel ist ein Interventionsframework, mit welchem sonderpädagogische Dienstleistungen diese Anforderungen unter den gegebenen Voraussetzungen als best practice erfüllen. Das Framework richtet sich an einer klaren Zielstellung guter sonderpädagogischer Arbeit für erwachsene Menschen[2] aus, die in sonderpädagogischen Dienstleistungsorganisationen leben und arbeiten, beinhaltet Instrumente, um die Leistungen im Bezug auf die Zielstellung transparent auszuweisen, und integriert diese in eine effiziente Handlungsstruktur. An welcher Zielstellung sich das Framework ausrichtet, welche Instrumente es enthält und an welcher Struktur es sich orientiert, wird anschließend differenzierter ausgeführt.

Zielstellung des Interventionsframeworks

In unserem Kulturraum stützt sich sonderpädagogische Arbeit auf bestimmte Ansätze und Konzepte wie Normalisierung, Integration, Inklusion, Selbständigkeit, Autonomie oder Partizipation. All diese Ansätze und Konzepte konkretisieren sich in bestimmten Bemühungen sinnvoll erachteter, sonderpädagogischer Arbeit. Zu diesen Bemühungen zählen beispielsweise, dass behinderte Menschen am normalen Leben teilnehmen können, dass sie eine bestmögliche Entwicklung ihrer Fähigkeiten erfahren, dass segregierende Schul- und Lebensformen aufgelöst werden und dass sie ihr Leben durch adäquate Unterstützungsleistungen möglichst eigenständig bewältigen können. All diesen Ansätzen und Konzepten mit ihren jeweiligen Bemühungen kann unterlegt werden, dass sie letztendlich darauf abzielen, auch behinderten Menschen ein möglichst gelingendes und für sie gutes Leben zu ermöglichen. Das übergreifende Konzept, welches sich mit dem guten Leben befasst, ist die Lebensqualität. An diesem richten sich sonderpädagogische Dienste direkt oder indirekt aus. Lebensqualität bezeichnet für Menschen mit und ohne Behinderung gleichermaßen eine erstrebenswerte Zielgröße und bietet einen mehrdimensionalen Betrachtungsrahmen für den generellen Blick darauf, was ein gutes Leben für Menschen bedeutet. Der Mensch steht im Zentrum und definiert seine persönlichen Bedürfnisse, um ein gutes Leben leben zu können. Gleichzeitig lassen sich andere bestehende sonderpädagogische Konzepte und Ansätze unter das Lebensqualitätskonzept subsumieren. Folglich richtet sich das zu entwickelnde Framework normativ am Lebensqualitätskonzept aus.

---

[2] Das empirische Datenmaterial dieser Arbeit bezieht sich auf den Erwachsenenbereich. Angebotssysteme für Kinder- und Jugendliche sind ausgeschlossen. Die primären Adressaten des zu entwickelnden Frameworks bilden somit erwachsene Menschen, die in sonderpädagogischen Dienstleistungsorganisationen leben und arbeiten.

Um die Qualität in sonderpädagogischen Dienstleistungsorganisationen zu sichern, bestehen gesetzliche Bedingungen. Diese müssen erfüllt werden, um Betriebsbeiträge zu erhalten. In der Schweiz sind dies beispielsweise die vom Bundesamt für Sozialversicherung herausgegebenen Richtlinien über die Qualität der Leistungserbringung (Bundesamt für Sozialversicherung 2006, Paragraph 3.4). Diese gesetzlichen Bedingungen konzentrieren sich jedoch hauptsächlich auf administrativ-formale und strukturelle Bereiche der Organisationen. Verbindliche inhaltliche Qualitätsvorgaben oder konkrete Angaben darüber, mit welcher Intensität oder mit welchen Mitteln die sonderpädagogische Leistung erstellt werden soll, existieren nicht. Aber gerade solche Vorgaben tangieren essentielle Lebensbereiche der Klienten und sind für ihre Lebensqualität relevant. Um diese für die sonderpädagogische Arbeit wichtigen Aspekte einzubinden, wird in der Praxis versucht, die Lebensqualität der betroffenen Menschen mit selbst entwickelten Evaluationsinstrumenten oder mit auf dem Markt angebotenen Checklisten oder Fragebogen zu erheben. Keines dieser Hilfsmittel vermag jedoch zentrale praktische Gütekriterien wie Handhabungsfreundlichkeit oder Visualisierung umfassend und zufrieden stellend zu erfüllen. Ebenso wenig werden die Instrumente der wissenschaftlichen Komplexität und Dynamik des Konstrukts Lebensqualität gerecht noch können sie sonderpädagogische Leistungen transparent ausweisen. In dieser Arbeit werden neue Analyse- und Planungsinstrumente vorgestellt. Diese erfüllen die benannten gesellschaftlichen und sozialpolitischen Anforderungen an sonderpädagogische Dienstleistungsorganisationen und lassen sich in das Framework integrieren. Die Analyseinstrumente erfassen und bestimmen den lebensqualitätsrelevanten Bedarf. Die Planungsinstrumente analysieren die Zusammenhänge des ermittelten Bedarfs und schlagen geeignete Interventionen vor. Mitarbeitende sonderpädagogischer Dienstleistungsorganisationen erhalten mit diesen Instrumenten nützliche Hilfsmittel zu einer fundierten Analyse und Planung sonderpädagogischer Interventionen. Die in das Framework zu integrierenden Instrumente helfen dabei, zu entwickelnde Lebensbereiche zu identifizieren, zu verstehen und zu bearbeiten sowie sinnvolle, effiziente und effektive Interventionen zu erarbeiten. Dadurch wird das Framework für Mitarbeitende sonderpädagogischer Dienstleistungsorganisationen zu einer wertvollen Unterstützung, um ihren sonderpädagogischen Dienstleistungsauftrag professionell wahrzunehmen und umzusetzen.

Handlungsstruktur der Frameworks

Das Ziel dieser Arbeit ist ein Framework, welches sonderpädagogische Handlungsmöglichkeiten zur Sicherung und Steigerung der Lebensqualität von behinderten Menschen in sonderpädagogischen Dienstleistungsorganisationen modellhaft vorführt. Das Framework soll die Anwender entlang von spezifischen Analyse- und Planungsinstrumenten systematisch zu geeigneten sonderpädagogischen Interventionen führen. Damit dies gelingt, braucht es eine effiziente, handlungsleitende Struktur. Solche Strukturen finden sich in betriebswirtschaftlichen Konzepten, beispielsweise in der von Gomez und Probst entwickelten Problemlösungsmethodik (Gomez et al. 1999). Allerdings lassen sich solche Strukturen, Techniken, Verfahren und Modelle nicht unreflektiert auf sonderpädagogische Dienstleistungsorganisationen übertragen. Dies zeigen die vielen gescheiterten Bemühungen zahlreicher Managementforscher und -berater. Diese versuchen seit den 90er Jahren, Strukturen und Ansätze aus marktorientierten Unternehmen des letzten Jahrhunderts in die Praxis der sonderpädagogischen Organisationslandschaft zu implementieren – vielfach erfolglos. Eine erfolgreiche Adaption muss die Besonderheiten von sonderpädagogischen Dienstleistungsorganisationen berücksichtigen. Dazu ist es vorab erforderlich, diese konstitutiven Eigenheiten zu kennen. Um der dritten gesellschaftlichen und sozialpolitischen Anforderung – sonderpädagogische Leistungen effizient zu erbringen – gerecht zu werden, orientiert sich das Framework an der von Gomez und Probst (1999) vorgeschlagenen Handlungsstruktur und berücksichtigt dabei die organisationalen Besonderheiten von sonderpädagogischen Dienstleistungsorganisationen.

Damit werden die aktuellen gesellschaftlichen und sozialpolitischen Forderungen nach effektiven, transparenten und gleichsam effizienten und kostengünstigen sonderpädagogischen Dienstleistungen ernst genommen, konstruktiv angegangen und wirkungsvoll umgesetzt. Angewendet wird das neue Framework von Mitarbeitenden sonderpädagogischer Dienstleistungsorganisationen. Ihnen stehen Analyse- und Planungsinstrumente zur Verfügung, welche sie in ihrer täglichen Arbeit unterstützen. Die Instrumente sind auf die Lebensqualität erwachsener behinderter Menschen ausgerichtet und in eine systematische Handlungsstruktur eingebettet. Die Handlungsstruktur besteht aus fünf iterativen Prozessschritten. Das heißt, dass in der Alltagsrealität die aus einer implementierten Intervention gewonnenen Erkenntnisse und Erfahrungen rückwirkend wieder in vorangehende Prozessschritte einfließen. Dadurch werden die Instrumente des Frameworks kontinuierlich sensitiver und realitätsnaher. Referenzierend auf diese Sensitivität und Sensibilität einerseits und die Lebensqualität (Quality of Life; kurz QoL) andererseits, trägt das Framework das Akronym ‹sensiQoL©›.

1.3 Vorgehen

Um sensiQoL© zu entwickeln, gliedert sich die Arbeit in drei Teile (vgl. Abbildung 1):

In Teil I werden 16 für sonderpädagogische Dienstleistungsorganisationen relevante Spannungsbereiche identifiziert und entsprechende Handlungsgrundlagen benannt. Spannungsbereiche beschreiben in dieser Arbeit aktuelle oder generell typische Problemfelder, Erschwernisse oder besondere Gegebenheiten, die sonderpädagogische Dienstleistungsorganisationen konfrontieren. Solche Bereiche beinhalten immer Konfliktpotential, mit dem sich die Organisationen auseinandersetzten müssen. Konkrete Orientierungshilfen, wie sich Mitarbeitende in sonderpädagogischen Dienstleistungsorganisationen – trotz, mit und innerhalb der Spannungsbereiche – gut bewegen können, um ihren Auftrag zu erfüllen, bieten die Handlungsgrundlagen. Um die Spannungsbereiche zu lokalisieren, werden die beiden Bereiche Dienstleistung und Organisation getrennt analysiert. Das heißt, erstens werden vier Spannungsbereiche von sonderpädagogischen Dienstleistungen (Kapitel 2) und zweitens zwölf von sonderpädagogischen Organisationen (Kapitel 3) aufgezeigt.[3] Nach dieser getrennten Analyse werden die ermittelten Spannungsbereiche der beiden Kapitel zusammengefügt und die Handlungsgrundlagen auf ihre Relevanz für die Entwicklung des Interventionsframeworks sensiQoL© überprüft (Kapitel 4). Zusammenführend lassen sich die Handlungsgrundlagen in vier Kategorien einteilen. Zur ersten Kategorie zählen normative, zur zweiten instrumentelle, zur dritten strukturelle und zur vierten die Anwendung unterstützende Grundlagen, an denen sich das Framework ausrichtet. Diese Kategorien definierten die inhaltlichen Ausrichtungen der nachfolgenden Kapitel des zweiten Teils.

Der Teil II besteht aus drei Kapiteln. Zuerst wird die Lebensqualität als sonderpädagogische Zielperspektive vorgestellt. Die Lebensqualität bildet die normative Grundlage, an der sich das Interventionsframework sensiQoL© ausrichtet (Kapitel 5). Danach werden – basierend auf den gewonnen Erkenntnissen interdisziplinärer und sonderpädagogischer Lebensqualitätsfor-

---

[3] In der Realität bedingen sich Dienstleistungen und Organisationen natürlich gegenseitig, denn Dienstleistungen werden – in einem funktionalen Organisationsverständnis – immer organisiert. Die beiden Bereiche trotzdem getrennt zu betrachten, ist aus analytischen Gründen jedoch sinnvoll. Dadurch wird es möglich dienstleistungsbezogene und organisationale Aspekte eigenständig und differenziert zu thematisieren.

schung – lebensqualitätsorientierte Analyse- und Planungsinstrumenten vorgestellt. Diese wurden in einem Forschungsprojekt des Instituts für Erziehungswissenschaft der Universität Zürich entwickelt und fließen direkt als instrumentelle Grundlagen in das Framework ein (Kapitel 6). Anschließend wird die Problemlösungsmethodik von Gomez und Probst (1999) vorgestellt. Diese besteht aus fünf übergeordneten Ablaufschritten, entlang derer komplexe Probleme identifiziert, bearbeitet und letztendlich gelöst werden können. Die Ablaufschritte des Problemlösungsframeworks bilden die Struktur von sensiQoL$^{©}$ (Kapitel 7). Damit sind die Lebensqualität als normative Zielperspektive benannt, die lebensqualitätsorientierten Analyse- und Planungsinstrumente vorgestellt und eine geeignete Interventionsstruktur vorgeschlagen.

In Teil III der Arbeit werden die lebensqualitätsorientierten Analyse- und Planungsinstrumente in die Problemlösungsstruktur von Gomez und Probst überführt. Die Grobstruktur der Methodik wird beibehalten. Allerdings muss die detaillierte Ablaufsystematik auf die spezifischen Gegebenheiten von sonderpädagogischen Dienstleistungsorganisationen adaptiert werden (Kapitel 8). Nachdem das Framework sensiQoL$^{©}$ entwickelt und vorgestellt ist, werden einzelne Prozessschritte anhand konkreter Beispiele aus der Praxis erläutert und die Erfahrungen diskutiert (Kapitel 9).

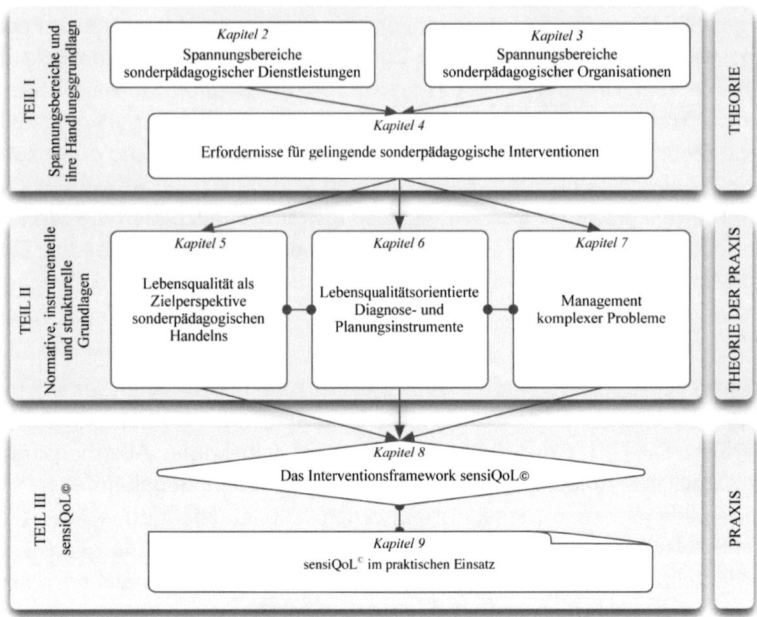

Abbildung 1: Struktur der Arbeit

TEIL I
SPANNUNGSBEREICHE SONDERPÄDAGOGISCHER DIENST-LEISTUNGSORGANISATIONEN

2. Spannungsbereiche sonderpädagogischer Dienstleistungen

Dieses Kapitel beschäftigt sich mit sonderpädagogischen Dienstleistungen für Erwachsene. Zuerst wird die Anspruchsgruppe von sonderpädagogischen Dienstleistungen definiert, das heißt, deren Adressaten. Damit wird geklärt, für wen sonderpädagogische Dienstleistungen eigentlich sind. Anschließend wird der Dienstleistungsbegriff anhand von vier definitorischen Zugängen präzisiert. Bereits hier wird deutlich, dass sonderpädagogische Dienstleistungen, verglichen mit anderen Dienstleistungsbranchen, einige für sie typische Eigenheiten aufweisen. Um diese genauer zu benennen, werden die aufgegriffenen Eigenheiten in einem weiteren Schritt systematisch entlang von Qualitätskriterien diskutiert. Dadurch lassen sich vier Spannungsbereiche von sonderpädagogischen Dienstleistungen identifizieren. Um ein erfolgreiches Interventionsframework für sonderpädagogische Dienstleistungsorganisationen zu entwickeln, ist es verpflichtend, diese Spannungsbereiche zu kennen und zu wissen, wie mit ihnen konstruktiv umzugehen ist. Die Kenntnisse und das Wissens über diese Spannungsbereiche bildet die Ausgangslage, welche es bei der Entwicklung des Frameworks sensiQoL$^©$ zu berücksichtigen gilt.

2.1 Klienten sonderpädagogischer Dienstleistungen

Ausgangspunkt wirtschaftlichen Handelns sind Bedürfnisse. Die Mittel zur Befriedigung dieser Bedürfnisse werden als Güter bezeichnet (Sieker 2000, 12). Dienstleistungen gehören zur Kategorie solcher Güter. Sie erfüllen eine wichtige Funktion in der ökonomischen und gesellschaftlichen Entwicklung. In ihrer gegenwärtigen gesellschaftlichen Formation besitzen sie einen geschichtlich neuen Stellenwert. Dies ist der entscheidende Grund, weshalb sich die heutige Gesellschaft in ihrem Selbstverständnis als Dienstleistungsgesellschaft versteht (Bauer 2001, 70; Bosch et al. 2003).

Sonderpädagogische Dienstleistungen bilden einen Teilbereich der Dienstleistungsgesellschaft. Mit ihren Diensten leisten sie einen gesellschaftlich wichtigen Beitrag für einen funktionierenden Sozialstaat, indem sie sich um einen Teil jener Menschen kümmern, die aus dem Gesellschaftssystem gefallen oder davon bedroht sind, herauszufallen. Die Aufgabe sonderpädagogischer Dienstleistungsorganisationen ist es, diese Menschen entsprechend ihren jeweiligen Bedürfnissen zu unterstützen und zu begleiten. Folglich gehören zu einem Dienstleistungsprozess einerseits Dienstleistungsempfänger und andererseits -erbringer.

Auf der Erbringerseite beteiligen sich Sonder-, Sozial- und Heilpädagogen, Heilerzieher, Behindertenbetreuer, Therapeuten, Psychologen, Mediziner,

Pflegefachleute, Lehrpersonen, Sozialarbeiter und weitere Helfer ohne spezifische Fachausbildung am sonderpädagogischen Dienstleistungsprozess. Welche Fachpersonen konkret einbezogen werden ist abhängig vom Alter und von den spezifischem Entwicklungsbeeinträchtigungen der Empfänger. Die Folgen solcher Entwicklungsbeeinträchtigungen zeigen sich in verschiedensten Formvarianten. All diesen Formvarianten gemeinsam ist das besondere Abhängigkeitsverhältnis, in welchem sich diese Menschen befinden (Herrmann 2005, 71). Die Abhängigkeit steigt mit der Schwere der Beeinträchtigungen. Dies zeigt sich deutlich in der Angewiesenheit auf andere Menschen, Institutionen oder unterstützende Strukturen. Dazu gehört beispielsweise der Hilfebedarf bei alltäglichen Erfordernissen wie Ernährung, Mobilität oder Grundpflege, Unterstützungsleistungen bei der Kommunikation oder die Abhängigkeit von verlässlichen und respektvollen Beziehungen zu Betreuungspersonen und Versorgungsstrukturen. Nach Dederich (2007) können diese Abhängigkeiten gesellschaftlicher, politischer und ökonomischer Art auf behinderungsbedingte Faktoren zurückzuführen, institutionell bedingt oder Ausdruck der ‹conditio humana› sein, das heißt, eine anthropologische Abhängigkeit, die mit dem Menschsein selbst gegeben ist (Dederich 2007, 139 f.). Während sozial hergestellte Abhängigkeiten abgebaut und überwunden werden können, trifft dies auf anthropologische so nicht zu. Diese Arbeit spezifiziert Empfänger sonderpädagogischer Dienstleistungen als Menschen, die aufgrund besonderer Abhängigkeitsverhältnisse einen sonderpädagogischen Unterstützungsbedarf aufweisen.

Benannt werden diese Menschen unterschiedlich. Eine verbindliche begriffliche Bezeichnung hat sich bisher nicht durchgesetzt. Eine oft verwendete Bezeichnung ist Menschen mit Behinderungen respektive behinderte Menschen. Der Behinderungsbegriff zeigt sich allerdings seltsam doppelgesichtig: Während er in sonderpädagogischen Theorien höchst umstritten ist und in der Fachliteratur um ihn debattiert wird, ist er im juristischen Feld und in der sonderpädagogischen Praxis fest verankert und dient der Zuweisung von Ressourcen beziehungsweise der Legitimation sonderpädagogischer Maßnahmen. Diese Bezeichnung ist deshalb nicht unproblematisch. Häufig verwendet wird auch der Begriff des Patienten. Diese Bezeichnung steht allerdings deutlich enger mit dem Gesundheitssystem als mit dem Behindertenwesen in Verbindung, denn im traditionellen Verständnis leidet ein Patient an einer Krankheit oder an den Folgen eines Unfalls und wird deshalb medizinisch behandelt. Diese medizinische Not trifft nicht zwingend auf Menschen zu, die in sonderpädagogischen Dienstleistungsorganisationen leben und arbeiten. Damit setzt der Begriff Patient für diese Arbeit falsche Akzente. Obwohl es vielfach Betroffene und Selbsthilfeorganisationen sind, welche sich mit ökonomischen Bezeichnungen wie Konsumenten oder Kunden identifizieren, greifen auch diese zu kurz. Die Kundenperspektive ist dann angebracht, wenn das Verhalten von und die Interaktion zwischen Menschen der Logik des Marktes gehorchen. Dies setzt nach marktwirtschaftlichen Vorstellungen Transparenz und Informiertheit über den Markt, Konkurrenz-situationen, Entscheidungsfreiheit und Kundenbindung voraus (Braun 2004, 35 f.; Estermann et al. 2008, 189). Selbst wenn die Begriffe der Konsumenten und Kunden nicht im engeren Sinne kommerzieller Transaktionen ausgelegt werden, sind diese Bedingungen bei sonderpädagogischen Dienstleistungen nicht gegeben. Ziel sonderpädagogischer Dienste ist es nicht, Menschen an Dienstleistungen zu binden, sondern – zumindest in einem finalen Verständnis – sie von der Hilfe zu lösen oder sie zu lehren, mit dieser professionell umzugehen. Im Unterschied zum ökonomischen Konsumenten oder Kunden nimmt der Empfänger sonderpädagogischer Dienste in der Regel auch nicht freiwillig mit dem entsprechenden Anbieter Kontakt auf (Hartmann-Kreis 2000, 25). Außerdem handelt es sich bei profitorientierten Unternehmen üblicherweise um punktuelle Beziehungen zwischen Anbieter und Kund-schaft, während die Beziehungen in sonderpädagogischen Dienstleistungs-prozessen deutlich umfassender, weitreichender und persönlicher sind. Die Einrichtung bildet ein zentrales Lebensumfeld für die leistungsempfangen-den Menschen (Estermann et al. 2008, 189; Hartmann-Kreis 2000, 26). Da-mit scheint auch der Begriff des Konsumenten und des Kunden nicht ange-bracht. Von Mitarbeitenden sonderpädagogischer Dienstleistungsorganisa-tionen werden die Leistungsempfänger hauptsächlich Bewohner genannt. Für diese Bezeichnung spricht, dass sie in der Praxis verwendet wird. Aller-dings ist kritisch anzumerken, dass die Relation zum Wohnen sehr ein-schränkend wirkt und andere Lebensbereiche wie etwa die Arbeit oder ex-terne Freizeitbeschäftigungen ausklammert. Das dem Framework zu Grunde liegende Lebensqualitätsverständnis bezieht sich nicht nur auf den Wohnbe-reich, sondern ist viel umfassender und ganzheitlicher. Folglich wäre es ein-engend, die Anspruchsgruppe als Bewohner zu bezeichnen. Deutlich allge-meiner sind die Begriffe Adressaten oder Dienstleistungsempfänger. Aller-dings sind diese gleichermaßen unspezifisch wie unpersönlich. Damit sind sie zwar nicht falsch, allerdings auch nicht präzise. Zwar noch immer allge-mein gehalten aber deutlich spezifischer und deshalb für diese Arbeit zu prä-ferieren ist die Bezeichnung Klient. Als Klient wird der Auftraggeber be-stimmter Dienstleistungsträger, etwa von Rechtsanwälten, Steuerberatern oder Wirtschaftsprüfern, bezeichnet. Auch Therapeuten, Sozialpädagogen und Angehörige von Pflegeberufen verwenden diesen Begriff. Damit verfol-gen sie erstens eine Abgrenzung zum Patientenbegriff, zweitens heben sie den Dienstleistungscharakter ihrer Tätigkeit hervor und drittens wird damit die – zumindest anzustrebende – Mündigkeit des Leistungsempfängers betont. Genau diese Mündigkeit ist von Menschen in sonderpädagogischen Dienstleistungsorganisationen vielfach nicht gegeben. Numerisch gilt es diesen dritten Umstand den beiden anderen abwertend entgegenzustellen.

Sonderpädagogische Dienstleistungen bringen den Menschen in besonderen Abhängigkeitsverhältnissen die individuell benötigte Unterstützung und Betreuung. Die Dienste zielen darauf ab, die Lebensbedingungen dieser betroffenen Menschen zu verbessern, indem sie versuchen, ihre Abhängigkeiten zu reduzieren oder aufzulösen. Für diese Arbeit ist insbesondere der Bezug zur Dienstleistung als Tätigkeit und kooperativem Prozess wesentlich, weshalb nachfolgend für die betroffenen Menschen primär der Begriff des Klienten verwendet wird. An einigen Stellen werden die Klienten auch als behinderte Menschen respektive Menschen mit Behinderungen bezeichnet. Dies ist insbesondere im inhaltlichen Zusammenhang von Statistiken, Gesetzesgrundlagen, Zitaten oder im expliziten Praxisbezug der Fall.

2.2 Definitionszugänge

Die wirtschaftswissenschaftliche Literatur hat viele Dienstleistungsdefinitionen hervorgebracht. Sie reichen von exemplarischen und eng gefassten Auflistungen[4] bis hin zu breiten Auslegungen[5] (Sieker 2000, 2). Als Unterscheidungskriterium hat sich die Stofflichkeit eines Produkts durchgesetzt. Als Dienstleistungen werden somit immaterielle Wirtschaftsgüter verstanden, die unter dem Einsatz von externen Faktoren für den fremden Bedarf produziert werden (Maleri 1994, 3; Sieker 2000, 3). Darunter fallen zahlreiche und höchst unterschiedliche Gesellschaftszweige, Berufe und Tätigkeiten. Auch sonderpädagogische Dienste lassen sich darunter subsumieren.

Um Dienstleistungen zu charakterisieren, reicht die Immaterialität alleine nicht aus. Bieberstein (2005) bietet einen differenzierteren Zugang. Seine Systematik unterscheidet drei begriffsbestimmende Ansätze: Die enumera-

---

[4] Beispielsweise die Definition von Berekoven (1974). Bei ihm ist ausschließlich der unmittelbare – zeitlich und räumlich synchrone – Kontakt zwischen Anbieter und Nachfrager relevant, um eine Dienstleistung zu charakterisieren (Berekoven 1974, 30). Banken und Versicherungen, bei denen der direkte Kontakt zwischen Nachfrager und Anbieter nicht zwingender Bestandteil des Handelns ist, gehören gemäß dieser Auslegung nicht zu den Dienstleistungen.

[5] Beispielsweise die Definition von Corsten (1985). Gemäß Corsten darf der Dienstleistungsbegriff nicht auf ausschließlich menschliche Leistungsträger, auf dem Markt absetzbare selbständige Leistungen oder auf den synchronen Kontakt von Dienstleister und Kunde eingeschränkt werden. Damit würden durch den technischen Fortschritt zunehmend Leistungen aus dem Dienstleistungsbereiche herausfallen. In seinem Verständnis können Dienstleistungen sowohl zeitraum- als auch zeitpunktbezogene Ergebnisse und Produkte sein (Corsten 1985, 148 & 168).

tiven Definitionen, welche Dienstleistungen durch die Aufzählung von Beispielen beschreiben; die Negativdefinitionen, welche Dienstleistungen durch die Abgrenzung von Sachgütern bestimmen; und merkmalsorientierte Definitionen, welche Dienstleistungen über konstitutive Merkmale festlegen. Letztere werden in der jüngeren Literatur am häufigsten angewendet (Bieberstein 2005, 29-35). Eine ebenfalls oft verwendete Definition bildet die dimensionierte Betrachtung. Sie unterscheidet zwischen Ergebnis, Potential und Prozess.

Diese vier Zugänge werden anschließend einerseits vorgestellt und andererseits auf ihre Relevanz geprüft, um für sonderpädagogische Dienstleistungen typische Spannungsbereiche zu identifizieren.

2.2.1 Enumerative Definitionen

Der enumerative Ansatz definiert Dienstleistungen, indem konkrete Beispiele aufgezählt werden. Nur was aufgelistet ist, zählt als Dienstleistung. Durch dieses einfache Verfahren lässt sich der Gegenstandsbereich zwar deskriptiv umreißen, nicht aber die einzelnen Spezifika von Dienstleistungen. Folglich sind enumerative Definitionen ungeeignet, um definitorische Eigenschaften von Dienstleistungen zu bestimmen. Dies gilt auch für sonderpädagogische Dienstleistungen. Selbst wenn sonderpädagogische Leistungsangebote aufgelistet werden, können dadurch noch keine für sie konstitutiven Eigenheiten erfasst werden. Weiter kritisch anzumerken ist, dass die Liste der Dienstleistungsvarianten immer länger wird. Dies mindert die Repräsentanz der gewählten Beispiele. Davon sind sonderpädagogische Dienste ebenfalls betroffen. Ihre Angebotspalette hat sich in den letzten Jahren stark erweitert. Grundsätzlich ist anzumerken, dass vor allem neuere Dienstleistungen nicht zweifelsfrei von Sachleistung zu trennen sind.

Zusammenfassend bleiben enumerative Definitionen zu pauschal. Sie gehen nicht auf den spezifischen Dienstleistungsgehalt einer Leistung – auch nicht von einer kombinierten Leistung mit Sach- und Dienstleistungsanteil – ein (Bieberstein 2005, S.27; Corsten 1997, S.21). Auf diese Abgrenzung zwischen Sachleistungen und Dienstleistungen haben sich Negativdefinitionen spezialisiert.

2.2.2 Negativdefinitionen

Um Dienstleistungen genauer zu spezifizieren, kann es hilfreich sein, diese Sachleistungen gegenüberzustellen und sie anhand verschiedener Kriterien abzugrenzen. Die wesentlichen in der Literatur herausgearbeiteten Kriterien sind in der Abbildung 1 dargestellt.

Kriterien	Sachleistung	Dienstleistung
Erscheinungsbild der Leistung	materiell (gegenständlich)	immateriell (nicht sichtbar, nicht greifbar)
Lagerfähigkeit / Speicherbarkeit	möglich	nicht möglich
Transportierfähigkeit	möglich	nicht möglich
Präsentierbarkeit / Vorführung vor dem Verkauf	möglich	nicht möglich
Simultanität / Synchronität	Herstellung und Konsum zeitlich voneinander getrennt	Herstellung gleichzeitig mit dem Konsum
Verbundenheit zwischen Hersteller und Betreiber	indirekter Kontakt möglich	meist direkter, synchroner Kontakt
Ergebnis- und Qualitätsmessung	leicht möglich	schwer möglich

Abbildung 2: Sachleistung versus Dienstleistung (vgl. Hartel 2004, 19)

So deutlich wie in dieser Abbildung lassen sich Sach- und Dienstleistungen in der konkreten Praxis nicht trennen. Ihre Grenze verläuft asymmetrisch. Einerseits ist das Ergebnis von Dienstleistungen vielfach mit Sachleistungen verbunden, andererseits spielen in der Produktion von Sachleistungen oft auch Dienstleistungen eine zentrale Rolle (Bruhn 2005, 21; Meinecke 2003, 55 f.).[6] Dies trifft auf sonderpädagogische Dienstleistungen ebenfalls zu: Therapieangebote greifen auf Hilfsmittel der Rehabilitationstechnologie zurück, Pflegeleistungen benötigen medizinische Materialien oder die sonderpädagogische Alltagsgestaltung bindet materielle Güter in ihre Dienstleistungsprozesse ein.

In ihrem Bemühen, Dienstleistungen mittels Kriterien von Sachleistungen zu trennen, münden Negativdefinitionen letztendlich zwangsläufig in merkmalsorientierte Definitionen. Unten werden die drei zentralen in der Literatur vorzufindenden Merkmale von Dienstleistungen rezipiert und ihr Geltungsbereich wird für die sonderpädagogischen Dienstleistungen geprüft.

---

[6] Beispielsweise die Reparatur eines Autos unter Verwendung von Neuteilen, Telekommunikationsleistungen in einem Produktionsbetrieb oder die Sprechzimmerausstattung beim Arzt.

2.2.3 Merkmalsorientierte Definitionen

Bei Dienstleistungen handelt es sich um immaterielle Güter. Sie werden in Koproduktion zwischen Produzent und Konsument erstellt, sind als solche nicht transportierbar, speicherbar oder lagerfähig und weisen einen hohen Individualisierungsgrad auf.

Immaterialität

Immaterialität bedeutet, dass ein Produkt weder sichtbar noch greifbar ist. Wurde dieses Merkmal oben noch als gemeinsame Grundlage einiger definitorischer Zugänge anerkannt, wird dies von merkmalsorientierten Definitionen relativiert. Erstens ist festzustellen, dass die Kernleistung einer Dienstleistung zwar nicht gegenständlich ist (Hamel et al. 2000, 13), aber in den eigentlichen Erstellungsprozess vielfach auch Sachgüter integriert sind (Bruhn 2005, 21; Meinecke 2003, 55 f.). Dies trifft auch zu bei sonderpädagogischen Dienstleistungen. Zweitens sind die Ergebnisse und Folgen einer erbrachten und konsumierten Dienstleistung durchaus wahrnehmbar, auch wenn der Begriff Immaterialität diesbezüglich falsche Akzente setzen könnte (Sieker 2000, 14). Die Wirkung – beispielsweise eine Personenbeförderung von Zug nach Zürich – ist sehr wohl beobachtbar. Gerade mit Blick auf Wirkungen zeigen sich für sonderpädagogische Dienstleistungen typische Eigenschaften: Sie ist vielfach verzögert und die Vorstellung über das Resultat diffus. Dienstleistungsempfänger solcher Leistungen können sich zwar eine vage Vorstellung über die Wirkung machen, genauere Spezifika sind vor ihrer Erstellung jedoch nicht bekannt.

Koproduktion

Das Merkmal Koproduktion bezieht sich insbesondere auf personenbezogene Dienstleistungen, wozu auch sonderpädagogische gezählt werden. Im Unterschied zu sachbezogenen Dienstleistungen richten sich personenbezogene auf unmittelbare Leistungen am Menschen (Merchel 2003, 6). Diese Leistungen finden innerhalb eines zeitgleichen und ortsgebundenen Interaktionsgeschehens (Unoactu-Prinzip) unter Beteiligung zweier bedarfsunterschiedlicher Personen oder Personengruppen statt (Bauer 2001, 93; Hamel et al. 2000, 12-14). Der Dienstleister bietet eine Leistung an, welche den Wünschen und Bedürfnissen des Empfängers entspricht. Solche Wünsche und Bedürfnisse gibt der Konsument preis. Diese persönliche Informationskundgabe bildet die Grundlage, um die eigentliche Leistung zu erstellen. Der

Konsument ist Teil des Produktionsprozesses und somit Mitproduzent.[7] Folglich ist die Dienstleistung ein transaktionaler Prozess, der von der Mitwirkung des Konsumenten abhängt und sich verändern kann (Bauer 2001, 70 f.; Oelerich et al. 2005, 81; Weihrich et al. 2003, 762; Windisch 2007, 13). Der Konsument ist mitverantwortlich für den Erfolg, denn die Wirkung der Unterstützungsleistung ist maßgeblich von den Aneignungsstrukturen, Vorstellungen und Motiven der Dienstleistungsempfänger abhängig.

Auch sonderpädagogische Dienstleistungen werden in Koproduktion erstellt. Für sie ist es charakterisierend, dass die Adressaten nicht immer in dem gewünschten oder erforderlichen Masse am Leistungsprozess mitarbeiten können. Die häufigsten Gründe hierfür sind Kommunikationserschwernisse, kognitive Beeinträchtigungen und Konzentrationsprobleme. Die sonderpädagogische Leistungserbringung kann sich nur dann an den individuellen Wünschen und Bedürfnissen der Klienten ausrichten, wenn diese Informationen bekannt sind. Folglich sind geeignete Methoden und Instrumente erforderlich, mit denen die spezifischen Wünsche und Bedürfnisse ihrer Klienten identifiziert werden können. Dabei sind die Klienten bestmöglich in den Prozess einzubinden.

Nicht-Speicherbarkeit

Die Nicht-Speicherbarkeit bezeichnet das Merkmal, dass gewisse Dienstleistungen zwar präventiv erbracht werden können – beispielsweise die Schutzimpfung –, sie sich aber in der Regel nicht auf Vorrat erstellen lassen. Dadurch, dass die Leistungen nicht speicherbar sind, wird ihre Kapazitätsplanung wichtig (Bruhn 2005, 21 f.; Meinecke 2003, 56; Seeberger 2003, 93). Zu wissen, welche Ressourcen wann, in welchem Umfang und in welcher Intensität eingesetzt werden müssen, ist ein Professionalitätskriterium, welches generell auf die Dienstleistungserstellung zutrifft. Dies ist auch für sonderpädagogische Dienstleistungen relevant.

Individualität

Ein viertes für Dienstleistungen typisches Merkmal ist ihre Individualität. Dienstleistungen sind maßgeschneidert und werden für jeden Kunden neu erstellt. Dies bringt ein geringes Standardisierungspotential mit sich (Bruhn

---

[7] Alvin Toffler (1981), ein US-amerikanischer Schriftsteller, führte in seinem Buch ‹The Third Wave› den Begriff Prosumer (auch Prosument genannt) ein (Toffler 1981). Mit diesem Begriff bezeichnet Toffler Personen, die im Produktions- oder Dienstleistungsprozess gleichzeitig Gebraucher (engl.: Consumer) als auch Hersteller (engl.: Producer) des von ihnen verwendeten Gutes sind.

2005, 22; Meinecke 2003, 56). Auch sonderpädagogische Dienstleistungen sind nur begrenzt standardisierbar. Um den unterschiedlichen Bedürfnissen der Nachfrager gerecht zu werden, müssen sie variabel und flexibel sein. Daher weisen sie – und das gilt für alle Dienstleistungen – entsprechend den individuellen Anforderungen unterschiedliche Qualitäten auf und sind immer auch Vertrauensgüter (Meinecke 2003, 56; Merchel 2003, 7; Seeberger 2003, 93).

Die vier beschriebenen Merkmale sind zwar typisch für Dienstleistungen, aber nicht zwingend erforderlich, um ein Gut als Dienstleistung zu bezeichnen. Die Gleichzeitigkeit von Produktion und Absatz beispielsweise ist kein zwingendes Dienstleistungsmerkmal. Wenn Speicherungen der Ergebnisse einer Dienstleistungsproduktion auf materiellen Trägermedien möglich sind, so erfolgt die Produktion – oder ein Teil derselben – zeitlich versetzt. Auch die Koproduktion ist kein eindeutiges Merkmal zur Identifikation von Dienstleistungen. Im Standard-Softwarebereich beispielsweise werden Güter ohne Einbindung des Kunden produziert (Sieker 2000, 14 f.). Auf sonderpädagogische Dienstleistungen treffen die genannten Merkmale jedoch weitgehend zu. Diese sind im Kern immateriell, werden in Koproduktion erstellt, sind nicht lager- oder speicherbar und sind individuell auf den Klienten ausgerichtet. Ausgehend von einzelnen Merkmalen werden die damit verbunden Folgen relevant. Eine solche Analyse ist umso ergiebiger, je differenzierter dabei einzelne Dienstleistungsaspekte betrachtet werden. Einen Zugang, Dienstleistungen spezifisch zu analysieren, bildet die dimensionierte Definition.

2.2.4 Dimensionierte Definition

Personenbezogene Dienstleistungen werden in der Literatur häufig mittels den drei Dimensionen Struktur (Potential), Prozess und Ergebnis beschrieben (Donabedian 1980).[8] Die Potentialdimension bezieht sich auf die Ressourcen und Rahmenbedingungen der Leistungserstellung. Sie ist ein wesentlicher Gegenstand der DIN EN ISO 9000 ff. (Lung 1998, 299 ff.). Potentiale können (a) materielle Voraussetzungen der Leistungserbringung wie

---

[8]   In einem erstmals 1966 vorgestellten Modell zur Beurteilung von Dienstleistungsqualität unterteilte Donabedian die Dimensionen in structure (Struktur), process (Prozess) und outcom (Ergebnis) (Donabedian 1966). In den USA hat er mit dieser Unterteilung versucht für das Gesundheitswesen Qualitätsparameter zu beschreiben. Erst in einer späteren Veröffentlichung hat er die drei Dimensionen präzisiert (Donabedian 1980). Der Begriff structure (Struktur) bezieht sich dabei auf die Rahmenbedingungen des Leistungserstellungprozesses, weshalb viele Autoren auch von der Potentialdimension sprechen.

Betriebsmittel, Daten, Informationen, organisatorische und administrative Regelungen, bauliche Gegebenheiten, technische und finanzielle Ausstattungen sein; (b) die personellen Ressourcen wie Mitarbeiter mit ihren speziellen Fähigkeiten und Qualifikationen oder Kooperationsbeziehungen; und (c) die ideellen und normativen Voraussetzungen und Rahmenbedingungen wie das fachliche Konzept, das professionelle Selbstverständnis, das sozialethische Bezugssystem oder institutionelle Regelungen der relevanten Arbeitsprozesse (Trube et al. 2001, 230). Die Potentiale spielen somit eine wichtige Rolle, um die zukünftige Qualität einer Leistung abschätzen zu können. Eine solche Einschätzung ist vor der eigentlichen Inanspruchnahme der Leistung nur anhand der vorhandenen Potentiale möglich (Sieker 2000, 35). Die Prozessdimension setzt an der Produktion einer Leistung an und beschreibt den gesamten Ablauf der Leistungserbringung. Dieser beinhaltet alle Aktivitäten, die während der Erstellung der Leistung stattfinden. Der Prozess gilt als der wichtigste Teil der Qualitätsdimensionen. Die Grundlage hierfür bilden Standards, an denen sich die Leistung orientieren kann und beurteilen lässt (Hamel et al. 2000, 15). Die Ergebnisdimension betrachtet das im Rahmen des Leistungserbringungsprozesses mittels der eingesetzten Potentiale erzielte Resultat (Corsten 2007, 21 ff.; Hartel 2004, 20-22; Luschei et al. 2001, 196). Das Ergebnis einer Leistung stellt die klarste Bezugsbasis für eine Qualitätsbeurteilung dar. Sie liefert direkte und unmittelbare Indikatoren für die Güte des Dienstes. Jede Intervention muss sich letztlich daran messen lassen, ob sie zu einer Verbesserung beigetragen hat oder nicht (Hamel et al. 2000, 15).

Will eine Dienstleistung erfolgreich sein, muss sie die drei Dimensionen Potential, Prozess und Ergebnis richtig koordinieren. Die drei Dienstleistungsdimensionen müssen richtig zusammenspielen. Dies gilt auch für sonderpädagogische Dienstleistungen. Werden beispielsweise die strukturellen Voraussetzungen zu stark gewichtet, mindert dies die Aussagekraft über die erzielten Ergebnisse. Es bleibt weitgehend ungeklärt, ob strukturelle Veränderungen den Klienten reell – das heißt gefühlt und erlebt – zu einem besseren Leben verhelfen. Erhält die Ergebnisdimension übermäßige Aufmerksamkeit, drohen strukturelle und prozessbezogene Aspekte vernachlässigt zu werden. Dies lässt sich an einem einfachen Beispiel zeigen. Besteht die sonderpädagogische Dienstleistung darin, gemeinsam mit einem Klienten eine Tonskulptur zu formen, ist der Erstellungsprozess zentral. Selbst wenn die Skulptur später im heimeigenen Laden verkauft werden soll, ist eine Verengung auf das äußere Erscheinungsbild und den zu erzielenden Verkaufspreis – also die Ergebnisdimension – deutlich verfehlt. Wichtiger ist es, den Klienten aktiv einzubeziehen, ihn die verschiedenen Materialen spüren und den Entwicklungsprozess erfahren zu lassen. Deshalb ist es auch wichtig die

Prozessdimension mit einzubeziehen und sich den Wirkungsverlauf anzusehen (Luschei et al. 2001, 196 f.).[9] Entscheidungen darüber, wie diese drei Dimensionen erfolgreich zusammenspielen, gehören zum sonderpädagogischen Dienstleistungsalltag.

Die vier vorgestellten Definitionszugänge verdeutlichen, wie schwierig es ist, Dienstleistungen als solche zu spezifizieren. Trotzdem liefern die Zugänge Anhaltspunkte darüber, worum es sich bei Dienstleistungen handelt und wie sie sich von anderen Leistungen und Produkten abgrenzen. Um allerdings die Spannungsbereiche zu bestimmen, welche sonderpädagogische Dienstleistungen charakterisieren, sind nicht alle vier Definitionszugänge gehaltvoll. Der enumerative Zugang ist dafür gänzlich ungeeignet. Über Beispiele lassen sich keine Spannungsbereiche bestimmen. Dies gilt grundsätzlich auch für Negativdefinitionen. Allerdings sensibilisiert dieser Zugang für den zunehmenden Einbezug von Sachleistungsanteilen in die Dienstleistung. Davon sind auch sonderpädagogische Dienste betroffen, insbesondere wenn Technologien einbezogen werden. Konstruktiver für diesen Arbeitsschritt sind merkmalsorientierte Definitionen. Gerade die Merkmale Koproduktion und Individualität weisen auf Schwierigkeiten für die sonderpädagogische Leistungserstellung hin. Ausmaß und Gehalt dieser Probleme bleiben hier allerdings noch unsystematisch. Erst der dimensionierte Definitionszugang stellt einen Raster zur Verfügung, welcher diese Schwierigkeiten gezielt auf die drei Dimensionen Potential, Prozess und Resultat hin analysiert.

Das übergreifende Kriterium, an welchem sich die Dienstleistungsmerkmale und -dimensionen ausrichten, stellt die Qualität. Eine sonderpädagogische Dienstleistung zeichnet sich dann durch eine gute Qualität aus, wenn sie die drei Dimensionen Potential, Prozess und Ergebnis ausgewogen koordiniert, dabei die spezifischen Dienstleistungsmerkmale wie Immaterialität, Koproduktion, Nicht-Speicherbarkeit und Individualität konstruktiv berücksichtigt und ihre Leistung auf die individuellen Bedürfnisse der Klienten ausrichtet. Demnach müssen geeignete Orientierungsgrößen und Beurteilungsinstrumente multiperspektivisch angelegt sein (Trube et al. 2001, 228). Dies umzusetzen ist anspruchsvoll. Dazu ist zuerst zu klären, was genau unter Qualität zu verstehen ist, und anschließend gilt es die für sonderpädagogische

---

[9] Schädler (2001) schlägt vor, dass für soziale Dienste die Qualitätsdimensionen um die Kategorie der Prozedere-Qualität (respektive Handlungsprozessqualität (Trube et al. 2001, 232)) ergänzt wird. Damit ist die Qualität der im Alltag verwendeten Instrumente, Methoden, Techniken und Verfahren gemeint (Schädler 2001, 29). Auf diese Weise kann – unabhängig vom Ergebnis und dem Verlauf – beurteilt werden, ob Arbeitsweisen dem fachlichen Standard (state of the art) entsprechen (Luschei et al. 2001, 196 f.).

Dienstleistungen typischen Spannungsbereiche entlang dieser Qualitätsorientierung zu systematisieren.

2.3 Qualitätsorientierung sonderpädagogischer Dienstleistungen

Qualität ist ein Konstrukt. Was als Qualität angesehen wird, ist relativ, denn Qualität lässt sich aus mehreren Perspektiven definieren und beurteilen. Drei oft verwendete Perspektiven entsprechen den Dimensionen Potential, Prozess und Ergebnis. Die potentialbezoge Qualitätsperspektive fokussiert strukturelle Rahmenbedingungen und Ressourcen. Die prozessbezogene Qualitätsdimension betrachtet den Entwicklungs- und Herstellungsprozesses und versucht spezifische Aspekte wie beispielsweise die Sicherheit zu optimieren. Bei einer produktbezogenen Qualitätsdimension steht das eigentliche Ergebnis und seine Zusatzleistungen mit ihren objektiven und messbaren Eigenschaften im Blickfeld. Alle drei Perspektiven sind auf den Klienten ausgerichtet. In diesem Verständnis konstruiert sich Qualität einerseits aus den klientenspezifischen Erwartungen an ein Produkt und andererseits aus den tatsächlichen Eigenschaften (Merchel 2003, 8 f.; Schädler 2001, 26; Trube et al. 2001). Der Qualitätswert ergibt sich somit aus dem Grand, in welchem eine Dienstleistung den kundenspezifischen Erwartungen entspricht. Je höher die Übereinstimmung, desto bessere Qualitätsprädikate erhält ein Produkt.

Sonderpädagogische Dienstleistungen gehören zu den komplexen Produkten. Bei komplexeren Leistungen konstituiert sich Qualität im Zusammenspiel unterschiedlicher Interessen. Verschiedene Interessenträger formulieren – mehr oder weniger deutlich – ihre jeweiligen Erwartungen an eine Ware oder eine Dienstleistung. Diese konkretisieren sich in der Wahl der Qualitätsindikatoren und in deren Gewichtung. Ein absoluter Qualitätsbegriff ist somit nicht bestimmbar (Oelerich et al. 2005, 14). Folglich wird Qualität immer nur als graduelle Annäherung an ein ausgehandeltes Qualitätskonzept bestimmt. Determiniert wird dieser Aushandlungsprozess durch die Machtpotentiale der verschiedenen Interessenträger. Wie einleitend festgehalten, sind es vorwiegend effektive, effiziente und professionelle Dienstleistungen, welche heute gefordert werden. Die aktuell dominierenden Interessenträger verlangen Effektivität, Effizienz und Profession. Effektivitätsaspekte sind normativer Natur. Sie werfen die Frage auf, welche Leistung erzielt werden soll. Dabei werden vorwiegend strategische und konzeptionelle Punkte angesprochen. Effizienzaspekte werfen die Frage auf, wie sonderpädagogische Dienstleistungen das leisten können, was sie leisten sollen, und wie diese Leistung überprüft werden kann. Dies beinhaltet weitgehend methodische Aspekte rund um die Beschaffenheit der einzusetzenden Mittel und Instrumente. Professionsaspekte verbinden die Effektivität und Effizienz im Hinblick auf die Bedingungen der sonderpädagogischen Leistungserstellung. Sie werfen die Frage auf, was es im Leistungsprozess zu berücksichtigen gilt.

Anschließend werden diese drei Qualitätsaspekte vertiefter betrachtet. Dabei lassen sich vier für sonderpädagogische Dienstleistungen typische Spannungsbereiche identifizieren. Für jeden Spannungsbereich werden verschiedene Handlungsgrundlagen vorgeschlagen. Diese bieten dem Personal von sonderpädagogischen Dienstleistungsorganisationen Orientierungshilfen, um sich innerhalb der vorhandenen Spannungsbereiche zu bewegen. Wie relevant die identifizierten Spannungsbereiche respektive die Handlungsgrundlagen für die Entwicklung des sonderpädagogischen Interventionsframeworks sensiQoL© sind, wird im vierten Kapitel analysiert.

2.3.1 Effektivitätsaspekte

Sonderpädagogische Dienstleistungen müssen effektiv sein. Inwieweit sie als effektiv gelten, ist davon abhängig, ob das angestrebte Ziel erreicht wird. Die Effektivität sonderpädagogischer Dienstleistungsqualität bezieht sich auf geeignete Ziele, an denen sich sonderpädagogisches Handeln ausrichten soll. Wie diese Ziele erfasst und gemessen werden oder wie schnell und zuverlässig ein Ziel erreicht wird, sind der Effektivität nachgelagert. In der folgenden Diskussion zeigt sich, dass in der sonderpädagogischen Arbeit ein Zielpluralismus besteht. Dieser bildet den ersten für sonderpädagogische Dienstleistungen typischen Spannungsbereich.

Spannungsbereich 1:   Zielpluralismus

In den letzten Jahren wurde intensiv über die Qualität sonderpädagogischer Arbeit diskutiert und debattiert. Die Tonart wurde zunehmend härter und die Forderungen nach guten und gleichsam günstigen Leistungen haben sich verschärft. Heute wird die bestehende Qualität von Dienstleistungsprozessen, Zielformulierungen oder Umweltkontakten nicht mehr voraussetzungslos hingenommen. Sie wird hinterfragt, evaluiert und allenfalls neu festgelegt (Greving 2008, 159). Die Sozialpolitik bearbeitet die Frage nach den Zielen sonderpädagogischer Leistungen mit vorwiegend formalen Vorgaben. So hat das schweizerische Bundesamt für Sozialversicherungen Bedingungen (BSV-IV 2000) erlassen, um die Qualität in sonderpädagogischen Dienstleistungsorganisationen zu sichern (Bundesamt für Sozialversicherung 2006).[10] Diese sind noch bis Ende 2010 richtungsweisend bezüglich der Ge-

---

[10]   In Deutschland gilt in der Fassung des Gesetzes zur Einordnung des Sozialhilferechts in das Sozialgesetzbuch vom 27. Dezember 2003 im Paragraph § 93 des Bundesso-

währung von Betriebsbeiträgen. Danach werden die Kantone für die Qualitätssicherung ihrer Einrichtung verantwortlich sein. Es zeichnet sich ab, dass einige Kantone die bisherigen BSV-IV 2000 Bedingungen als Standard übernehmen werden, andere sich um die Entwicklung von neuen Kriterien bemühen.[11] Die Frage, an welchem normativen Handlungsziel sich sonderpädagogische Leistungen in Zukunft ausrichten sollen, bleibt damit vorerst offen. Auch die sonderpädagogische Disziplin hütet sich vor einer verbindlichen Direktive. Es existiert ein Pluralismus von verschiedensten Ansätzen, Konzeptionen und Theorien wie Normalisierung, Partizipation, Integration, Zufriedenheit, Wohlbefinden, Gesundheit, Inklusion, Empowerment, Selbstbestimmung oder Lebensqualität. Alle diese verfolgen – mehr oder weniger explizit – den Anspruch, richtig und nützlich zu sein. Die finale und inhaltliche Ausrichtung sonderpädagogischer Qualitätskonzepte wird den einzelnen Organisationen überlassen. Die Fachwelt ist zwar bemüht, sich darüber zu verständigen, nach welchen ethisch und normativ begründeten Maßstäben mit Menschen in besonderen Abhängigkeitsverhältnissen umzugehen ist, aber die Wertediskussion wird unverbindlich geführt. Einheitliche Überlegungen über anzuwendende Qualitätsmaßstäbe existieren nicht (Gromann 1996, 212).

In diesem sonderpädagogischen Qualitätsdiskurs sind verschiedene relevante Anspruchsgruppen auszumachen. Diese beurteilen die Qualität aus ihren jeweiligen Blickwinkeln. Zu den primären Anspruchsgruppen gehören die Leistungsfinanzierer der Organisationen. Sie werden durch Sozial- und Bildungspolitiker vertreten. Weitere primäre Anspruchsgruppen sind die Institutionsleitung und ihre Mitarbeitenden, die Klienten als Leistungsempfänger, ihre Angehörigen und Bezugspersonen, Experten der Disziplin und Fachverbände. Alle diese Interessenträger formulieren – mehr oder weniger deutlich – ihre Erwartungen an sonderpädagogische Dienstleistungen. So sind beispielsweise für die Leistungsfinanzierer betriebswirtschaftliche Kriterien rund um den effizienten Einsatz der zur Verfügung gestellten Ressourcen wesentlich. Bei der Institutionsleitung und ihren Mitarbeitenden stehen gute Sozialleistungen, faire Arbeitsbedingungen wie Fort- und Weiterbil-

---

zialhilfegesetz, dass Träger der Sozialhilfe zur Übernahme der Vergütung für die Leistung nur verpflichtet sind, wenn mit den Trägern der Einrichtung oder seinem Verband eine Vereinbarung über deren Leistung, Vergütung und Prüfung besteht (BSHG). Die inhaltlichen Ausgestaltungen dieser Vereinbarungen entsprechen in etwa den qualitätssichernden Auflagen des Schweizerischen Bundesamtes für Sozialversicherungen.

[11] Diese Prognose basiert auf mündlichen Gesprächen zwischen dem Autor und Vertretern aus der Sozialpolitik, Verbänden und sonderpädagogischen Dienstleistungsorganisationen.

dung oder entsprechende Fachkonzepte im Vordergrund. Und für die Klienten sowie für ihre Angehörigen sind beispielsweise der soziale Austausch mit anderen Menschen, eine würdige Beschäftigung, physische und psychische Gesundheit oder die Sicherheit zentral. Damit werden die für sonderpädagogische Dienstleistungen üblichen Zieldimensionen nicht nur in ihrer grundsätzlichen Ausrichtung beeinflusst, sondern auch in ihrer Ausgestaltung. Um mit diesen – teilweise nicht kompatiblen – Erwartungen der Interessenträger umzugehen, ist es bei sonderpädagogischen Dienstleistungen empfehlenswert, sich auf eine konsensuelle Zielperspektive zu einigen und dabei das Handeln systematisch am individuellen Bedarf der Klienten auszurichten.

Wenn es sonderpädagogischen Diensten gelingt, eine Zielperspektive zu definieren, die von den verschiedenen Interessenträgern akzeptiert und gestützt wird, so werden diese sich konstruktiv einbinden lassen. Die Anforderungen an eine solche Zielperspektive sind hoch, denn sie muss operationalisierbar, das heißt, definiert, methodisch erfassbar und für Interventionsstrategien praktikabel sein. Als konsensuelle Zielperspektive schlägt diese Arbeit das Konzept der Lebensqualität vor.[12] Mit dem Lebensqualitätskonzept steht ein einheitlicher Bezugsrahmen zur Verfügung, an welchem sich fachliche Leistungen und Massnahmen ausrichten können. Dies ist wichtig für die Qualitätsentwicklung der Leistungen.

Die Zufriedenheit der Klienten[13] ist eine der zentralen Anforderungen an Dienstleistungen (Sonnenberg 2004, 3). Um eine hohe Klientenzufriedenheit zu erreichen, müssen sich professionelle Dienstleistungen an den konkreten Bedürfnissen ihrer Klienten ausrichten. Diese subjektive Qualitätskomponente ist sehr bedeutsam (Beck 2006, 183 ff.; Gromann 1996, 211; Hamel et al. 2000, 20). Zu den menschlichen Grundbedürfnissen zählen Nahrung, Sicherheit, Intimität, Privatheit, soziale Beziehungen, gesellschaftliche Akzeptanz, Selbstverwirklichung und Kommunikation. Wenngleich alle Menschen die Grundbedürfnisse teilen, sind sie in ihrer jeweiligen individuellen Ausprägung doch verschieden. Sie variieren nach kultureller Zugehörigkeit, der Lebenssituation, dem Alter, biographischen und lebensweltlichen Erfahrungen (Hamel et al. 2000, 30 f.). Insbesondere Menschen, die in besonderen Ab-

---

[12] Auch Hermann (2005) und Wacker (1994) erachten es als relevant, dass der Qualitätsbegriff in der Behindertenhilfe primär an das Konzept der Lebensqualität gekoppelt wird (Herrmann 2005, 69; Wacker 1994, 269).

[13] Als Klientenzufriedenheit wird das Ergebnis eines komplexen Vergleichs- und Bewertungsprozesses verstanden. Verglichen und bewertet werden die individuellen Erwartungen und Ansprüche an die Leistung des Erbringers vor deren Inanspruchnahme (Soll-Leistung) und der nach ihrem Gebrauch wahrgenommenen und erfahrenen Realität (Ist-Leistung) (Hamel et al. 2000, 55).

hängigkeitsverhältnissen leben und arbeiten, sind vermehrt auf Pflege-, Betreuungs- und Unterstützungsleistungen angewiesen, um ihre Bedürfnisse angemessen befriedigen zu können. Ausgangspunkt jeder personenbezogenen sonderpädagogischen Dienstleistung ist somit die fundierte Klärung, was die Klienten konkret benötigen (Hamel et al. 2000, 31).[14] Eine dem Bedarf der einzelnen Klienten angepasste Lebensqualität stellt dabei ein zentrales Qualitätskriterium dar (Herrmann 2005, 71).

Um den Bedarf der Dienstleistungsempfänger zu erfassen, müssen professionelle, personenbezogene sonderpädagogische Dienste ihre Klienten direkt in die Ausgestaltung und Ausrichtung der Leistung mit einbeziehen. Mit ihrer Einwirkung auf die Leistungserstellung ergänzen sie die standardisierten Formen der Qualitätskontrolle mit den für die Klienten relevanten Parametern. Die Nutzerperspektive wird in der Aushandlung, was sonderpädagogische Qualität definiert, bislang zu wenig einbezogen. Qualität wird in Expertendialogen bestimmt. Dabei treten nicht die Betroffenen, sondern externe Fachpersonen als Experten auf. Dieses Vorgehen birgt die Gefahr der Bevormundung, der fürsorglichen Belagerung (Keupp 2000, 15). Je mehr die Klienten ausgeschlossen werden, desto eher werden die Beurteilungskriterien der Interventionsprozesse und -ergebnisse verzerrt, fehleranfällig und für eine fortlaufende situationsangemessene Optimierung unzureichend (Schnurr 2001, 1334). Die Klienten als Koproduzenten konsequent einzubinden, ist deshalb sehr wichtig. Sie sollten sich von der Planung über den eigentlichen Leistungserstellungsprozess bis hin zur Evaluation am Prozess beteiligen. Die Dienstleistung muss darauf ausgerichtet sein, was die Klienten aus ihrer Perspektive als nutzbringend in den sich ihnen stellenden Aufgaben der Lebensführung betrachten (Oelerich et al. 2005, 80). Dadurch verändert sich nicht nur die Rolle der Dienstleistungsempfänger, sondern auch jene der -erbringer: „[V]on der Versorgung zur Partizipationsförderung, von der Angebots- zur Bedarfssteuerung, vom schematisierten Standardangebot zur individuellen, flexiblen Leistungsgestaltung; vom abhängigen, aber auch beschützten Hilfeempfänger zum selbstbestimmten, geforderten Nutzer mit neuen Rechten" (Beck 2005, 9).

Unter besonderer Berücksichtigung der Effektivität kristallisiert sich der Zielpluralismus als ein für sonderpädagogische Dienstleistungen typischer

---

[14]   Für Menschen hängt die Möglichkeit, bestimmte Bedürfnisse zu realisieren, von dem ab, welche Chancen zur Bildung welcher Bedürfnisse die Gesellschaft ihnen überhaupt zugesteht. Dafür ist eine Verständigung darüber notwendig, was zum Menschsein gehört und als Folge, was eine Gemeinschaft jedem Bürger zubilligen muss, die sich über die Menschenrechte definiert (Klauss 2006, 11-13). Mit diesem Diskurs beschäftigt sich diese Arbeit nicht.

Spannungsbereich heraus. Abbildung 3 verortet diesen Spannungsbereich (gestrichelte Linie) graphisch innerhalb der entsprechenden Spannungsdimension (durchgezogener Pfeil). Die beiden Pole der Spannungsdimension werden mit wenigen Stichworten beschrieben. Der linke Pol in der Graphik bildet den Ausgangspunkt der Spannungsdimension und stellt mit einem eindimensionalen und klaren Ziel einer einzelnen Anspruchsgruppe an die Dienstleistung die idealtypische und relativ einfach handhabbare Dienstleistungssituation dar. Die Spannung nimmt kontinuierlich zu, je mehr sich die Situation von diesem Idealzustand entfernt. In dieser Spannungsdimension ist dies der Fall, je mehr Anspruchsgruppen mit ihren heterogenen Ansprüchen und Erwartungen in die Zielfindung und Aufgabenstellung involviert sind. Davon sind sonderpädagogische Dienstleistungen stark betroffen. Meistens sind diverse Anspruchs- und Interessengruppen vertreten, die je unterschiedliche Erwartungen und Ansprüche an die sonderpädagogische Dienstleistung stellen. Um damit umgehen zu können, müssen sonderpädagogische Dienste diese Ansprüche priorisieren und die Erwartungen kanalisieren. Strategisch ist dies durch eine konsensuelle Zielperspektive aller relevanten Interessenträger und konzeptionell durch eine konsequente Nutzer- und Bedarfsorientierung möglich. Wenn sonderpädagogische Dienstleistungsqualität aus dem Grad der Übereinstimmung zwischen den Erwartungen an eine Leistung zum einen und der tatsächlich erbrachten Leistung zum andern besteht, dann wäre damit zumindest die effektiv angestrebte Erwartung transparent. Offen bleibt, mit welchen Ressourcen, Mitteln und Instrumenten diese Erwartung erfüllt werden kann und wie sich die tatsächlich erbrachte Leistung bestimmen lässt? Diese Fragen zielen auf die Effizienz sonderpädagogischer Dienstleistungen.

Spannungsbereich 1:   Zielpluralismus

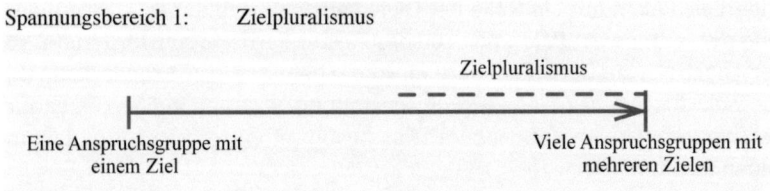

Zielpluralismus

Eine Anspruchsgruppe mit   Viele Anspruchsgruppen mit
einem Ziel   mehreren Zielen

Handlungsgrundlagen: Zielperspektive festlegen; Bedarfsorientierung; Klientenorientierung

Abbildung 3:Spannungsbereich ‹Zielpluralismus›

2.3.2 Effizienzaspekte

Sonderpädagogische Dienstleistungen müssen effizient sein. Die Effizienz bezieht sich auf die Güte der sonderpädagogischen Interventionen. Eine Intervention ist dann effizient, wenn die gewünschte Veränderung möglichst schnell und zuverlässig und mit möglichst geringem Ressourceneinsatz erzielt wird. Um Veränderungen zu initiieren, orientieren sich professionelle sonderpädagogische Intervention an zwei Richtgrößen: dem tatsächlichen Ist-Wert in Bezug auf die Zielgröße und dem anzustrebenden Soll-Wert. Aus der Differenz (Delta Δ) dieser beiden Werte leitet sich der sonderpädagogische Bedarf ab. Das Ziel der Intervention ist es, diese Differenz zu verringern.[15] Je kleiner die Differenz, desto besser ist die Güte der Dienstleistung und desto höher die individuelle Zufriedenheit der Klienten. Abbildung 4 veranschaulicht diese Zusammenhänge.

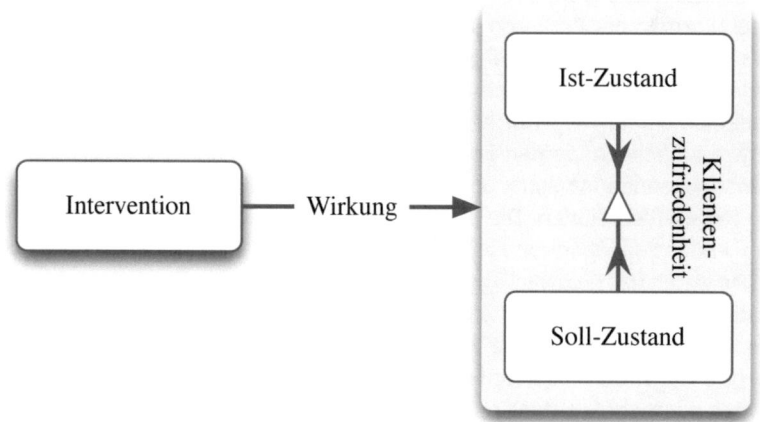

Abbildung 4: Soll-Ist-Relation sonderpädagogischer Interventionen

Gesellschaftspolitisch wird verlangt, dass sonderpädagogische Dienste die Wirksamkeit ihrer Leistungen transparent ausweisen und ihre Interventionen effektiv und effizient gestalten müssen. Wirkungsvolle Impulse erhofft man sich dabei von Denk- und Verfahrensweisen aus der Betriebswirtschaft, insbesondere aus der gewerblichen Produktion und den betrieblichen Dienstleistungen (Badelt 2007; Eschenbach et al. 2003). Damit wird ein Kosten-Nutzen-Kalkül in sonderpädagogische Dienste implementiert, an welchem sich diese auszurichten haben.

---

[15] Eine Intervention kann dabei grundsätzlich sowohl auf eine Veränderung der Ist-Werte, der Soll-Werte oder beider Größen abzielen.

Dieses betriebswirtschaftliche Kalkül und den damit verbundenen Druck sonderpädagogischer Dienste effizient auszugestalten, wird unterschiedlich diskutiert. Um die Reichweite der Diskussion abzustecken, werden die zwei entgegengesetzten Positionen beleuchtet: Die Vertreter einer ‹traditionell-liberalen Position› bekämpfen die Effizienz als ein für das Sozialmanagement verbindliches Qualitätskriterium (Schönig et al. 1993, 140). Sie lehnen sich einerseits gegen die gesellschaftliche Forderung auf, die Wirksamkeit sonderpädagogischer Leistungen mit Effizienz zu verbinden. Damit riskieren sie, sich aus ihrer Verantwortung gegenüber den Steuerzahlern und anderen Interessenvertretern zu stehlen. Andererseits kritisieren sie den Zugang, sonderpädagogisches Handeln über quantitative Größen oder beobachtbare Ereignisse messbar zu machen. Ihre Standardargumente hierfür sind, dass sonderpädagogische Qualitätsprozesse zu komplex sind, um sie mit Kennzahlen-Konstrukten angemessen abzubilden, dass sich sonderpädagogische Ergebnisse nicht in Zahlen ausdrücken lassen und dass Kennzahlen von anderen Formen der Reflexion innerhalb sonderpädagogischer Handlungsprozesse ablenken (Merchel 2003, 13). Eine solche Position ist dann berechtigt, wenn sich das Maß der Bemühungen, ihre Interventionen zu legitimieren, hinderlich auf den eigentlichen Auftrag, und in der Folge auf den Klienten, auswirkt. Vielfach werden Formalitäten beklagt, welche nach Ansicht der Dienstleistenden inhaltlich unnütz sind und verhältnismäßig zu viele zeitliche Ressourcen binden. Die entgegengesetzte ‹betriebsökonomische Position› erklärt Management zum zentralen Maßstab, an dem sich das Handeln auszurichten hat (Schwarz 1996a, 46 f.). Vertreter dieser Position verlangen, sonderpädagogische Dienste unter der Berücksichtigung von Effizienzkriterien neu zu denken und die damit verbundenen Herausforderungen konsequent anzugehen. Dabei fordern sie, die Wirkung sonderpädagogischer Leistungen mit mehr Substanz als der bloßen Intuition zu belegen. Argumentiert wird, dass nur, wenn die repräsentativen Erfassungsbereiche in quantitative Kennzahlen beziehungsweise beobachtbare Ereignisse übersetzt werden, die tatsächliche Wirkung sichtbar wird.[16] Quantifizierende Kennzahlenverfahren ermöglichen einen tragfähigen und praktisch folgenreichen Diskurs über Qualität und zielgerichtete Massnahmen der Qualitätsentwicklung (Merchel 2003, 12 f.). Mit einer solchen empirischen Grundlegung wird das Handeln in der sonderpädagogischen Arbeit zielorientierter gesteuert und es können Evaluationskriterien für intendierte Veränderungen gewonnen werden.

---

[16] Als positiver Begleiteffekt dieser Ökonomisierungstendenzen orientiert sich die Nachfrage mehr am tatsächlichen Bedarf der Menschen (Cernavin et al. 1998, 227). Dies ist, wie bereits diskutiert wurde, unter Effektivitätsgesichtspunkten zu begrüßen.

„Je stärker es gelingt, Leistungen in quantitativen Größen darzustellen und in einem weiteren Schritt über Quantifizierungen Vergleiche zwischen Organisationen oder Organisationssegmenten herzustellen, desto besser werden Maßstäbe und Beurteilungen zur Qualität kommunikativ vermittelbar und desto besser gelingt es, eindeutige Zielorientierungen für die künftige Ausgestaltung der sozialpädagogischen und organisatorischen Bemühungen zu geben." (Merchel 2003, 12).

Die Sonderpädagogik – sowohl die Disziplin als auch die Profession – muss sich dieser Herausforderung stellen. Wirtschaftliche Maßgaben für die Straffung der Leistungssysteme zugunsten einer besseren Effizienz und Effektivität sind notwendig (Speck 2004b, 27). Es ist nicht zulässig sich der Qualitätsdebatte mit dem Hinweis auf die Grenzen der Messbarkeit sonderpädagogischen Handelns zu verweigern. Die Forschung und ihre Technik entwickeln sich. Genauso vermessen wäre es, unreflektiert messbare Kennzahlen zu verwenden oder zu glauben, dass mit diesen Kennzahlen alle zentralen Qualitätselemente erfasst wären. Ebenso unbedacht ist es, die Kritiken der betriebswirtschaftlichen Qualitätsdebatte zu unterlaufen, ohne sich fundiert mit den normativen Effektivitäts- und methodischen Effizienzaspekten auseinanderzusetzen und dabei die in der sonderpädagogischen Natur liegenden Bedingungen zu berücksichtigen. Ein zentraler Schritt besteht darin, sich dieser Bedingungen bewusst zu werden und diese als entsprechende Herausforderungen anzugehen. Dazu zählen einerseits die methodische Schwierigkeit, den sonderpädagogischen Bedarf zu erheben, und andererseits, die Wirkungszusammenhänge zwischen dem Interventionsziel und der tatsächlichen Leistung auszuweisen.

Spannungsbereich 2:   Erschwerte Bedarfsermittlung

Sonderpädagogische Dienstleistungen beginnen nicht an dem Punkt, wo eine sonderpädagogische Maßnahme lanciert wird. Ihre Bemühungen greifen zeitlich weit voraus. Um eine Maßnahme umzusetzen, muss zuerst einmal bekannt sein, welcher Bedarf vorliegt. Den sonderpädagogischen Bedarf der Klienten professionell zu ermitteln, ist schwierig. Dazu braucht es ein klar definiertes Konzept, welche Bereiche sonderpädagogisch relevant sind und welche nicht. Dafür eignet sich das Lebensqualitätskonzept. Lebensqualität bildet nicht nur eine sinnvolle Zielperspektive für sonderpädagogisches Handeln, sondern sie lässt sich auch gut operationalisieren. Im Operationalisierungsprozess werden Parameter gebildet. Diese Parameter müssen die Lebensqualität einerseits als Ganzes repräsentativ abbilden. Andererseits müssen sie praktikabel erfasst werden können. Diese Anforderungen gelten auch für andere sonderpädagogische Konzepte. Um den Bedarf der Klienten zu erfassen, werden verschiedenste Instrumente und Methoden eingesetzt.

Einige sehr spezifische Verfahren sind auf die Erfassung bestimmter Teilaspekte wie das Wohnen oder die Gesundheit spezialisiert. Andere sind umfassender und decken mehrere Lebensbereiche gleichzeitig ab. Systematisch sind grundsätzlich zwei Arten zu unterscheiden: Die zweidimensionale Diagnose ermittelt den sonderpädagogischen Bedarf als Differenz zwischen den tatsächlichen und den gewünschten Werten, während die eindimensionale lediglich die tatsächliche oder die gewünschte Situation erfragt. Das zweidimensionale Diagnoseverfahren weist den entscheidenden Vorteil auf, dass sich erzielte Wirkungen als Veränderungen in Relation zu den Ist-Soll-Werten ausweisen lassen. Dieser Vorteil entspricht der Erkenntnis umfangreicher empirischer Untersuchungen. Parasuraman, Zeithaml und Berry (1985) haben ein Modell auf der Basis eines kundenorientierten Qualitätsbegriffs entwickelt, welcher genau diesen Vorteil berücksichtigt. Der Kern ihres Ansatzes ist die Festlegung, dass Qualität gekennzeichnet ist durch den Grad der Übereinstimmung zwischen der wahrgenommenen Güte der Dienstleistung und den Kundenerwartungen. Qualitätsmängel sind dementsprechend gekennzeichnet durch das Auseinanderfallen (Delta Δ) von tatsächlichen und erwarteten Eigenschaften beziehungsweise Merkmalen (Parasuraman et al. 1985, 42 f.).

Unter besonderer Berücksichtigung der Effizienz zeigt sich die erschwerte Bedarfserhebung als ein für sonderpädagogische Dienstleistungsorganisationen typischer Spannungsbereich. Die für Dienstleistungen ideale Situation dieser Spannungsdimension bilden aufgeklärte, informierte und kompetente Dienstleistungsempfänger, die kooperativ eingebunden werden, ihren Bedarf klar äußern und die Dienstleistungen rückwirkend entsprechend ihren Erwartungen beurteilen und evaluieren können. Die Spannung nimmt kontinuierlich zu, je weiter sich diese Umstände von diesem Ausgangspunkt entfernen. Der Spannungsbereich ist bei sonderpädagogischen Dienstleistungen recht breit. Er erstreckt sich von kognitiv und kommunikativ nicht beeinträchtigten Klienten bis hin zum kommunikativ und kognitiv beeinträchtigten Dienstleistungsempfänger, der seine Erwartungen und seinen Bedarf nicht äußern und die Dienstleistung rekursiv auch nicht kompetent und nachhaltig beurteilen kann (vgl. Abbildung 5).[17] Dies stellt hohe Anforderungen an die Bedarfserhebung. Ausgehend von der Annahme, dass die normative Zieldimension klar und operationalisiert ist, sind Analyseinstrumente erforderlich, welche mit diesen Schwierigkeiten adäquat umgehen.

---

[17] In der sonderpädagogischen Praxis sind solche Situation häufig anzutreffen. So weigert sich beispielsweise ein Klient aufgrund der kognitiven Fähigkeit, die Zukunft gebührend zu antizipieren, seine Zähne zu putzen. In der Folge kann solches Verhalten zwangsläufig zu erweiterten Komplikationen führen.

Die Instrumente müssen die operationalisierten Parameter valide und reliabel erfassen und ausweisen. Während die derzeit üblichen Analyseinstrumente deutlich an ihre Grenzen stoßen (Sonnenberg 2004, 3), werden die in
dieser Arbeit vorgestellten diese Vorgaben erfüllen.[18]

Spannungsbereich 2:   Erschwerte Bedarfserhebung

Erschwerte Bedarfserhebung

|——>|

Einfache Bedarfserhebung: Schwierige Bedarfserhebung:
informierte, kooperierende und   kognitiv und kommunikativ
kognitiv kompetente Klienten   beeinträchtigte Klienten

Handlungsgrundlagen: Zielperspektive operationalisieren; Analyseinstrumente kon-
                        zipieren

Abbildung 5: Spannungsbereich ‹Erschwerte Bedarfserhebung›

Spannungsbereich 3:   Wirkungskomplexität

Sonderpädagogische Arbeitsprozesse werden nicht mehr voraussetzungslos
angenommen. Sie müssen sich durch ihre Wirksamkeit legitimieren (Greving
2008, 159). Dies ist schwierig, denn die Bedingungen sonderpädagogischer
Dienstleistungen – im Unterschied zur industriellen Fertigung oder zu na-
turwissenschaftlich erforschten Mechanismen – sind komplexer angelegt.
Komplexität führt, wenn keine entsprechenden komplexitätsauflösenden
oder -reduzierenden Instrumente zur Verfügung stehen, zu Unsicherheit.
Luhmann und Schorr (1982) sprechen diesbezüglich von einem Technologiedefizit[19] (Luhmann et al. 1982), welches die Identifizierung von Ziel-
Mittel-Strukturen pädagogischer Handlungen erschwert (Beck 1994, 161).
Davon sind sonderpädagogische Dienstleistungen stark betroffen. Ob mit
einer bestimmten sonderpädagogischen Leistung auch die gewünschten Ef-

---

[18] In einem am Sonderforschungsbereich des Instituts für Erziehungswissenschaft
      durchgeführten Projekt wurden neue und innovative Erfassungsinstrumente entwi-
      ckelt und getestet. Sie basieren auf aktuellen Erkenntnissen und Erfahrungen und
      begegnen den individuellen Erfassungsschwierigkeiten im Sinne einer ‹best practice›.
      Die Instrumente werden in Kapitel sechs vorgestellt und fließen in das Framework
      sensiQoL© ein.

[19] Das Technologiedefizit bezeichnet den Sachverhalt, dass für zielorientierte Handlun-
      gen weder klare Methoden noch passende Instrumente vorhanden sind, mit denen
      die Ziele zuverlässig erreicht werden können. Es wird davon ausgegangen, dass Input,
      Verarbeitung und Output in keinen gesicherten Zusammenhang gestellt werden
      können (Oberholzer 2009, 75).

fekte oder Ergebnisse erzielt werden können, ist schwer einschätzbar. Rückführend auf diese schwierigen Umstände werden in der sonderpädagogischen Praxis Interventionen vielfach intuitiv begründet oder über professionsspezifische Expertisen (Oberholzer 2003, 9) legitimiert. Dies ist risikoreich. Erstens fehlen bei einem offensichtlichen Misserfolg fundierte Argumente zur Rechtfertigung. Dadurch erhöht sich die Verantwortung auf die dienstleistenden Organe. Und zweitens können Misserfolge meistens nur dann als solche ausgewiesen werden, wenn die Wirkung der Intervention transparent ist. Ohne wirkungssensitive Instrumente sind Aussagen über die Güte der Dienstleistung spekulativ.

Die Qualität der bestehenden sonderpädagogischen Instrumente, um sonderpädagogische Wirkungen auszuweisen, muss kontrovers beurteilt werden. Teils sind die Instrumente pragmatisch, teils theoretisch fundiert und methodisch differenziert. Bisweilen wird sogar angenommen, dass die Ursache-Wirkungs-Verhältnisse bei Interventionen in sozialen Bereichen zu komplex sind, als dass rein technische Qualitätsmanagement-Systeme zu Qualitätsverbesserungen führen würden (Schädler 2001, 9). Dem widersprechen jüngere wissenschaftliche Erkenntnisse. Solche belegen, dass auch soziale Systeme zu operationalisieren und technologisch zu bearbeiten sind – und zwar nicht als lineare Trivialmaschinen, sondern als dynamische, interaktive Systeme (z.B. Ballin 2006; Hoyningen-Süess et al. 2007; Hub 1994; Jurgelucks 2008; Ossimitz 2000; Vollmer 2008). Solche Ansätze stellen soziale Situationen oder Probleme als aus Elementen bestehende Systeme dar. Wichtig dabei ist, welche Elemente als systemrelevant gelten, selektiert werden, und welche nicht. Die selektierten Elemente müssen das System – in Annäherung an die Realität – repräsentativ abbilden. Dazu wird auf komplexitätsreduzierende Verfahren zurückgegriffen. Diese Verfahren sind entscheidend, um Probleme oder Situationen in ihren komplexen Zusammenhängen zu begreifen.

Anknüpfend an die sozial- und gesellschaftspolitische Forderung, dass sonderpädagogische Dienstleistungen ihre Wirksamkeit legitimieren müssen, veranschaulicht Abbildung 6 die damit verbundenen Tendenzen zur Standardisierung von Leistungen und zu vermehrtem Technologieeinsatz. Diese Tendenzen sind für eine umfassende und nachhaltige Entwicklung sonderpädagogischer Dienstleistungsqualität zu berücksichtigen.

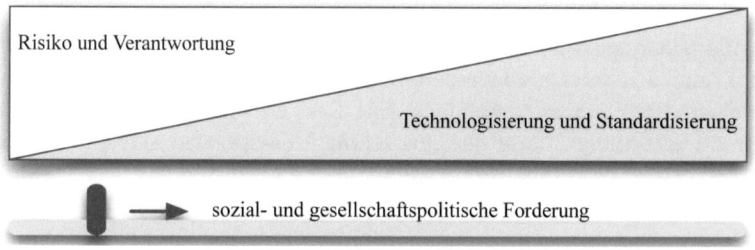

Abbildung 6: Wirkungsorientierung sonderpädagogischer Dienstleistungen

Unter besonderer Berücksichtigung der Effizienz zeigt sich neben der erschwerten Bedarfserhebung die Wirkungskomplexität der Interventionen als ein weiterer für sonderpädagogische Dienstleistungen typischer Spannungsbereich. Die idealtypische Ausgangssituation dieser Spannungsdimension bilden direkt und eindeutig zuschreibbare Wirkungen einer Leistung zur entsprechenden Maßnahme. Die Spannung nimmt mit zunehmender Wirkungskomplexität kontinuierlich zu. Solche Wirkungskomplexitäten finden sich auch bei sonderpädagogischen Dienstleistungen. Die Kausalitäten zwischen sonderpädagogischen Massnahmen und ihren Wirkungen sind intransparent und diffus (vgl. Abbildung 7). Auch diese Komplexität stellt hohe Anforderungen an sonderpädagogische Analyse- und Planungsinstrumente[20]. Diese müssen sich an der operationalisierten Zieldimension orientieren, den Bedarf als Differenz der tatsächlichen und gewünschten Leistung erheben und die Wirkungen von Interventionen transparent dokumentieren. Orientierungshilfen bieten moderne, sensitive Technologien, welche soziale Systeme komplexitätsreduziert darstellen und modellieren können.

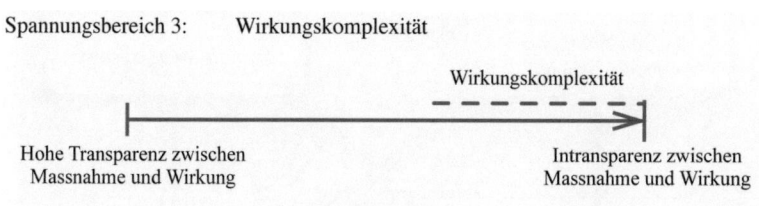

Abbildung 7: Spannungsbereich ‹Wirkungskomplexität›

---

[20] Hier ist anzumerken, dass sonderpädagogische Analyse- und Planungsinstrumente von sonderpädagogischem Personal eingesetzt werden. Damit sich gute Instrumente entfalten, sind sie auf eine professionelle Anwendung angewiesen. Dieser Thematik widmen sich die Professionsaspekte.

2.3.3 Professionsaspekte

Sonderpädagogische Dienstleistungen müssen professionell sein. Um diesem Anspruch gerecht zu werden, entwickelt sich eine ausgeübte Tätigkeit zu einem Beruf. Im weiteren Sinne wird diese Entwicklung als Professionalisierung verstanden. Unter der Überschrift Professionsaspekte wird hier allerdings kein Exkurs über sonderpädagogische Ausbildung geführt. Vielmehr werden sehr allgemeine Bedingungen erarbeitet, welche den sonderpädagogischen Dienstleistungsprozess determinieren. Um solche Bedingungen herauszuarbeiten, ist eine theoretische Unterscheidung zwischen verschiedenen Handlungsebenen dienlich. Bauer (2001) differenziert zwischen vier Handlungsebenen (vgl. Abbildung 8). Die interaktiv-personenbezogene (1) definiert den zeitlichen und ortsgebunden Rahmen des unmittelbaren Leistungsgeschehens. Die beruflich-qualifikatorische (2) entspricht der sozialen Dienstleistung im Sinne ihrer Funktionsgewährleistung. Dabei geht es um die kompetente Leistungserbringung durch qualifiziertes Fachpersonal. Zu den häufigsten Berufsgruppen sonderpädagogischer Dienstleistungserbringer zählen Behindertenbetreuer, Sozialpädagogen, Sozialarbeiter, Sonder- und Heilpädagogen sowie diverse therapeutische Berufszweige. Die strukturell-institutionelle (3) Ebene bezeichnet den sozialen Dienst im institutionell-organisatorischen Leistungskontext. Zu diesem Kontext zählen Anstellungsträger und Arbeitgeber im Sozialwesen. Mit der systematisch-wohlfahrtspolitischen (4) Handlungsebene bezieht sich Bauer auf das Sozialleistungssystem des Wohlfahrtsstaates, einschließlich der Steuerungsmedien Recht und Geld (Bauer 2001, 70-84).

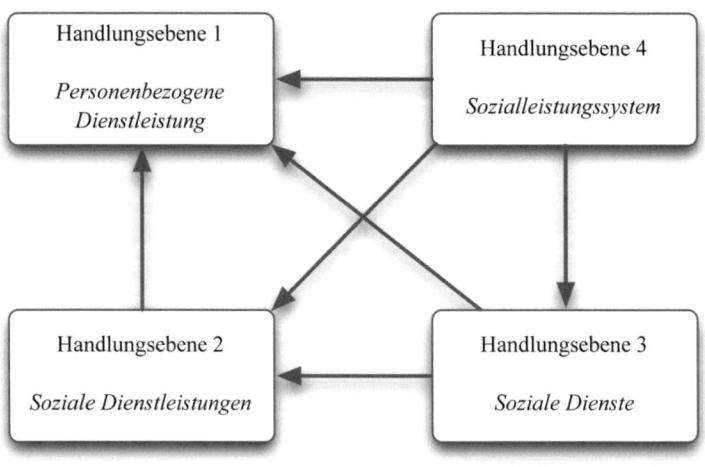

Abbildung 8: Beziehungen zwischen den Handlungsebenen (Bauer 2001, 82)

Werden diese vier Handlungsebenen zueinander in Beziehung gesetzt, wird deutlich, dass sie in einem hierarchischen Verhältnis zueinander stehen: Während das staatliche Sozialleistungssystem auf sämtliche anderen Handlungsebenen einwirkt, wird die interaktiv-personenbezogene Dienstleistung von allen drei anderen Ebenen beeinflusst. Selber vermag Letztere jedoch keinen Einfluss auf die anderen Handlungsebenen auszuüben. Der Staat sorgt für die Finanzierung (4), die Institutionen stellen die Dienste bereit (3), qualifiziertes Personal erbringt die Leistung (2) und der Leistungsberechtigte empfängt sie (1). Damit sind die Einflussmöglichkeiten der Klienten als Dienstleistungsempfänger auf die Entwicklung der Angebote und deren Qualitätsbeurteilung gering. Inhalt, Umfang, Qualität und Kosten der personenbezogenen Massnahmen werden auf der Ebene des Sozialleistungssystems – bestenfalls in Rücksprache mit den sozialen Diensten – verhandelt und vereinbart (Wansing 2005, 117).

Das hierarchische Beziehungsverhältnis der einzelnen Handlungsebenen bildet bereits strukturelle Vorgaben für die Entwicklung und Entfaltung der personenbezogenen Dienstleistungsqualität. Anschließend sollen jedoch nicht die gesellschaftlich vorgegebenen Strukturen kritisch reflektiert werden. Für die Entwicklung des sonderpädagogischen Frameworks sensiQoL© ist – unter den aktuell gegebenen Bedingungen – insbesondere das Verhältnis zwischen Handlungsebene eins und zwei relevant. Dabei wird deutlich, dass sich die Beziehung zwischen Dienstleistungserbringer und -empfänger durch einen hohen Individualisierungs- und Spezialisierungsgrad auszeichnet (Oberholzer 2003, 7) (vgl. Kapitel 2.2.3). Erbringer und Empfänger einer Leistung besitzen Bedürfnisse, Fähigkeiten, Möglichkeiten und Ressourcen in ihrer je individuellen Ausprägung. Das Beziehungsgefüge muss diese jeweiligen Gegebenheiten adäquat berücksichtigen, damit sich die Leistung entsprechend den professionellen Vorgaben innerhalb des gesamten Kontextes entfalten kann. Das für Dienstleistungen typische Merkmal der Koproduktion zeigt sich für sonderpädagogische Dienste besonders konstituierend (vgl. Abbildung 9). Der Produktionsprozess wird geprägt von ungleichen Machtverhältnissen und einer starken einseitigen Abhängigkeit.

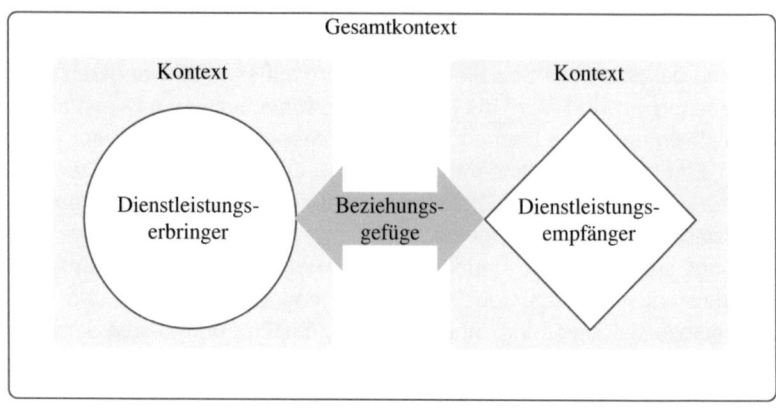

Abbildung 9: Kontext sonderpädagogischer Dienstleistungsprozesse

Spannungsbereich 4:   Abhängigkeit und ungleiche Machtverhältnisse

Menschen mit Entwicklungsbeeinträchtigungen sind einem komplexen Geflecht von verschiedensten Abhängigkeiten ausgesetzt. Dadurch sind sie mehr oder weniger stark auf Unterstützung und Begleitung angewiesen (Herrmann 2005, 71). Einige dieser unterstützenden und begleitenden Leistungen werden von sonderpädagogischen Dienstleistungen erbracht. Neben der eigentlichen Leistung sind sie vielfach auch vom Anbieter der Dienstleistung abhängig (Beck 2006, 186; Erne 2001, 239). Denn gerade bei sonderpädagogischen Dienstleistungen besteht ein erhebliches Kompetenzgefälle zwischen dem Dienstleistungsempfänger und dem -erbringer (Hamel et al. 2000, 20). Klienten ist es nicht möglich, sich für oder gegen eine Dienstleistung auszusprechen. Im Idealfall können sie sich lediglich zwischen verschiedenen Dienstleistungserbringern desselben Angebotes entscheiden. Die Abhängigkeit von der Leistung und in der Folge vom Anbieter produziert ein strukturelles Machtgefälle. Abbildung 10 stellt diese Asymmetrie mit ungleichen Pfeilstärken dar.

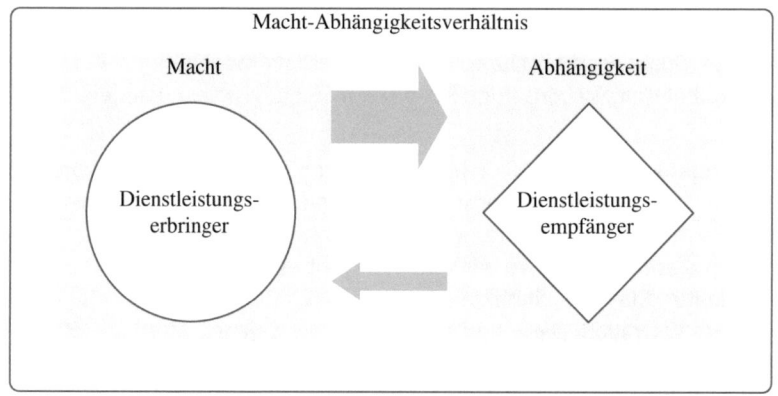

Abbildung 10: Strukturelles Macht-Abhängigkeitsverhältnis sonderpädagogischer Dienstleistung

In der Marktwirtschaft sind die Tauschverhältnisse, Dienstleistung gegen Entgelt, grundsätzlich stabil. Bei sonderpädagogischen Dienstleistungen trifft dies nicht zu. Die Tauschverhältnisse zwischen Erbringer und Empfänger sind nicht ausgewogen. Ein Übermaß an Abhängigkeit führt zu asymmetrischen Beziehungen zwischen Professionellen und ihren Klienten. Die Formen der Abhängigkeiten sind facettenreich. Alle bergen sie jedoch das Risiko, durch die Verletzung von Ansprüchen in Machtmissbrauch und Gewalt zu münden.[21] Aufgrund der Verletzbarkeit entstehen wiederum Abhängigkeiten, die ihrerseits die Gefahr der Verletzung erhöhen (Dederich 2007, 139 ff.). Diese Abhängigkeiten sind sowohl für den Dienstleistungsprozess als auch für die Evaluation der Klientenzufriedenheit problematisch. Um ein stabiles und qualitativ gutes Tauschverhältnis aufrecht zu halten, muss entweder die Position des Dienstleistungsempfängers gestärkt und/oder die Haltung des Anbieters verändert werden. Dem Dienstleistungsempfänger mehr Macht einzuräumen, um die Asymmetrie zu nivellieren, ist schwierig. Vielfach tangieren die Beeinträchtigungen gerade jene Fähigkeiten, mit solchen Machtpotentialen kompetent umgehen zu können.[22] In der Praxis wird versucht, die Autonomie der Klienten zu wahren, indem diese, den individuellen Fähigkeiten entsprechend, unterstützt und gefördert werden. Komplementär dazu versuchen auch die Dienstleistungserbringer sich zu professionalisieren. In der sonderpädagogischen Praxis werden dazu Verfahren angewen-

---

[21] Es existiert ein beträchtlicher Fundus an Literatur zu Macht und Gewalt in der Behindertenhilfe. Empirische Forschungen zu diesem Thema liegen bis heute hingegen so gut wie keine vor (Dederich 2007, 148).

[22] Dies zeigt sich beispielsweise darin, wie Menschen mit kognitiven Entwicklungsbeeinträchtigungen mit Geld umgehen.

det, welche ein strukturiertes Nachdenken der Dienstleistungserbringer initiieren. Dieser reflexive Lernprozess der Mitarbeitenden ist Teil einer kontinuierlichen Qualitätsentwicklung. Dazu gehören ein regelmäßiger Austausch, Protokollführung, gegenseitige Hospitation, Supervision und andere Verfahren.

Neben diesen institutionalisierten Plattformen ist auch eine entsprechende Haltung der Dienstleistungserbringer konstruktiv. Personenbezogene Dienstleistungen sind Erfahrungs- und Vertrauensgüter (Hamel et al. 2000, 20). Um diese als solche zu entfalten, braucht es eine entsprechende Beziehungskultur. Sie muss charakterisiert sein durch Respekt, gegenseitige Achtung und Vertrauen. Diese und andere zentrale Eigenschaften wie etwa die Fähigkeit zur Selbstreflexion sind Bestandteile professioneller Handlungskompetenz. Sie entfalten sich innerhalb der Dienstleistungsprozesse.[23]

Unter besonderer Berücksichtigung der Profession sonderpädagogischer Dienstleistungen zeigt sich die Abhängigkeit der Klienten und die daraus resultierenden ungleichen Machtverhältnisse as ein für sonderpädagogische Dienstleistungen typischer Spannungsbereich. Den Idealtypus dieser Spannungsdimension stellen zahlende und aufgeklärte Kunden dar, die zwischen verschiedenen Dienstleistungserbringern auswählen, sich vorab über die Güte und Reputation dieser Leistung erkundigen können und fähig sind, die Leistung anschließend entsprechend ihren Erwartungen zu beurteilen. Die Spannung nimmt kontinuierlich zu, je weiter sich diese Umstände vom dargestellten Ausgangspunkt entfernen. Der Spannungsbereich von sonderpädagogischen Dienstleistungen ist relativ weit entfernt von diesem Ausgangspunkt zu lokalisieren. Empfänger von sonderpädagogischen Leistungen sind stark auf die Leistung angewiesen – mitunter sogar existentiell –, und somit auch auf den Erbringer. Vielfach stehen ihnen auch keine alternativen Dienste zur Verfügung und sie sind nur bedingt fähig, die Güte der Leistung zu beurteilen und zu bezahlen (vgl. Abbildung 11). Um konstruktiv mit diesen Umständen umgehen zu können, helfen Vertrauensbeziehungen oder institutionalisierte reflexive Lernprozesse.

---

[23] Oberholzer (2003) nennt hierfür folgendes Beispiel: „Die Qualität einer Dienstleistung zeigt sich also nicht nur darin, dass und wie ein Mensch mit schweren Entwicklungsbeeinträchtigungen angezogen ist, sondern auch und mitunter zentral in der Art und Weise, wie er angezogen worden ist oder wie ihm beim Anziehen geholfen wurde" (Oberholzer 2003, 7).

Spannungsbereich 4:   Abhängigkeit und ungleiche Machtverhältnisse

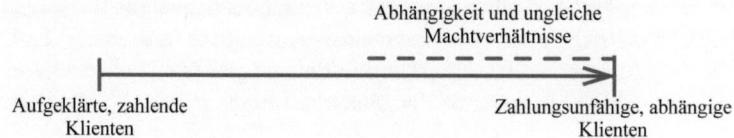

Handlungsgrundlage: Professionelles Berufsverständnis

Abbildung 11: Spannungsbereich ‹Abhängigkeit und ungleiche Machtverhältnisse›

2.4 Fazit zu sonderpädagogischen Dienstleistungen

Dieses Kapitel beschäftigt sich mit sonderpädagogischen Dienstleistungen. Es zeigt, dass sonderpädagogische Dienstleistungen zur Gruppe der personen- und interaktionsbezogenen Dienstleistungen gehören. Als solche werden sie durch die für Dienstleistungen üblichen Merkmale wie Immaterialität, Koproduktion, Nicht-Speicherbarkeit und Individualität charakterisiert. Die speziell für sonderpädagogische Dienstleistungen typischen Spannungsbereiche zeigen sich besonders prägnant entlang der Qualitätsaspekte Effektivität, Effizienz und Profession. Zusammenfassend lässt sich sagen, dass sich sonderpädagogische Dienstleistungen durch Zielpluralismus, erschwerte Bedarfsermittlung, Wirkungskomplexität sowie Abhängigkeit und ungleiche Machtverhältnisse auszeichnen.

Für die konkrete sonderpädagogische Arbeit bedeutet dies, dass

- für sonderpädagogische Dienstleistungen eine von allen Interessenträgern getragene Zielperspektive definiert und operationalisiert werden sollte,

- die Klienten systematisch in die sonderpädagogische Arbeit einbezogen werden und sie sich kontinuierlich aus der Nutzerperspektive heraus auf den Prüfstand stellen sollten,

- Erfassungsinstrumente konzipiert werden sollten, welche den individuellen Bedarf der Klienten zuverlässig erheben und die Wirkung sonderpädagogischer Interventionen ausweisen können,

- sich Dienstleistungserbringer auf Reflexionsprozesse einlassen, Veränderungsbereitschaft zeigen und eine Vorstellung darüber entwickeln sollten, was auf der Basis der Evaluationsergebnisse aus fachlicher Sicht zukünftig verändert werden soll und was bestehen bleibt (vgl. Abbildung 12).

Dies umzusetzen ist anspruchsvoll, gehört jedoch zu einem professionellen Dienstleistungsverständnis. „Nimmt man den Gedanken ernst, dass die Qualität sozialer Hilfen direkten Einfluss auf die Lebensqualität der davon abhängigen Menschen hat, dann kann eine systematisch betriebene Qualitätssicherung zu einer Professionalisierung der sozialer [sic!] Hilfen führen und die Position der Konsumenten der Dienstleistungen stärken" (Schädler 2001, 25).

Spannungsbereiche		Handlungsgrundlagen
1	Zielpluralismus	Zielperspektive festlegen
		Bedarfsorientierung
		Klientenorientierung
2	Erschwerte Bedarfserhebung	Zielperspektive operationalisieren
		Analyseinstrumente konzipieren
3	Wirkungskomplexität	Wirkungsorientierung
		Komplexitätsreduktion
4	Abhängigkeit und ungleiche Machtverhältnisse	Professionelles Berufsverständnis

Abbildung 12: Spannungsbereiche und Handlungsgrundlagen sonderpädagogischer Dienstleistungen

Das Folgekapitel thematisiert die organisationalen Bedingungen und Gegebenheiten, innerhalb derer sonderpädagogische Dienste angeboten werden.

3. Spannungsbereiche sonderpädagogischer Organisationen

In diesem Kapitel werden für sonderpädagogische Organisationen typische Spannungsbereiche identifiziert. Dazu wird die Methode des Vergleichs eingesetzt. Verglichen werden sonderpädagogische Dienstleistungsorganisationen (als Nonprofitorganisationen) mit profitorientierten Unternehmen. Von diesen erhoffen sie sich wertvolle Impulse, um effektive, effiziente und gute Arbeit zu leisten. Um den Vergleich systematisch vorzubereiten, wird in einem ersten Schritt geklärt, was unter einer sonderpädagogischen Dienstleistungsorganisation zu verstehen ist.[24] Weil diese Einrichtungen anzahlmäßig sehr klein, volkswirtschaftlich von geringer Bedeutung und in ihren Tätigkeitsfeldern heterogen auftreten, sind sie schlecht dokumentiert und erforscht. Dies ist bezeichnend für zahlreiche andere Organisationstypen, welche im sogenannten Dritten Sektor tätig sind. Deshalb werden in einem zweiten Schritt sonderpädagogische Organisationen innerhalb der Nonprofitorganisationen des Dritten Sektors verortet. Nonprofit-Organisationen sind deutlich besser dokumentiert. In einem dritten Schritt werden drei Entstehungsthesen von Nonprofitorganisationen und in einem vierten die in der Literatur vorzufindenden Nonprofitklassifikationen aufgeführt. Damit wird deutlich, dass die Suche nach für sonderpädagogische Dienstleistungsorganisationen typischen Spannungsbereichen über Klassifikationen nicht erfolgsversprechend ist. Deutlich konstruktiver und für diese Arbeit weiterführender sind definitorische Zugänge. Dieser Erkenntnis folgend werden deshalb in einem fünften Schritt drei solche definitorische Zugänge diskutiert und anschließend in dem für dieses Vorhaben substantiellen Fokus, den merkmalsorientierten Definitionen, vertieft. Im Vergleich zu profitorientierten Unternehmen lassen sich entlang der Merkmale von Nonprofitorganisationen zwölf für sonderpädagogische Organisationen typische Spannungsbereiche bestimmen.[25] Dieses Wissen um und die Kenntnisse über diese Spannungsbereiche bilden die Ausgangslage, um ein für sonderpädagogische Dienstleistungsorganisationen gewinnbringendes und wirkungsvolles Interventionsframework zu entwickeln.

---

[24] Um das Organisationale hervorzuheben und in Analogie zum vorangehenden Kapitel ‹Spannungsbereiche sonderpädagogischer Dienstleistungen› lautet die Überschrift dieses Kapitels ‹Spannungsbereiche sonderpädagogischer Organisationen›. Zusammengesetzt bilden sie den für diese Arbeit relevanten Gegenstandsbereich der ‹Sonderpädagogischen Dienstleistungsorganisationen›.

[25] Die Spannungsbereiche werden modellhaft und plakativ beschrieben. Ihre Grundzüge verbleiben auf einer Makro und Mesoebene. Wie diese auf die einzelne sonderpädagogische Organisation zutreffen, bleibt mikroanalytischen Deskriptionen vorbehalten.

3.1 Sonderpädagogische Dienstleistungsorganisation

Der Begriff der sonderpädagogischen Dienstleistungsorganisation ist kein Terminus technicus. In einer ersten arbeitsdefinitorischen Annäherung ist er verwandt mit den Bezeichnungen, Wohnheim, kollektive Wohnform oder Tagesstätte, wie sie das Bundesamt für Sozialversicherungen (BSV) verwendet. Auch andere in der Literatur vorzufindende Begriffe wie jene des Behindertenheims oder der sozialen Dienstleistungsorganisation sind darunter zu subsumieren. Der Begriff besteht aus mehreren Elementen, die sich für diese Arbeit bewusst in dieser Form zusammensetzen. Ein zentrales Element ist das Sonderpädagogische. Als dieses verweist es eingrenzend auf den Gegenstandsbereich der Sonderpädagogik[26] und konkretisiert die Folgeelemente Dienst, Leistung und Organisation. Die beiden ersten dieser drei Elemente werden als Dienstleistung – respektive als sonderpädagogische Dienstleistung – zusammengefasst. Die Dienstleistung wird dabei als Handlung in der Organisation verstanden. Das organisationale Element der sonderpädagogischen Dienstleistungsorganisation ist räumlich breit zu interpretieren und beschreibt institutionelle Gegebenheiten. Neben dem unter einem gemeinsamen Dach vereinten organisationalen Betrieb gehören innerhalb einer Trägerschaft auch entfernte organisationale Einheiten zu sonderpädagogischen Dienstleistungsorganisationen. Dazu zählen beispielsweise Außenwohngruppen, externe Therapiestationen oder Menschen, die einen eigenen Wohnhaushalt führen und dabei punktuell begleitet werden. Alle diese Organisationsformen, welche unter dem Begriff der sonderpädagogischen Dienstleistungsorganisation vereinheitlicht werden, bieten direkte personenbezogene Dienste als ihre zentralen Leistungen an. Damit fallen Vereinigungen und Verbände wie Curaviva[27], Insieme[28], Insos[29], Integras[30]

---

[26] Der Begriff wird offen ausgelegt. Konkurrierende Begriff wie Heil-, Rehabilitations- oder Behindertenpädagogik werden synonym verwendet.

[27] Curaviva versteht sich als schweizerischer Branchen- und Institutionenverband. Er verfolgt eine arbeitgeberpolitische Ausrichtung, der die Interessen der Heime und Institutionen aus den Bereichen Menschen im Alter, Erwachsene Menschen mit Behinderung sowie Kinder und Jugendlichen mit besonderen Bedürfnissen vertritt.

[28] Insieme ist die Schweizerische Vereinigung nationaler, kantonaler und regionaler Vereine von Angehörigen und Freunden der Menschen mit einer geistigen Behinderung.

[29] Insos ist der gesamtschweizerisch tätige Branchenverband von Institutionen für Menschen mit Behinderung. Ihm gehören 450 meist private Trägerschaften mit mehr als 800 Institutionen in allen Regionen der Schweiz an.

[30] Integras ist der gesamtschweizerische Fachverband für Einrichtungen, die Kinder, Jugendliche und junge Erwachsene im außerfamiliären Rahmen betreuen und fördern.

oder Pro Infirmis[31] nicht in seinen Gegenstandsbereich. Zwar bieten auch diese – zumindest teilweise – personenbezogene Beratungen oder andere Dienstleistungsprozesse an, diese gehören jedoch nicht zum Kerngeschäft dieser Verbände und Vereinigungen.

Der Begriff der sonderpädagogischen Dienstleistungsorganisation ist für diese Arbeit zweckmäßig, denn er

- ist umfassender als spezifische Bezeichnungen wie Tagesstätten oder kollektive Wohnformen;

- beinhaltet den Dienst als professionelle Leistung. Damit schließt er eine betriebswirtschaftliche Organisationsgestaltung und marktwirtschaftliche Ausrichtung per se nicht aus;

- berücksichtigt auch die organisationalen Strukturen, in welchen die Dienste als Handlungen angeboten werden;

- unterstreicht und referenziert durch das Sonderpädagogische im Terminus zugleich auf das Spezifische und das Problematische der Dienstleistungsorganisationen.

Über Organisationsformen, welche gemäß der bisherigen Auslegung zu sonderpädagogischen Dienstleistungsorganisationen gehören, werden in der Schweiz Statistiken geführt. So führt beispielsweise die Konferenz der kantonalen Sozialdirektoren und Sozialdirektorinnen (SODK) insgesamt 780 Einrichtungen für erwachsene Personen mit Behinderungen (IVSE-Datenbank 2009). Gemäß Statistik der sozialmedizinischen Institutionen des Bundesamtes für Statistik (BFS) aus dem Jahre 2007 gibt es 561 Institutionen[32] für Behinderte[33] (Bundesamt für Statistik 2009, 33). Und Curaviva, der Verband Heime und Institutionen Schweiz, führt in ihrem Verzeichnis mit Angeboten im Sozialbereich 1709 Institutionen für Menschen mit einer Behinderung[34] (Curaviva 2009, 09.06.2008). Wie viele sonderpädagogische Dienstleistungsorganisationen es in der Schweiz genau gibt, ist unklar (Sut-

---

[31]   Pro Infirmis ist ein politisch unabhängiger und konfessionell neutraler Verein mit Sitz in Zürich. Er bietet behinderten Menschen und ihren Angehörigen kostenlose Beratungen und diverse Dienstleistungen an.

[32]   Darin enthalten sind auch Einrichtungen für Kinder- und Jugendliche. Nicht dazu zählen Institutionen für Menschen mit Sucht- oder psychosozialen Problemen.

[33]   Aufgeteilt auf verschiedene Behinderungsarten ergibt dies: Körperbehinderung 4'100; Psychische Beeinträchtigung 7'495; Geistige Behinderung 20'640; Sinnesbehinderung 1'014; Suchtbehinderung 774; Eingliederungsprobleme 1'465; Andere / Unbekannt 1'762 (Bundesamt für Statistik 2009, 51).

[34]   Das Verzeichnis ist sowohl für Mitglieder des Verbandes wie auch für andere Anbieter offen. Die Suchabfrage wurde schweizweit für Menschen mit einer Behinderung durchgeführt.

ter 2005, 43). Weshalb es zwischen den einzelnen Nennungen so große Diskrepanzen gibt, lässt sich nur vermuten. Eine mögliche Ursache sind die heterogenen Erscheinungsformen sonderpädagogischer Dienstleistungsorganisationen. Menschen mit diversen Beeinträchtigungen leben und arbeiten in verschiedensten Angebotsbereichen[35] unterschiedlicher Größe. Je nach statistischen Ein- und Ausschlusskriterien ist die Anzahl geführter Einrichtungen höher oder tiefer. Die Kriterien der aufgelisteten Statistiken sind diesbezüglich nicht transparent.

Zusammenfassend können sonderpädagogische Dienstleistungsorganisationen in einer vorläufigen und allgemeinen Arbeitsdefinition als personenbezogene und institutionalisierte Dienste – das heißt, sie werden organisiert und koordiniert – für erwachsene Menschen bezeichnet werden, welche in besonderen Abhängigkeitsverhältnissen leben und arbeiten.

3.2 Der Dritte Sektor

Die Betriebs- und Volkswirtschaftslehre unterscheidet terminologisch zwischen Staat, Markt und dem sogenannten intermediären (weder staatlichen noch privaten) Dritten Sektor[36/37]. Jedem dieser drei Sektoren wird eine entsprechende Funktionslogik zugeschrieben. Die dominante Rationalität am Markt ist die Verwertungslogik. Sein entsprechendes Kommunikations- und Steuerungsmedium ist Geld. Die Koordination ergibt sich durch Erfolg und Misserfolg. Der Staatssektor folgt einer Herrschaftslogik, die je nach Herrschaftsform variieren kann. Hier ist Macht und Hierarchie das Steuerungsmedium und legitimiert sich, indem öffentliche Aufgaben verwirklicht werden (Wex 1998, 267; Zimmer et al. 2007, 16). Die Zusammenhänge im Dritten Sektor sind diffuser. Organisationen in diesem Sektor sind analog zu Unternehmen privat tätig, erstellen jedoch wie der Staat Güter und Leistungen im öffentlichen Interesse (Schwarz 2005, 28).[38] Wex (1998) führt als Ra-

---

[35] Verschiedenste Einzel- und Kombinationsformen vom reinen Wohnen über Grundbetreuung, Tagesstruktur, Beschäftigung, Arbeit mit und ohne Leistungsdruck bis hin zu beruflichen Erst- und Wiedereingliederungen.

[36] Der Begriff Dritter Sektor wurde 1973 vom amerikanischen Soziologen Amtai Etzioni (1973) geprägt. Er problematisierte damit die Leistungsfähigkeit marktlicher und staatlicher Lösungen und machte gleichzeitig auf das Reform- und Innovationspotential von Organisationen im Bereich zwischen Markt und Staat aufmerksam (Etzioni 1973).

[37] In den USA und in Kanada werden die Ausdrücke Non-Profit Sector und Voluntary Sector oft synonym für den Dritten Sektor bezeichnet.

[38] Insbesondere in den USA werden Nonprofit-Organisationen im so genannten Dritten Sektor verortet. Alle Organisationen, welche diesem Sektor zufallen, sind nichtstaatliche Unternehmen ohne Profitorientierung (Kunz 2006, 7 f.; Schwarz et al. 1996, 18).

tionalitätskonstrukt eine Kooperationslogik ein, welche auf einer gemeinsamen Idee basiert (Wex 1998, 267). Als Kommunikations- und Steuerungsmedium benennen Zimmer und Priller (2007) die Solidarität respektive die gesellschaftliche Sinnstiftung (Zimmer et al. 2007, 16). Wetzler (2009) hingegen kann für den Nonprofitsektor kein eindeutiges Steuerungsmedium ausmachen, jedoch eine Bedarfsorientierung mit qualitativen Zielen (Wetzler 2009, 49) (vgl. Abbildung 13).

Gesellschaftliche Sektoren	Marktsektor	Staatssektor	Nonprofitsektor
Funktionslogik	Verwertungslogik	Herrschaftslogik	Kooperationslogik
Kommunikations- und Steuerungs- medium	Geld, Tausch	Macht, Hierarchie	Solidarität
Auftrag	Marktkoordination	Verwirklichung öffentlicher Aufgaben	Aufgabenorientierung zwischen Markt und Staat

Abbildung 13: Funktion, Logik und Auftrag gesellschaftlicher Sektoren

In allen drei Sektoren gibt es bei den sektorspezifischen Funktionen und Eigenheiten entsprechende Organisationsformen. Im ersten Sektor sind es staatliche Betriebe, im zweiten privatwirtschaftliche Unternehmen und zum Dritten Sektor zählen Nonprofit-Organisationen[39/40]. Sonderpädagogische Dienstleistungsorganisationen sind traditionell im Dritten Sektor zu veror-

---

[39] Nonprofit-Organisationen können allgemein als „zielorientierte, soziale Gebilde charakterisiert werden, in denen Individuen bestimmte Handlungen setzen oder ein bestimmtes Verhalten an den Tag legen, um festgelegte Ziele zu erreichen" (Horak 1993, 1). In der Schweiz werden neben dem Begriff Nonprofit-Organisation auch Ausdrücke wie Organisationen ohne Erwerbscharakter, gemeinwirtschaftliche Träger oder gemeinnützige Organisationen verwendet (Wagner 2007, 40).

[40] Die Schreibweise in der wissenschaftlichen Literatur variiert. Im deutschsprachigen Raum hat sich die Schreibweise Nonprofit-Organisation (NPO) als zusammengesetztes Substantiv weitgehend durchgesetzt. Vereinzelt wird auf den Bindestrich verzichtet. Im englischen Sprachraum ist die verbreitetste Schreibweise Nonprofit Organization, aber auch Non-Profit Organization oder Non-Profit-Company (NPC) wird verwendet. Die letztgenannte Begrifflichkeit versucht die betriebswirtschaftliche Sichtweise stärker hervorzuheben. In dieser Arbeit wird die Schreibweise Nonprofit-Organisation verwendet. Andere Schreibvarianten werden inhaltlich jedoch als Synonyme betrachtet.

ten.[41] Die Grenzen sind real jedoch weit diffuser, als dies die Sektortheorie vermuten lässt. Eine systematisch deskriptive Erfassung von Nonprofitorganisationen ist deshalb komplex (Schnyder 1994, 391). Wie die Abbildung 14 zeigt, stehen die drei Sektoren respektive ihre Organisationsformen miteinander in Beziehung. So ist beispielsweise zu beobachten, dass gewisse Aufgabensegmente sowohl von Nonprofitorganisationen als auch von staatlichen Betrieben belegt werden. In solchen Bereichen zeigen staatliche Betriebe zunehmend Interesse, die Aufgaben auszulagern (Nowotny et al. 2007, 202). Eine zweite in den letzten Jahren feststellbare Tendenz ist, dass marktwirtschaftliche Elemente zusehends auch in die Organisationsformen der beiden anderen Sektoren implementiert werden.[42] Teilweise haben die marktwirtschaftlichen Elemente bestehende Strukturen, Kulturen, Abläufe und Strategien verdrängt und ersetzt, teilweise ergänzt. Im Einzelfall ist dies mitunter abhängig von der Branche, der Organisationsgröße, dem Zweck respektive dem gesellschaftlichen Auftrag, den Adressaten, den Rechtsformen und anderen gesetzlichen Vorschriften.

---

[41] Dies zeigt eine aktuelle Studie, welche im Rahmen des Johns Hopkins Comparative Nonprofit Sector Projekts herausgegeben wurde. Darin werden „Organizations in disability support" in der Schweiz explizit den Nonprofit-Organisationen zugeordnet, und zwar in der Kategorie „Social Services" (Helmig et al. 2009, 12).

[42] Ein typisches Beispiel dafür ist das New Public Management mit den Bestrebungen, staatliche Betriebe wirkungsorientiert zu verwalten.

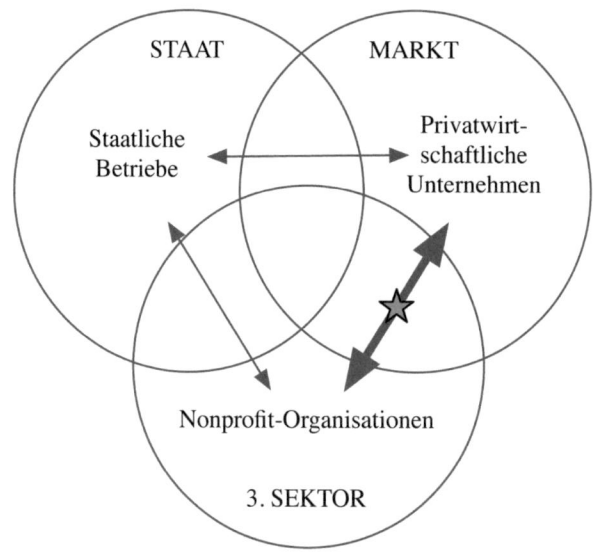

⭐ Sonderpädagogische Dienstleistungsorganisationen

Abbildung 14: Die gesellschaftlichen Sektoren und ihre Beziehungen

Für sonderpädagogische Dienstleistungsorganisationen ist der Prozess der Positionierung in den Schnittmengen von marktlichen und staatlichen Strukturen aktuell sehr bewegt. Sie werden mit verschiedensten sozial- und gesundheitspolitischen, ökonomischen und professionsbezogenen Problemen, Debatten, Diskussionen und Forderungen konfrontiert. Dazu zählen beispielsweise die Neugestaltung des Finanzausgleichs (NFA), Sparmaßnahmen, medizinische Fortschritte mit ihren ethischen und moralischen Konsequenzen, die zunehmende Arbeitsbelastung und Verantwortung der Mitarbeitenden, eine disziplinäre Orientierungslosigkeit und herausfordernde Tendenzen wie das Assistenzbudget, die wirkungsorientierte Verwaltungsführung oder die Deinstitutionalisierungsdebatte. Wie einleitend erwähnt, richtet diese Arbeit ihr Augenmerk auf eine konkrete Vergleichskonstellation, nämlich jene von sonderpädagogischen Dienstleistungsorganisationen als Nonprofit-Organisationen gegenüber privatwirtschaftlichen Unternehmen. Um die Systematik des Vergleichs kontinuierlich aufzubauen, ist vorab ein Exkurs zu den Entstehungsformen von Nonprofitorganisationen nötig.

3.3 Entstehungsformen von Nonprofitorganisationen

Die Entstehung von profitorientierten Unternehmen wird im ökonomischen Referenzmodell damit erklärt, dass ein Unternehmer sich einen Gewinn aus einer wirtschaftlichen Tätigkeit verspricht, der ihm als Residuum zufällt. Der Anreiz zu effizientem Handeln stellt dabei das Recht dar, diesen Gewinn für sich zu verwenden (Zimmer et al. 1992, 22). Wie noch gezeigt werden wird, fehlt Nonprofitorganisationen genau dieses Recht, und damit verbunden auch der entsprechende Anreiz, effizient zu handeln. Um Nonprofitorganisationen zu gründen, muss es demnach andere Motive geben. In der Literatur dominieren drei solche Entstehungsmotive: Nonprofit-Organisationen als Reaktion auf Staatsversagen, als anlassbezogene Initiativen oder als Interessenvertretungen, Freizeit- und Sportvereine. Diese drei Gründungsansätze weisen bereits auf erste typische Charakteristika von Nonprofitorganisationen hin und als solche auf sonderpädagogische Dienstleistungsorganisationen.

Nonprofitorganisationen als Reaktion auf Staats- oder Marktversagen

Ein möglicher ökonomischer Erklärungsansatz über die Existenz von Nonprofitorganisationen geht auf Burton Weisbord (1977) zurück. Dieser vertritt die Meinung, dass Nonprofitorganisationen eine Reaktion auf Staatsversagen sind (Weisbrod 1977).

> „Private Wohlfahrtsorganisationen würden sich jener Klientengruppen annehmen, für die der Staat aus verschiedenen Gründen nicht ausreichend sorgt. In erster Linie seien dafür politische Überlegungen ausschlaggebend: Randgruppen oder andere Bevölkerungsschichten, die zwar große Bedürfnisse nach sozialen Dienstleistungen hätten, deren Versorgung aber nicht sehr populär ist, würden durch die öffentliche Hand nicht ausreichend bedient, obgleich aus verteilungspolitischen Gründen eine solche Versorgung dringend geboten wäre. In Lücken dieser Art würde dann der Nonprofit Sektor seine Aktivitäten hinein entwickeln" (Simsa 2001b, 33).

Dieser Interpretation liegt die Annahme zu Grunde, dass Nonprofit-Organisationen eine durch den Staat oder die Privatwirtschaft nicht oder nur mangelhaft abgedeckte Funktion erfüllen oder negative Wirkungen derselben kompensieren. Dies trifft insbesondere dann zu, wenn zwischen Anbieter und Nachfrager eine hohe asymmetrische Informationsverteilung besteht. Ein typisches Beispiel hierfür ist, wenn die Qualität eines Gutes durch den Nachfrager nicht oder nur mit hohen Kosten überprüfbar ist. In solchen Fällen sind Nonprofitorganisationen eine vertrauenswürdige Alternative. Ihren Managern ist es nicht erlaubt, Gewinne auszuschütten. Dadurch ist ihnen der Anreiz genommen, den Nachfrager nicht dem Tauschverhältnis entsprechend schlecht zu behandeln. Gerade deshalb, so argumentiert dieser Entstehungsansatz, gäbe es im Sozialbereich viele Nonprofitorganisationen, welche Individuen unterstützen, die aus dem Politik-, Wirtschafts- oder Erziehungssystem herausfallen. Viele dieser Hilfswerke gehen auf private oder kirchliche Initiativen zurück (Beyes et al. 2005, 13; Finis-Siegler 2001, 5-9).

Anlassbezogene Initiativen

Eine zweite Entstehungsmöglichkeit von Nonprofitorganisationen sind konkrete Anlässe oder spezifische Bedürfnisse. Solche Formen finden sich vermehrt in der humanitären Hilfe sowie im Umwelt- und Tierschutzbereich. Sie entspringen vielfach aus der ehrenamtlichen Initiative engagierter Einzelpersonen oder aus basiskirchlicher Arbeit. Erst im Laufe der Zeit haben sich solche Organisationsformen zunehmend professionalisiert und institutionalisiert (Kunz 2006, 14 f.).[43]

Interessenvertretungen, Freizeit- und Sportvereine

Zahlreiche Nonprofitorganisationen entstanden aus einem bestimmten Bedürfnis zur Selbstorganisation. Solchen Organisationsverbänden liegen Motive wie beispielsweise eine bessere Planung und Durchführung von Freizeitaktivitäten, Interessenvertretungen zu konkreten Bereichen oder die Selbsthilfe bei Krankheit und Suchtproblemen zu Grunde (Kunz 2006, 14 f.).

Die konkrete Rückführung sonderpädagogischer Dienstleistungsorganisationen auf ihre Entstehungsmotive ist für diese Arbeit nicht zweckmäßig. Oftmals entfernen sich die Interessen von Organisationen im Laufe ihrer geschichtlichen Entwicklung von den ursprünglichen Entstehungsmotiven. Relevanter ist es deshalb, Nonprofitorganisationen differenzierter zu analysieren, um sonderpädagogische Dienstleistungsorganisationen innerhalb des Nonprofitsektors einen Platz zuweisen zu können. Hier helfen Klassifikationen.

3.4 Klassifikationen von Nonprofitorganisationen

Einen Ansatz, um Nonprofitorganisationen zu erfassen und zu systematisieren, bildet die Gruppierung. Dies geschieht, indem Nonprofitorganisationen in überschaubare Teilbereiche aufgegliedert werden. So lassen sich Refe-

---

[43] Als Beispiel kann hier die Umweltschutzorganisation Greenpeace genannt werden. Diese begann im Jahre 1971 als Engagement einzelner Aktivisten gegen die amerikanischen und französischen Atombombenversuche. Heute hat sie sich zu einer professionellen Organisation im Bereich des Natur- und Umweltschutzes entwickelt.

renzsysteme entwickeln. Ein solcher Gliederungsversuch stammt von Burla (1989). Er entwarf eine morphologische Matrix zur Typisierung von Nonprofitorganisationen (Burla 1989, 78). Dabei berücksichtigt er die Dimensionen Trägerschaft, Rechtsform, Finanzierungsart, Leistungsart, die primären Leistungsadressaten, die Organisationsteilnehmer und die Organisationsstruktur. Jede dieser Dimensionen wird mit entsprechenden Ausprägungen konkretisiert (vgl. Abbildung 15).

	Ausprägungen			
Trägerschaft	staatlich		privat	
Rechtsform	öffentlich-rechtlich	Verein	Genossenschaft	Stiftung
Finanzierungsart	Preise	Mitglieder-Beiträge	Spenden	Subventionen / Staatsbeiträge
Leistungsart	materiell		immateriell	
	Individual-Güter	meritorische Güter	öffentliche Güter	
primäre Nutznießer	Mitgliederbeiträge	Dritte	Allgemeinheit	
Organisationsteilnehmer	Profis, Funktionäre	gemischt	Ehrenamtliche	
Organisationsstruktur	hierarchisch		demokratisch	

Abbildung 15: Morphologische Matrix zur Typisierung von Nonprofit-Organisationen (Burla 1989, 78)

Mit der Typologie von Burla (1989) lassen sich sonderpädagogische Dienstleistungsorganisationen innerhalb der aufgelisteten Ausprägungen nur bedingt verorten. So haben sonderpädagogische Dienstleistungsorganisationen beispielsweise sowohl staatliche als auch private Trägerschaften, belegen unterschiedliche Rechtsformen, finanzieren sich über Staatsbeiträge und Spenden, beschäftigen in der Regel hauptamtliche und ehrenamtliche Mitarbeiter. Selbst die Organisationsstrukturen sind nicht klar einer hierarchischen oder demokratischen Ausprägung zuzuordnen. Einzig die Kriterien Leistungsart und Nutznießer sind in ihrer Ausprägung bestimmbar: Bezüglich der Leistungsart handelt es sich im Kern um immaterielle Güter[44] und die primären Nutznießer sonderpädagogischer Dienstleistungsorganisationen sind Dritte.

Ein anderer klassifikatorischer Zugang stammt von Schwarz (1985; 1996a; 1996b, 13; 2005) (vgl. Abbildung 16). Er unterteilt Nonprofitorganisationen nach ihren Haupttätigkeitsgebieten. Dabei unterscheidet er die Trägerkategorien staatlich, halbstaatlich und privat. Staatliche Nonprofitorganisationen attribuiert er als gemeinwirtschaftliche und halbstaatliche als öffentlich-rechtliche Selbstverwaltungskörperschaften. Die privaten Nonprofitorganisationen benennt er als den klassischen Dritten Sektor und unterteilt diesen in wirtschaftliche, soziokulturelle, politische und soziale Nonprofit-Organisationen (Schwarz 1985, 7; 1996a, 18; 1996b, 13; 2005, 29).

Staatliche NPO	Gemeinwirtschaftliche NPO
Halbstaatliche NPO	Öffentlich-rechtliche Selbstverwaltungskörperschaften
Private NPO	Wirtschaftliche NPO
	Soziokulturelle NPO
	Politische NPO
	Soziale NPO

Abbildung 16: Trägerkategorien von Nonprofitorganisationen[45] (Schwarz 1996b, 13; 2005, 29)

In der Klassifikation von Schwarz (2005) gehören sonderpädagogische Dienstleistungsorganisationen zu den privaten Nonprofitorganisationen und werden dort innerhalb der sozialen Nonprofitorganisationen verortet. Zu sozialen Nonprofitorganisationen zählt er

- Hilfsorganisationen und Dienstleistungsbetriebe für Kranke, Betagte, Behinderte, Geschädigte, Süchtige, Arme, Benachteiligte,
- Wohlfahrtsinstitutionen,
- Entwicklungshilfeorganisationen und
- Selbsthilfegruppen mit sozialen Zwecken (Schwarz 1996b, 13).

---

[44] Öffentliche Güter werden im Unterschied zu Individualgütern per Definition nicht vom Markt angeboten. Meritorische Güter sind besonders verdienstvoll und erfüllen einen größeren gesellschaftlichen Nutzen (Finis-Siegler 2001, 5). Ob sonderpädagogische Dienstleistungen Individualgüter, meritorische oder öffentliche Güter sind, ist für diese Arbeit nicht gewinnbringend und wird folglich nicht diskutiert.

[45] NPO ist eine in der Literatur gebräuchliche Abkürzung für Nonprofit-Organisation.

Eine weniger differenzierte Klassifikation von Nonprofitorganisationen findet sich bei Badelt (1999). Namentlich schreibt er, dass Nonprofitorganisationen hauptsächlich in fünf Dienstleistungsbranchen aktiv sind:

- Kultur und Erholungsbereich

- Bildung und Erziehungswesen

- Gesundheits- und Katastrophenhilfswesen

- Sozialwesen (soziale Dienste für Alte, Behinderte und Randgruppen)

- Parteien, Interessenvertretungen und Umweltschutzorganisationen (Badelt 1999, 3 f.)

Bilanzierend ist festzuhalten, dass Klassifikationen von Nonprofitorganisationen mit allgemeinen und wenig differenzierten Dimensionen (Burla 1989; Schwarz 1996b) respektive mit weitreichenden Tätigkeitsfeldern (Badelt 1999) operieren. Sie zeigen beispielsweise, dass sonderpädagogische Dienstleistungsorganisationen zur Trägerschaft der sozialen Nonprofitorganisationen zählen. Mit dieser als sozial charakterisierenden Eigenschaft werden nach Schwarz (1996a) unter anderem auch Hilfsorganisationen und Dienstleistungsbetriebe für Kranke, Betagte, Geschädigte, Süchtige, Arme und Benachteiligte in Verbindung gebracht (Schwarz 1996a, 29). Differenziertere Klassifikationen wie jene von Burla (1989) ordnen den Dimensionen verschiedene Ausprägungen zu. Damit wird deutlich, dass es die idealtypische Nonprofitorganisation, welche sich durch bestimmte Ausprägungen innerhalb bestimmter Dimensionen definiert, nicht gibt. Im Bezug auf den Zweck und die Aufgabe der Trägerschaften zum einen und den Arten und Typen zum andern weist Schwarz (1996b) darauf hin, dass diese Arten – respektive diese drei Subsysteme – nicht präzise voneinander getrennt werden können und sich Nonprofit-Organisationen durch ihre heterogenen Erscheinungsformen nur schwer klassifizieren lassen. „In der Realität gibt es Abweichungen, Überlappungen und Typen-Transformationen" (Schwarz 1996b, 12). Die Grenzen zwischen staatlichen und privaten Organisationen sind in der Praxis meist fließend, was zu Zuordnungsproblemen führt (Badelt et al. 2007, 8; Finis-Siegler 2001, 3). Damit liefern Klassifikationen die Erkenntnis, dass es zwar für Nonprofitorganisationen typische Ausprägungsformen bestimmter Merkmalsdimensionen gibt, diese jedoch aufgrund ihres hohen Abstraktionsgrades für diese Fragestellung konzeptionell ungeeignet sind. Die jeweiligen Ausprägungen müssen spezifisch für sonderpädagogische Organisationsformen analysiert werden. Welche konkreten Dimensionen hierfür relevant sind, zeigen insbesondere merkmalsorientierte Definitionen.

3.5 Definitionszugänge von Nonprofitorganisationen

Die heutige Nonprofitorganisationsforschung kennt viele verschiedene Definitionen, beklagt sich jedoch zugleich, sie habe keine treffenden (Anheier
1995, 15; Pankau 2002, 12). Die Bestimmung, was unter Nonprofitorganisationen zu verstehen ist, präsentiert sich in der Literatur keineswegs einheitlich. Vorzufindende Definitionen reichen von knappen, allgemeingültigen
Beschreibungen[46] über beispielhafte Aufzählungslisten von Nonprofitorganisationen[47] oder provokativen Beschreibungen[48] bis hin zu detaillierten, umfassenden Nonprofit-Organisation konstituierenden Aufzählungen[49]. Allen
diesen Definitionsbemühungen gemeinsam ist, dass sie in ihrem jeweiligen
Detaillierungsgrad versuchen, dem Dritten Sektor eine Identität zu verschaffen. Eine genaue begriffliche Eingrenzung ist wegen der Vielfalt der organisationalen Ausprägungen jedoch schwierig (Burla 1989, 70; Hasitschka et al.
1982, 6 f.; Marmann et al. 2001, 43).

Idealtypisch können drei Definitionsansätze unterschieden werden.[50] Ein erster Typus versucht, Nonprofitorganisationen etymologisch zu ergründen.
Dabei wird davon ausgegangen, dass die begriffsimmanente Definition – die
Bezeichnung ‹Nonprofit› als negative Abgrenzung – eine grundlegende Gemeinsamkeit aller Nonprofitorganisationen bestimmt. Einen zweiten Typus
bilden gesellschaftsdeterministische Definitionen. Ansätze dieser Kategorie
leiten ihr Verständnis von Nonprofit-Organisationen ab, indem sie aus einer
spezifischen Organisationsumwelt auf die Organisation schließen. Die Perspektiven, aus welchen Nonprofitorganisationen konstituiert werden, sind
der Markt, der Staat und die Zivilgesellschaft. Den dritten in der Fachliteratur häufig anzutreffenden und für diese Arbeit zentralen Typus bilden die
merkmalsorientierten Definitionen. Im Unterschied zu den beiden ersten
Argumentationsmustern fokussieren merkmalsorientierte Definitionen auf
die Organisationen selber. Dies geschieht in der Regel dadurch, dass summativ bestimmte Kriterien aufgelistet werden, welche erfüllt sein müssen,
damit einer Organisation das Prädikat ‹Nonprofit› zugeschrieben werden
kann. Um diese Kriterien zu generieren, wird zwischen privatwirtschaftlichen
und Nonprofit-Organisationen verglichen. Diese drei Definitionstypen von
Nonprofitorganisationen sensibilisieren auf unterschiedliche Betrachtungsweisen und werden nachfolgend vorgestellt.

---

[46] Als Beispiele: Burla 1989, 75; Salamon 1999, 10
[47] Als Beispiel: Horch 1992a, 9
[48] Seibel (1994) bezeichnet Nonprofit-Organisationen als vormoderne, wenig responsive und dilettantisch gemanagte Organisationen, die nur überleben können, weil sie
sich in einer Nische befinden, die ihnen der Staat verschafft (Seibel 1994, 17).
[49] Als Beispiel: Badelt et al. 2007, 4 f.
[50] Diese drei Ansätze werden von Beyes und Jäger (2005) ausführlich beschrieben.

Definition durch Negativabgrenzung

Die begriffsimmanente Definition geht von der These aus, dass die Bezeichnung ‹Nonprofit› eine grundlegende Gemeinsamkeit aller Nonprofitorganisationen bestimmt. In dieser negativen Ausrichtung grenzen sie sich von profitorientierten Unternehmen, oder anders formuliert, von For-Profit Organisationen ab. Die Bezeichnung ‹Nonprofit› sagt nicht, was diese Organisationen sind, sondern was sie nicht sind (Schwarz 1986, 6). Wie der Begriff jedoch interpretiert und ausgelegt wird, ist unterschiedlich. Eine eng gefasste Definition charakterisiert danach den Willen einer Organisation, aus ihrer Tätigkeit keinen Gewinn zu erzielen. Die praktische Konsequenz dieser Sichtweise könnte jedoch aus einem etymologischen Fehlschluss kommen. So lehnt sich eine breiter gefasste Auslegung an das ursprünglich aus dem Englischen stammende Verständnis an. Der Ausdruck ‹Nonprofit› meint in diesem Verständnis ‹not for profit›. Dies bedeutet, dass eine solche Organisation nicht darauf ausgerichtet sein darf, einen Gewinn zu erwirtschaften, aber sehr wohl einen Gewinn erzielen kann (Badelt et al. 2007, 7; Wolf 1990, 7; Zimmer et al. 2007, 16). Was sie in einem solchen Falle charakterisiert, ist die Art der Gewinnverwendung (Finis-Siegler 2001, 3; Hasitschka et al. 1982, 8). Gewinne können beispielsweise für interne Subventionierungen oder zur Senkung der Mitgliedschaftsbeiträge verwendet werden (Horch 1992a, 21). Entscheidend ist somit die definierte Absicht, keinen Gewinn zu erzielen, und nicht die effektive Situation (Badelt et al. 2007, 7; Kunz 2006, 7).[51]

Definitionen, welche Nonprofitorganisationen über die Begrifflichkeit ‹Nonprofit› oder ‹not for profit› ergründen, sind für dieses Vorhaben aus zwei Gründen nicht substantiell. Erstens kann das, was eine Nonprofitorganisation ausmacht, nicht umfassend damit beantwortet werden, indem gesagt wird, was sie nicht ist oder nicht sein darf. Ein solcher Zugang dringt nicht zu den für Nonprofitorganisation konstitutiven Merkmalen und Eigenschaften vor.[52] Bestenfalls dient er als oberflächliche Annäherung. Und zweitens ist die Negativabgrenzung irreführend, weil Nonprofitorganisationen durchaus

---

[51] Hier existiert eine große Grauzone, welche in manchen Fällen auch als solche ausgenutzt wird. Nonprofit-Organisationen werden gelegentlich entgegen ihres Grundverständnisses missbraucht, um steuerliche Vorteile auszunutzen oder um unter Vorspielung falscher Tatsachen an Mittel zu gelangen (Kunz 2006, 9 ff.).

[52] Der Begriff wird wegen seines negativ-abgrenzenden Charakters in der Literatur permanent in Frage gestellt. Alternativen wie ‹Social Profit Organisation›, ‹Zivilgesellschaftliche Organisation› oder ‹Freiwilligenorganisation› konnten ihn bislang noch nicht verdrängen (Badelt et al. 2007, 4). Diese Arbeit hält deshalb am Begriff Nonprofit-Organisation fest.

Gewinne erwirtschaften dürfen. Eine für dieses Vorhaben brauchbare definitorische Charakterisierung bleibt somit anderen Zugängen überlassen.

Gesellschaftsdeterministische Definitionen

Im Unterschied zur Negativabgrenzung versprechen gesellschaftsdeterministische Definitionen einen differenzierteren Zugang zur Frage, was Nonprofitorganisationen sind. Zu den gesellschaftsdeterministischen Definitionen zählen Beyes und Jäger (2005) marktdeterministische, staatsdeterministische und zivilgesellschaftlich deterministische Definitionen. Das marktdeterministische Argumentationsmuster diskutiert das Thema Nonprofitorganisationen – flankiert durch die Volkswirtschaftslehre – von einem ökonomischen Standpunkt aus (Jäger et al. 2004, 163). Dabei wird davon ausgegangen, dass das Management von Nonprofitorganisationen analog zu funktionieren habe wie profitorientierte Unternehmen. Damit verbunden ist die Forderung, Nonprofitorganisationen ökonomischen Prinzipien zu unterweisen. Als Folge suchen Nonprofitorganisationen Unterstützung und Knowhow bei Wirtschaftsberatern und Betriebswirten (Zimmer 1996, 146). Es werden Anstrengungen unternommen, Instrumente aus der Privatwirtschaft auf Nonprofitorganisationen zu übertragen, um diese wirtschaftlicher zu gestalten.[53] Die wesentlichen Merkmale der neuen Management- und Steuerungsmodelle sind unter anderem die produktorientierte Organisation, Ergebnissteuerung, das Qualitätsmanagement (QM), die Qualitätssicherung (QS), das Kontraktmanagement, der Wettbewerb und die Kundenorientierung (Hamel et al. 2000, 11). In der staatsdeterministischen Definition übernimmt der soziale Sektor die Ersatzfunktion für den überforderten Staat. Somit verzeichnet der Staat als Garant sozialer Leistungen jene Rolle, die in der marktorientierten dem Markt zukommt (Jäger et al. 2004, 163 f.). Referenziert der Begriff Nonprofitorganisation (NPO) unmittelbar auf profitorientierte Organisationen, so entspricht der Ausdruck Non-Government-Organisation (NGO) einer negativen Abgrenzung von staatlichen Organisationen und damit einer impliziten Staatsperspektive.[54] Die zivilgesellschaftli-

---

[53] Zahlreiche Managementforscher und -berater versuchen ihre entwickelten Techniken zu vermarkten (Beyes et al. 2004, 159). Als Beispiel hierfür kann das Buch von Eschenbach und Horak (2003) erwähnt werden. In diesem werden funktionsspezifische und funktionsübergreifende Führungsinstrumente in Form eines Werkzeugkoffers zur Verfügung gestellt.

[54] Insbesondere die Volkswirtschaftslehre grenzt den Dritten Sektors nicht gegenüber der Unternehmung, sonder gegenüber dem Staat ab. Daraus ergibt sich – besonders im Sprachgebrauch internationaler Organisationen – der Begriff der Non-Government-Organisation (NGO). Im deutschsprachigen Raum werden diese auch als

che Definition charakterisiert Nonprofitorganisationen als eine Art soziale Agenten moderner Gesellschaften (Jäger et al. 2004, 164; Simsa 2001a, 114). Diese setzen sich für die legitimen Bedürfnisse der Bürger gegen die Übermacht des Marktes und des Staates ein. Der ehrenamtlich engagierte Bürger in einer Nonprofitorganisation wird so zum Ideal der Gesellschaft (Beyes et al. 2005, 15-21; Zimmer et al. 1998, 259 f.).

Allen drei von Beyes und Jäger (2005; 2004) als marktdeterministisch, staatsdeterministisch und zivilgesellschaftlich deterministisch kategorisierten Argumentationsmustern ist das Merkmal gemeinsam, dass sie Nonprofitorganisationen als einen von außen gesteuerten gesellschaftlichen Mechanismus betrachten. Die Ansätze liefern aus ihrer jeweiligen Optik wertvolle Erklärungen für das Entstehen und die Funktion des Dritten Sektors und das Verhalten der in diesem Sektor zugewiesenen Nonprofit-Organisationen. Die Perspektiven, in welchen Nonprofitorganisationen aus einer bestimmten Sicht heraus – Markt, Staat oder Zivilgesellschaft – beschrieben und beurteilt werden, ist jedoch zu einseitig. Dieses Vorgehen setzt sich der Gefahr aus, die Funktionsweisen von Nonprofitorganisationen nur sektoriell zu betrachten und sie lediglich auf die Reaktionen ihrer Umwelt zu reduzieren (Beyes et al. 2005, 15 f.). Außerdem existiert eine Fülle an Mischformen zwischen erwerbswirtschaftlichen Unternehmen und Nonprofitorganisationen, welche sich nicht abschließend den jeweiligen Sektoren zuordnen lassen (Scheuch 2007, 476). Ein solcher Zugang vernachlässigt die für Nonprofitorganisationen wesentlichen – nicht ökonomischen, staatlichen oder zivilgesellschaftlichen – Prämissen. Solche Prämissen liefern Konzepte, welche Organisationen über konkrete Merkmalskonstellationen spezifizieren.

Merkmalsorientierte Definitionen

Im Unterschied zu den bis anhin diskutierten Argumentationsmustern fokussieren merkmalsorientierte Definitionen auf die Organisationen selber. Funktionen der Nonprofitorganisationen werden aus ihren organisationalen Charakteristika abgeleitet. Da dieses Definitionsvorgehen ohne eine Explizierung ihres Organisationsverständnisses auskommt, können sich die verschiedenen Definitionen substantiell stark voneinander unterscheiden. Sie reichen von zaghaften, numerischen Aufzählungen der Nonprofitorganisa-

---

Nicht-Regierungs-Organisationen (NRO) bezeichnet (Kunz 2006, 7 f.; Schwarz et al. 1996, 18).

tionen konstituierenden Merkmale[55] bis hin zu Metaanalysen verschiedener Merkmalskatalogen[56].

Als Beispiel einer Merkmalsliste für Nonprofitorganisationen kann jene von Burla (1989) genannt werden. Ausgehend vom namengebenden Primärmerkmal, dass diese nicht gewinnorientiert sind beziehungsweise, dass sie ihre Gewinne reinvestieren und nicht ausschütten, listet er fünf zusätzliche Charakteristika auf:

- Fehlen von Marktpreisen für die erbrachten Leistungen

- Nicht-schlüssige Tauschbeziehungen (das heißt, die Leistungen werden nicht an jene abgegeben, die dafür bezahlen)

- Mitgliedschaftliche Struktur

- Zusammenspiel von Ehrenamtlichen und Profis

- Vorwiegend immaterielle Güter (Burla 1989, 72).

Mit einer tendenziell operativen Definition wurde im Rahmen des Johns Hopkins-Projektes[57] gearbeitet. Danach sind Nonprofitorganisationen

- formell strukturiert,

- organisatorisch unabhängig vom Staat,

- nicht gewinnorientiert,

- eigenständig verwaltet,

- keine Zwangsverbände und

- zu einem gewissen Grad von freiwilligen Leistungen getragen (Anheier et al. 2005, 182; Anheier et al. 1998, 15).

Dieser deskriptive Zugang grenzt zwar den Untersuchungsgegenstand ein und verhilft Nonprofitorganisationen zu operativ deutlicheren Konturen. Allerdings ist zu präzisieren, dass selbst hier noch diverse Grauzonen existieren, da viele der genannten Kriterien nicht trennscharf sind. So zählen in der ökonomischen Theorie beispielsweise auch profitorientierte Unternehmen zu den freiwilligen Organisationen, da die Mitgliedschaft nicht auf Zwang beruht. Des Weiteren ist ehrenamtliche Arbeit nicht beschränkt auf Nonprofitorganisationen. Sie findet auch in staatlichen oder profitorientierten

---

[55] Als Beispiele: Badelt et al. 2007, 4 f.; Horack 1993, 47 ff.
[56] Als Beispiel: Beyes & Jäger 2005, 26
[57] Das ‹Johns Hopkins Comparative Nonprofit Sector Projekt› stellt einen internationalen und interdisziplinären Forschungsverbund dar. Dieser umfasst rund 30 Länder in Europa, Nord- und Südamerika, Asien und Afrika.

Unternehmen statt. Außerdem weist auch der Staat das Merkmal der Nicht-Gewinnorientierung auf. Metzler (1990) umgeht dieses Abgrenzungsproblem, indem die Strukturmerkmale weder bei gewinnorientierten Unternehmen noch bei staatlichen Bürokratien simultan anzutreffen sind. Aber auch damit bleibt die Frage nach den typischen Spezifika von Nonprofitorganisationen weitgehend offen.

Auch Badelt et al. (2007) stellen eine Liste von insgesamt fünf Kriterien auf, die für Nonprofitorganisationen Geltung haben:

- Es muss ein Mindestmaß an formaler Organisation vorliegen. Nonprofitorganisationen können aber in verschiedenen Rechtsformen auftreten.

- Es handelt sich um private, das heißt nicht staatliche Organisationen. Die Nonprofitorganisation wird als Alternative zum Staat angesehen. Allerdings bestehen zwischen privaten und staatlichen Organisationen Abgrenzungsprobleme.

- Nonprofitorganisationen dürfen keine Gewinne an Eigentümer oder Mitglieder ausschütten. Wenn ein Gewinn erwirtschaftet wird, ist dieser in die Unternehmung zu reinvestieren.

- Nonprofitorganisationen weisen ein Minimum an Selbstverwaltung beziehungsweise Entscheidungsautonomie auf. Sie fällen wichtige Entscheidungen innerhalb der Organisation. Es besteht keine völlige Außenkontrolle.

- Es muss ein Mindestmaß an Freiwilligkeit von Nonprofitorganisationen vorliegen, beispielsweise in Form von Freiwilligenarbeit, freiwilligen Mitgliedschaften oder Spenden (Badelt et al. 2007, 6-8).

Die Schnittmenge der von Burla (1989), Anheier (2005) und Badelt et al. (2007) aufgelisteten Merkmale ist gering. Sie stimmen lediglich im primären Kriterium der Gewinnverwendung überein. Was Nonprofitorganisationen charakterisiert, können die drei Merkmalslisten nicht umfassend beantworten. Die genannten Merkmale sind nicht als Grenzpunkte definiert, sondern als Tendenzen. Badelt et al. (2007) weisen selber darauf hin, dass die einzelnen Kriterien, je nach Organisation, in sehr unterschiedlicher Intensität auftreten können (Badelt et al. 2007, 6).

Viele merkmalsorientierte Definitionen versuchen, Nonprofitorganisationen durch einen Vergleich zu spezifizieren. Dies geschieht, indem Nonprofitorganisationen profitorientierten Unternehmen gegenübergestellt werden (vgl. bspw. Innerhofer et al. 1996, 373-376; Scheuch 2007, 474). In der Literatur finden sich rund ein Dutzend idealtypische Unterschiede zwischen diesen beiden Organisationsformen. Differenzen werden unter anderem am Hauptzweck, der Bedarfsdeckung, an der Steuerung der Organisationsentscheide, den produzierten Gütern, den Finanzmitteln, dem Faktor Arbeit, der Mitarbeitermotivation und Ehrenamtlichkeit, dem Professionalisierungsgrad, dem Anspruch an Effektivität und Effizienz, der Erfolgskontrolle oder den Gesellschaftsformen festgemacht (Kunz 2006, 16-19; Schwarz 2005, 38). Beyes und Jäger (2005) haben die in der Literatur identifizierten Unterschiede dieser beiden Organisationsformen in eine Graphik übertragen (vgl. Abbildung 17). In der obersten Zeile ihrer Abbildung finden sich Literaturbeiträge über Nonprofitorganisationen. Die linke Spalte listet die Klassifikationskriterien auf, nach denen die jeweiligen Autoren Nonprofitorganisationen von profitorientierten Unternehmen abgrenzen. Die Kriterien sind als Sammelbegriffe zu interpretieren, die teilweise unterschiedlich bezeichnet, aber analog verwendete Vorstellungen subsumieren. Die Kreuze in der Graphik zeigen an, welche Autoren mit den jeweiligen Kriterien argumentieren.

Autor(en) / Klassifikationskriterien	Anzahl Kreuze	Badelt (1997)	Zimmer (1996)	Schwarz (1996)	Blümler/Halm/Schnyder (1996)	Scheuch (1993)	Horak (1993)	Salamon/Anheier (1992)	Burla (1998)	Reichard (1988)	Hasitschka/Haruschka (1982)
Kontext											
Marktform	1					x					
Zweck											
Zielerreichung/Ziele/Hauptzweck	6	x		x		x	x	x		x	
Gesellschaftliche Rolle	1	x									
Art der Interessen	1			x							
Wirkungsfeld											
Handlungsfelder	1				x						
Adressaten	5			x	x	x			x		x
Leistung	8		x	x	x	x	x		x	x	x
Organisation (BWL)											
Mitgliedschaft	1							x			
Trägerschaft	5			x		x	x	x			x
Rechtsform	3			x		x	x				
Organisationsstruktur	4			x		x	x	x			
Grösse	2			x		x					
Ressourcen											
Finanzierung	7	x	x	x	x		x	x	x		
Steuern	2	x						x			
Mitarbeiter	6		x	x				x	x	x	x
Technologieeinsatz	1		x								
Entscheidungen											
Willensbildung	4		x	x				x		x	
Erfolgskontrolle	1		x								

Abbildung 17: Klassifikationskriterien unterschiedlicher Managementansätze[58] im Vergleich (Beyes et al. 2005, 26)

Wie die Darstellung zeigt, erfährt das Klassifikationskriterien Leistung mit acht Nennungen die höchste Aufmerksamkeit. Ihm folgt das Kriterien Finanzierung mit sieben Nennungen. Direkt anschließend kommen die Kriterien Zielerreichung/Ziele/Hauptzweck und Mitarbeiter mit je sechs und die Adressaten und Trägerschaft mit je fünf Nennungen. Die Organisationsstruktur und die Willensbildung werden von je vier Autoren genannt, die Rechtsform von drei und die Steuern und Größe von je zwei Autoren. Die restlichen sieben Klassifikationskriterien werden je von einem Autor respektive einer Autorengruppe, benannt (Beyes et al. 2005, 26).

Mit der metaanalytisch hergeleiteten Liste von Beyes und Jäger (2005) stehen die zentralen, für Nonprofitorganisationen typischen Klassifikationskriterien zur Verfügung. Weil sonderpädagogische Organisationsformen zu den

---

[58] Die Autoren sind im Literaturverzeichnis aufgeführt.

Nonprofitorganisationen gezählt werden, sind diese folglich auch für sie relevant. Welche konkrete Funktion, Priorität und Ausprägung die Klassifikationskriterium auf sonderpädagogische Dienstleistungsorganisationen haben, wird anschließend geklärt. Dazu werden alle 18 von Beyes und Jäger (2005) zusammengetragenen Kriterien ausgeführt und auf ihre Relevanz für sonderpädagogische Dienstleistungsorganisationen geprüft.

3.6 Spannungsbereiche sonderpädagogischer Organisationen

In diesem Teilkapitel werden sonderpädagogische Organisationsformen als Nonprofitorganisationen mit Unternehmen des Marktsektors verglichen. Der Vergleich verläuft entlang der 18 von Beyes und Jäger (2005) zusammengetragenen Klassifikationskriterien für Nonprofitorganisationen. Jedes Kriterium wird in einem ersten Schritt vorgestellt. Dies geschieht, indem aus Sicht von Nonprofitorganisationen Differenzen zu profitorientierten Unternehmen markiert werden.[59] Dabei wird bei den beiden zu vergleichenden Organisationsformen von Idealtypen ausgegangen, welche die ihnen zugeschriebenen Eigenschaften in voller Ausprägung aufweisen. In der Empirie sind solche Idealtypen selten vertreten, aber um die Spezifika zu verdeutlichen, ist eine solche Typisierung dienlich. In einem zweiten Schritt werden die Klassifikationskriterien explizit auf für sonderpädagogische Organisationsformen relevante Aspekte hin konkretisiert. Mittels dieser Konkretisierung werden zwölf weitere für sonderpädagogische Dienstleistungsorganisationen typische Spannungsbereiche identifiziert.

3.6.1 Marktform

Generalisierung für Nonprofitorganisationen

Bildlich und vereinfacht bezeichnet der Markt jenen Ort, an welchem Angebot und Nachfrage nach Waren, Leistungen und Rechten zusammentreffen, wo sich unter Konkurrenzbedingungen die Preise bilden und regelmäßig Güter gegen Geld getauscht werden (Schwarz 1986, 12). Den eigenen Markt zu kennen, sein Potential zu erfassen und zu quantifizieren, ist wichtig für Organisationen, um sich erfolgreich im Marktsystem zu positionieren (Zimmer 1996, 149). Um gewinnmaximierende Businessstrategien zu entwickeln, verwenden profitorientierte Unternehmen deshalb viel Zeit und Energie für eine fundierte Marktanalyse. Auch bei Nonprofitorganisationen ist ein Trend

---

[59] Dieses Vorgehen ist nicht unüblich. Der Vergleich als Methode, um die Spezifika einer Organisationsform zu erfassen, findet sich beispielsweise bereits bei McGill und Wooton (1975, 448 f.), Horch (1983; 1992b, 66 f.) und bei Zimmer (1993, 147 f.)

zur Professionalisierung der Aufgabenerfüllung feststellbar. Die Gründe liegen einerseits in Produktivitätsüberlegungen, andererseits in der Rechtfertigung gegenüber Geldgebern, Interessentengruppen und der allgemeinen Öffentlichkeit (Scheuch 2007, 478). Allerdings ist das Marktsystem von Nonprofitorganisationen verglichen mit profitorientierten Unternehmen komplexer und schwieriger zu analysieren. Nonprofitorganisationen sind stärker vernetzt und ihre Austauschbeziehungen sind überaus heterogen und unterschiedlich reglementiert. Es beeinflusst die Form des Marktes, ob eine Nonprofitorganisation ihre Tätigkeit aufgrund einer Gesetzeslage zwanghaft oder freiwillig durchführt und ob sie ihre Empfänger frei wählen kann oder beispielsweise auf regionale Zuständigkeiten zurückgebunden wird. Gerade bei den Adressaten gibt es Unterschiede zwischen Nonprofitorganisationen und profitorientierten Unternehmen. Adressaten von Nonprofitorganisationen sind vielfach nicht Kunden im engeren Sinne kommerzieller Transaktionen (Güter und Leistungen gegen Geld), sondern Mitglieder. Entsprechend ist das Marktsystem in solchen Organisationen auf die Bedarfsdeckung und die Befindlichkeit der Mitglieder ausgerichtet (Scheuch 2007, 478).

Für profitorientierte Unternehmen und Nonprofitorganisationen gilt, dass Kenntnisse über die Marktform mit ihren spezifischen Interessenlagen der Adressaten die erfolgreiche Konstruktion von nachhaltigen Handlungssystemen unterstützt.

Konkretisierung für sonderpädagogische Dienstleistungsorganisationen

Auch sonderpädagogische Dienstleistungsorganisationen bewegen sich in einem Markt. Es gibt Nachfrager für und Anbieter von Dienstleistungen. Allerdings ist der Einkauf von sonderpädagogischen Dienstleistungen über Märkte in der Schweiz nur ansatzweise ausgebaut. Einen aktuellen Versuch, den sonderpädagogischen Dienstleistungsmarkt zu liberalisieren, bildet der Pilotversuch ‹Assistenzbudget›[60]. Weiter bemühen sich auch Organisationen wie ‹Profil – Arbeit und Handicap›[61] oder ‹IPT›[62] um eine Brücke zwischen Wirtschaft und Sozialwesen. Allerdings wird der Wettbewerb stark reduziert.

---

[60] Der Pilotversuch Assistenzbudget richtet sich an Bezüger einer Hilflosenentschädigung der Invalidenversicherung, welche während der Projektdauer nicht in einem Heim wohnen. Anstelle der Hilflosenentschädigung erhalten die Teilnehmenden ein individuelles Assistenzbudget, mit welchem sie selbständig Assistenzdienste einkaufen (www.assistenzbudget.ch, 16.02.2010).

[61] ‹Profil – Arbeit und Handicap› ist eine Stiftung der Pro Infirmis Schweiz. Sie fördert die Integration von Menschen mit Behinderungen in die Arbeitswelt und stärken deren Stellung im Berufsleben www.profil.proinfirmis.ch, 16.02.2010).

Spannungsbereich 1: Schwache Marktkonkurrenz

In der Schweiz gibt es pro 1000 Einwohner durchschnittlich 23.9 Betten oder Plätze in sozialmedizinischen Institutionen für Behinderte. Damit ist das durchschnittliche Volumen des Schweizer Marktes – die Nachfrager, welche die statistisch ausgewiesene Anzahl an Betten und Plätze belegen – durchaus beachtlich. Auf kantonaler Ebene gibt es allerdings große Unterschiede. Sie reichen von durchschnittlich 9.9 Plätzen oder Betten pro 1000 Einwohner im Kanton Nidwalden bis zu 61.4 im Kanton Appenzell-Außerrhoden. Signifikante Tendenzen im Angebot an Betten und Plätzen in sozialmedizinischen Institutionen für Behinderte sind keine erkennbar (Schweizer Gesundheitsobservatorium 2005, 10). Während das Marktvolumen für sonderpädagogische Dienstleistungsorganisationen beachtlich ist, fehlen statistische Angaben, um basierend auf diesen Zahlen auf das Potential des Marktes zu schließen. Dazu müsste die Auslastung der reellen Nachfrage gegenübergestellt werden können. Dem Autor liegen diesbezüglich keine Zahlen vor. Allerdings weisen die Wartelisten für Betten, Plätze und andere Angebote sonderpädagogischer Dienstleistungsorganisationen auf eine nicht gesättigte Nachfrage hin. Vielfach sind es insbesondere Plätze für schwer mehrfachbehinderte Menschen, welche begehrt und stark ausgelastet sind. Darüber hinaus ist festzustellen, dass im Behindertenwesen eine Nachfrage nach einem Angebot vielfach erst dann auftaucht, wenn das Angebot bereits vorhanden ist. Dies würde – zusammen mit den Wartelisten – auf ein vorhandenes Marktpotential hinweisen.

Dieser Feststellung stehen allerdings andere Marktmechanismen entgegen. Der Marktwettbewerb als Zauberformel für die Lösung der sozialen Probleme ist nur im Rahmen einer marktwirtschaftlichen Ordnung möglich. Dazu braucht es Regelungen (Speck 2004b, 28). Durch die verstärkt kantonale Finanzierung, welche die Neugestaltung des Finanzausgleichs (NFA)[63] gesetz-

---

[62] ‹IPT› steht für ‹intégration pour tous› (Integration für alle). Es handelt sich um eine private Stiftung mit dem Ziel, die Integration und die berufliche Wiedereingliederung von Personen zu unterstützen, deren psychische oder physische Gesundheit beeinträchtigt ist (www.fondation-ipt.ch, 17.02.2010).

[63] Mit der Inkrafttretung der Neugestaltung des Finanzausgleichs (NFA) und der Aufgabenverteilung zwischen dem Bund und den Kantonen gingen die Zuständigkeit und Finanzierung dieser Organisationen auf die Kantone über. Während einer Übergangsfrist von drei Jahren haben die Kantone bis 2011 Zeit, ihre zukünftige Form zur Förderung der Eingliederung invalider Personen in einem Konzept auszugestalten (IFEG 2006, Art. 10). Nach dieser Übergangszeit werden die Kantone vollumfänglich für Bereiche wie beispielsweise die Bedarfsplanung, Bedarfsanalyse oder die Grundsätze der Finanzierung ihrer Behindertenhilfe zuständig sein. Neben diesen und weiteren

lich mit sich bringt, werden auch die Zuständigkeiten beschränkt, die Angebote mit ihrer Reichweite gesetzlich festgelegt und neu geregelt. Je nach inhaltlicher Ausgestaltung dieser kantonalen Richtlinien könnten neue Marktmechanismen freigesetzt werden, die den Wettbewerb antreiben (Oberholzer 2009, 59). Eine finanzielle Liberalisierung sonderpädagogischer Angebote muss allerdings innerhalb einer kontrollierten Rahmenordnung geschehen, sonst kann es zu Verdrängungswettbewerb beziehungsweise gravierenden qualitativen Unterschiedlichkeiten kommen:

> „Die Senkung der Kosten kann über Dumpinglöhne und ausgebildetes Personal erfolgen. Die wirtschaftlich stärkeren Einrichtungen werden die Spitzenfachleute anziehen. Diese sind aber nicht in allen Einrichtungen vermehrbar, auch nicht durch eine Forcierung des Qualitätsmanagements. Die Folge ist eine Schwächung der übrigen Einrichtungen oder deren ‹schöpferischer Zerstörung›" (Speck 2004b, 28 f.).

Außerdem kann eine finanzielle Liberalisierung sonderpädagogischer Angebote nur funktionieren, wenn Geld gebende Instanzen vom Nutzen und der Wirkung der Angebote überzeugt sind.

Es gilt festzuhalten, dass sich entlang des Klassifikationskriteriums Marktform die schwache Marktkonkurrenz als ein für sonderpädagogische Dienstleistungsorganisationen typischer Spannungsbereich identifizieren lässt. Je tiefer die Konkurrenz auf dem Markt, desto höher ist die latente Gefahr von Qualitätseinbußen, weil dadurch der Innovations- und Wettbewerbsdruck geschmälert wird. Marktliche und staatliche Regulierungen können dieser Gefahr zwar entgegenwirken, diese aber nicht vollständig auflösen. Aus qualitätsfördernder Sicht befinden sich sonderpädagogische Dienstleistungsorganisationen in dieser Gefahrenzone. Die verschiedenen Einrichtungen stehen aktuell in keinem direkten Wettbewerb miteinander. Die Marktkonkurrenz ist schwach (vgl. Abbildung 18).[64]

Bereichen obliegen in Zukunft auch die Qualitätssicherung und -überprüfung der sonderpädagogischen Dienstleistungsorganisationen vollständig bei den Kantonen.

[64] Innerhofer et al. (1996) hat dies generell für soziale Institutionen bilanziert (Innerhofer et al. 1996, 373).

Spannungsbereich 1:   Schwache Marktkonkurrenz

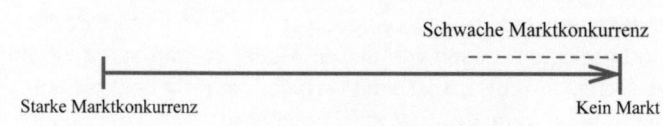

Handlungsgrundlage: Kontrollierte finanzielle Liberalisierung sonderpädagogischer Angebote

Abbildung 18: Spannungsbereich ‹Schwache Marktkonkurrenz›

3.6.2   Zielerreichung / Ziele / Hauptzweck

Generalisierung für Nonprofitorganisationen

Ziele sind Aussagen über angestrebte Zustände. Diese sollen oder müssen durch die Auswahl und die Umsetzung geeigneter Handlungs- und Planungsalternativen erreicht werden. Damit bilden sie einen Maßstab, um die Arbeit von Organisationen beurteilen zu können (Greving 2008, 31). In der Betriebswirtschaftslehre wird zwischen Sachzielen und Formalzielen unterschieden.[65] Während sich Sachziele auf das konkrete Handeln bei der Ausübung der verschiedenen betrieblichen Funktionen und somit auf die Steuerung des güter- und finanzwirtschaftlichen Umsatzprozesses beziehen, stellen Formalziele übergeordnete Ziele dar. An diesen haben sich die Sachziele auszurichten. In Formalzielen kommt der eigentliche Sinn des unternehmerischen Handelns zum Ausdruck (Horak 1993, 21; Thommen 2004, 102 f.). Sehr pauschal und idealtypisch wird profitorientierten Unternehmen eine Formalzieldominanz, Nonprofitorganisationen eine Sachzieldominanz zugewiesen. Argumentiert wird damit, dass profitorientierte Unternehmen ihre Produkte gegen Preise verkaufen und diese mit einer einkalkulierten Gewinnmarge bestimmt werden. Ihr Sinn und Zweck sei es, ihren Kapitalgebern einen Ertrag auf das investiertes Kapital in Form von Gewinn, Dividenden, Zinsen, Unternehmerrechten oder anderen Profitleistungen zu erwirtschaften. Ihr übergeordnetes Formalziel ist damit die Gewinnmaximierung (Badelt 2007, 5; Kunz 2006, 16; Scheuch 2007, 475; Zimmer 1996, 149). In Nonprofitorganisationen soll hingegen eine Sachzieldominanz überwiegen. Sie erbringen Sachleistungen wie Förderung, Behandlung oder Hilfe für Dritte und sehen ihren Zweck darin, spezifische Bedürfnisse bestimmter Personenkreise zu

---

[65]   Die Unterscheidung von Formal- und Sachzielen geht auf Erich Kosiol zurück (Kosiol 1972, 54).

befriedigen (Scheuch 2007, 478; Schwarz et al. 1996, 17). Die Tauschgüter sind nicht Leistung gegen Zahlung respektive Kapital gegen Dividenden oder Zinsleistungen. In Nonprofitorganisationen wird Geld und Zeitwidmung gegen Anerkennung und Dankbarkeit getauscht oder monetäre Beitragsleistungen von Mitgliedern gegen von diesen wieder in Empfang genommene Leistungen (Scheuch 2007, 476). Damit verfügen sie nicht über die komplexitätsreduzierende Wirkung des Geldes (Gössler et al. 2008, 50). Vielfach wird auch argumentiert, dass bei Nonprofitorganisationen der Organisationszweck und das direkte Interesse der finanzierenden Kunden identisch sei (Kunz 2006, 16; Schwarz 2005, 17; Strachwitz 2000, 28).

Die These der Formalzieldominanz für profitorientierte Unternehmen und der Sachzieldominanz für Nonprofitorganisationen wird brüchig, wenn organisationale Zielsysteme differenzierter analysiert werden. Ob es sich bei den Leistungen einer Organisation um erwerbswirtschaftliche oder um bedarfswirtschaftliche handelt, ist eine Verschiebung der Inhalte von Zielen, nicht zwischen verschiedenen Zielkategorien (Burla 1989, 74). Sowohl erwerbswirtschaftliche Unternehmen als auch bedarfswirtschaftliche Nonprofitorganisationen erbringen spezifische Leistungen. Diese sind das Ergebnis einer Kombination der Produktionsfaktoren Finanzen, Arbeit, Sachmittel und Managerleistung. Weiter ist es aus Sicht von Nonprofitorganisationen nicht verwehrt, Gewinne zu erwirtschaften. Was sie charakterisiert, ist die Form der Gewinnverwendung (vgl. Kapitel 3.5). Überschüsse verbleiben in der Organisation und werden für den Unternehmenszweck verwendet (Badelt et al. 2007, 7).

Ein wesentliches Kriterium, in welchem sich Nonprofitorganisationen von erwerbswirtschaftlichen Unternehmen unterscheiden, ist die konsensuelle Einigung auf ein organisationsspezifisches Formalziel und dessen Operationalisierung in Sachziele. Die Herausforderung der Zielfindung besteht darin die Interessen der Organisation, die Einzelinteressen der Mitarbeitenden respektive der Teilnehmenden und jene der externen Anspruchsgruppen abzugleichen. Die Gesamtorganisationen selber verfügen über eigene, kollektive Ziele. Diese versuchen sie mit entsprechenden Strategien und Strukturen zu erreichen. Gleichzeitig existieren auch individuelle Ziele der Organisationsmitglieder und der diversen Anspruchsgruppen (Greving 2008, 31). Greving (2008) schreibt, dass Menschen nicht nur Organisationsziele verfolgen, sondern auch daran interessiert sind, personale Macht- und Herrschaftsstrukturen zu konkretisieren. Dabei können die eigenen Ziele durchaus im Widerspruch zu den Zielen der Organisation stehen (Greving 2008, 39). Insbesondere entlang der Perspektive der Anspruchsgruppen lassen sich Differenzen zwischen Nonprofit-Organisationen und profitorientierten Unternehmen herausarbeiten. So zeigt sich, dass die Zielsysteme – unabhängig von ihrer Zuordnung zu Sach- oder Formalzielen – für Nonprofitorganisationen multikriteriell, ambivalent und konfliktär[66] sein können (Zimmer 1996, 149). Während in profitorientierten Unternehmen die zentralen Bemühungen der Gewinnmaximierung dienen, fehlt Nonprofitorganisationen ein einheitliches Referenzsystem. Angesichts der Schwierigkeiten einer Erfolgsmessung werden Zielvereinbarungsprozesse häufig gar nicht erst in Angriff genommen (Horak et al. 2007, 178). Dies kommt einerseits daher, dass die Adressatenbedürfnisse sehr heterogen sind, andererseits, weil multiple Gruppen von Akteuren auf die Interna der Nonprofitorganisationen Einfluss nehmen (Scheuch 2007, 479; Zimmer 1996, 149). Zu den einflussnehmenden Stakeholdern[67] zählen neben Finanzgebern auch andere Interessentengruppen mit ihren je eigenen weltanschaulichen Zielen. Sie wirken beeinflussend auf die Umwelt und die Organisationen, haben gegebenenfalls wechselnde Erwartungen und Ansprüche und handeln in vernetzten gesellschaftlichen Systemen (Scheuch 2007, 485). Damit bilden sie für Organisationen wesentliche Bedingungsfaktoren (Greving 2008, 40). Natürlich pflegen auch profitorientierte Unternehmen ein differenziertes Stakeholdermanagement, um die Vielfalt der Anforderungen zu koordinieren.[68] Allerdings sind die Einflüsse von externen Akteuren auf interne Entscheidungen der Nonprofitorganisationen komplexer. Erste Ansätze, um die Komplexität der Zielvielfalt zu bewältigen, bieten modifizierte, aus der Betriebswirtschaft stammende Instrumente wie Controlling (Horak 1993) und strategische Planung (Eschenbach et al. 2003). Die Herausforderung besteht nicht nur darin, sich auf ein Formalziel zu einigen, sondern das Ziel muss auch operationalisierbar sein. Allerdings sind insbesondere Ziele wie Sicherheit oder auch die Lebensqualität schwierig, operativ zu spezifizieren. Sie lassen sich nur schwer messen und kontrollieren (Scheuch 2007, 483).

Pauschalaussagen für Nonprofitorganisationen sind anhand des Kriteriums Zielerreichung, Ziele und Hauptzweck schwierig zu verfassen. Die Problematik besteht in der Fülle an Mischformen zwischen Nonprofitorganisationen und profitorientierten Unternehmen (Scheuch 2007, 467). Für sonderpäda-

---

[66] Beispielsweise ein Sportverein, der sich gleichermaßen im Profibereich und im Breitensport engagiert (Zimmer 1996, 149).

[67] Als Stakeholders werden Interessentengruppen bezeichnet, die auf die Zielbildung oder die Handlung einer Organisation Einfluss nehmen können oder deren Beurteilung der Handlungen der Organisation von Bedeutung ist.

[68] Ein in der Literatur oft herangezogenes Beispiel, dass auch profitorientierte Unternehmen unter Legitimationsdruck stehen, um ihre Ressourcenzufuhr zu sichern, ist die Boykottkampagne gegen Shell im Zusammenhang mit der Entsorgung der Bohrinsel Brent Spar.

gogische Dienstleistungsorganisationen ist daher die konkrete Konstellation festzustellen.

Konkretisierung für sonderpädagogische Dienstleistungsorganisationen

Verallgemeinernd kann gesagt werden, dass sowohl profitorientierte Unternehmen als auch sonderpädagogische Dienstleistungsorganisationen für sich übergeordnete Formalziele definieren und spezifische Sachziele darauf ausrichten. Zu den Formalzielen gehören unter anderem Lebensqualität, Integration, Empowerment, Normalisierung, Partizipation, Selbstbestimmung oder Autonomie. Zu den Inhalten von Sachzielen sonderpädagogischer Dienstleistungsorganisationen zählen Tätigkeitsbereiche wie die Betreuung und Pflege, das Wohnen, die individuelle Förderung, die Schulung, Berufsbildung oder Beschäftigung. Die Bildung einzelner Zielhierarchien wird dabei wesentlich von den Austauschbeziehungen der jeweiligen Organisation bestimmt. Die zentralen Partner von sonderpädagogischen Dienstleistungsorganisationen sind die öffentlichen Kostenträger und die Leistungsempfänger. Die potentiellen Konflikte, welche bei den Austauschbeziehungen mit diesen beiden Partnern auftreten, sind in Abbildung 19 verdeutlicht.

Austauschbeziehungen profitorientierter Organisationen

Austauschbeziehungen sonderpädagogischer Dienstleistungsorganisationen

Abbildung 19: Austauschbeziehungen zwischen profitorientierten Unternehmen und sonderpädagogischen Dienstleistungsorganisationen im Vergleich

Sowohl profitorientierte Unternehmen als auch sonderpädagogische Dienst-leistungsorganisationen sind je in zwei zentrale Kreisläufe eingebunden. Der Vergleich zeigt, dass die Kreisläufe bei sonderpädagogischen Dienstleis-tungsorganisationen unausgewogener [69] sind als bei profitorientierten Unternehmen.[70] Durch eine Analyse dieser unausgeglichenen Austauschbe-ziehungen können drei weitere für sonderpädagogische Dienstleistungs-organisationen typische Spannungsbereiche identifiziert werden. Es sind dies die eingeschränkte Leistungsfähigkeit der Klienten, die niederschwelli-gen Qualitätsrichtlinien und das heterogene Referenzsystem. Diese drei Spannungsbereiche werden nachfolgend ausgeführt.

Spannungsbereich 2:   Eingeschränkte Leistungsfähigkeit (Kaufkraft, Leis-tungsbeurteilung) der Klienten

Die Formel für einen Austausch zwischen einer leistungserbringenden Orga-nisation und den Leistungsempfängern heißt ‹Leistung gegen Zahlung›. Auf Seiten der Leistungsempfänger wird das Gleichgewicht der Austauschbezie-hungen einerseits von der finanziellen Kaufkraft beeinflusst, andererseits von der Selbstbestimmung und Eigenständigkeit. Bei profitorientierten Unternehmen sind diese beide Größen ausgeprägt. Sie tauschen Güter oder Dienstleistungen mit Kunden und Klienten gegen entsprechende Zahlungen, für die diese selber aufkommen. Die Kunden sind fähig, die Güte der Leis-tung zu beurteilen, und es steht ihnen frei, auf eine Leistung zu verzichten oder auf Konkurrenzprodukte auszuweichen. Auch sonderpädagogische Dienstleistungen erbringen spezifische Leistungen an Dritte, verfolgen einen konkreten gesellschaftlichen Auftrag[71] und machen die Güte der Leistungen an Qualitätszielen fest. Die Position der Klienten wird, im Unterschied zu profitorientierten Unternehmen, durch die Abhängigkeit von den Leistungen und die erschwerten Bedingungen der Leistungserstellung und -bewertung geschwächt. Hinzu kommt, dass Klienten, die einen sonderpädagogischen Dienst in Anspruch nehmen, nur in seltenen Fällen fähig sind, die erbrachte Leistung mit einem vollständigen Eigenbeitrag zu begleichen (Wetzler 2009, 47). Die Refinanzierung erfolgt in der Regel ganz oder teilweise über Steuer-leistungen in Form von Betriebsbeiträgen, Invalidenrenten, Hilflosenent-

---

[69]   In der Literatur werden solche auch als unechte oder nicht schlüssige Tauschbezie-hungen bezeichnet (Meinecke 2003, 54 f.).
[70]   Dies wird mit gestrichelten Pfeilstärken angezeigt.
[71]   Beispielsweise die Versorgung als Wohn- oder Tagesstätte für Menschen mit Behin-derungen sicherzustellen oder verhaltensauffällige Kinder und Jugendliche in einer Schule zu unterrichten.

schädigungen, Taggeldern oder anderen Finanzmitteln.[72] Um die eingeschränkte Leistungsfähigkeit der Klienten zu stärken, gibt es zwei Ansätze. Ein Erster zielt auf die Erhöhung der Finanzautonomie. Dies ist insbesondere bei nicht kognitiv beeinträchtigten Menschen möglich. Es wurde im Pilotprojekt Assistenzbudget auch bereits getestet. Bedingt durch kognitive Beeinträchtigungen sind allerdings viele Klienten, die in sonderpädagogischen Dienstleistungsorganisationen leben und arbeiten, nicht in der Lage einen realistischen Bezug zu Geld herzustellen. Ein selbständiger und aufgeklärter Einkauf sonderpädagogischer Leistungen ist für diese Menschen nicht möglich. Ein zweiter Ansatz zielt darauf ab, adäquate Systeme der Leistungsbeurteilung zu entwickeln. Dies ist – wiederum bedingt durch die kognitiven Einschränkungen – überaus schwierig und stellt hohe Anforderungen an entsprechende Leistungsbeurteilungsinstrumente. Diese müssen sich an den Klienten als Leistungsnutzer orientieren, die relevanten Beurteilungsindikatoren identifizieren und so operationalisieren, dass diese verständlich sind und zuverlässig evaluiert werden können.

Es gilt festzuhalten, dass sich entlang des Klassifikationskriteriums Zielerreichung/Ziele/Hauptzweck die eingeschränkte Leistungsfähigkeit der Klienten als ein für sonderpädagogische Dienstleistungsorganisationen typischer Spannungsbereich identifizieren lässt. Die Spannung nimmt kontinuierlich zu, je weniger die Klienten in der Lage sind, die Dienstleistung zu beurteilen, sich an dieser kooperativ zu beteiligen und diese zu bezahlen. Von diesen Einschränkungen sind nicht alle sonderpädagogischen Dienstleistungsempfänger gleichermaßen betroffen. Der Spannungsbereich wird in der Abbildung 20 deshalb breit dargestellt.

---

[72] Die Art der Finanzierung ist gegenwärtig im Wandel. Durch die Neugestaltung des Finanzausgleichs (NFA) zeigt sich eine Tendenz von der Objekt- zur Subjektfinanzierung. Auch Mischformen werden diskutiert (Kantone Basel-Stadt und Basel-Landschaft 2007; Sutter 2005).

Spannungsbereich 2:   Eingeschränkte Leistungsfähigkeit (Kaufkraft, Leistungsbeurteilung) der Klienten

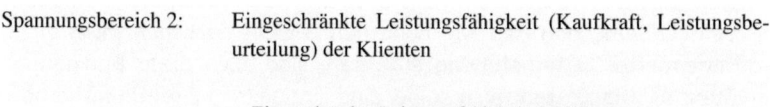

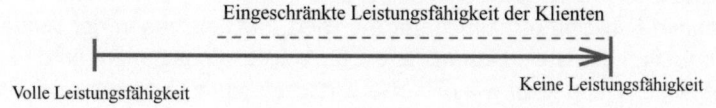

Handlungsgrundlagen: Finanzautonomie der Klienten; Adäquate Leistungsbeurteilungssysteme

Abbildung 20: Spannungsbereich ‹Eingeschränkte Leistungsfähigkeit der Klienten›

Spannungsbereich 3:   Niederschwellige Qualitätsrichtlinien

Ein dritter Spannungsbereich zeigt sich, wenn die Austauschbeziehungen zwischen den Organisationen und den Kostenträgern oder Kapitalgebern betrachtet werden. Um die Ressourcenlieferungen der Kapitalgeber aufrechtzuerhalten, offerieren ihnen profitorientierte Unternehmen entsprechende Anreize in Form von Zinsen und Dividenden (Burla 1989, 73). Diese stehen in kausaler Abhängigkeit mit der Leistungserbringung. Dies motiviert einerseits die Unternehmen, gut zu wirtschaften, denn sie sind abhängig von den finanziellen Zuschüssen der Kapitalgeber. Andererseits werden die Kapitalgeber die unternehmerischen Aktivitäten und Marktbedingungen genau kontrollieren, denn davon hängt die Höhe der Rendite des von ihnen zur Verfügung gestellten Kapitals ab. Auf sonderpädagogische Dienstleistungsorganisationen trifft dies nicht in dieser existentiellen Konsequenz zu. Sie können grundsätzlich qua Status mit einer kontinuierlichen Ressourcenzufuhr und einer weitgehenden Akzeptanz rechnen. Um nicht auf diesem Status auszuruhen, hat das Bundesamtes für Sozialversicherung qualitätssichernde Bedingungen erlassen, um die Qualität in sonderpädagogischen Dienstleistungsorganisationen zu sichern. Diese Bedingungen müssen erfüllt werden, um Betriebsbeiträge zu erhalten. Allerdings fehlen geeignete Ressourcen, Messtechniken und Instrumente, um essentielle Qualitätsindikatoren zu benennen, messbar zu machen und sie mit entsprechenden Instrumenten zu evaluieren. In der Folge sind die Qualitätsvorgaben im Vergleich zu profitorientierten Unternehmen niederschwellig. Zusätzlich zu den Qualitätskriterien des Bundesamtes für Sozialversicherung wird formell versucht, den Gegenwert dieser Beziehungsrelation durch Leistungsverträge – zum

Beispiel zwischen Kanton und Organisation[73] – zu stabilisieren. Verglichen mit dem Wirkungsgrad der Mechanismen, welche zwischen Investor und profitorientierter Unternehmung auftreten, sind auch diese Bedingungen unprätentiös. Die Kostenträger selber sind ihrerseits in ihrer finanzkompensierenden Funktion nicht monetär motiviert, die Leistungen der sonderpädagogischen Dienste zu kontrollieren. Ein solches Engagement wird bei der öffentlichen Hand nicht wie bei privatwirtschaftlichen Investoren mit Zinsen und Dividenden entschädigt.

Ein ‹Return-On-Investment-System›, wie es die Privatwirtschaft praktiziert, ist für das Behindertenwesen in dieser Form nicht denkbar. Allerdings wären Überlegungen, wie dieses Austauschverhältnis stabilisiert werden könnte, durchaus angebracht und sicherlich gewinnbringend. Basierend auf dem gegebenen System könnten allerdings von der öffentlichen Hand Qualitätsindikatoren bestimmt werden, welche die Leistungen essentiell und effektiv tangieren. An diesen könnten sich in der Folge auch die Leistungsbeurteilungsinstrumente ausrichten.

Es gilt festzuhalten, dass sich entlang des Klassifikationskriteriums Zielerreichung/Ziele/Hauptzweck neben der eingeschränkten Leistungsfähigkeit der Klienten noch ein zweiter, für sonderpädagogische Dienstleistungsorganisationen typischer Spannungsbereich identifizieren lässt. Es sind dies die niederschwelligen Qualitätsrichtlinien der öffentlichen Hand. Verglichen mit den Mechanismen der Privatwirtschaft sind die Kostenträger nur in geringem Masse motiviert, die Güte der Leistungen beeinflussend zu überwachen. Wenn sie dies tun, dann aus anderen Motiven. Dennoch ziehen sie als Geldgeber zwangsläufig die Aufmerksamkeit der Organisationen auf sich, was unnötige Ressourcen bindet. Diese fehlen in der Folge beim eigentlichen Dienstleistungsauftrag.

---

[73] Die Grundidee solcher Leistungsverträger ist es, die Hilfesysteme stärker zu planen, zu steuern und inhaltliche Verantwortung zu übernehmen, indem von den leistungserbringenden Einrichtungen und Diensten qualitativ hochwertiger Gegenwert für Geld eingefordert wird (Grunow et al. 2000, 56).

Spannungsbereich 3:   Niederschwellige Qualitätsrichtlinien

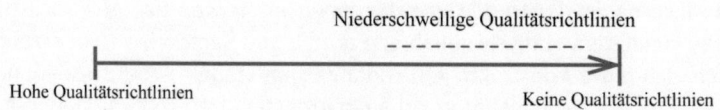

Niederschwellige Qualitätsrichtlinien

Hohe Qualitätsrichtlinien   Keine Qualitätsrichtlinien

Handlungsgrundlage: Essenzielle Qualitätsindikatoren bestimmen

Abbildung 21: Spannungsbereich ‹Niederschwellige Qualitätsrichtlinien›

Spannungsbereich 4:   Heterogenes Referenzsystem

Die Orientierung an Zielen ist die Grundlage für jede professionelle Leistung. Nur über die Arbeit an Zielen können professionelle Handlungen in Bezug auf ihre Effektivität und Effizienz evaluiert werden. Die Definition von Zielsetzungen stellt in der Behindertenhilfe für sich noch kein Problem dar. Es existieren viele verschiedene Zieldefinitionen. Aus Sicht der leistungserbringenden Dienstleistungsorganisationen sind diese multikriteriell, multifunktional und nicht immer kompatibel zueinander: Gegenüber ihren Adressaten müssen sie individuelle soziale Dienstleistungen erbringen, gegenüber den Geldgebern erfüllen sie rechtliche Bestimmungen und Qualitätsvorgaben und erhoffen sich daraus Sicherheit in der gegenwärtigen und zukünftigen Finanzierung; die Mitarbeitenden fordern faire und angemessene Lohn- und Arbeitsbedingungen sowie attraktive Arbeitsplätze mit entsprechenden Fort- und Weiterbildungsmöglichkeiten; die Angehörigen vertreten die Adressaten in einer anwaltschaftlichen Funktion und treten so für deren Bedürfnisse ein; allfällige Lieferanten sind als Debitoren auf zuverlässige Zahlungsmodalitäten angewiesen; und selbst die Gesellschaft formuliert als Sprachrohr zivilgesellschaftlicher Interessen ihre Forderungen. Durch diese unterschiedlichen Interessengruppen mit ihren jeweiligen Zielperspektiven differenzieren sich sonderpädagogische Dienstleistungsorganisationen in verschiedene funktionale Einheiten. Diese entwickeln in relativer Autonomie ein funktionsspezifisches Eigenleben, sind flexibel und können schnell auf Veränderungen reagieren. Dies wirkt zwar komplex, ist jedoch sehr nützlich. Auf diese Weise können sich Organisation an verschiedene Umwelten koppeln und fungieren als Experten für Mehrdeutigkeit. Diese Flexibilität zu praktizieren ist anspruchsvoll. Das Management sonderpädagogischer Dienstleistungsorganisationen steht vor der Aufgabe, alle diese verschiedenen Zielperspektiven zu priorisieren und entsprechend zu koordinieren. Dies setzt Verständigungsprozesse über die mögliche Zielsetzung und die zu erbringenden Leistungen unter den Kooperationspartnern voraus. Die Fähigkeit, diese Prozesse zu koordinieren, ist eine wertvolle Kompetenz sonderpädagogischer Dienstleistungen. Gelingt es sonderpädagogischen Dienstleistungsorganisationen, die verschiedenen Interessen der Anspruchsgruppen zu kanalisieren und sie von ihren Formal- und Sachzielen zu überzeugen, lassen sich diese konstruktiv einbinden. Es entstehen Arbeitsbeziehungen, die im Prozess zu gefestigten Arbeitspartnerschaften führen. Dadurch hat die Organisation gestärkte Kapazitäten, um ihrer primären Funktion, der Bedürfnisbefriedigung ihrer Klienten, nachzukommen.

Es gilt festzuhalten, dass sich entlang des Klassifikationskriteriums Zielerreichung/Ziele/Hauptzweck noch ein dritter, für sonderpädagogische Dienstleistungsorganisationen typischer Spannungsbereich identifizieren lässt. Es ist dies das heterogene Referenzsystem. Die Koordination und Organisation von Leistungen ist grundsätzlich einfacher, wenn sich die Dienste nur an einer oder wenigen Anspruchsgruppen ausrichten und orientieren müssen. Von diesem Idealtypus sind sonderpädagogische Dienstleistungsorganisationen weit entfernt (vgl. Abbildung 22). Sie sind gefordert, die vielen verschiedenen Interessen der Anspruchsgruppen zu priorisieren und zu kanalisieren.

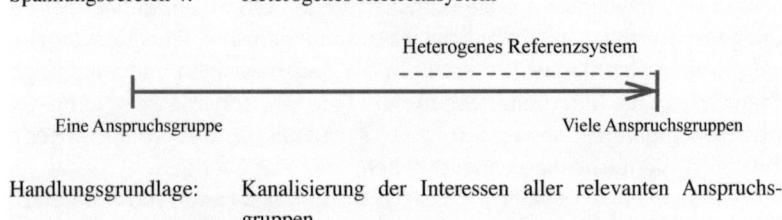

Abbildung 22: Spannungsbereich ‹Heterogenes Referenzsystem›

3.6.3 Gesellschaftliche Rolle

Generalisierung für Nonprofitorganisationen

Ein Individuum unserer Gesellschaft trifft in allen Lebensphasen auf Nonprofit-Organisationen: In unserem Kulturraum wird es in einem öffentlichen Spital geboren, beteiligt sich bei einer religiösen Glaubensgemeinschaft, besucht den Kindergarten, geht zur Schule, wird Mitglied einer Jugendorganisation oder eines Vereins, besucht die Universität oder tritt nach Beendigung der Ausbildung einer Gewerkschaft bei, besucht Museen, Konzerte und das Theater, engagiert sich in einer politischen Partei, trifft sich im Pensionsalter mit Gleichgesinnten im Seniorenclub, nimmt zunehmend die Dienste der Altenhilfe und Spitex in Anspruch und wird nach dem Ableben auf einem öffentlichen Friedhof bestattet. Nonprofitorganisationen sind in den unterschiedlichsten gesellschaftlichen Bereichen in vielfältigen Ausprägungsformen anzutreffen. Zu ihnen zählen beispielsweise die kommunalen Einrichtungen, Verbände, Vereine oder Sozial-, Gesundheits- und Kulturorganisationen.[74] Diese Vielfalt lässt auf eine nicht zu unterschätzende gesellschaftliche und wirtschaftliche Bedeutung schließen, gleichzeitig aber auch auf eine hohe Komplexität des Themenbereichs.

Bedeutung erhalten Nonprofit-Organisationen, weil sie im wirtschaftlichen, sozialen und kulturellen Leben moderner Gesellschaften eine bedeutende Rolle spielen (Badelt et al. 2007, 3), indem sie als institutionelle Repräsentanten der Zivilgesellschaft fungieren und Einfluss nehmen auf die Mitgestaltung ihrer Verhältnisse (Simsa 2001b, 5). Gössler und Schweinschwaller (2008) bezeichnen Nonprofitorganisationen sogar als die Risikomanager der Gesellschaft, welche das Selbstzerstörungspotential der globalen Welt bearbeiten. Sie begründen dies damit, dass sie sich um jene Mitglieder der Gesellschaft sorgen, die die Produktivität einer dynamischen Wirtschaft irritieren. Dies sind vorwiegend alte, arbeitslose und behinderte Menschen (Gössler et al. 2008, 49). Während die große gesellschaftliche und ideelle Bedeutung von Nonprofitorganisationen in der Schweiz mit ihren genossenschaftlichen, verbandlichen und kommunalen Wurzeln unmittelbar einleuchtend erscheint, ist ihre wirtschaftliche schwierig zu quantifizieren. Zum einen sagt die Anzahl von gemeinnützigen Einrichtungen wenig über deren Bedeutung aus, zum andern erbringen Nonprofitorganisationen Leistungen, die teilweise nur schwer bewertbar sind und vielfach auch nicht über den Markt abgesetzt werden (Wagner 1999, 56 f.). Dennoch wird davon ausgegangen, dass der Dritte Sektor in allen Industrieländern einen wesentlich größeren Wirtschaftsfaktor bildet, als bisher allgemein angenommen (Simsa 2001a, 135). Sie liefern nicht nur die Basis für private Haushalte, sondern auch für profitorientierte Unternehmen und bilden so das Rückgrat jeder organisierten Gesellschaft (Stöger et al. 2006, 754). Ohne Nonprofitorganisationen gäbe es folglich keine reibungslose Wirtschaft.

Die Komplexität des Dritten Sektors entsteht durch die höchst heterogenen und markanten Unterschiede seiner Organisationen. Der Sektor besteht aus großen, traditionsreichen und weltweit operierenden Hilfsorganisationen wie etwa dem Roten Kreuz oder Greenpeace, aber auch aus verhältnismäßig

---

[74] Vereinzelt wird auch die öffentliche Verwaltung zu den Nonprofit-Organisationen gezählt. Mit dem Argument, dass sich der Dritte Sektor von der öffentlichen Verwaltung durch ein geringeres Mass an Amtlichkeit abgrenzt, wird sie meistens im Staat verortet (Zimmer et al. 2007, 16).

kleinen, lokalen Initiativen wie der Betreuung von Langzeitarbeitslosen oder Obdachlosen (Simsa 2003, 134). Das Beziehungsgeflecht von Nonprofitorganisationen gegenüber Institutionen aus den beiden anderen Sektoren ist komplex und dynamisch. Der Staat tritt gegenüber Nonprofit-Organisationen als Gesetzgeber und Regulator auf; viele öffentliche Institutionen finanzieren die von Nonprofit-Organisationen angebotenen Leistungen und kontrollieren deren Arbeit; andere öffentliche Institutionen aus dem staatlichen Sektor weisen keine Kontakte zu Nonprofit-Organisationen auf; sowohl staatliche Betriebe wie auch Nonprofit-Organisationen entlehnen betriebswirtschaftliche Instrumente und beide Sektoren werden heute auch durch marktliche Mechanismen determiniert. Das Resultat ist ein Nebeneinander von Beziehungen unterschiedlichster Intensität, die von kooperativem Verhalten bis hin zu Konkurrenzsituationen reichen (Simsa 2003, 135). Über diese Komplexität hinweg ist generell ein Trend zur Professionalisierung von Nonprofitorganisationen feststellbar. Dies ist zum einen auf die Rechtfertigung gegenüber ihren Geldgebern, der allgemeinen Öffentlichkeit und anderen Interessentengruppen zurückzuführen, zum andern auch aus Produktivitätsüberlegungen erklärbar (Scheuch 2007, 478).

Welche gesellschaftliche Rolle eine bestimmte Nonprofitorganisation in einem bestimmten Nonprofit-Tätigkeitsgebiets übernimmt, kann nur im jeweiligen Fokus eruiert werden. Anschließend wird dies für sonderpädagogische Dienstleistungsorganisationen versucht.

Konkretisierung für sonderpädagogische Dienstleistungsorganisationen

Die Kernaufgabe sonderpädagogischer Dienstleistungsorganisationen ist es, Menschen, die aufgrund von Beeinträchtigungen auf sonderpädagogische Dienste angewiesen sind, zu unterstützen und zu begleiten. Dazu stellen sie laufend bedürfnisgerechte Dienste wie beispielsweise Bildungs- und Freizeitangebote, Aktivitäten und Beratung in lebenspraktischen Bereichen oder Angebote für die Realisierung von Wohn-, Arbeits- und Beschäftigungsplätzen bereit. Durch dieses Angebot gewährleisten sie die primäre Sicherheit der Versorgung ihrer Klienten und beteiligen sich so an der Etablierung und Aufrechterhaltung von sonderpädagogischen Hilfesystemen. Bei diesen Hilfesystemen handelt es sich um ein verhältnismäßig kleines, aber sozialstaatlich bedeutendes Gesellschaftssegment.

Wie bedeutend die gesellschaftliche Rolle von sonderpädagogischen Dienstleistungsorganisationen tatsächlich ist, lässt sich in der Schweiz nicht in Zahlen ausdrücken. Es existiert keine Statistik darüber, wie viele Menschen mit einer Behinderung in der Schweiz leben. Interessierte greifen jeweils auf die Statistiken der Invalidenversicherung (IV) des Bundesamtes für Sozialversicherung zurück, denn behinderte Menschen können eine IV-Rente beziehen. Das Problem dabei ist, dass nicht alle Behinderten in dieser Statistik erfasst sich, da behinderte und invalide Menschen sich voneinander unterscheiden können. Eine klare Trennung wird nicht vorgenommen. Außerdem orientiert sich die Invalidenversicherung bis heute am Funktionsausfall und der Einschränkung der Erwerbsfähigkeit und richtet ihre Leistungen in Form von Renten und individuellen Leistungen aus. Welche Versicherten eine Rente, individuelle Leistungen oder beides erhalten, weisen die Statistiken nicht aus. Somit können weder über das effektive Ausmaß von Behinderungen genaue statistische Angaben gemacht werden noch über den Umfang der verschiedenen Behinderungsformen. Es gibt lediglich Schätzungen. Nach einer solchen sind als Behinderte im weiteren Sinne ca. 10% der Bevölkerung der Schweiz anzusehen (Schwaninger 1993, 82). Somit kann bilanziert werden, dass die gesellschaftliche Rolle von sonderpädagogischen Dienstleistungsorganisationen nicht quantifiziert werden kann, diese aber eine wichtige sozialstaatliche Aufgabe übernehmen.

3.6.4 Art der Interessen

Das Klassifikationskriterium ‹Art der Interessen› wird lediglich von den Autoren Blümle, Halm und Schnyder (1996) genannt. Ihre Ausführungen beziehen sich inhaltlich jedoch auf Aspekte des Klassifikationskriterien ‹Zielerreichung/Ziele/Hauptzweck› (vgl. Kapitel 3.6.1). Dies bestätigt auch ein anderer Artikel von einem der beiden genannten Autoren (Schnyder 1994, 395). Folglich ist es auch nicht erforderlich, dieses Klassifikationskriterium auszuführen. Ergänzend ist lediglich anzumerken, dass die Art der Interessen einer Nonprofit-Organisation politisch, wirtschaftlich, soziokulturell oder sozial sein können. Durch diese Vielfalt werden andere Klassifikationskriterien tangiert, beispielsweise die Wahl der Rechtsform, die Willensbildung der Adressaten, die Größe oder die Finanzierungsstruktur.

3.6.5 Handlungsfelder

Generalisierung für Nonprofitorganisationen

Die Wirtschaftswissenschaften unterteilen die Volkswirtschaft traditionell in den Primär-, den Sekundär- und den Tertiärsektor.[75] Zum Primärsektor ge-

---

[75] Diese Drei-Sektor-Hypothese wurde in den 1930er Jahren von den britischen Wirtschaftswissenschaftlern Allan G.B. Fischer (1935) und Colin G. Clark (1940) ausgearbeitet. Ihre Hypothese besagt, dass sich der Schwerpunkt der wirtschaftlichen Tätigkeit zunächst vom primären Wirtschaftssektor (Rohstoffgewinnung) auf den se-

hören beispielsweise die Land- und Forstwirtschaft, der Bergbau und die Fischerei. Der Sekundärsektor umfasst das produzierende beziehungsweise verarbeitende Gewerbe einer Volkswirtschaft. Dazu gehören die Industrie, das Handwerk und die Energie- und Wasserversorgung. Der Sekundärsektor verarbeitet die Güter aus dem Primärsektor weiter, wodurch er äußerst material- und kapitalintensiv ist. Der Tertiärsektor wird auch Dienstleistungssektor genannt. Zu diesem Sektor werden unter anderem die Wirtschaftszweige Handel, Verkehr, Tourismus, Versicherungen, Gastgewerbe oder Kreditinstitute gezählt. Dieser Sektor ist sehr personalintensiv (Züger 2008, 25). Mit 64.5% ist der Anteil der Erwerbstätigen im Tertiärsektor gegenüber 1.5% im Primärsektor und 21% im Sekundärsektor deutlich höher (Der Fischer Weltalmanach 2008).

Eine für den Nonprofitsektor verbindende Einteilung der Organisationen nach ihren inhaltlichen Tätigkeitsgebieten entstand im Rahmen des Johns Hopkins Comparative Nonprofit Sector Projektes. Die Einteilung gliedert sich in 12 Branchen: Culture, Education and Research, Health, Social Services, Environment, Development, Civic and Advocacy, Philanthropy, International, Religious Congregations, Business and Professional, Unions, Other (Salamon et al. 1992, 18; 1999, 3).

Konkretisierung für sonderpädagogische Dienstleistungsorganisationen

Sonderpädagogische Dienstleistungsorganisationen lassen sich innerhalb der genannten Tätigkeitsgebiete in den Gruppen drei und vier verorten. Zur dritten Gruppe zählen private Spitäler, Heime und andere stationäre Einrichtungen des Gesundheitswesens, und zur Gruppe vier gehören insbesondere die privaten Sozialwerke wie Einrichtungen der ambulanten und stationären Versorgung mit sozialen Dienstleistungen.

Konstitutiver für diese Arbeit als diese branchenspezifische Gliederung ist die Primärunterscheidung in Fremdleistungs- und Eigenleistungs-Nonprofit-Organisationen. Eigenleistungs-Nonprofit-Organisationen decken den Eigenbedarf oder den Bedarf einer Gruppe. Sie werden in der Literatur auch als Mitgliederorganisationen oder Selbsthilfe-Nonprofitorganisationen bezeichnet. Entsprechend diesem Verständnis zählen sonderpädagogische Organisationen nicht zu den Eigenleistungsorganisationen. Sie bieten ihre Dienste nicht Mitgliedern an, sondern in besonderen Abhängigkeitsverhältnissen lebenden und arbeitenden Menschen. Folglich zählen sie zu den Fremdleistungs-Nonprofit-Organisationen. Diese Organisationsformen de-

---

kundären (Rohstoffverarbeitung) und anschliessend auf den tertiären Sektor (Dienstleistung) verlagert.

cken mit ihren Leistungen einen Fremdbedarf, also Güter und Dienstleistungen zugunsten Dritter (Badelt 1999, 4 f.).

Es ist festzuhalten, dass sich Nonprofitorganisationen in verschiedene Handlungsfelder aufteilen lassen. Sonderpädagogische Organisationen lassen sich zwar bestimmten Branchen zuordnen, aber die Aussagekraft über organisationsspezifische Eigenschaften ist gering. Konstruktiver ist es, sie als Fremdleistungs-Nonprofit-Organisation zu spezifizieren, denn so lassen sich die nachfolgenden Klassifikationskriterien besser systematisieren.

3.6.6 Adressaten

Generalisierung für Nonprofitorganisationen

Je nach Art einer Organisation werden die Adressaten unterschiedlich benannt. Während profitorientierte Unternehmen größtenteils von Kunden sprechen, sind die Benennungen bei Nonprofitorganisationen vielfältig. Hilfsorganisationen wie Krankenhäuser oder psychiatrische Kliniken sprechen von Patienten, Sozialämter von Klienten. Interessenverbände wie politische Parteien, Studentenverbindungen oder Berufs- und Sportvereine bezeichnen die Adressaten als Mitglieder, und die dem Gemeinwohl dienenden Organisationen wie das Militär, die Polizei oder Feuerwehr nennen die allgemeine Öffentlichkeit als ihre Adressaten (Horak 1993, 30). Allen gemeinsam jedoch ist, dass die Adressaten sowohl für Profit- als auch für Nonprofitorganisationen eine zentrale Größe darstellen.

Welche Rolle Adressaten einer Nonprofitorganisation im Einzelfall einnehmen, ist unterschiedlich. Der Umgang mit ihnen wird adressaten- und marktseitig determiniert. Adressatenseitig entscheiden sich bei profitorientierten Unternehmen die Kunden freiwillig und – mehr oder weniger – aufgeklärt für einen Anbieter oder ein Produkt. In der Regel ist es für sie auch möglich, sich zwischen verschiedenen Anbietern desselben oder ähnlichen Produktes zu entscheiden. Bei Nonprofitorganisationen findet sich eine ähnliche Konstellation wie bei Selbsthilfe-Nonprofit-Organisationen. Ihren Mitgliedern steht es grundsätzlich frei, einem Verein oder einer Interessengemeinschaft beizutreten, und vielfach finden sich in der näheren Umgebung ähnliche Interessengemeinschaften. Bei Fremdleistungs-Nonprofit-Organisationen wie dem Sozialamt, einem Krankenhaus oder einer sonderpädagogischen Dienstleistungsorganisation kann diese Autonomie deutlich eingeschränkt sein. Auch auf Seiten des Marktes zeigt sich ein unterschiedliches Bild. Während der privatwirtschaftliche Wettbewerb gesetzlich geschützt wird[76], sind solche Erlasse für Nonprofitorganisationen nicht verbrieft. Nonprofitorganisationen operieren in Bereichen der Bedarfsdeckung. Sobald die Versorgung in einem solchen Bereich sichergestellt ist, sind in der Regel kaum noch neue Markteintritte zu erwarten (Burla 1989, 89 f.). Und weil die Nachfrage das Angebot bestimmt, sind organisationale Konkurrenzkämpfe um gesellschaftlich unpopuläre Adressatenkreise quasi ausgeschlossen.

Es ist festzuhalten, dass die Art der Nachfrage zum einen und die Anzahl der Nachfrager zum andern das Angebot beeinflussen. Tendenziell geht die Literatur davon aus, dass die Bedarfswirtschaftlichkeit den Effizienzdruck entlastet, weil Nonprofitorganisationen weitgehend in einem konkurrenzfreien Umfeld agieren. Wie sich dies auf sonderpädagogische Dienstleistungsorganisationen auswirken kann, wird nachfolgend diskutiert.

Konkretisierung für sonderpädagogische Dienstleistungsorganisationen

Im Themenfeld Adressaten lassen sich drei für sonderpädagogische Organisationen typische Spannungsbereiche aufzeigen. Zwei dieser Spannungsbereiche, die erschwerte Bedarferhebung sowie die Abhängigkeit und ungleichen Machtverhältnisse, wurden bereits im Kapitel ‹Sonderpädagogische Dienstleistungen› (vgl. Kapitel 2.3.3) benannt und diskutiert. Neu hinzu kommt der reduzierte Kampf um Klienten.

Spannungsbereich 5:   Reduzierter Kampf um Klienten

Gemäß der Statistik der sozialmedizinischen Institutionen des Bundesamtes für Statistik (BFS) lebten im Jahre 2006 insgesamt 34'894 Klienten in Institutionen für Menschen mit Behinderungen (Bundesamt für Statistik 2008). Dies entspricht in der Schweiz einer mittelgroßen Stadt. Allerdings gibt es kaum Konkurrenz. Klienten sonderpädagogischer Dienstleistungen haben in der Regel nur wenige Möglichkeiten, zwischen verschiedenen Fremdleistern zu wählen. Damit müssen sich Leistungserbringer nicht durch Güte und Qualität von Konkurrenten abheben. Sie stehen nicht unter Existenzdruck. Allenfalls könnten verschärfte kantonale Qualitätsvorgaben, welche im Rahmen der Neugestaltung des Finanzausgleichs (NFA) erarbeitet werden, den Wettbewerbsdruck zusätzlich fördern. Sonderpädagogische Dienstleistungsorganisationen müssten sich dann innerhalb der verschärften Qualitätsvorgaben einerseits erfolgreich positionieren und andererseits das Angebots- und Leistungskonzept sowie die differenzierte Bedarfsplanung der effektiv zu leistenden Stunden durch die Dienstleistungsorganisation ent-

---

[76] Unternehmen mit einer marktlichen Monopolstellung, wie dies in der Schweiz beispielsweise lange Jahre bei der Swisscom der Fall war, sind trotzdem existent.

sprechend anpassen. Je nach Art, Güte und Geschwindigkeit der umgesetzten Strategien profiliert sich eine Organisation mehr oder weniger gut. Dies könnte zu verstärktem Konkurrenzverhalten auf dem sonderpädagogischen Dienstleistungsmarkt führen. Die Gefahr dabei besteht zum einen darin, dass der Bedarf über die Ressourcenverteilung weiterhin sozialpolitisch bestimmt wird, zum anderen, dass sich die Qualitätsbemühungen an den Qualitätsanforderungen des Kantons orientieren und nicht gegenüber der Klientenzufriedenheit. Um diese Differenz zu nivellieren, müssten die Qualitätsvorgaben inhaltlich die Klientenzufriedenheit respektive deren Lebensqualität abdecken.

Entlang des Klassifikationskriteriums Adressaten lässt sich der reduzierte Kampf um Adressaten als ein für sonderpädagogische Dienstleistungsorganisationen relevanter Spannungsbereich identifizieren. Analog zur Marktsituation besteht auch in diesem Spannungsbereich die latente Gefahr von Qualitätseinbußen, wenn die Dienste nicht gefordert sind, sich um die Gunst der Klienten oder Kunden zu bemühen. Es fehlt der Druck, innovative und qualitativ gute Leistungen und Produkte anzubieten. Dies trifft auch auf sonderpädagogische Dienstleistungsorganisationen zu. Erstens sind die Klienten auf die Leistung und damit auf die Anbieter angewiesen. Darauf zu verzichten ist in vielen Fällen existenzbedrohend. Zweitens ist die Nachfrage nach Plätzen in sonderpädagogischen Dienstleistungseinrichtungen aktuell hoch, so dass diese nicht um Klienten buhlen müssen (vgl. Abbildung 23).

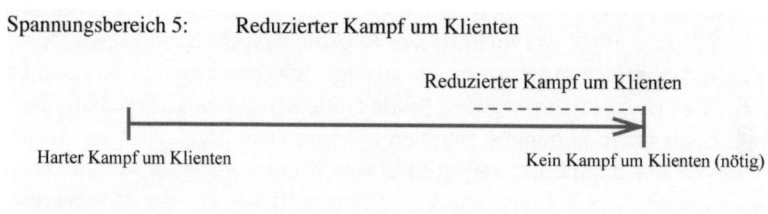

Spannungsbereich 5:   Reduzierter Kampf um Klienten

Handlungsgrundlage: Verschärfte Qualitätsvorgaben

Abbildung 23: Spannungsbereich ‹Reduzierter Kampf um Klienten›

3.6.7 Leistung

Generalisierung für Nonprofitorganisationen

Im Klassifikationskriterium Leistung schwingen implizite Forderungen mit. Burla (1989) spricht diesbezüglich von soziokultureller Rationalität und bezieht sich „auf die Notwendigkeit eines Betriebs, sich als soziales System im jeweiligen soziokulturellen Umfeld zu bewähren" (Burla 1989, 92). Diese

Notwendigkeit, den sozialen Forderungen und kulturellen Werten so weit zu entsprechen, dass eine erfolgreiche organisationale Tätigkeit und Entwicklung gefördert wird, lässt sich für alle Betriebe aufzeigen. Weil bei Nonprofitorganisationen jedoch das Gewinnziel als gesellschaftlicher Legitimationsbeitrag fehlt, stützen sich diese stärker auf ihre Grundfunktionen der gemeinnützigen Bedürfnisbefriedigung. Dies birgt Chancen und Gefahren. Die Chance besteht darin, ihre Grundfunktionen vorteilhaft zu präsentieren und so ein positives Image zugeschrieben zu erhalten. Dadurch kann eine Organisation sich und ihre Leistungen gesellschaftlich legitimieren. Umgekehrt können Legitimationsverluste von den Anspruchsgruppen unmittelbar sanktioniert werden, was zum Entzug wichtiger Ressourcen führen kann (Burla 1989, 92 f.). Damit es nicht dazu kommt, müssen Nonprofitorganisationen belegen, dass sie effektiv und effizient arbeiten.

Bei profitorientierten Unternehmen wird die Wirtschaftlichkeit an den Erwartungen der Investoren festgemacht. Die üblichen Parameter sind der Gewinn, der sogenannte ‹Return on Investment› (ROI), Umsatzzahlen und der Marktanteil. Diese Kennzahlenschemata sind formal orientiert. Sie reichen nicht aus, um damit Aussagen über den Erfolg von Nonprofitorganisationen zu tätigen. Der Erfolg einer Nonprofitorganisation lässt sich aufgrund der Finanzierungssituation und der oft ideellen und indirekten Leistungserbringung nur schwer an der Beurteilung geschlossener ökonomischer Kreisläufe messen. Dies daher, weil zwischen Einnahmen und Kosten kein betriebswirtschaftlicher Zusammenhang besteht. Nonprofitorganisationen verfügen nicht über das quantitative Rückmeldesystem, welches einer erwerbswirtschaftlichen Organisation anzeigt, welchen Wert die Kunden den erbrachten Leistungen zumessen (Burla 1989, 87). Um Misswirtschaft, Ineffizienz oder sogar kriminelle Handlungen nachzuweisen, muss auf niederschwellige Kontrollmöglichkeiten zurückgegriffen werden. Dazu zählen etwa die Einhaltung von Budgets und Verhaltensrichtlinien bei der Mittelverwendung oder die Überprüfung gesetzter operativer Ziele (Kunz 2006, 17 f.; Schwarz et al. 1996, 20).

Genau wie profitorientierte Unternehmen sind auch Nonprofitorganisationen grundsätzlich auf knappe Ressourcen angewiesen (Burla 1989, 73). Aufgrund der sozialen und wirtschaftlichen Entwicklung der letzten Jahre hat sich diese Ressourcenknappheit – zum Beispiel jene der staatlichen Zuflüsse – verschärft. Nonprofitorganisationen stehen vor beträchtlichen Schwierigkeiten, der geforderten Effizienzorientierung gerecht zu werden. Um diesen Veränderungen erfolgreich zu begegnen, schlagen zahlreiche Autoren vor, ökonomische Denk- und Handlungsweisen mit den entsprechenden Zielsetzungen der Nonprofitorganisationen zu verknüpfen. Praktisch werden dabei betriebswirtschaftliche Instrumente und Methoden auf den Nonprofit-

Bereich übertragen. Dies wird als Ökonomisierung bezeichnet (vgl. bspw. Eschenbach et al. 2003) und beschreibt einen „Prozess, in dem politisch vereinbarte Standards abgelöst werden durch eine stärkere ‹Monetarisierung›, das heißt Festlegung von Output-Zielen, Controlling von Input und Output, Vergleichbarkeit von Produkten und Betonung von Effizienz als Kontrollkriterium" (Heinze et al. 1997, 256). Indem bestehende Handlungsmuster mit geforderten Managementprozessen und Marktorientierungen vernetzt werden, entsteht bei den Beteiligten Unsicherheit und Handlungsdruck (Greving 2008, 159). Dies stellt hohe Anforderungen an das Management. Um dies erfolgreich zu bewältigen, benötigen sie fundierte Kenntnisse über zentrale Mechanismen und Besonderheiten der jeweiligen Nonprofitorganisationen und ihr Umfeld.

Ökonomisierungsprozesse finden sowohl nach innen als auch nach außen statt. Nach innen gerichtet tangieren sie die eigentliche Dienstleistung. Diese wird betriebswirtschaftlich operationalisiert, indem beispielsweise Output-Ziele festgelegt und Leistungen beschrieben werden, Controlling-Verfahren zum kontinuierlichen Abgleich von Input und Output geschaffen werden oder die Produkte der Dienstleistungen vergleichbar gemacht und die Effizienz ihrer Erstellung betont werden. Für die Außenbeziehungen zielt Ökonomisierung darauf ab, die organisationalen Leistungen und Produkte zu vermarkten. Der Begriff beschreibt dabei, wie sich die Verhältnisse der Organisationen zu anderen Anbietern im selben Marktsegment, zu den Kostenträgern und zu ihren Nutzern verändern (Heinze et al. 1997, 256).

Konkretisierung für sonderpädagogische Dienstleistungsorganisationen

Genau wie Nonprofitorganisationen müssen sich auch sonderpädagogische Dienstleistungsorganisationen betriebswirtschaftlichen Herausforderungen stellen. Die Ökonomisierung sozialer Qualität wird breit diskutiert (Dederich 2005; Herrmann 2005; Speck 2000; 2001; Wetzler 2009). Der Leistungsprozess gleicht jenem von profitorientierten Unternehmen und kann modellhaft als einfacher Kreislauf dargestellt werden: Der Kapitalgeber fordert Rentabilität und verlangt Effizienzkennzahlen, welche seine Einlage legitimieren und rechtfertigen (vgl. Abbildung 24). Ein für sonderpädagogische Organisationen typischer Spannungsbereich ergibt sich daraus, dass zusätzlich auch noch ein anderer Rentabilitätsnachweis verlangt wird.

Spannungsbereich 6:   Zweifacher Rentabilitätsnachweis (ökonomische und soziokulturelle Rentabilität)

Für sonderpädagogische Dienstleistungsorganisationen ist zwischen der ökonomischen und der soziokulturellen Rentabilität zu differenzieren.

Rentabilitätsüberlegungen im klassisch betriebswirtschaftlichen Sinne werden typischerweise in profitorientierten Unternehmen angestellt. Rentabilitätsziele gelten aber auch für sonderpädagogische Dienstleistungsorganisationen. Diese stehen gegenüber den Kostenträgern in der Verantwortung. Die Geldgeber erwarten, dass die von ihnen zur Verfügung gestellten Mittel zweckmäßig eingesetzt werden, so dass daraus der bestmögliche Nutzen für die Dienstleistungsempfänger resultiert. Generelles Ziel der ökonomischen Rentabilität für sonderpädagogische Dienstleistungsorganisationen sollte es sein, ein finanzielles Gleichgewicht herzustellen. Darunter ist eine ausgewogene Mittelbewirtschaftung zu verstehen, das heißt, der Mittelzufluss hält sich in etwa mit dem Mittelabfluss die Waage. Der Zufluss darf keinesfalls kleiner, er sollte jedoch auch nicht größer sein.

Unter soziokultureller Rentabilität wird der eigentliche Auftrag sonderpädagogischer Dienstleistungsorganisationen subsumiert, nämlich die nachhaltige Sicherung und Steigerung der Qualität der Wertschaffung gegenüber ihren Klienten. Die Messung dieser Wertschaffung bei sozialen Aufgaben und Handlungsstrukturen gestaltet sich weit schwieriger als die betriebswirtschaftliche Berechnung der Verzinsung des eingesetzten Kapitals, denn ihre Bedingungen sind komplex angelegt (Merchel 2003, 5). Die Wertschaffung wird in sonderpädagogischen Dienstleistungsorganisationen bislang überhaupt nicht oder nur rudimentär quantifiziert.[77] Es bedarf der Anwendung sozialer, ökologischer und ökonomischer Kriterien, um ihre Rendite zu beurteilen.

---

[77] Als Beispiel für eine Entwicklung, um die quantitative Wertschaffung zumindest zu vergleichen, können die Aktivitäten des gemeinnützigen Vereins Heim Benchmarking Schweiz (HeBeS) erwähnt werden. Dieser bietet interessierten Organisationen, meist Alters- und Pflegeheimen, neben einem qualitativen Benchlearning auch ein quantitatives Benchmarking an. Er stellt dafür Instrumente zur Verfügung, um sich auf einfache und kostengünstige Art zu vergleichen (www.hebes.ch, 17.02.2010)

Leistungskreislauf profitorientierter Organisationen

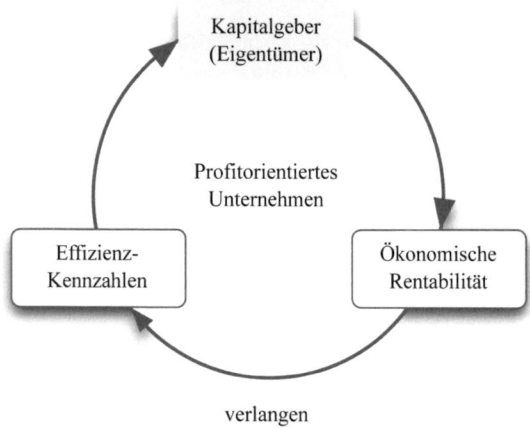

Leistungskreislauf sonderpädagogischer Dienstleistungsorganisationen

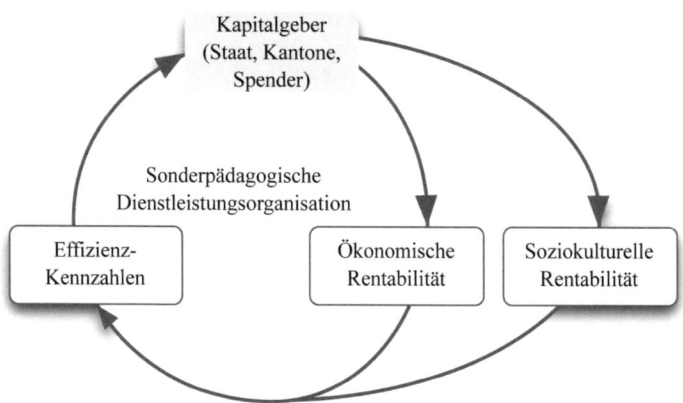

Abbildung 24: Leistungskreislauf profitorientierter Unternehmen und sonderpädagogischer Dienstleistungsorganisationen

Bei profitorientierten Unternehmen lässt sich die Gesamteffizienz mit Kennzahlen messen. Für sonderpädagogische Dienstleistungsorganisationen gibt es solche Kennzahlen nicht. „Bei der Forderung nach einer ‹effizienten Dienstleistungserbringung› sind meist weder die Maßstäbe für die geforderte Effizienz transparent, noch ist die Wertigkeit von Effizienz innerhalb eines komplexen Zusammenhangs von ‹Güte› einer Dienstleistung im Bewusstsein" (Merchel 2003, 6). In den letzten Jahren wurden zwar vielerorts betriebswirtschaftliche Bemühungen unternommen, um quantitative Zahlen vorweisen zu können. Dazu gehört beispielsweise die Einführung von Kostenstellenrechnungen. Das zentrale Erfolgskriterium, nämlich die Nutzenmessung, konnte jedoch nur bedingt operationalisiert werden.

Es ist festzuhalten, dass sich entlang des Klassifikationskriteriums Leistung der zweifache Rentabilitätsnachweis als weiterer für sonderpädagogische Dienstleistungsorganisationen relevanter Spannungsbereich identifizieren lässt. Wenngleich ein eindimensionaler Rentabilitätsnachweis, beispielsweise die Gewinnmaximierung, unter Globalisierungsaspekten kaum wahrzunehmen ist, bildet er in seiner Reinform trotzdem den Idealtypus. Mit der Zunahme von Anspruchsgruppen steigern sich in der Regel auch die an die Organisation gestellten Ansprüche. Davon sind auch sonderpädagogische Dienstleistungsorganisationen betroffen. Sie müssen über die ökonomischen Vorgaben und Rahmenbedingungen hinaus auch einem sozialgesellschaftlichem Auftrag gerecht werden. Damit stehen sie in einer doppelten Verantwortung (vgl. Abbildung 25). Begleitet vom Ökonomisierungsdruck häufen sich die Forderungen, dieser Verantwortung nachhaltig gerecht zu werden und dies – auch mit Kennzahlen – belegen und ausweisen zu können. Dazu fehlen ihnen bislang die nötigen Instrumente.

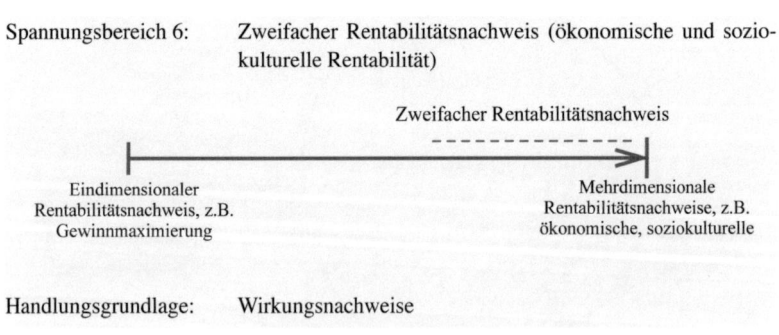

Abbildung 25: Spannungsbereich ‹Zweifacher Rentabilitätsnachweis›

3.6.8 Mitgliedschaft

Mitglieder sind Personen oder Organisationen, welche gemeinsam eine Kooperation gründen oder einer bereits gegründeten Kooperation beitreten. Durch den Beitritt übernehmen sie gewisse Rechte und Pflichten und können im Gegenzug von der Kooperation bestimmte Leistungen erhalten beziehungsweise beziehen. Die Mitglieder definieren jene Gruppe, um derentwillen die Organisation besteht. Die Organisation produziert Leistungen. Abnehmer, Betroffene und Nutznießer dieser Leistungen sind die Mitglieder.

Mitglieder können in der Organisation diverse Rollen und Funktionen übernehmen, beispielsweise als Träger mit entsprechenden Wahl- und Abstimmungsrechten; als Zahler von Beiträgen, Spenden, Gebühren oder Steuern, welche der Organisation als öffentliche Mittel den NPO zufließen; als Lieferanten von in der Organisation erbrachten Leistungen; als Normenvollzieher der festgelegten Bestimmungen, Regeln, Vorschriften; als Klient und Bezieher von Dienstleistungen; oder als Mitarbeiter mit den entsprechenden Pflichten (Schwarz 1996a, 75 f.).

Offen bleibt, inwiefern das Klassifikationskriterium Mitglieder für Nonprofitorganisationen überhaupt relevant sein soll. Nach Angabe von Beyes und Jäger (2005, 26) wird das Klassifikationskriterium von den Autoren Salamon und Anheier (1992) genannt. Allerdings findet sich in diesem Schreiben kein direkter Verweis auf dieses Kriterium.[78] Folglich lassen sich weder für Nonprofitorganisationen noch für sonderpädagogische Dienstleistungsorganisationen typische Dimensionen erarbeiten.

3.6.9 Trägerschaft

Generalisierung für Nonprofitorganisationen

Während die Rechtsform die jeweiligen Rahmenbedingungen definiert, bezeichnet die Trägerschaft eine Institution, welche für den Organisationszweck Personal und Sachmittel zur Verfügung stellt. Sehr verallgemeinernd kann nach der Trägerschaft zwischen privaten[79] und staatlichen[80] Nonprofitorganisationen unterschieden werden (Badelt et al. 2007, 8 ff.; Horak 1993, 54). Schwarz (1996b) erweitert die Kategorien durch halbstaatliche Nonprofitorganisationen[81]. Staatliche Nonprofitorganisationen werden nach ihm als gemeinwirtschaftliche, halbstaatliche als öffentlich-rechtliche Selbstverwaltungskörperschaften bezeichnet und die privaten Nonprofitorganisationen

---

[78] Nach persönlicher Rücksprache mit Prof. Dr. Urs Jäger handelt es sich hierbei um einen Fehler, denn „Self-governing, i.e., equipped to control their own activities" (Salamon et al. 1992, 11) kann, aber muss nicht mitgliedschaftsbezogen sein.

[79] Beispielsweise Musik-, Sport- oder Kulturvereine.

[80] Beispielsweise öffentliche Verwaltungen wie Polizeiposten, Gerichte oder Strafvollzugsanstalten, aber auch Schulen, Universitäten, das Militär oder Verkehrs- und Entsorgungsunternehmen.

[81] In vielen Ländern wird der Staatsbetrieb seit Jahren systematisch reduziert. Im Zuge dieser Privatisierung befinden sich heute einzelne Organisationen in einer Übergangslösung, in welcher sich der Staat beteiligt.

bilden den klassischen Dritten Sektor (Schwarz 1996b, 12). Die Trennung ist jedoch nur exemplarisch möglich.[82]

Es ist nicht nur schwierig Organisationen innerhalb des Dritten Sektors staatlichen, halbstaatlichen oder privaten Trägerschaften zuzuordnen, sondern es ist auch schwierig, den Dritten Sektors von den beiden anderen Sektoren – insbesondere gegenüber dem Staat – abzugrenzen. In der Schweiz ist diese Abgrenzung gesetzlich grundsätzlich klar und unmissverständlich geregelt, indem zwischen zivilem und öffentlichem Recht unterschieden wird. Aber auch in der Schweiz gibt es Fälle, in denen es schwierig ist, eine Organisation dem Dritten Sektor zuzuordnen.[83] Unmissverständliche Zuordnungen können nicht garantiert werden, indem nur zwischen privatem und öffentlichem Recht unterschieden wird. Zusätzlich zu den Trägerschaften ist es deshalb sinnvoll, auch die verschiedenen Organe von Organisationen zu betrachten, um die Entscheidungsträger zu identifizieren (Helmig et al. 2009, 2 f.).

Verwaltungsorgane sind organisatorisch selbständig und nehmen funktionell bestimmte Zuständigkeiten des Verwaltungsträgers wahr. Solche Organe sind bei profitorientierten Unternehmen die Gesellschaftsversammlung, die Geschäftsführung und die Revisionsstelle einer GmbH oder die Generalversammlung, der Verwaltungsrat und die Revisionsstelle einer AG (Rüegsegger 1995, 148 f.). In Nonprofitorganisationen werden diese Organe als Stiftungsrat bei einer Stiftung oder als Vorstand respektive Vereinsversammlung bei einem Verein bezeichnet. Ihre Rechte und Kompetenzen hängen weitgehend von dem in der Organisation vorherrschenden Demokratiekonzept ab (Schwarz 1996a, 140). In der Regel entscheiden diese Organe jedoch über die Annahme und den Austritt von Mitgliedern, generieren und ändern die Satzung und wählen den Vorstand respektive das Leitungsorgan (Nowotny et al. 2007, 216). Für Stiftungen definieren sich die Kompetenzen weitgehend über die Stiftungsurkunde und für Vereine über die Statuten. Die Statuten des Vereins lassen sich über einen entsprechenden Mehrheitsbeschluss der Versammlung ändern. Die Stiftung ist diesbezüglich statischer, denn Änderungen müssen über den Stiftungsrat bis hin zur Änderung der Stiftungs-

---

[82] Einteilungen, beispielsweise nach erbrachter Leistung, sind nicht lückenlos durchführbar. Öffentliche Unternehmen produzieren zwar vorwiegend Kollektivgüter, aber sie können auch Individualgüter produzieren (zum Beispiel Stromversorgung). Private Nonprofit-Organisationen produzieren zwar vorwiegend Individualgüter, aber sie können auch Kollektivgüter produzieren (zum Beispiel ein Verein, der öffentliche Aufgaben übernimmt) (Horak 1993, 54).

[83] Helmig, Bärlocher und Schnurbein (2009) verdeutlichen dies am Beispiel des Reformprozesses eines Kantonsspitals und am Zürcher Zoo (Helmig et al. 2009, 3).

urkunde gehen. Allerdings hat die Stiftung den Vorteil, dass sich klare Gefäße, beispielsweise Spendenfonds, einrichten lassen.

Es ist festzuhalten, dass sich Trägerschaften aus der gewählten Rechtspersönlichkeit ergeben. Zwischen profitorientierten Unternehmen und Nonprofitorganisationen gibt es diesbezüglich keine strukturellen Unterschiede. Zuteilungen zum Dritten Sektor einerseits und innerhalb dessen zu staatlichen, halb-staatlichen oder privaten Nonprofit-Organisationen andererseits sind hingegen nicht immer zweifelsfrei möglich. In der Schweiz bietet das Gesetz mit der Unterteilung in öffentliches und privates Recht eine Orientierungshilfe. Zusätzlich sind im Einzelfall die Entscheidungsbefugnisse und Kompetenzen der einzelnen Organe maßgebend.

Konkretisierung für sonderpädagogische Dienstleistungsorganisationen

Sonderpädagogische Dienstleistungsorganisationen lassen sich aufgrund ihres rechtlich-wirtschaftlichen Status – im Unterschied zu anderen Gruppen (Salamon et al. 1999, 3) – relativ eindeutig dem Dritten Sektor zuordnen. Und dank des Bundesamtes für Statistik können sie auch präzise auf öffentlich rechtliche, privatrechtliche und privat subventionierte Trägerschaften aufgeteilt werden.[84] In der aktuellen Statistik für sozialmedizinische Institutionen im 2007 werden insgesamt 561 Institutionen für Menschen mit Behinderungen aufgeführt. Es erstaunt nicht, dass die privat subventionierten Institutionen mit 448 Nennungen den größten Anteil ausmachen. Dabei handelt es sich um privat organisierte Trägerschaften, welche über Verträge geregelt werden. Diese Organisationen verfügen über eine Subventionsgarantie für die Betriebskosten und/oder eine Defizitgarantie eines Gemeinwesens. 39 Organisationen zählen zu den öffentlich rechtlichen. Diese wurden in der Regel von der öffentlichen Hand gegründet und entsprechend übernimmt auch das Gemeinwesen die Trägerschaft. Subventions- und Defizitgarantien sind für diese Organisationen hinfällig, zumal das Gemeinwesen sowieso für die Kosten aufkommt. 74 Organisationen werden den privatrechtlichen zugeordnet. Diese verfügen weder über eine Subventionsgarantie für die Betriebskosten noch über eine Defizitgarantie eines Gemeinwesens (Bundesamt für Statistik 2009, 35). Interessant wäre zu wissen, wie sich die jeweilige Trägerkategorie auf bestimmte Kriterien wie beispielsweise die

---

[84] Die Terminologie, welche das Bundesamt für Statistik verwendet, ist nicht identisch mit der für Deutschland üblichen Einteilung in staatliche, halbstaatliche und private Trägerschaften. Dem rechtlich-wirtschaftlichen Status entsprechend können die in der Schweiz als öffentlich rechtliche Organisationen den staatlichen, die privat subventionierten den halb-staatlichen und die privatrechtlichen den privaten zugeordnet werden.

Güte der Dienstleistungen oder die Effizienz der Leistungserbringung auswirkt. Intuitiv könnte angenommen werden, dass privatrechtlich organisierte sonderpädagogische Dienstleistungsorganisationen ohne Defizit- und Subventionsgarantien vermehrt ökonomischem Druck ausgesetzt sind als privat subventionierte oder öffentlich rechtliche. Allerdings sind solche Annahmen und alle damit verbundenen Rückschlüsse rein spekulativ. Und weil die jeweiligen Rechte und Kompetenzen von Trägerorganen in sonderpädagogischen Dienstleistungsorganisationen weitgehend von dem vorherrschenden Demokratiekonzept abhängig sind, lässt sich auch diesbezüglich kein für sonderpädagogische Organisationen typischer Spannungsbereich identifizieren.

3.6.10 Rechtsform

Generalisierung für Nonprofitorganisationen

Die schweizerische Rechtsordnung schreibt Unternehmen bestimmte Rechtsformen vor. Die Rechtsform definiert die gesetzlichen Rahmenbedingungen. Dazu gehören Haftungsfragen, Revisions- und Verwaltungsvorgaben oder der Erwerb einer Rechtspersönlichkeit einer Gesellschaft, die in irgendeiner Form tätig wird. Die Rechtsform wird in den Statuten festgelegt und ist folglich einseh- und überprüfbar. Damit bildet sie ein mögliches Leitmerkmal, um Nonprofitorganisationen in brauchbare Teilmengen zu gliedern und eine bessere Abgrenzung nach außen zu erhalten (Schnyder 1994, 395).

Die einfache Gesellschaft bildet die Grundform, an welcher sich andere Gesellschaftsformen ausrichten. Nach schweizerischem Gesellschaftsrecht ist eine einfache Gesellschaft eine vertraglich begründete Personenvereinigung, welche der Erreichung eines bestimmen gemeinsamen Zwecks mit gemeinsamen Kräften oder Mitteln dient (Art. 530 Abs. 1 OR) (Meier-Hayoz et al. 2007, 309 ff.). Die Verfolgung dieser Zwecke kann originär kapitalistisch und damit eher wirtschaftlich orientiert oder eher bedarfsorientiert respektive sozial ausgerichtet sein. Für profitorientierte Organisationen bieten sich klassisch kapitalbezogene Körperschaften wie die der Aktiengesellschaft (AG), der Gemeinschaft mit beschränkter Haftung (GmbH) oder die Kommandit-Aktien-Gesellschaft an.

Auch Nonprofitorganisationen müssen sich dem Gesellschaftsrecht beugen und eine Rechtsform belegen. In der Schweiz treten diese in der Regel als Genossenschaft, Verein oder als Stiftung auf (Schwarz 1996b, 25; Schwarz et al. 1996, 17; Wagner 2007, 42-44). Genossenschaften und Vereine zählen rechtlich zu den Gesellschaften und innerhalb dieser – in Abgrenzung zu den

Rechtsgemeinschaften – zu den Körperschaften. Die Stiftung ist nach schweizerischem Zivilgesetzbuch eine Anstalt (Art. 60 ff. ZGB). In der Regel ist sie privatrechtlich organisiert (Meier-Hayoz et al. 1998, 47). Neben Stiftung, Genossenschaft und Verein können auch Kapitalgesellschaften zur Verfolgung ideeller Zwecke gegründet werden. Damit kann auch eine Nonprofitorganisation, welche neben ideellen auch wirtschaftliche Zwecke verfolgt, die Rechtsform einer Kapitalgesellschaft bekleiden. Dies erhöht die Rechtssicherheit der beteiligten Personen (Schmidtmayr 2003, 141).

Anschließend werden die Genossenschaft, der Verein und die Stiftung als die für Nonprofitorganisationen typischen Rechtsformen vorgestellt.

Genossenschaft

Nach schweizerischem Obligationenrecht ist die Genossenschaft eine Körperschaft ohne geschlossene Mitgliederzahl, das heißt, es können jederzeit neue Mitglieder aufgenommen werden (Art. 838 Abs. 1 OR). Sie dient hauptsächlich der Förderung und Sicherung wirtschaftlicher Interessen der Genossenschafter, zählt auf die wirtschaftliche Selbsthilfe ihrer Mitglieder und eignet sich deshalb besonders für Organisationen mit vielen Angehörigen (Schmidtmayr 2003, 141; Schnyder 1994, 395). Wichtige Betätigungsfelder für Genossenschaften sind die Landwirtschaft sowie Spar- und Darlehenskassen (Rüegsegger 1995, 152; Wagner 2007, 43). Entgegen der Literatur haben genossenschaftliche Trägerstrukturen heute für den Nonprofit-Bereich an Relevanz verloren. Die meisten der 10'691 (Stand Ende 12.2009) im Handelsregister eingetragenen Genossenschaften verfolgen wirtschaftliche Zwecke.

Verein

Der Verein ist im Nonprofitsektor eine weit verbreitete Rechtsform (Wagner 2007, 42). Er wird definiert als ein auf Dauer angelegter, freiwilliger Zusammenschluss von Personen unter einer ausdrücklichen Organisation (Nowotny et al. 2007, 215). Gemäß dem schweizerischen Zivilgesetzbuch können politische, religiöse, wissenschaftliche, künstlerische, wohltätige, gesellige oder Organisationen mit einer anderen, nicht wirtschaftlichen Aufgabe die juristische Persönlichkeit eines Vereins erlangen (Art. 60 Abs. 1 ZGB). Grundsätzlich können Vereine schnell und ohne staatliche Mitwirkung gegründet werden. Als Voraussetzung muss lediglich der Wille, als Körperschaft zu bestehen, aus den Statuten ersichtlich sein (Art. 60 Abs. 1 ZGB). Ohne besondere gesetzliche Vorschriften oder auf Grund persönlicher rechtsgeschäftlicher Verpflichtungen beschränkt sich die Haftung auf das Vereinsvermögen und nicht auf persönliche Vereinsmitglieder (Nowotny et al. 2007, 215). Nach persönlicher Auskunft beim dafür zuständigen Bundesamt verzeichnet die Schweiz Ende 2009 6'600 im Handelsregister eingetragene Vereine. Der Verein mit seinen politischen Parteien und den nicht-gouvernmentalen Organisationen[85] ist faktisch zu einer wichtigen Voraussetzung der zivilgesellschaftlichen, und damit zu einem Rückgrat der schweizerischen Demokratie geworden (Müller 1999, 339).

Stiftung

Auch Stiftungen sind in der Schweiz häufig anzutreffen. Gemäß der Handelsregisterstatistik verzeichnet die Schweiz Ende 2009 18'117 im Handelsregister eingetragene Stiftungen. Ähnlich wie bei den Genossenschaften liegt jedoch auch bei der Stiftung eine Rechtsform vor, die nicht einfach dem Nonprofit Sektor zugeordnet werden kann. In der Schweiz sind die meisten Stiftungen wegen ihrer kommunikativen Zurückhaltung nur schwer erfassbar. Außerdem ist zu unterscheiden, ob es sich um gemeinnützige oder um nicht gemeinnützige Stiftungen handelt. Eine Sonderstellung unter den gemeinnützigen Stiftungen nehmen die Personalfürsorgestiftungen ein. Werden diese von den im Handelsregister eingetragenen Stiftungen abgezählt, verbleiben rund 10'000 gewöhnliche Stiftungen, die dem Nonprofitsektor zugerechnet werden können (Wagner 2007, 43 f.).

Zur Errichtung einer Stiftung bedarf es eines Vermögens für einen besonderen Zweck (Art. 80 ZGB) und eines Eintrags im Handelsregister (Rüegsegger 1995, 156). Der Zweck einer Stiftung ist die Begünstigung der Destinatäre[86]. Der Stiftungszweck, die Organisation der Stiftung und die Widmung eines Vermögens werden in der Stiftungsurkunde festgehalten. Eine Stiftungsurkunde zu verändern und neu auszurichten ist ein schwerfälliger und aufwendiger Prozess. Für die steuerliche Beurteilung ist sie jedoch von erheblicher Bedeutung. Von der Steuerpflicht ausgenommen sind Stiftungen, die durch ihre Tätigkeit die öffentlichen Aufgaben des steuerberechtigten Gemeinwesens unterstützen und fördern, oder wenn sie für soziale Zwecke eingesetzt werden und die Hilfe des Gemeinwesens dadurch lindern (Rüegsegger 1995, 158 ff.). Die Stiftung hat keine Mitglieder. Sie ist demnach keine Gesellschaft und der Stifter kann auch nicht zur persönlichen Haftung herangezogen werden. Außerdem steht sie unter Aufsicht des Gemeinwesens (Bund, Kanton, Gemeinde). Die entsprechende Aufsichtsbehörde hat dafür zu sorgen, dass das Stiftungsvermögen seinen Zwecken gemäß verwendet

---

[85] Dazu zählen nach Müller (1999) beispielsweise der WWF, Greenpeace, Frauen- und Friedensbewegungen oder religiöse Bewegungen.

[86] Das sind die vom Stifter in der Verfassung als Begünstigte des Stiftungsvermögens vorgesehenen Personen und Zwecke.

wird (Art. 84 ZGB) respektive die Verwirklichung des Stifterwillens zu überwachen (Nowotny et al. 2007, 227). Stiftungen haben generell den Nachteil,
dass über ihre Organisation kaum Regelwerke bestehen und sie häufig diesbezüglich nach außen undurchsichtig erscheinen.

Konkretisierung für sonderpädagogische Dienstleistungsorganisationen

In der Schweiz kleiden sonderpädagogische Dienstleistungsorganisationen
in der Regel die Rechtsform einer Stiftung[87] oder eines Vereins[88]. Die mit diesen Rechtsformen einhergehenden gesetzlichen Rahmenbedingungen bringen jeweils die für den Organisationszweck entsprechenden Vor- und Nachteile mit sich. Die gesellschaftlichen und sozialpolitischen Forderungen, gute
Arbeit für wenig Geld zu leisten, verpflichten sonderpädagogische Dienstleistungen, ihre Betriebe effizient zu führen. Dies schlägt sich in gesetzlichen
Veränderungen und in der Wahl geeigneter Rechtsformen nieder. Dieser
Trend markiert einen weiteren Spannungsbereich.

Spannungsbereich 7:   Gemeinnützigkeit und effiziente Betriebsführung

Mit der Revision des Schweizerischen Obligationenrechts vom 1. Januar
2008 gab es auch für sonderpädagogische Dienstleistungsorganisationen
interessante Anpassungen. Die Beschränkung auf wirtschaftliche Zwecke
wurde für kapitalistische Rechtsformen wie die GmbH und die AG geöffnet.
Neu dürfen diese auch ideelle und gemeinnützige Zwecke verfolgen. Wie im
Newsletter (2008) von Curaviva (Verband Heime und Institutionen) zu lesen
ist, machten davon sonderpädagogische Dienstleistungsorganisationsfor-
men bereits Gebrauch: „Die Pädagogische Großfamilie Misterli aus Neuen-
dorf ist die erste gemeinnützige GmbH [...] im Kanton Solothurn" (Curaviva
2008, 7). Die Vorteile kapitalistischer Rechtsformen liegen hauptsächlich in
der Besteuerung und in ihrem betriebswirtschaftlichen Professionalisie-
rungsanspruch. So werden beispielsweise keine Dividenden ausgeschüttet,
sie sind durch die Gemeinnützigkeit steuerbefreit[89] und stringent auf eine

---

[87] Als Beispiele sind die Gemeinnützige Stiftung für Behinderte Höfli mit Gärtnerei und
      Gartenbau in Winterthur, die Stiftung Stöckenweid in Feldmeilen, die Martin Stiftung
      in Erlenbach oder die Stiftung Solvita zu nennen.

[88] Als Beispiele sind das Oberwalliser Alters-, Pflege- und Behindertenheim St. Josef mit
      Sitz in Leuk, der Verein Rhyboot in Altstätten oder der Verein Landscheide in Aald-
      Schönengrund zu nennen.

[89] Die gemeinnützige Aktiengesellschaft muss nebst der tatsächlichen Verfolgung des
      gemeinnützigen Zweckes weitere statutarische Voraussetzungen erfüllen, damit sie
      von der Steuerpflicht befreit werden können. Ausserdem sind Verantwortlichkeiten,
      Pflichten und Rahmenbedingungen gesetzlich vorgegeben (Heller et al. 2001, 1787 f.).

effiziente Betriebsführung ausgerichtet. Sie können schnell auf Marktverän-
derungen reagieren, weil sich ihre Statuten rasch und unkompliziert ändern
lassen. Weiter lassen sich auch gewinnorientierte Einheiten (Profitcenter wie
Kompetenzzentren) einfacher implementieren. Dies entspricht dem Trend,
denn die Neuerungen führen zu einer höheren wirtschaftlichen, rechtlichen
und organisatorischen Autonomie. Die wirtschaftliche Selbständigkeit ist auf
die eigenständige Lohnpolitik zurückzuführen, die rechtliche auf die perso-
nalrechtliche Flexibilisierung, die organisatorische auf die Freiheit in der
Ausgestaltung der Führungsstrukturen. Außerdem bieten kapitalistische
Körperschaften eine breite Palette von Möglichkeiten der organisationalen
Fortentwicklung: gegenseitige Beteiligungen, Kooperationen und Fusionen,
Zusammenschlüsse und Expansionen. Diese Bewegung ist auch im Gesundheitswesen, insbesondere in der Spitallandschaft (Heller et al. 2001, 1788;
Helmig et al. 2009, 3) oder bei Sportvereinen im Profibereich (Zimmer 1996,
147) feststellbar. Damit bilden gemeinnützige, kapitalistische Rechtsformen
gegenüber dem Verein und der Stiftung interessante Alternativen.

Es ist festzuhalten, dass sich aus dem Klassifikationskriterium Rechtsform
der für sonderpädagogische Dienstleistungsorganisationen relevante Spannungsbereich Gemeinnützigkeit und effiziente Betriebsführung ableiten
lässt. Kapitalorientierte Körperschaften verschreiben sich gesetzlich automatisch einer effizienten Betriebsführung und pflegen nach außen eine entsprechende Reputation. Diese entfällt, je weiter sich die Rechtsform hin zu
eher bedarfsorientierten Gesellschaftsformen bewegen. Solche sind rechtlich nicht zu effizienten Betriebsführungen verpflichtet. Zu bedarfsorientierten Rechtsformen zählen auch der Verein und die Stiftung. Diese beiden
Formen sind es dann auch, welche von sonderpädagogischen Dienstleistungsorganisationen am häufigsten bekleidet werden (Abbildung 26). Dies
könnte sich, weil neu auch kapitalorientierte Körperschaften gemeinnützige
und ideelle Zwecke verfolgen dürfen, in den kommenden Jahren allerdings
ändern. Solche kapitalorientierten Körperschaften können für sonderpädagogische Dienstleistungsorganisationen attraktive, sinnvolle und zweckmä-
ßige Formen darstellen. Sie scheinen besonders für Einrichtungen geeignet,
die keine Gewinne anstreben, aber als Organisation trotzdem wirtschaftlich
effizient operieren wollen. Damit identifizieren sich heute viele sonderpädagogische Dienstleistungsorganisationen. Die Rahmenbedingungen von
Rechtsformen sind gesetzlich vorgegeben. Sie bringen jeweils die für den
Organisationszweck entsprechenden Vor- und Nachteile mit sich. Denen
unterliegen selbstverständlich auch sonderpädagogische Dienstleistungsorganisationen.

Definition durch Negativabgrenzung

Die begriffsimmanente Definition geht von der These aus, dass die Bezeichnung ‹Nonprofit› eine grundlegende Gemeinsamkeit aller Nonprofitorganisationen bestimmt. In dieser negativen Ausrichtung grenzen sie sich von profitorientierten Unternehmen, oder anders formuliert, von For-Profit Organisationen ab. Die Bezeichnung ‹Nonprofit› sagt nicht, was diese Organisationen sind, sondern was sie nicht sind (Schwarz 1986, 6). Wie der Begriff jedoch interpretiert und ausgelegt wird, ist unterschiedlich. Eine eng gefasste Definition charakterisiert danach den Willen einer Organisation, aus ihrer Tätigkeit keinen Gewinn zu erzielen. Die praktische Konsequenz dieser Sichtweise könnte jedoch aus einem etymologischen Fehlschluss kommen. So lehnt sich eine breiter gefasste Auslegung an das ursprünglich aus dem Englischen stammende Verständnis an. Der Ausdruck ‹Nonprofit› meint in diesem Verständnis ‹not for profit›. Dies bedeutet, dass eine solche Organisation nicht darauf ausgerichtet sein darf, einen Gewinn zu erwirtschaften, aber sehr wohl einen Gewinn erzielen kann (Badelt et al. 2007, 7; Wolf 1990, 7; Zimmer et al. 2007, 16). Was sie in einem solchen Falle charakterisiert, ist die Art der Gewinnverwendung (Finis-Siegler 2001, 3; Hasitschka et al. 1982, 8). Gewinne können beispielsweise für interne Subventionierungen oder zur Senkung der Mitgliedschaftsbeiträge verwendet werden (Horch 1992a, 21). Entscheidend ist somit die definierte Absicht, keinen Gewinn zu erzielen, und nicht die effektive Situation (Badelt et al. 2007, 7; Kunz 2006, 7).[51]

Definitionen, welche Nonprofitorganisationen über die Begrifflichkeit ‹Nonprofit› oder ‹not for profit› ergründen, sind für dieses Vorhaben aus zwei Gründen nicht substantiell. Erstens kann das, was eine Nonprofitorganisation ausmacht, nicht umfassend damit beantwortet werden, indem gesagt wird, was sie nicht ist oder nicht sein darf. Ein solcher Zugang dringt nicht zu den für Nonprofitorganisation konstitutiven Merkmalen und Eigenschaften vor.[52] Bestenfalls dient er als oberflächliche Annäherung. Und zweitens ist die Negativabgrenzung irreführend, weil Nonprofitorganisationen durchaus

---

[51] Hier existiert eine große Grauzone, welche in manchen Fällen auch als solche ausgenutzt wird. Nonprofit-Organisationen werden gelegentlich entgegen ihres Grundverständnisses missbraucht, um steuerliche Vorteile auszunutzen oder um unter Vorspielung falscher Tatsachen an Mittel zu gelangen (Kunz 2006, 9 ff.).

[52] Der Begriff wird wegen seines negativ-abgrenzenden Charakters in der Literatur permanent in Frage gestellt. Alternativen wie ‹Social Profit Organisation›, ‹Zivilgesellschaftliche Organisation› oder ‹Freiwilligenorganisation› konnten ihn bislang noch nicht verdrängen (Badelt et al. 2007, 4). Diese Arbeit hält deshalb am Begriff Nonprofit-Organisation fest.

Die heutige Nonprofitorganisationsforschung kennt viele verschiedene Definitionen, beklagt sich jedoch zugleich, sie habe keine treffenden (Anheier 1995, 15; Pankau 2002, 12). Die Bestimmung, was unter Nonprofitorganisationen zu verstehen ist, präsentiert sich in der Literatur keineswegs einheitlich. Vorzufindende Definitionen reichen von knappen, allgemeingültigen Beschreibungen[46] über beispielhafte Aufzählungslisten von Nonprofitorganisationen[47] oder provokativen Beschreibungen[48] bis hin zu detaillierten, umfassenden Nonprofit-Organisation konstituierenden Aufzählungen[49]. Allen diesen Definitionsbemühungen gemeinsam ist, dass sie in ihrem jeweiligen Detaillierungsgrad versuchen, dem Dritten Sektor eine Identität zu verschaffen. Eine genaue begriffliche Eingrenzung ist wegen der Vielfalt der organisationalen Ausprägungen jedoch schwierig (Burla 1989, 70; Hasitschka et al. 1982, 6 f.; Marmann et al. 2001, 43).

Idealtypisch können drei Definitionsansätze unterschieden werden.[50] Ein erster Typus versucht, Nonprofitorganisationen etymologisch zu ergründen. Dabei wird davon ausgegangen, dass die begriffsimmanente Definition – die Bezeichnung ‹Nonprofit› als negative Abgrenzung – eine grundlegende Gemeinsamkeit aller Nonprofitorganisationen bestimmt. Einen zweiten Typus bilden gesellschaftsdeterministische Definitionen. Ansätze dieser Kategorie leiten ihr Verständnis von Nonprofit-Organisationen ab, indem sie aus einer spezifischen Organisationsumwelt auf die Organisation schließen. Die Perspektiven, aus welchen Nonprofitorganisationen konstituiert werden, sind der Markt, der Staat und die Zivilgesellschaft. Den dritten in der Fachliteratur häufig anzutreffenden und für diese Arbeit zentralen Typus bilden die merkmalsorientierten Definitionen. Im Unterschied zu den beiden ersten Argumentationsmustern fokussieren merkmalsorientierte Definitionen auf die Organisationen selber. Dies geschieht in der Regel dadurch, dass summativ bestimmte Kriterien aufgelistet werden, welche erfüllt sein müssen, damit einer Organisation das Prädikat ‹Nonprofit› zugeschrieben werden kann. Um diese Kriterien zu generieren, wird zwischen privatwirtschaftlichen und Nonprofit-Organisationen verglichen. Diese drei Definitionstypen von Nonprofitorganisationen sensibilisieren auf unterschiedliche Betrachtungsweisen und werden nachfolgend vorgestellt.

---

46 Als Beispiele: Burla 1989, 75; Salamon 1999, 10
47 Als Beispiel: Horch 1992a, 9
48 Seibel (1994) bezeichnet Nonprofit-Organisationen als vormoderne, wenig responsive und dilettantisch gemanagte Organisationen, die nur überleben können, weil sie sich in einer Nische befinden, die ihnen der Staat verschafft (Seibel 1994, 17).
49 Als Beispiel: Badelt et al. 2007, 4 f.
50 Diese drei Ansätze werden von Beyes und Jäger (2005) ausführlich beschrieben.

Spannungsbereich 7:   Gemeinnützigkeit und effiziente Betriebsführung

Gemeinnützigkeit und effiziente Betriebsführung

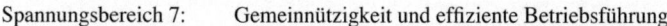

| Kapitalorientierte Rechtsformen mit hohen Auflagen zur effizienten Betriebsführung | Bedarfsorientierte Gesellschaftsformen ohne Auflagen zur effizienten Betriebsführung |

Handlungsgrundlage: Gemeinnützige, kapitalorientierte Körperschaften

Abbildung 26: Spannungsbereich ‹Gemeinnützigkeit und effiziente Betriebsführung›

3.6.11 Organisationsstruktur

Generalisierung für Nonprofitorganisationen

Jede Organisation operiert in einer spezifischen Struktur. Die Struktur selber ist ein statisches Gebilde und wird in der ökonomischen Fachsprache als Aufbauorganisation bezeichnet. Sie gliedert die Aufgaben eines Unternehmens in Aufgabenbereiche und bestimmt die Stellen und Abteilungen, die diese bearbeiten. Damit regelt sie zum einen die Verteilung von Zuständigkeiten auf organisatorische Einheiten und zum andern die Gestaltung der Handlungsbeziehungen zwischen diesen Organisationseinheiten. Als Ergebnis zeigt sich eine Struktur als Verknüpfung dieser organisatorischen Grundelemente, die sich als Organigramm darstellen lässt. Die Ablauforganisation baut auf den Ergebnissen der Aufbauorganisation auf, indem sie die einzelnen Aufgaben und die zu ihrer Erfüllung notwendigen Verrichtungen verkettet. Bei diesem dynamischen Prozess geht es um die Gestaltung der Arbeit (Thommen 2002-199). Als Grundmodelle haben sich in der betriebswirtschaftlichen Organisationslehre die funktionale Einlinienorganisation, die divisionale Einlinienorganisation, die Matrixorganisation mit zwei überschneidenden Führungsebenen und das Stab-Linien-Modell neben einigen modernen Varianten (zum Beispiel Netzwerkorganisation oder Prozessorganisation) und zahllosen Mischformen herausgebildet.

Jede dieser Organisationsstrukturen beruht auf anderen Prinzipien der Arbeitsteilung und der Koordination. Die inhaltliche Positionierung und Ausgestaltung dieser Bemühungen bildet die Strategie. „Strategic analysis involves understandig the strategic position of the organization, its environment, resources, values, and objectives." (Hodgkinson et al. 2008, 400). So soll die Struktur in ihrer strategischen Ausrichtung vor allem dazu dienen, die gesetzten Ziele effektiv und effizient zu erreichen (structure follows strategy). Je nach Strategie ergeben sich daraus andere Vor- und Nachteile (Gmür 1999, 15). Je differenzierter die Zielfelder sind, desto vielfältiger muss notwendigerweise die Organisationsstruktur eines Unternehmens sein (Gälweiler et al. 1986, 160). In Nonprofitorganisationen sind somit sowohl die Strategien als auch die diese widerspiegelnden Strukturen vielfältig. Dies führt in der Praxis dazu, dass die Organisationsstruktur immer wieder neu auf die aktuelle Strategie auszurichten ist. Selbst innerhalb einer hoch formalisierten Organisation ist nicht alles, was geschieht, regelbar. Zwischen den formellen Strukturen, der normativen Ausrichtung auf eine Strategie und den tatsächlich realisierten Kommunikationswegen entsteht eine Dynamik. Diese bezieht sich stark auf die Verhaltensweise der einzelnen Mitglieder und lässt sich weder eindeutig festschreiben noch formell darstellen (Greving 2008, 38 f.).

Nährlich (2000) geht davon aus, dass Nonprofitorganisationen generell zur Ausbildung oligarchischer Strukturen neigen (Nährlich et al. 2000, 14). Die Strategiefindung ist unter solchen Strukturen Aufgabe einer aktiven Minderheit, beispielsweise des Vorstandes. Dieser entscheidet über die Ziele und Verfahren der Organisation. Die Mitgliedschaft selber verfügt jedoch über Korrektivmöglichkeiten. Solche sind, die Arbeit zu kündigen, das freiwillige Engagement einzustellen oder interne Missstände zu veröffentlichen. Neben stark hierarchisch organisierten Nonprofitorganisationen wie der römisch katholischen Kirche oder der öffentlichen Verwaltung finden sich in der Praxis auch mitgliedschaftlich organisierte soziale Systeme, die durch demokratische Willensbildung gesteuert werden (Horak 1993, 47).

Es ist festzuhalten, dass Organisationsstrukturen wesentlich von der Strategie bestimmt werden. Die damit verbundenen Konsequenzen sind weitreichend und haben Einfluss auf diverse Bereiche wie beispielsweise auf das Verhältnis zwischen hauptamtlichen oder ehrenamtlichen Mitarbeitern, den Willensbildungsprozess oder den Führungsstil.

Konkretisierung für sonderpädagogische Dienstleistungsorganisationen

Sonderpädagogische Dienstleistungsorganisationen strukturieren ihre Einrichtung in der Regel funktional nach dem Verrichtungsprinzip. Die Adressaten bilden dabei die primäre Referenzgröße. Mit welchen Inhalten die einzelnen Funktionen belegt werden, ist abhängig von den Klienten, denn die Angebotspalette ist auf sie ausgerichtet.

Die Organigramme sonderpädagogischer Dienstleistungsorganisationen lassen sich reduziert auf drei Steuerungs- und Kontrollhierarchiestufen abbilden (vgl. Abbildung 27). Die oberste Stufe bildet die Trägerschaft mit den entsprechenden Beschlussorganen. Bei einem Verein ist dies der Trägerverein, bei Stiftungen, gemeinnützigen Aktiengesellschaften (AG) oder Gemeinschaften mit beschränkter Haftung (GmbH) der entsprechende Rat. Die zweite hierarchische Ebene bildet die operative Führung der Organisation, das Leitungsorgan. Personell kann dies eine Team- oder Koleitung, eine Heimleitung oder, vorwiegend bei größeren Organisationen, die Direktion sein. Bei großen Organisationen können auch die Bereichsleitungen der jeweiligen Funktionen und der spezifischen Dienste zum Leitungsorgan gezählt werden. Zu den üblichen Funktionen sonderpädagogischer Bereiche gehören Früherziehung, Schule, Therapien, Beschäftigung, Werkstätten, Wohnen, Freizeitgestaltung, Förderung und Hausdienste. Je nach Organisationsgröße werden verschiedene Bereiche zusammengenommen oder in Altersbereiche unterteilt. Die dritte Hierarchiestufe bildet der ausführende Apparat. Dazu zählen die Mitarbeitenden aus den einzelnen Gruppen, der spezifischen Dienste oder der Verwaltung. Verallgemeinernd besteht diese Gliederung somit aus einer legislativen, gouvernementalen und exekutiven Funktion (Seibel 1994, 62).

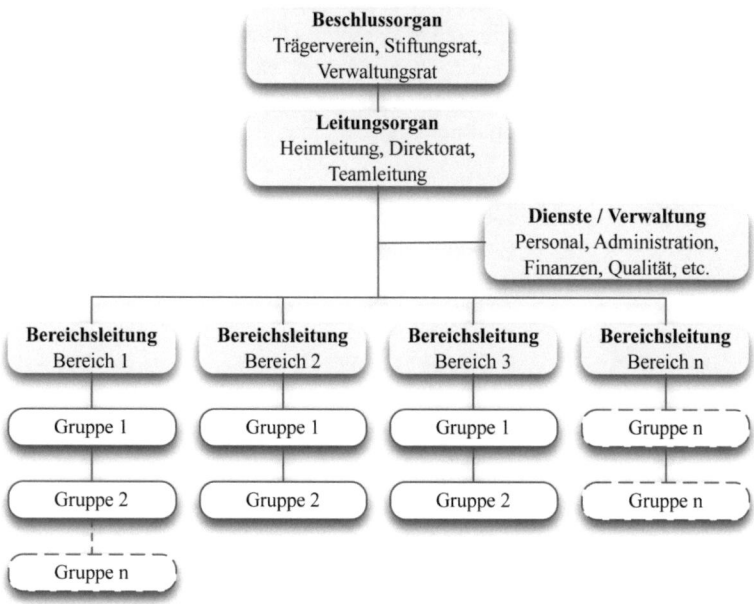

Abbildung 27: Organisationsstrukturen sonderpädagogischer Dienstleistungsorganisationen

Funktionale Organisationsformen sind nur bedingt geeignet, um inhaltliche Strategien abzubilden. So geben Organigramme sonderpädagogischer

Dienstleistungsorganisationen Auskunft über die geführten Bereiche und damit über die Tätigkeitsfelder und die Art der Klientel, nicht jedoch über die inhaltliche Ausrichtung der entsprechenden Tätigkeiten. Die Spannbreite der inhaltlichen Ausrichtung von sonderpädagogischen Dienstleistungsorganisationen ist breit. Sie reicht von Organisationen, die sich auf eine spezifische Klientel konzentrieren und sich in der Verrichtung auf diese Anspruchsgruppe spezialisieren[90], bis hin zu Organisationen, die ihre Leistungen Klienten verschiedenster Anspruchsgruppen und Alterskategorien anbieten. Dies bildet sich strukturell in einer relativ komplexen Organisationsform mit vielen verschiedenen Bereichen ab.[91] Nicht selten sind einzelne Bereiche eines solchen organisationalen Systems geographisch verstreut, was wiederum zur Folge hat, dass einzelne Funktionen der Einrichtung von einer zentralen Verwaltungsstelle aus koordiniert werden.

Es ist festzuhalten, dass die Organisationsformen von sonderpädagogischen Dienstleistungsorganisationen funktional nach ihrer Verrichtung strukturiert sind. Je heterogener und anspruchsvoller die Klienten, desto komplexer werden die formalen Strukturen. Um die Anforderungen hochkomplexer Strukturen zu erfüllen, braucht es entsprechendes Handwerkzeug. Dieses Handwerkzeug fehlt sonderpädagogischen Dienstleistungsorganisationen zu weiten Teilen. Um dem entgegenzuwirken, eignen sie sich betriebswirtschaftliches Wissen an und setzen operative Instrumente ein. Diese sind auf das Marketing, das Personalmanagement, das Rechnungswesen oder das Controlling ausgerichtet.

---

[90]   Ein Beispiel einer solchen Organisation ist das Mathilde Escher Heim in Zürich. Die Stiftung ist spezialisiert auf die Betreuung von Menschen im Alter zwischen 7 und ca. 30 Jahren mit einer progressiv verlaufenden neuromuskulären Erkrankung, insbesondere Muskeldystrophie Typ Duchenne (www.meh.ch, 19.02.2010).

[91]   Ein Beispiel einer solchen Organisation ist die Stiftung Solvita. Mit rund 550 Arbeitsplätzen und einem Umsatz von gut 20 Millionen Franken gehört sie zu den grossen sonderpädagogischen Dienstleistungsorganisationen der Schweiz. Die Stiftung bietet Schul-, Ausbildungs-, Umschulungs-, Arbeits- und/oder Wohnplätze für Menschen mit einer geistigen, körperlichen, psychischen oder mehrfachen Behinderung an. Zu diesem Zweck führt sie ein Produktions- und Dienstleistungszentrum, zwei Wohnheime mit Arbeitsplätzen und eine heilpädagogische Tagesschule an geographisch je unterschiedlichen Orten im Kanton Zürich. Die koordinierende Geschäftsstelle hat ihren Sitz in Urdorf (www.solvita.ch, 19.02.2010).

3.6.12 Größe

Generalisierung für Nonprofitorganisationen

Ein Kriterium, um Organisationen zu kategorisieren, bildet die Größe. Sie beeinflusst verschiedene Klassifikationskriterien und trifft sowohl auf betriebswirtschaftliche Unternehmen als auch auf Nonprofitorganisationen zu. Nonprofitorganisationen übernehmen dabei die Einteilung der Betriebswirtschaftslehre. Diese operiert mit der klassischen Dreiteilung in Klein-, Mittel- und Großbetriebe und stellt jeder Kategorie verschiedene Kriterien gegenüber (Thommen 2004, 63). Die Abbildung 28 veranschaulicht diese Einteilung anhand der Kriterien Umsatz, Bilanzsumme und der Anzahl der Beschäftigten.[92]

	Beschäftigte	Bilanzsumme	Umsatz
Kleinbetrieb	unter 50	unter 1 Mio. CHF	unter 5 Mio. CHF
Mittelbetrieb	50 - 1'000	1 - 25 Mio. CHF	5 - 50 Mio. CHF
Großbetrieb	über 1'000	über 25 Mio. CHF	über 50 Mio. CHF

Abbildung 28: Einteilung der Unternehmen nach der Größe (Thommen 2004, 65)

Entlang der Kriterien Umsatz, Bilanzsumme und Anzahl der Beschäftigten können Merkmalstendenzen benannt werden. So weist beispielsweise Roggo (1983) darauf hin, dass die Größe einer Organisation den Mitbestimmungsprozess wesentlich determiniert: „Je größer eine Organisation ist, desto schwieriger wird der aktive Mitbestimmungsprozess des einzelnen Mitglieds. Die Ziele des Mitglieds werden durch allgemeine Ziele der Organisation beziehungsweise der Führungsspitze verdrängt" (Roggo 1983, 87 ff., zit. in Horak 1993, 49). Neben solchen Einzelaussagen finden sich in der Literatur auch aufzählende Merkmalstendenzen. So zeichnen sich nach Pleitner (1986) im Vergleich zu Großbetrieben insbesondere Klein- und Mittelbetriebe durch folgende organisationsrelevanten Charakterisierungen aus:

- Der Unternehmer[93] prägt den Betrieb durch seine Persönlichkeit.

- Persönliche Beziehungen des Unternehmers entscheiden maßgeblich über den betrieblichen Erfolg.

---

[92] Einige Autoren führen als vierte Klasse noch Kleinstbetriebe an. Dazu zählen Unternehmen mit weniger als 10 Beschäftigten (Züger 2008, 26).

[93] Auf sonderpädagogische Dienstleistungsorganisationen übertragen wäre dies der Geschäftsführer, Direktor, Schul- oder Heimleiter.

- Kleinere Unternehmen zeigen eine besondere Fähigkeit zur Erstellung von Leistungen nach Maß.

- Kleine Unternehmen zeichnen sich durch intensive persönliche Kontakte zwischen Mitarbeitenden aus.

- Der Formalisierungsgrad ist gering (Pleitner 1986, 7, zit. in Thommen 2004, 63).

Konkret auf die Größe von Nonprofitorganisationen bezogen, nennt Horak (1993) fünf deskriptive Merkmale und deren Tendenzen:

- Organisationsteilnehmer: In kleinen Organisationen ist der Anteil an hauptamtlichen Mitarbeitenden tendenziell niedriger als in großen.

- Trägerschaft: Private Nonprofitorganisationen sind tendenziell kleiner als staatliche.

- Steuern: Der Anteil der steuerbefreiten beziehungsweise steuerbegünstigten Nonprofitorganisationen nimmt tendenziell mit zunehmender Größe ab.

- Organisationsstruktur: Kleine Nonprofitorganisationen werden tendenziell mitgliedschaftlich strukturiert, große eher patriarchalisch.

- Finanzierung: Je nach Größe gibt es für Nonprofitorganisationen unterschiedliche Finanzierungsmöglichkeiten (Horak 1993, 58).

Die Beispiele zeigen, dass die Größe einer Nonprofitorganisation verschiedene Kriterien wie den Mitbestimmungsprozess, den Formalisierungsgrad, die Besteuerung, Finanzierung, Struktur oder die Trägerschaft beeinflusst. In welchen Größenkategorien sich sonderpädagogische Dienstleistungsorganisationen befinden und wie sich diese im Einzelfall auf die genannten Kriterien auswirken, wird anschließend diskutiert.

Konkretisierung für sonderpädagogische Dienstleistungsorganisationen

Laut Bundesamt für Statistik arbeiteten am 31.12.2007 insgesamt 34'767 Menschen verteilt auf 24'408.4 Vollzeitstellen[94] in Institutionen für Menschen mit Behinderungen. Davon waren 24'012 Frauen und 10'755 Männer (Bundesamt für Statistik 2009, 41). Verteilt auf die 561 Institutionen, die an der Befragung teilgenommen haben, ergibt dies einen Mittelwert von 62 Mitarbeitenden je Institution. Ohne die Klienten mit einzurechnen, ent-

---

[94] Die Vollzeitäquivalente werden wie folgt berechnet: Anzahl Arbeitsstunden des Personals/Anzahl Normalarbeitsstunden pro Vollzeitäquivalent, pro Jahr.

spricht das Mittel einem kleineren Mittelbetrieb.[95] Die realen Betriebsgrößen weichen in der Regel selbstverständlich von diesem Mittelmaß ab, weshalb für sonderpädagogische Dienstleistungsorganisationen lediglich tendenzielle Auswirkungen der Größe auf verschiedene Kategorien angegeben werden können. Zu den oben hergeleiteten Kategorien zählen der Mitbestimmungsprozess, der Einfluss der operativen Leitung, die Besteuerung, Finanzierung, die Struktur der Trägerschaft sowie der Individualisierungs- und Formalisierungsgrad – wobei sich die genannten Kategorien selber wiederum bedingen können. Der Mitbestimmungsprozess wird stark von der Organisationsgröße determiniert. Je größer eine sonderpädagogische Dienstleistungsorganisation ist, desto schwieriger wird es, die Mitarbeitenden aktiv in den Prozess einzubinden. Bei kleinen Einrichtungen kann die operative Leitung gezielt Einfluss nehmen und die entsprechenden Akzente setzen. Die Führungspersönlichkeit beeinflusst die Mitarbeitenden durch den persönlichen Kontakt. Je größer eine Organisation, desto schwieriger ist es, den persönlichen Kontakt zu den ausführenden Mitarbeitenden zu pflegen. Dies wird in der Folge mit einen höheren Formalisierungsgrad kompensiert. Damit steigen auch die Kommunikations- und Orientierungsanforderungen. Mit zunehmender Größe wächst die formale und inhaltliche Komplexität. Die formale Komplexität kann als Organigramm abgebildet werden, die inhaltliche zeigt sich in der Bewältigung verschiedenster Zieldirektiven der jeweiligen Interessenträger (vgl. Kapitel 3.6.2). Dazu zählen auch Finanzgeber oder steuerliche Instanzen. Für sonderpädagogische Dienstleistungsorganisationen gilt deshalb die Formel: Je größer die Einrichtung, je komplexer die Aufgaben und je höher die Anforderungen, diese zu bewältigen. In der Landschaft der sonderpädagogischen Dienstleistungsorganisationen zeigt sich dies in der Tendenz, dass kleinere Einheiten sich auf individualisierte Dienstleistungen spezialisiert haben[96], während größere Organisationen eine breit diversifizierte Dienstleistungspalette anbieten und ihre Verwaltungsdienste zentralisieren[97,98].

---

[95] Hier ist anzumerken, dass bei sonderpädagogischen Dienstleistungsorganisationen die Klienten nicht zwingend von der eigentlichen Betriebsgröße auszuschließen sind. Im Unterschied zu profitorientierten Unternehmen sind Klienten erstens vielfach kontinuierlich in den Leistungserstellungsprozess eingebunden und zweitens fertigen sie vereinzelt – beispielsweise in produktionsorientierten Werkstätten – Produkte an, die später verkauft werden. In dieser Funktion sind sie Mitarbeitende der Produktion.

[96] Als Beispiel kann das Billhaus in Biel genannt werden. Es ist eine Beschäftigungsgruppe für erwachsene Menschen mit einer geistigen Behinderung und bietet zehn Arbeitsplätze in geschütztem Rahmen an. Die Produkte werden nach den gewünschten Massen der Kunden angefertigt (www.billhaus.ch, 19.02.2010).

[97] Als Beispiel kann die Stiftung für Schwerbehinderte Luzern (SSBL) genannt werden. Ihre Dienstleistungen umfassen die Bereiche Wohnen, Arbeit und Beschäftigung so-

Es ist festzuhalten, dass sich sonderpädagogische Dienstleistungsorganisationen keinen Richtgrößen zuordnen lassen. In der Praxis finden sich sowohl kleine Betriebe, die in der Regel in ihrem Angebot spezialisiert sind, mittelgroße Einheiten als auch größere Organisationen, welche über eine breite Leistungspalette verfügen. Die mit der Größe einer Organisation einhergehenden Kategorien wie beispielsweise der Mitbestimmungsprozess, die Besteuerung und Finanzierung oder der Individualisierungsgrad bergen die entsprechenden Chancen und Risiken. Sie sind jedoch nicht konstitutiv für alle sonderpädagogischen Dienstleistungsorganisationen.

3.6.13 Finanzierung

Generalisierung für Nonprofitorganisationen

Jede Organisation verfolgt mehr oder minder ausdrückliche Finanzierungsziele. Während profitorientierte Unternehmen sich über den Verkauf ihrer Produkte finanzieren, steht Nonprofit-Organisationen grundsätzlich ein weites Spektrum von Finanzierungsmöglichkeiten offen (Zimmer 1996, 149): Klassische Außenfinanzierungen wie Beteiligungs- und Kreditfinanzierung, Innenfinanzierungen wie Kapitalfreisetzung oder Kapitalneubildung, Finanzierung mittels Bürgschaften oder durch Gewinne aus wirtschaftlichen Tätigkeiten. Der Umgang mit den Finanzmitteln ist stark mit dem jeweiligen Hauptzweck der Organisation verbunden. Welche Finanzierungsform eingesetzt wird, ist von den konkreten situativen Erfordernissen sowie den finanzierungsstrukturellen und rechtlichen Bedingungen abhängig (Bernhardt 1999, 310-314). Trotz den vielen Finanzierungsmöglichkeiten sind die finanziellen Gestaltungsspielräume von Nonprofit-Organisationen eingeschränkter als bei erwerbswirtschaftlichen Unternehmen. In erwerbswirtschaftlichen Unternehmen kann das Management beispielsweise Teile des Gewinns als

---

wie Freizeit und werden in Wohngruppen beziehungsweise Tagesgruppen angeboten. In 44 Gruppen leben und arbeiten über 400 Frauen und Männer mit Behinderung aus dem Kanton Luzern und im Heilpädagogischen Kinderheim Weidmatt in Wolhusen werden 18 Kinder aus der Deutschschweiz betreut und gefördert. Daneben gehören zentrale Dienste wie Wäscherei, Gärtnerei Sekretariatsdienste sowie ein Restaurant und Café zur Stiftung (www.ssbl.ch, 19.02.2010).

98 Markus Leser, Leiter des Fachbereichs Menschen im Alter bei Curaviva Schweiz, sieht in diesem Segment eine zunehmende Entwicklung in Richtung Spezialisierung. „Wir haben heute im Altersbereich noch zu viele ‹Gemischtwarenläden›. Ein Gemischtwarenladen ist per se nicht schlecht, aber es ist viel schwieriger, ihn zu positionieren und damit auch zu profilieren, als spezialisierte Angebote" (Leser 2008, 25). Eine ähnliche Entwicklung zeichnet sich auch im Bereich der sonderpädagogischen Dienstleistungsorganisationen ab.

Reserven zurückbehalten oder die Lagerbestände großzügig abschreiben. Dadurch erhöht sich die Handlungs- und Entscheidungsautonomie. Auf diese Weise können die Kapitalgeber mittels Zins- und Dividendenzahlungen aus den Reserven auch bei schlechter Ertragslage zufrieden gestellt und die Kunden auch in einem gesättigten Markt an die Unternehmung gebunden werden. Solche Möglichkeiten sind Nonprofitorganisationen verwehrt (Burla 1989, 91 f.).

Die Finanzierungsstruktur von Nonprofitorganisationen ist heterogen. Vielfach finanzieren sie sich über verschiedene Quellen (Löwe 2003, 37). In Deutschland werden mit 64.3 Prozent deutlich über die Hälfte der Einnahmen von der öffentlichen Hand getragen. Vom Schweizer Nonprofitsektor liegen diesbezüglich keine Angaben vor. Im internationalen Vergleich (19-Länder-Durchschnitt) sind es 42 Prozent, welche über Sozialversicherungen oder direkte öffentliche Zuwendungen finanziert werden. Spenden- und Sponsoringbeiträge machen in Deutschland 3.4 Prozent und im internationalen Vergleich 11 Prozent aus. Mit 47 Prozent sind im vergleichenden Länderdurchschnitt auch die selbsterwirtschafteten Mittel inkl. Mitgliedschaftsbeiträge höher als die 32.3 Prozent in Deutschland (Zimmer et al. 2007, 61).

Externe Finanzierungsquellen, wie beispielsweise die öffentlichen Hand, verfügen über Macht und Beeinflussungspotential. In diesem Mechanismus schwingt ein latenter Konflikt und ein Abhängigkeitsproblem mit. Der Konflikt wird akut, wenn ein Investor nicht dieselben Ziele wie eine Nonprofitorganisation verfolgt. Innerhalb einer konsequenten strategischen Orientierung ist deshalb zu prüfen, ob Investoren dieser entsprechen. Die Gefahr der Abhängigkeit einer Nonprofitorganisation von seinen zentralen Geldgebern ist offensichtlich. Insbesondere Zuwendungen der öffentlichen Hand werden in der Regel nur dann gesprochen, wenn bestimmte Voraussetzungen eingehalten und erfüllt werden. Ebenfalls problematisch ist, dass der Ressourcenzufluss von Spenden kaum planbar ist. Dies betrifft insbesondere stark spendenfinanzierte Einrichtungen. Solche haben es gerade in wirtschaftlich schwierigen Zeiten schwer, weil dann das Spendenaufkommen sinkt (Zimmer 1996, 151). Aber gerade während Krisen werden Hilfeleistungen und soziale Dienste dringend benötigt. Dies betrifft auch sonderpädagogische Dienstleistungsorganisationen.

Konkretisierung für sonderpädagogische Dienstleistungsorganisationen

Sonderpädagogische Dienstleistungsorganisationen werden hauptsächlich durch die öffentliche Hand finanziert (Innerhofer et al. 1996, 375). Die Betriebskosten von Einrichtungen für Menschen mit Behinderungen, Sucht- oder psychosozialen Problemen nach Hauptkostenträger belaufen sich in der

Schweiz im Jahr 2007 auf über 3,3 Milliarden Franken (Bundesamt für Statistik 2009, 57).[99] Nach den Berechnungen von Mohler (2005) beteiligen sich der Bund zu 30.6 Prozent, die Kantone zu 25.7 Prozent und die Gemeinden zu 10.6 Prozent an den Kosten. Insgesamt werden somit 66.9 Prozent der Kosten von der öffentlichen Hand gedeckt[100] (Mohler 2005, 19 f.).

Wie sich die Heimaufenthalte im Detail finanzieren, ist komplex. Die Gesamtfinanzierung besteht aus verschiedenen Teilbeträgen, welche unterschiedlich zusammengesetzt sind und teilweise durch verschiedene Kostenträger wie Bund, Kantone, Gemeinden, Arbeitgeber und -nehmer finanziert werden. Zusätzlich tragen auch neue gesetzliche Grundlagen zur Komplexität der Finanzierungsstruktur bei, weshalb sich hier ein weiterer Spannungsbereich zu erkennen gibt.

Spannungsbereich 8:   Komplexe Finanzierungsstruktur

Grundsätzlich wird zwischen personenbezogenen und institutionsbezogenen Leistungen (Kollektivbeiträge) unterschieden. Zu den personenbezogenen Leistungen gehören die Rente der Invalidenversicherung[101], die Ergänzungsleistungen[102], die Hilflosenentschädigung[103] sowie das eigene Ein-

---

[99] Aus der Statistik ist nicht ersichtlich, wie hoch die Betriebskosten für Einrichtungen des Behindertenwesens sind.

[100] Gemäß IVG Art. 77 Abs. 1b. wird seit Inkrafttretung der Neugestaltung des Finanzausgleichs (NFA) und der Aufgabenteilung zwischen Bund und Kantonen nicht mehr von Beiträgen der öffentlichen Hand, sondern von Beiträgen des Bundes gesprochen. Diese grenzen sich von den Kantons- und Gemeindebeiträgen ab.

[101] „Die Invalidenrenten entsprechen den Altersrenten der Alters- und Hinterlassenenversicherung" (Art. 37 Abs. 1 IVG). Ihre Finanzierungsträger während und nach der Übergangszeit der Neugestaltung des Finanzausgleichs (NFA) sind der Bund (36.9%), die Arbeitgeber und Arbeitnehmer (je 25%) und die Konsumenten (13.1%) (Mohler 2005, 35 f.).

[102] Ergänzungsleistungen werden ausgerichtet, wenn das Einkommen und die Renten nicht die minimalen Lebenskosten decken. Mit der Neugestaltung des Finanzausgleichs (NFA) ist die Deckung des allgemeinen Existenzbedarfs vorwiegend Bundesaufgabe. Die Kantone übernehmen einen Anteil von drei Achtel der Kosten. Die Ergänzungsleistungen zur Deckung der zusätzlichen Heim-, Krankheits- und Behinderungskosten gehen vollständig zu Lasten der Kantone. Die Kantone können jedoch die Höhe der anrechenbaren Heimtaxen selber bestimmen und damit ihre Ausgaben beeinflussen. Der Anteil an die Ergänzungsleistungen der Gemeinden wird von 10.6 Prozent auf 4.5 Prozent reduziert (Mohler 2005, 19, 34 f.).

[103] „Als hilflos gilt eine Person, die wegen der Beeinträchtigung der Gesundheit für alltägliche Lebensverrichtungen dauernd der Hilfe Dritter oder der persönlichen Überwachung bedarf" (ATSG Art. 9). Die Hilflosenentschädigung geht durch die Neugestaltung des Finanzausgleichs (NFA) vollends zu Lasten des Bundes (Mohler 2005, 19, 34 f.).

kommen und die Vermögensanteile. Diese personenbezogenen Leistungen reichen in der Regel nicht aus, um kostendeckend zu arbeiten. Selbst wenn organisationseigene Produktionserlöse von selbstgenerierten Erträgen wie jene von Tages- und Beschäftigungsstätten oder Miet- und Kapitalzinserträge hinzugezogen werden, können die Kosten in der Regel damit nicht gedeckt werden. Zweck der Kollektivbeiträge ist es deshalb, diese Mehrkosten der Organisationen zu decken.

Im Zuge der Neugestaltung des Finanzausgleichs (NFA) befindet sich die Schweiz in einer Übergangsphase. Zukünftig können die Kantone die Höhe ihrer anrechenbaren Heimtaxen und die Art der Qualitätssicherung selber festlegen. Viele Betroffene und Dienstleistende befürchten, dass dies zu Sparmaßnahmen auf Kosten der Dienstleistungsqualität führt. Diesem Missbrauch will das Bundesgesetz über die Institutionen zur Förderung der Eingliederung von invaliden Personen (IFEG) entgegenwirken. Darin ist verbrieft, dass jeder Kanton dem Bundesrat ein Konzept vorlegen muss, welches unter anderem konzeptionelle Vorschläge in den Bereichen der Bedarfsplanung, Bedarfsanalyse und Finanzierung beinhaltet. Wahrscheinlich wird einerseits zwischen einer grundsätzlichen Anspruchsberechtigung auf professionelle Angebote und Leistungen durch die finanzierenden Instanzen, andererseits der differenzierten Bedarfsplanung der effektiv zu leistenden Stunden durch die dienstleistenden Organisationen und die Klienten unterschieden (Oberholzer 2009, 59). Wie diese Konzepte genau aussehen, wie sie umgesetzt und welche Höhe an finanziellen und materiellen Ressourcen zur Verfügung stehen werden, wird sich in den kommenden Jahren zeigen. Bis ins Jahr 2011 wird von den bestehenden Etats ausgegangen. Bisher gibt es keine direkten Hinweise darauf, dass die Kantone bereits Sparvorhaben planen (Oberholzer 2009, 60). Die aktuelle Tendenz zeigt, dass sich die Finanzierungsmodi eher zu subjektorientierten Finanzierungsmodellen hin bewegen (Oberholzer 2009, 59; Sutter et al. 2009, 20). Dazu gehören auch assistenzorientierte Finanzierungsmodelle.

Eine weitere Finanzquelle von sonderpädagogischen Dienstleistungsorganisationen sind Spenden. Gemäß dem Spendenmonitor des Forschungsinstituts gfs-zürich berücksichtigten im Jahre 2007 37 Prozent der regelmäßigen Spender als Spendenzweck auch Menschen mit einer Behinderung (Forschungsinstituts gfs-zürich 2007, 2). Die durchschnittliche Spendensumme eines Haushaltes betrug im Jahre 2008 in der Schweiz 450.- Franken (Forschungsinstituts gfs-zürich 2008, 1). Spenden sind meistens nicht für die Aufrechterhaltung des Betriebs bestimmt und werden als solche auch nicht über die Betriebsrechnung verbucht. In der Regel werden diese über Spendenfonds geführt und für bestimmte Projekte und Anlässe verwendet. Damit steht das Spendengeld für Leistungen zur Verfügung, welche nicht durch Beiträge des Bundes finanziert sind.

Es ist festzuhalten, dass sich aus dem Klassifikationskriterium Finanzierung aktuell ein weiterer für sonderpädagogische Dienstleistungsorganisationen relevanter Spannungsbereich ableiten lässt. Diesen Spannungsbereich bilden die komplexen Finanzierungsstrukturen, welchen sonderpädagogische Organisationen unterworfen sind. Das Ideal bilden einfache und transparente Finanzierungsquellen mit gleichwohl breiten Gestaltungsspielräumen und einer hohen unternehmerischen Handlungs- und Entscheidungsautonomie. Dieses Ideal trifft in der Schweiz nicht auf die Finanzierung von Heimaufenthalten zu. Heimaufenthalte werden über ein differenziertes System mit unterschiedlichsten Finanzierungsquellen geregelt. Den Hauptanteil steuert die öffentliche Hand bei. Deshalb sind auch die Gestaltungsspielräume entsprechend eingeschränkt. Erschwerend wirkt sich aktuell auch die Neugestaltung des Finanzausgleichs (NFA) aus. Während der Bund bisher die größten Beiträge beisteuert, werden im Zug dieser Übergangsregelung seine Auslagen neu zu weiten Teilen auf die Kantone übertragen. Die Finanzkonzepte der einzelnen Kantone befinden sich in der Ausarbeitung. Inwieweit diese auf die bereits bestehenden qualitätssichernden Bedingungen zurückgreifen, ist offen (vgl. Abbildung 29).

Spannungsbereich 8:   Komplexe Finanzierungsstruktur

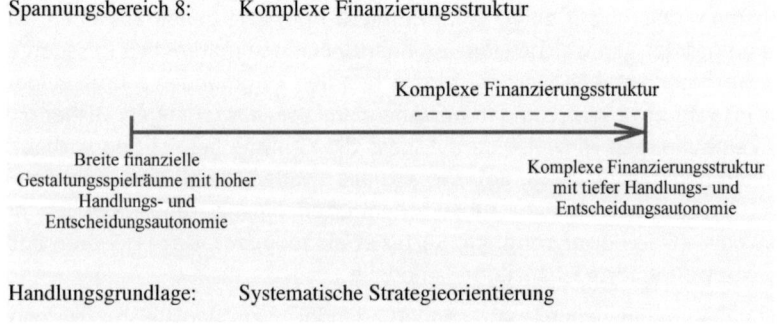

Handlungsgrundlage: Systematische Strategieorientierung

Abbildung 29: Spannungsbereich ‹Komplexe Finanzierungsstruktur›

3.6.14 Steuern

Generalisierung für Nonprofitorganisationen

In der Schweiz sind natürliche und juristische Personen aufgefordert, Bundes-, Kantons- und Gemeindesteuern zu entrichten. Von der Steuerpflicht vollständig oder teilweise[104] befreit sind Bund und Kantone mit ihren Anstalten, sofern diese gewisse Bedingungen erfüllen. Die Gründe werden in Teil drei über die Besteuerung der juristischen Person des Bundesgesetzes über die direkte Bundessteuer (DBG) im 5. Kapitel – Ausnahmen von der Steuerpflicht – geregelt. Steuerbefreiung erlangen beispielsweise juristische Personen, die öffentliche oder gemeinnützige Zwecke verfolgen (Art. 56 Bst. g DBG). Grundlegend für eine Steuerbefreiung wegen Gemeinnützigkeit ist das Allgemeininteresse und die Uneigennützigkeit (Eidgenössische Steuerverwaltung 1994, 2 f.). Dazu zählen gewisse „[...] Tätigkeiten in karitativen, humanitären, gesundheitsfördernden, ökologischen, erzieherischen, wissenschaftlichen und kulturellen Bereichen" (Eidgenössische Steuerverwaltung 1994, 2). Nonprofitorganisationen verfolgen vielfach solche öffentliche oder gemeinnützige Zwecke und können deshalb ein Gesuch um Steuerbefreiung einreichen.

Nonprofitorganisationen können zwar öffentliche oder gemeinnützige Zwecke ausweisen und sind damit von den Bundes-, Kantons- oder Gemeindesteuern befreit, dennoch ist es ihnen nicht verwehrt, Umsätze zu generieren und Gewinne zu erwirtschaften. Wenn sie dies tun, unterliegen sie dem schweizerischen Mehrwertsteuergesetz. Gemäß dieser Gesetzesordnung sind nicht gewinnstrebige, ehrenamtlich geführte Sport- und Kulturvereine und gemeinnützige Institutionen, die innerhalb eines Jahres für weniger als 150'000 Franken steuerbare Umsätze erzielen, von der Steuer befreit (Art. 10 Abs. 2 lit. c MWSTG). Weitere von der Steuer ausgenommene Leistungen sind beispielsweise in Heimen erbrachte Pflegeleistungen, sofern sie ärztlich verordnet werden (Art. 21 Abs. 4 MWSTG), die Beförderung von kranken oder verletzten Personen oder Personen mit Behinderungen (Art. 21 Abs. 7 MWSTG), Leistungen von Einrichtungen der Sozialhilfe, von gemeinnützigen Organisationen der Krankenpflege, von Alters-, Wohn- und Pflegeheimen (Art. 21 Abs. 8 MWSTG) sowie die Kinder- und Jugendbetreuung in dafür eingerichteten Institutionen (Art. 21. Abs. 9 MWSTG).

Beeinflussungsfaktoren für die Besteuerung sind unter anderem die Rechtsform, der eigentliche Zweck der Organisation, ihr Tätigkeitsbereich und die Höhe und Art der Spenden (Horak 1993, 56 f.).

---

[104] Eine teilweise Steuerbefreiung kann von der zuständigen Behörde dann in Betracht gezogen werden, wenn die Verfolgung gemeinnütziger oder öffentlicher Zwecke nur zum Teil ausgewiesen werden kann (Eidgenössische Steuerverwaltung 1994, 6).

Konkretisierung für sonderpädagogische Dienstleistungsorganisationen

Grundsätzlich können sonderpädagogische Dienstleistungsorganisationen einen gemeinnützigen Wohlfahrtsdienst ausweisen und sind damit von der Steuerpflicht befreit. Zahlreiche Dienste – zum Beispiel von Tages- und Beschäftigungsstätten – produzieren in ihrer Funktion Güter, welche sie zum Verkauf anbieten. Diese organisationseigenen Produktionserlöse von selbstgenerierten Erträgen zählen zu den gewerblichen Zwecken und müssen, falls sie die Umsatzschwelle zur Mehrwertsteuer von 150'000 Franken erreichen, versteuert werden (Art. 10 Abs. 2 lit. c MWSTG). Von der Steuer ausgenommen sind durch Veranstaltungen wie Basare oder Flohmärkte erzielte Umsätze, sofern diese dazu bestimmt sind, den Einrichtungen eine finanzielle Unterstützung zu verschaffen und ausschließlich zu ihrem Nutzen durchgeführt werden (Art. 21 Abs. 17 MWSTG).

Es ist festzuhalten, dass sonderpädagogische Dienstleistungsorganisationen einem gemeinnützigen Zweck dienen und in der Regel von der Steuerpflicht entbunden sind. Wie die Besteuerung der Einrichtungen im Einzelfall aussieht, wird durch das Schweizerische Steuergesetz, Mehrwertsteuergesetz, Obligationenrecht und Zivilgesetzbuch geregelt.

3.6.15 Mitarbeiter

Generalisierung für Nonprofitorganisationen

Mitarbeitende sind für den Erfolg einer Organisation sehr relevant. Dies gilt pauschal sowohl für profitorientierte Unternehmen als auch für Nonprofitorganisationen. Allerdings schälen sich im Vergleich dennoch Differenzen heraus. Diese zeigen sich entlang der Aspekte Motivation, Ehrenamtlichkeit, Fortbildung und Karrierestreben und werden nachfolgend dargestellt. Vorab gilt es allerdings zu vermerken, dass, wenn von Mitarbeitenden in Nonprofitorganisationen die Rede ist, zwischen der Selbsthilfe- und der Fremdleistungs-Nonprofit-Organisation unterschieden werden muss. In Selbsthilfe-Nonprofit-Organisation sind die Mitarbeitenden selber die Nutznießer der Leistung. In Fremdleistungs-Nonprofit-Organisationen ist dies nicht der Fall. Die Leistungen der Mitarbeitenden werden hier an Dritte abgegeben. Es gilt somit zwischen Leistungsempfängern wie Patienten, Bewohnern oder Klienten einerseits und Mitarbeitenden andererseits zu differenzieren (Schwarz 2005, 69). Diese unterschiedlichen Funktionen und Rollen, welche Mitarbeitende in Nonprofitorganisationen einnehmen können, sind wichtig, um die vier nachfolgend dargestellten Unterschiede zwischen profitorientierten Unternehmen und Nonprofitorganisationen entsprechend zu gewichten.

In profitorientierten Unternehmen ist die Motivation der Mitarbeitenden, sich für das Unternehmen zu engagieren, stark an die Entlohnung gekoppelt. Die meisten Motivationssysteme setzen daher beim Geld an und bieten Leistungsprämien, Gewinnbeteiligung oder andere materielle Anreize. In einer sozial ausgerichteten Nonprofit-Organisationen stehen eher soziale und solidarische Arbeitsmotive im Vordergrund (Innerhofer et al. 1996, 374). Gerade in diesen Arbeitsbereichen ist Mitarbeiterengagement besonders relevant, denn bei diesen geht es gerade nicht um die Entwicklung von Produktionsprozessen und Produkten, sondern um die Gestaltung der Lebenswelten aller Beteiligten (Greving 2008, 58). Dies gilt sowohl für hauptamtlich Beschäftigte, als auch für ehrenamtlich und freiwillig Mitarbeitende.

Ein zweites Argument, um deutliche Unterschiede in der Personalstruktur einer Nonprofitorganisation gegenüber wirtschaftsorientierten Unternehmungen zu proklamieren, bildet die Ehrenamtlichkeit. Während in profitorientierten Unternehmen jegliche Arbeit grundsätzlich entlöhnt wird, erhalten Nonprofit-Organisationen ihre Ressourcen unter anderem auch durch das Überlassen von Zeit in Form von ehrenamtlichem Engagement und freiwilliger, unbezahlter Mitarbeit (Eckardstein et al. 2003; Kunz 2006, 18; Mayerhofer 2003; Ridder et al. 2003; Schwarz et al. 1996, 17 & 20). Ehrenamtlich und freiwillig Mitarbeitende sind hauptsächlich Laien. Den positiven Aspekten, welche diese Arbeitsform mit sich bringt, stehen auch negative gegenüber. Positiv ist beispielsweise, dass Ehrenamtlichkeit nicht oder nur gering monetär entlöhnt wird. Dies schont die Ressourcen der Nonprofitorganisationen. Ebenfalls zu begrüßen ist der mit diesen Tätigkeiten verbundene Idealismus, welcher die Mitarbeitenden bewegt. Mitarbeitende werden aufgrund der ideellen Zielsetzung der Organisation zur Mitarbeit und zu persönlichem Engagement motiviert. Negativ ist zu vermerken, dass diese Laien oft nicht hinreichend definierten Aufgaben und Funktionen gegenüberstehen. Dies kann dazu führen, dass gewisse Arbeitsbereiche sich überschneiden, andere nicht abgedeckt werden. Darüber hinaus sind Ehrenamtliche nicht in gleicher Weise einplanbar wie hauptamtliche Mitarbeiter (Zimmer 1996, 150 ff.).[105] Ehrenamtlichkeit findet sich nicht in allen Nonprofitorganisationen. Sie wird überwiegend in Selbsthilfe-Nonprofit-Organisationen praktiziert wie beispielsweise der Vorstand von Musik- oder Sportvereinen. Die Mitarbeitsstrukturen von Fremdleistungs-Nonprofit-Organisationen gleichen, was das Argument der Ehrenamtlichkeit betrifft, denjenigen von profitorientierten Unternehmen.

---

[105] In der Literatur sind die Professionalisierung von ehrenamtlichen Mitarbeitenden (Miliz) und die damit verbundenen Chancen und Gefahren ein viel diskutiertes Thema (vgl. bspw. Biedermann 2000; Schütte 2000; Schwarz et al. 1996, 100-108).

Zwei weitere Unterschiede in der Personalstruktur von Nonprofitorganisationen gegenüber wirtschaftsorientierten Unternehmungen zeigen sich in der Fortbildung und im Karrierestreben. Fortbildung ist bei profitorientierten Unternehmen stark von den Unternehmenszielen bestimmt. In Nonprofitorganisationen indessen, insbesondere in sozial ausgerichteten, findet Fortbildung eher mitarbeiterorientiert statt. Auch das Karrierestreben ist im Unterschied zu profitorientierten Unternehmen gering, teilweise sogar verpönt. Führungspersonen erhalten auch nicht die in der Privatwirtschaft bekannten Gratifikationen (Innerhofer et al. 1996, 374).

Konkretisierung für sonderpädagogische Dienstleistungsorganisationen

Nachfolgend werden die Fortbildung und das Karrierestreben, die Ehrenamtlichkeit und Motivation konkret bei sonderpädagogischen Dienstleistungsorganisationen beleuchtet. Dabei lässt sich ein weiterer typischer Spannungsbereich identifizieren, nämlich die fehlenden monetären und nichtmonetären Anreizsysteme.

Spannungsbereich 9:   Fehlende Anreizsysteme für Mitarbeitende

Der oben aufgelistete Unterschied zwischen Nonprofitorganisationen und profitorientierten Unternehmen bezüglich der Fort- und Weiterbildung trifft so auf sonderpädagogische Dienstleistungen nicht zu. Der Bedarf an kompetenten Angeboten der beruflichen Fort- und Weiterbildung für Mitarbeitende in sonderpädagogischen Dienstleistungsorganisationen hat in den letzten Jahren stark zugenommen. Heute präsentiert sich dieses attraktiv und vielfältig. Neben umfassenden Weiterbildungsprogrammen von Curaviva[106] oder Agogis[107] finden sich auch zahlreiche kleinere Zentren und Institute[108], welche Fort- und Weiterbildungen anbieten. Neben externen Angeboten finden heute, zumindest in größeren sonderpädagogischen Einrichtungen, regelmäßig und gezielt auch interne Fortbildungen statt. Die Inhalte solcher Kurse reichen von spezifischen Themenbereichen wie Autismus, Gewalt oder gestützte Kommunikation über Führungs- und Managementmodule, Spenden und Fondsrechnungen bis hin zu Computeranwendungen, Arbeitssicherheit oder der persönlichen Stressbewältigung.[109] Der Aspekt des Karrie-

---

[106] Vgl. www.weiterbildung.curaviva.ch, 22.02.2010
[107] Vgl. www.agogis.ch, 22.02.2010
[108] Beispielsweise das Institut für systemische Entwicklung und Fortbildung (www.ief-zh.ch, 22.02.2010) oder die Schule für Sozialbegleitung (www.sozialbegleitung.ch, 23.02.2010).
[109] Diese Beispiele sind dem zentralen Fortbildungsprogramm 2010 der Stiftung für Schwerbehinderte Luzern (SSBL) entnommen (www.ssbl.ch, 25.02.2010).

restrebens hingegen zeigt Unterschiede zu profitorientierten Unternehmen. Die Studie von Beher et al. (2005) weist darauf hin, dass für die Führungskräfte bei der ersten Amtsübernahme Erwartungen, die auf individuelle Vorteile abzielen, nur eine nachgeordnete Rolle spielen. Hierzu gehören etwa die Verbesserung beruflicher Aufstiegschancen oder das Knüpfen politischer Kontakte (Beher et al. 2005, 29).

Die in der Literatur ausgewiesenen Unterschiede zwischen Profit und Nonprofitorganisationen im Bezug auf die Personalstruktur treffen auf sonderpädagogische Dienstleistungsorganisationen nicht zu. Gemäß einer Untersuchung des Bundesamtes für Statistik arbeiteten am 31.12.2007 insgesamt 34'767 Personen in Institutionen für Menschen mit Behinderungen. Zwei Drittel davon waren Frauen. Total waren dies 24'408.4 Vollzeitstellen[110] an 2100 Arbeitsstunden pro Jahr, verteilt auf 8'747 Männer und 15'661.4 Frauen. Davon fallen 16'834.7 Vollzeitstellen auf den Bereich Schule, Erziehung, Betreuung und Therapie, 4'650.4 auf den Bereich Verwaltung, Hausdienste und technische Dienste, 2'928.2 auf das Personal von Werkstätten und 67.5 Vollzeitstellen sind dem ehrenamtlichen Personal zuzuordnen (Bundesamt für Statistik 2009, 43). Auch die Einbindung von ehrenamtlichen Helferinnen und Helfern hat in der Behindertenhilfe keine ausgeprägte Tradition. Mit lediglich 67.5 Vollzeitstellen ist der Anteil ehrenamtlicher und freiwilliger Mitarbeiter nicht so hoch, wie dies beispielsweise im Kultur- oder Sportbereich von Nonprofitorganisationen der Fall ist. Nach Franz und Beck (2007) wird diese Praxis durch nicht immer unberechtigte Befürchtungen gestützt, „ehrenamtliche Helfer/innen würden dazu benutzt, die Kosten sozialer Dienstleistungen zu senken, was letztendlich zu einer Bedrohung von Arbeitsplätzen führen würde" (Franz et al. 2007, 1). Mit einem Anteil von 0.28 Prozent gegenüber allen Vollzeitstellen halten sich diese Befürchtungen, bezogen auf die Schweiz, deutlich in Grenzen. Damit wird klar, dass sonderpädagogische Dienstleistungsorganisationen wie profitorientierte Unternehmen grundsätzlich eine betriebswirtschaftliche Personalstruktur pflegen und praktizieren.

Im Unterschied zu profitorientierten Unternehmen finden sich in sonderpädagogischen Dienstleistungsorganisationen jedoch keine ausgereiften Anreizsysteme wie Gewinnbeteiligung oder Bonussysteme. Darauf zu verzichten können sie sich nur deshalb leisten, weil Mitarbeitende – insbesondere Führungskräfte – in gemeinnützigen Organisationen sozial motiviert sind zu arbeiten. Dies belegt eine im Jahr 2005 in Deutschland durchgeführte Studie. Darin wurden über 2000 Führungskräfte gemeinnütziger Organisations-

---

[110] Die Vollzeitäquivalente werden wie folgt berechnet: Anzahl Arbeitsstunden des Personals / Anzahl Normalarbeitsstunden pro Vollzeitäquivalent, pro Jahr.

formen befragt. Die Aussagen weisen allesamt darauf hin, dass das Engagement in diesen Organisationen primär als ein soziales verstanden wird und die Identifikation mit der Sache ein für sie dominierendes Merkmal darstellt. So begründeten Führungskräfte die Übernahme einer haupt- oder ehrenamtlichen Position in einer gemeinnützigen Organisation damit, dass „sie sich für andere Menschen und für gesellschaftlich wichtige Anliegen einsetzen" können (Beher et al. 2005, 28). Der Start in eine haupt- oder ehrenamtliche Führungsposition ging an zweiter Stelle mit der Erwartung einher, „eine Tätigkeit zu übernehmen, die Spaß macht" (Beher et al. 2005, 28). Mit Blick auf die Wertorientierung nannten die Führungskräfte auf die Frage, was sie in ihrem Leben wirklich anstreben, als Hauptbeweggründe „die eigene Phantasie und Kreativität entwickeln" und „sozial Benachteiligten und gesellschaftlichen Randgruppen helfen" (Beher et al. 2005, 31). Personen, die für sonderpädagogische Dienstleistungsorganisationen arbeiten, sind somit grundsätzlich motiviert. Sie erfüllen ihre Aufgaben aus einer inneren Überzeugung heraus und erfreuen sich an der Arbeit mit anderen Menschen. Intrinsisch motivierte Mitarbeitende bilden ein enormes Potential für eine Organisation. Diese wertvolle Ressource sollte entsprechend eingesetzt, aber auch adäquat gehegt und gepflegt werden. Es ist gefährlich, fehlende betriebliche Anreizsysteme auf die Dauer mit der intrinsischen Motivation der Mitarbeitenden zu kompensieren. Sonderpädagogische Dienstleistungsorganisationen tun gut daran, die Motivation ihrer Mitarbeitenden nicht als selbstverständlich anzuerkennen. Die Motivation der Mitarbeitenden muss genährt werden. Ihnen muss etwas dafür geboten werden. Dieses Etwas kann vielfältige Formen annehmen, beispielsweise klar deklarierte Ziele, Kollegialität, Prestige, Macht, Lern- und Weiterbildungschancen oder ökonomische Anreize. Motivierende Anreizsysteme zu implementieren unterstützt und sichert die langfristige Qualität und Effizienz der organisationalen Leistung. Weil sonderpädagogische Dienstleistungsorganisationen eine klassisch betriebswirtschaftliche Personalstruktur praktizieren, sind Verfahren und Modelle solcher Anreizsysteme zu implementieren bekannt und gut dokumentiert.

Zusammenfassend ist festzuhalten, dass einige der für Nonprofitorganisationen typische Personalmerkmale nicht auf sonderpädagogische Dienstleistungsorganisationen zutreffen, andere schon. Für Nonprofitorganisationen typische Merkmale, welche nicht auf sonderpädagogische Dienstleistungsorganisationen zutreffen, bilden die Personalstruktur, die Ehrenamtlichkeit und die Weiter- und Fortbildung. Genau wie profitorientierte Unternehmen pflegen auch sonderpädagogische Organisationen eine klassische, betriebswirtschaftliche Personalstruktur. Folglich spielt ehrenamtliches und freiwilliges Engagement eine untergeordnete Rolle. Auch Weiter- und Fortbildungsangebote werden, genau wie in profitorientierten Unternehmen, sowohl intern und extern mit steigender Nachfrage besucht. Ähnlich wie bei Nonprofitorganisationen verhält es sich indessen mit der Karriereplanung und der Motivation. Auch für Mitarbeitende in sonderpädagogischen Organisationen bildet die Karriereplanung ein nachgelagertes und die Identifikation mit der gemeinnützigen Tätigkeit ein zentrales Motiv ihrer Arbeit. Hier zeigt sich ein für sonderpädagogische Dienstleistungsorganisationen typischer Spannungsbereich (Abbildung 30). Ausruhend auf dem Wissen um intrinsisch stark motivierte Mitarbeitende, haben es die Einrichtungen versäumt, geeignete Anreizsysteme zu implementieren. Solche Anreize fehlen in der aktuellen Phase, wo die Mitarbeitenden stärker gefordert werden, kostengünstig, schnell und effizient zu arbeiten und dabei zunehmend mit die Basisarbeit behindernden Formalitäten konfrontiert werden. Noch sind die sonderpädagogischen Aufgaben inhaltlich interessant und anspruchsvoll, aber die Herausforderungen und der extern auferlegte Druck nehmen zu, ohne dass diese Herausforderungen und der zusätzliche Druck mit monetären Anreizen kompensiert werden. Dieser Zustand wird längerfristig so nicht haltbar sein.

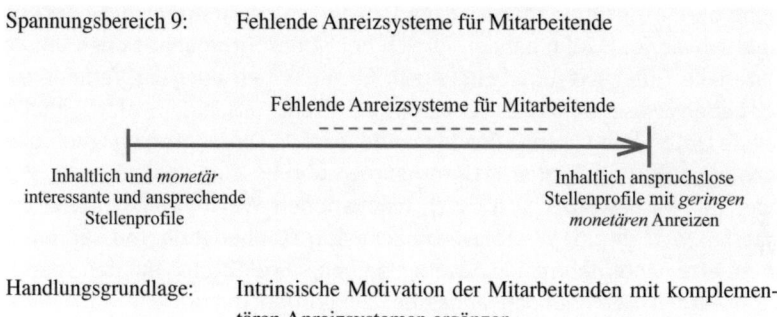

Abbildung 30: Spannungsbereich ‹Fehlende Anreizsysteme für Mitarbeitende›

3.6.16 Technologieeinsatz

Generalisierung für Nonprofitorganisationen

Die neuen Informations- und Kommunikationstechnologien übernehmen heute in nahezu allen Lebensbereichen eine bedeutsame Rolle. Sie unterstützen und begleiten die Menschen und erleichtern ihnen so den Alltag. In der Berufswelt haben Computer, Mobiltelefone sowie das Inter- und Intranet die Arbeitswelten grundlegend verändert. Diese Geräte erweitern die Mobilität, Kommunikations- und Wahrnehmungsfähigkeit und vereinfachen den

Zugang zu Wissen. Um technische Hilfsmittel überhaupt einzusetzen, müssen sie vorab entwickelt und produziert werden. Dafür wird vielfach wiederum Technologie eingesetzt. Zur anlage- und technologieintensivsten Branche zählt die Industrie. Neben technischen Innovationen in der Industrie wird viel Hoffnung in neue Computertechnologien gesetzt. Computertechnologie wird bereits heute in den verschiedensten Bereichen wirtschaftlicher Produktionen und Dienstleistungen verwendet. Dazu gehören auch Nonprofitorganisationen. Auch sie setzen Technologien ein, um ihre Aufträge zu erreichen. Primär handelt es sich dabei um Computer- und Telekommunikationstechnologien.

Bezüglich dem Technologieeinsatz in Nonprofit-Organisationen einerseits und profitorientierten Unternehmen andererseits zeigen sich zwei Unterschiede. Der erste Unterschied bezieht sich auf die Möglichkeit der organisationsinternen Rationalisierung (Zimmer 1996, 148 f.). Wirtschaftliche Unternehmen setzen Maschinen aus Gründen der Rationalisierung ein. Menschliche Arbeitskräfte werden durch Maschinen ersetzt und die Betriebsabläufe optimiert. Während die Optimierung betrieblicher Abläufe auch in Nonprofitorganisationen Einsatz findet, ist die ökonomische Rationalisierung im Sinne der Substitution menschlicher Leistungen durch maschinelle Technologie schwierig. Häufig handelt es sich bei Nonprofitorganisationen um immaterielle Güter wie Überzeugungen, Einstellungen oder die Veränderung der Lebensweise. Solche Güter lassen sich nicht maschinell anfertigen. Der zweite Unterschied betrifft den Innovationsdruck. Dieser tangiert traditionell vorwiegend profitorientierte Unternehmen und beschreibt den Druck, dass jeder der Mitbewerber sich durch Innovationen Wettbewerbsvorteile verschaffen will. Um im Wettbewerb nachhaltig zu überleben, müssen profitorientierte Unternehmen innovativ bleiben, ihre Strategien den ständig wechselnden Bedingungen anpassen, zukünftige Bedürfnisse antizipieren und sensibel auf kommende Entwicklungen und sich abzeichnende Trends reagieren. Auch in Nonprofitorganisationen werden Innovationen zukunftsentscheidend sein. Die vielfach träge, umständliche und geradezu innovationsfeindliche Bürokratie steht solchen allerdings im Wege (Innerhofer et al. 1996, 373).

Konkretisierung für sonderpädagogische Dienstleistungsorganisationen

Die aktuellen gesellschaftlichen und sozialpolitischen Forderungen nach effektiven und effizienten sonderpädagogischen Diensten sowie die in diesem Zusammenhang erhobenen Forderungen nach Qualitätssicherung, Qualitätsentwicklung und Evaluation ist eng mit der professionellen Nutzung von neuen Technologien verknüpft. Anders als in privatwirtschaftlichen Unternehmen muss hier allerdings eine entsprechende Informations- und Kommunikationskultur erst noch entwickelt werden (Peterander 2004, 311). Peterander (2004) sieht drei Ebenen eines möglichen Einsatzes der neuen Technologien in sozialen Einrichtungen: Erstens die direkte Unterstützung und Förderung von Menschen mit Behinderungen durch computergestützte Programme; zweitens die Aus- und Weiterbildung von Fachleuten sowie ihre Unterstützung bei der diagnostisch-therapeutischen und beratenden Tätigkeit; und drittens Organisations- und Verwaltungshilfen für die Einrichtungen (Peterander 2004, 313). Unter dem Stichwort Rehabilitationstechnologie erzielte die erste Ebene in den letzten Jahren rasante Fortschritte. Es wurden zahlreiche technische, computerbasierte Hilfsmittel erfunden, welche vielen Menschen mit besonderen Abhängigkeiten das tägliche Leben erleichtern: Hoch entwickelte Hörgeräte verstärken akustische Reize und machen diese auch für Menschen mit Hörbeeinträchtigungen wahrnehmbar; Elektrorollstühle oder Treppenlifte erhöhen die Mobilität und erweitern die Zugangsmöglichkeiten für Menschen mit Gehbeeinträchtigungen; akustische Signale, beispielsweise von Computern, helfen Menschen mit eingeschränktem Sehvermögen sich zu orientieren; Menschen mit Kommunikationsbeeinträchtigungen werden durch vielfältige Technologien unterstützt, sich auszudrücken und mitzuteilen. Für viele Menschen sind insbesondere Computertechnologien heute lebensbegleitende Assistenten. Auch die drittgenannte Ebene erfreut sich zunehmender Beliebtheit. So wurden viele Organisations- und Verwaltungshilfen auf den sonderpädagogischen Sektor überführt, welche dort den betriebswirtschaftlichen Ressourcenfluss – beispielsweise in der Finanzverwaltung oder der Personalführung – administrieren. Ein starkes Defizit an innovativen, computerbasierten Technologien ist allerdings in der zweiten Ebene auszumachen. Es fehlen gehaltvolle Instrumentarien in Form von Analyse-, Lern-, Beratungs- und Expertensystemen, welche den Mitarbeitenden für ihre tägliche Arbeit zur Verfügung gestellt werden (Peterander 2004, 311). Dieser Umstand benennt einen weiteren, für sonderpädagogische Dienstleistungen, typischen Spannungsbereich.

Spannungsbereich 10:   Technologiedefizit

Die inhaltliche Arbeit der Fachkräfte in sonderpädagogischen Dienstleistungsorganisationen beruht vielfach auf ihren persönlichen Erfahrungen, Alltagstheorien und ihrer Intuition. Ziele und Inhalte des fachlichen Handelns werden von eher subjektiven Bewertungen bestimmt. Damit tut sich nicht nur berufsunerfahrenes Fachpersonal schwer, sondern dies entspricht auch nicht einer professionellen und rational begründbaren Fachlichkeit (Speck 2003, zit. in Peterander 2004, 313). Allerdings stehen hier sonderpädagogische Dienste auch vor großen Herausforderungen. Die Unterstützung und

Begleitung von Menschen in besonderen Abhängigkeitsverhältnissen stellen dynamische Prozesse dar. Diese lassen sich nur erschwert standardisieren. Es sind Verfahren notwendig, welche die für eine fundierte sonderpädagogische Arbeit notwendigen Informationen differenziert erfassen, speichern, analysieren und aufbereiten. Hier zeigen neuere, komplexitätsreduzierende Technologien vielversprechende Ansätze, um das viel diskutierte Technologiedefizit personenbezogener Dienstleistungen auszugleichen. Computer können zur Entwicklung von Hypothesen, bei der Interpretation von Informationen, der Erarbeitung umfassender Problemsituationen, der Verbesserung des Organisationsablaufs und der Mitarbeitermotivation, zur Informationssammlung und zum Lernen eingesetzt werden. Damit lassen sich Informationen graphisch übersichtlich und strukturiert darstellen und sie sind für das Fachpersonal jederzeit einfach und schnell verfügbar. Mit neuen Technologien können zudem Vernetzungen und Zusammenhänge zwischen unterschiedlichen Informationen sichtbar gemacht werden. Insgesamt können computerbasierte Technologien so entscheidend zur Verbesserung der Qualität in sonderpädagogischen Dienstleistungsorganisationen beitragen (Peterander 2004, 313). Werden die effektiven technologischen Möglichkeiten mit dem tatsächlichen Einsatz solcher vielfältiger Technologien in sonderpädagogischen Dienstleistungsorganisationen verglichen, ist festzustellen, dass die Nutzung noch in den Kinderschuhen steckt. Die Mehrzahl der heute angebotenen Software sind einfache Verwaltungs- und Abrechnungsprogramme. Diese unterstützen die Einrichtungen bei Routinearbeiten wie der Heimverwaltung, der Pflegedokumentation, der Personaleinsatzplanung, der Lohnabrechnung, der Leistungserfassung oder der Finanzbuchhaltung. Aber für die Qualität der inhaltlichen Arbeit haben diese eine geringe Bedeutung. Softwareprogramme für spezifische Bereiche wie etwa die Diagnostik, die Planung und Durchführung von fachlichen Interventionen und die Evaluation der Prozesse und Ergebnisse fehlen. Aber gerade solche, auf die Bedürfnisse der Fachkräfte und Einrichtungen zugeschnittenen Analyse-, Dokumentations- und Evaluationsprogramme, können erheblich zur Verbesserung der inhaltlichen Arbeit beitragen (Peterander 2004, 314-316).

Über die Gründe, weshalb softwarebasierte Technologien in sonderpädagogischen Dienstleistungsorganisationen fehlen, lassen sich nur Vermutungen anstellen. Eine mögliche Ursache dafür ist sicherlich die bereits mehrfach erwähnte geringe Standardisierbarkeit von sonderpädagogischen Leistungen. Erfolgreiches sonderpädagogisches Handeln wird nicht als Produkt von systematischen, strukturierten und rationalen Arbeitsprozessen angesehen, sondern als individuelles und an der Person des einzelnen Menschen ausgerichtetes Verhalten. Eine zweite mögliche Ursache könnte in einer tendenziell ablehnenden Haltung liegen, welche sonderpädagogische Fachkräfte

gegenüber neuen Technologien empfinden. Noch heute gibt es sonderpädagogische Dienstleistungsorganisationen, welche ihre Prozesse, Förderun-
gen und Entwicklungen handschriftlich dokumentieren und in einem physischen Ordnersystem ablegen. Hier fehlt die Vorstellung und das Wissen darüber, dass und wie technologische Hilfsmittel ihre sonderpädagogische
Arbeit bereichern und erleichtern könnten. Jüngere Mitarbeitende, welche
mit Computern, der Mobilfunktelefonie und dem Internet aufgewachsen
sind, reagieren aufgeschlossener und vertrauter auf moderne Technologien.
Eine dritte mögliche Ursache für die Absenz von Technologie in sonderpädagogischen Dienstleistungsorganisationen könnte im Mangel an guten
Softwareprogrammen zur inhaltlichen Arbeit selber begründet sein. Dabei
spielen sicherlich die fehlende sonderpädagogische Kompetenz der Soft-
wareentwickler und die knappen Budgets der Einrichtungen eine wesentliche Rolle (Peterander 2004, 315 f.).

Insgesamt ist festzuhalten, dass Technologien, welche mit unterstützenden
Hilfsmitteln direkt die betroffenen Klienten oder die Verwaltung und Administration der Einrichtungen unterstützen, vorhanden sind, eingesetzt werden und sich auch weiterentwickeln. Im Gegenzug besteht ein erhebliches
Technologiedefizit bei Analyse-, Dokumentations- und Evaluationspro-
grammen, welche die inhaltliche Arbeit der Fachkräfte unterstützen. Dieses
Technologiedefizit benennt einen weiteren für sonderpädagogische Dienstleistungen typischen Spannungsbereich. Das Ideal dieser Spannungsdimension bilden Produkte und Dienstleistungen, welche hoch standardisierbar
und folglich in der Regel auch gut quantifizierbar und kontrollierbar sind. Davon sind die bestehenden Programme sonderpädagogischer Dienste weit
entfernt (vgl. Abbildung 31). Es fehlen fachlich gut begründete und für die
Anwender attraktive und einfach zu bedienende Programme. Solche gilt es
noch zu entwickeln und einzusetzen. Das Wissen rund um moderne, komplexitätsreduzierende Technologien ist grundsätzlich vorhanden. Es muss
allerdings noch auf sonderpädagogische Aufgabenstellungen übertragen
werden.

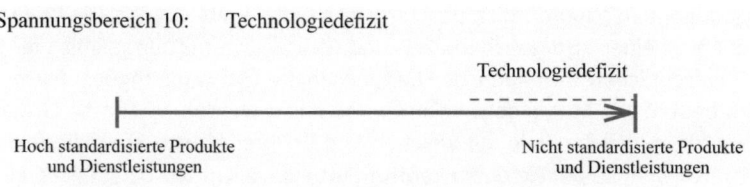

Spannungsbereich 10:   Technologiedefizit

Technologiedefizit

Hoch standardisierte Produkte   Nicht standardisierte Produkte
und Dienstleistungen   und Dienstleistungen

Handlungsgrundlage: Einsatz moderner, komplexitätsreduzierender Technologien

Abbildung 31: Spannungsbereich ‹Technologiedefizit›

3.6.17 Willensbildung

Generalisierung für Nonprofitorganisationen

Die Unterscheidung in Selbsthilfe- und Fremdleistungs-Nonprofit-Organisation ist auch für das Kriterium der Willensbildung relevant. Mitarbeiter von Selbsthilfe-Nonprofit-Organisationen gründen gemeinsam eine Kooperation – zum Beispiel einen Verein – oder treten einer bereits gegründeten Kooperation bei. Die Mitarbeiter sind Mitglieder jener Gruppe, um derentwillen die Organisation besteht (Schwarz 2005, 69 f.). Vergleiche zwischen Nonprofitorganisationen und profitorientierten Unternehmen beziehen sich oftmals pauschal auf Selbsthilfe-Nonprofit-Organisationstypen. Sehr verallgemeinernd wird dann argumentiert, dass bei Unternehmen die Eigenkapitalgeber die Ziele festlegen und die interne Willensbildung hierarchisch und ergebnisorientiert von oben nach unten verläuft. In Nonprofitorganisationen hingegen – korrekterweise von Selbsthilfe-Nonprofit-Organisationen – werden die Ziele von den Mitgliedern festgelegt und die Willensbildung verlaufe demokratisch und partizipativ von unten nach oben. Folglich sei der Ressourcenverbrauch, um Entscheide durchzusetzen, in Organisationen mit partizipativen und demokratischen Strukturen wesentlich geringer, weil die Mitarbeitenden aufgrund von Überzeugungen und nicht von Anordnungen handeln (Zimmer 1996, 150). Untersuchungen belegen jedoch, dass dieses in der Literatur proklamierte Unterscheidungskriterium der Willensbildung zwischen profitorientierten Unternehmen und Nonprofitorganisationen präzisiert werden muss. So zeigen Perkins und Poole (1996), dass sich Nonprofitorganisationen nicht durch ein größeres Maß an Partizipation von profitorientierten Unternehmen unterscheiden (Perkins et al. 1996). Dies gilt vor allem für Fremdleistungs-Nonprofit-Organisationen, denn Kriterien wie die freiwillige Mitgliedschaft oder die Ehrenamtlichkeit tangieren die Willensbildung der Mitarbeitenden von Selbsthilfe-Nonprofit-Organisationen in einem anderen Masse. In Fremdleistungs-Nonprofit-Organisationen unterliegt die Zahl der ehrenamtlichen Mitarbeitenden gegenüber den hauptamtlich Beschäftigten (vgl. Kapitel 3.5.15). Die Willensbildung zu einer erfolgreichen Ziel- und Strategievermittlung zählt hier zu den wesentlichen Aufgaben der Leitungsebene (Schwarz 1996a). Es muss Mitarbeitern wie Mitgliedern erfahrbar gemacht werden, wofür die Organisation steht, welche Ziele mit welchen Mitteln erreicht werden und mit welchen Schwierigkeiten sie dabei konfrontiert sind. Nicht der persönliche Nutzen des Einzelnen, sondern das spezifische Anliegen der Organisation steht im Vordergrund.

Konkretisierung für sonderpädagogische Dienstleistungsorganisationen

Führung ist immer dort zu beobachten, wo mehrere Personen Beiträge zu einer gemeinsamen Aufgabe oder Problemlösung zu leisten haben. In solchen Situationen muss das Verhalten der beteiligten Personen beeinflusst werden. Die Motive für diese Beeinflussungen sind beispielsweise die Steigerung der Effizienz, die Zielerreichung, Sicherheitsfaktoren oder eine Konsensbildung (Thommen 2004, 704). In sonderpädagogischen Dienstleistungsorganisationen entspricht die Führung in ihren Grundzügen jener von profitorientierten Unternehmen. Zum Zürcher Ansatz der betriebswirtschaftlichen Führungslehre gehören vier Elemente: Planung, Entscheidung, Anordnung und Kontrolle. Die Elemente Planung und Entscheidung dienen primär der Willensbildung, jene der Anordnung und Kontrolle zählen zur Willensdurchsetzung. Je nach Ausgestaltung dieser vier Elemente ergibt sich eine bestimmte Ausprägung der Führung. Diese Ausprägung wird als Führungsstil bezeichnet. Eine beeinflussende Funktion dabei übernimmt die Unternehmenskultur. Organisationen haben je eigene, spezifische Kulturen und zeichnen sich deshalb durch je individuelle Führungsstile aus (Thommen 2004, 704 f.).

Einen Überblick über verschiedene Führungsmodelle gibt die Abbildung 32. Sonderpädagogische Dienstleistungsorganisationen lassen sich jedoch nicht einem bestimmten Führungsstil zuordnen. Vielmehr werden die verschiedenen Stile in der sonderpädagogischen Praxis situativ eingesetzt. Je nach Aufgabenstellung wird die Willensbildung zur Chefsache oder auf unterstellte Mitarbeitende delegiert. Grundsätzlich gilt, dass die Mitarbeitenden umso stärker in den Entscheidungsprozess eingebunden werden, je mehr das spezifisch sonderpädagogische Basiswissen relevant ist. Demgegenüber dürfte die finanzstrategische Ausrichtung im Entscheidungsspielraum des Vorgesetzten liegen.

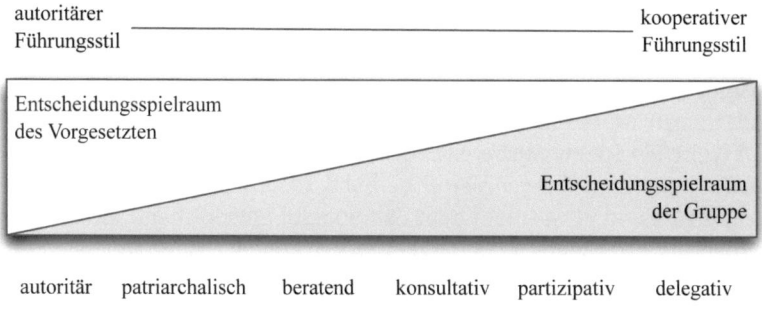

Abbildung 32: Führungsstile

Sonderpädagogische Dienstleistungsorganisationen pflegen zwar, ähnlich wie profitorientierte Unternehmen, eine klassisch betriebswirtschaftliche Führungsstruktur, allerdings sind Defizite in den Führungsinstrumenten auszumachen. Hier öffnet sich ein weiterer für sonderpädagogische Dienstleistungsorganisationen typischer Spannungsbereich.

Spannungsbereich 11: Mangel an sonderpädagogischen Führungsinstrumenten

Sonderpädagogischen Dienstleistungsorganisationen mangelt es an geeigneten Führungsinstrumenten. Trotz betriebswirtschaftlicher Führungsstruktur können aus der Betriebswirtschaft entlehnte Werkzeuge wie der Businessplan, die Balanced Scorecard, Planbilanzen oder Entscheidungsmodelle, nicht unreflektiert übernommen werden. Ihre Verwendung muss auf die jeweilige Organisationskultur mit ihren spezifischen Formal- und Sachzielen ausgerichtet werden und mit der Organisationsstrategie kompatibel sein. Bisher wird dem nicht gebührend Rechnung getragen. Entweder werden betriebswirtschaftliche Instrumente unreflektiert übernommen und auf sonderpädagogische Problemstellungen entsprechend erfolglos angewendet, oder das Management verzichtet auf führungsunterstützende Hilfsmittel.

Bilanzierend ist festzuhalten, dass sonderpädagogische Dienstleistungsorganisationen als Fremdleistungs-Nonprofit-Organisationen, ähnlich wie profitorientierte Unternehmen, eine klassisch betriebswirtschaftliche Führungsstruktur pflegen. Die Ausgestaltung der Willensbildung und -durchsetzung hängt zum einen stark von der jeweiligen Organisationskultur ab, zum anderen von der Art der zu treffenden Entscheidung. Welche Aufgaben von welchen operativen Organen ausgeführt werden, ist durch die klassisch betriebswirtschaftliche Personalstruktur und die klientenorientierte, funktionale Organisationsstruktur sonderpädagogischer Dienstleistungsorganisationen eindeutig regelbar. Die funktionale Hierarchie definiert die jeweiligen Verantwortungsbereiche und bestimmt die Entscheidungskompetenzen. Defizite zeigen sich hingegen bei den Führungsinstrumenten. Hier besteht ein akuter Mangel an geeigneten Instrumentarien. Dieser Mangel bildet einen weiteren für sonderpädagogische Dienstleistungsorganisationen typischen Spannungsbereich. Das Ideal dieser Spannungsdimension bildet ein zielorientiert organisierter Verbund, der effektiv strukturiert und organisiert ist und in welchem dem Führungsstil entsprechend effektive und effiziente Instrumente eingesetzt werden können. Sonderpädagogische Dienstleistungsorganisationen pflegen zwar eine klassische betriebswirtschaftliche Führungsstruktur, aber die Spannung besteht darin, dass keine adäquaten Instrumente vorhanden sind (vgl. Abbildung 33). Falls solche überhaupt bestehen, werden diese den spezifisch sonderpädagogischen Anforderungen nicht gerecht. Es besteht ein Bedarf, betriebswirtschaftliche Führungsinstrumente auf sonderpädagogische Gegebenheiten auszurichten.

Spannungsbereich 11:   Mangel an sonderpädagogischen Führungsinstrumenten

Mangel an sonderpädagogischen Führungsinstrumenten

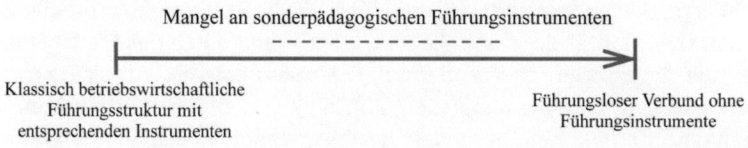

| Klassisch betriebswirtschaftliche Führungsstruktur mit entsprechenden Instrumenten | Führungsloser Verbund ohne Führungsinstrumente |

Handlungsgrundlage: Betriebswirtschaftliche Führungsinstrumente sonderpädagogischen Gegebenheiten anpassen

Abbildung 33: Spannungsbereich ‹Mangel an sonderpädagogischen Führungsinstrumenten›

3.6.18 Erfolgskontrolle

Generalisierung für Nonprofitorganisationen

Sowohl in Nonprofitorganisationen als auch in betriebswirtschaftlichen Unternehmen hängt die Erfolgskontrolle eng mit der Planung der zu erbringenden Leistungen zusammen. Die in der Planung festzulegenden Ziele fixieren einen anzustrebenden, zukünftigen Zustand. An diesen Zielvorgaben richtet sich organisationales Handeln aus. Damit Ziele diese Lenkungsfunktion wahrnehmen können, sind sie so konkret wie möglich zu formulieren und idealerweise an möglichst objektiven Kriterien festzumachen. Dazu müssen nach Schwarz (1996a) vier Dimensionen spezifiziert werden:

- Zielinhalt: Was soll erreicht werden?

- Zielausmaß: Wie viel soll vom Zielinhalt erreicht werden?

- Zeitraum/Zeitpunkt: Bis wann ist die Zielerreichung angestrebt?

- Gültigkeit/Verantwortungsbereich: Wer respektive welche organisatorische Einheit/Instanz ist für das Ziel verantwortlich? (Schwarz 1996a, 355)

Diese vier Zieldimensionen legen die für eine Erfolgskontrolle relevanten Parameter fest. Aus ihnen geht unter anderem hervor, ob der Erfolg als Prozess-, Verhaltens- oder Ergebniskontrolle überprüft wird und ob dies mittels Selbst- oder Fremdkontrollen geschieht (Schwarz 1996a, 356).

Das Bedürfnis nach nachhaltigen Erfolgskontrollen haben sowohl profitorientierte Unternehmen als auch Nonprofitorganisationen. Wie exakt und systematisch Ziele tatsächliche evaluiert werden und mit welcher Intensität und mit welchem Nachdruck dies geschieht, hängt von zwei zentralen Faktoren ab. Einerseits von der zugeschriebenen Wichtigkeit, das Ergebnis zu evaluieren, und andererseits von der Möglichkeit, dies überhaupt praktikabel zu tun. Die Priorität der Kontrolle wird weitgehend durch das Management und die Investoren zugeschrieben. Die ökonomische Anreiz-Beitrags-Theorie besagt, dass die Motivation, effiziente und effektive Erfolgskontrollen durchzuführen, dann besonders hoch ist, wenn das Management direkt am Erfolg partizipiert. Entsprechend werden Anreize geschaffen, welche diese Motivation beflügeln. Solche Anreizsysteme finden sich bei Nonprofitorganisationen nicht. Der zweite Aspekt, die Möglichkeit, die Leistung zu evaluieren, ist mindestens so einschlägig. Während sich die Güte eines Produkts einer industriellen Fertigung mit verhältnismäßig einfachen Mitteln und aussagekräftigen Kennzahlen bewerten lässt, ist es weit schwieriger, personenbezogene Dienstleistungen zu quantifizieren (Schwarz 1986, 17) (vgl. Kapitel 2.3.2). Damit ist festzuhalten, dass Erfolgskontrollen in Nonprofitorganisationen zwar erwünscht sind, aber nicht gleichermaßen systematisch und differenziert durchgeführt werden wie in profitorientierten Unternehmen.

Konkretisierung für sonderpädagogische Dienstleistungsorganisationen

Die Leistung von sonderpädagogischen Dienstleistungsorganisationen zu kontrollieren ist schwierig. Die erste Schwierigkeit zeigt sich bei der Einigung auf ein übergeordnetes Formalziel. Dies geschieht als konsensueller Prozess, der sehr behutsam die verschiedenen Perspektiven aller relevanten Interessenträger einbeziehen muss (vgl. Kapitel 3.6.2). Eine nachfolgende Schwierigkeit zeigt sich, wenn essentielle Formalziele auf Sachziele herunterzubrechen sind. Dies ist besonders für personenbezogene Dienstleistungen anspruchsvoll, denn die Sachziele sollten konkret und überprüfbar sein. Im Unterschied zur industriellen Fertigung sind die Parameter der sonderpädagogischen Dienstleistungserstellung dynamisch und wechselhaft. Sie unterliegen ständigen Veränderungen: Die politischen Vorschriften ändern, die gesellschaftlichen Ansprüche verlagern sich oder es verschieben sich die Einstellungen, Motive und Prioritäten der am Prozess kooperierenden Personen. All diese Erschwernisse führen zu einem weiteren für sonderpädagogische Dienstleistungen typischen Spannungsbereich, den niederschwelligen Erfolgskontrollen.

Spannungsbereich 12: Niederschwellige Erfolgskontrollen

In der sonderpädagogischen Praxis wird mit Zielstellungen gearbeitet, es werden Gültigkeiten und Verantwortungsbereiche für Sachzielinhalte definiert und zugeschrieben und Leitbilder formuliert. Dennoch ist festzustellen, dass die Erfolgskontrolle als Ist-Soll-Vergleich nicht systematisch und konsequent umgesetzt wird. Es fehlen greifende Anreizsysteme und operationalisierte Zielstellungen, an welchen sich der Erfolg ausweisen und festmachen lässt. Innerhofer und Innerhofer (1996) führen den Mangel an gut institutionalisierten Erfolgskontrollen unter anderem auch auf das Monopol der Entscheidungsfindung zurück. „Die Schwachpunkte sozialer Einrichtungen haben damit zu tun, dass sie es unter anderem wegen ihres Monopolcharakters versäumt haben, einen Feedbackkreis von Angebot und Nachfrage auszubilden" (Innerhofer et al. 1996, 376). Dieses Monopol bezieht sich auf den Umstand, dass Einrichtungen sich angewöhnt haben, für ihre Klienten zu entscheiden. Sie maßen sich an zu wissen, was für sie gut ist und was nicht.

Es ist festzuhalten, dass entlang des Klassifikationskriteriums Erfolgskontrolle ein letzter für sonderpädagogische Dienstleistungsorganisationen typischer Spannungsbereich identifiziert werden kann. Diesen Bereich bilden die niederschwelligen Erfolgskontrollen. Besonders im Vergleich zur industriellen Fertigung, welche über hoch effektive und effiziente Kontrollverfahren verfügen, fehlen solch wirksame Mechanismen in sonderpädagogischen Organisationen. Sie sind zwar bemüht, die Güte ihrer Leistungen als Erfolg auszuweisen, allerdings fehlen einerseits ökonomische Motive, dies zu tun, andererseits ist es schwierig, die Sachziele entsprechend zu operationalisieren (vgl. Abbildung 34).

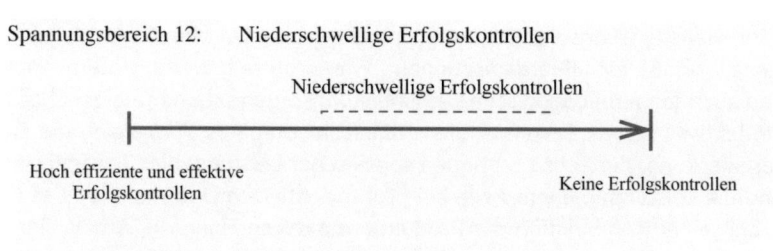

Abbildung 34: Spannungsbereich ‹Niederschwellige Erfolgskontrollen›

3.7 Fazit zu sonderpädagogischen Organisationen

Dieses Kapitel widmet sich der systematischen Suche nach für sonderpädagogische Dienstleistungsorganisationen typischen Spannungsbereichen. Die

Suche wird entlang von 18 Klassifikationskriterien durchgeführt. Dabei wird jedes Kriterium in zwei Schritten analysiert. Der erste Schritt spezifiziert die Kriterien, indem Nonprofitorganisationen mit profitorientierten Unternehmen verglichen werden. Hier zeigt sich bei vielen Klassifikationskriterien, dass sie wegen der Heterogenität des Dritten Sektors nicht trennscharf von profitorientierten Unternehmen abzugrenzen sind. Als besonders nützlich erweist sich hingegen die Unterteilung in Selbsthilfe- (respektive Eigenleistungs-) und Fremdleistungs-Nonprofit-Organisationen. Sie erlaubt es, die einzelnen Klassifikationskriterien für dieses Vorhaben selektiver zu analysieren. Im zweiten Schritt wird gezielt dieser Fokus beleuchtet. Sonderpädagogische Dienstleistungsorganisationen werden dabei als Fremdleistungs-Nonprofit-Organisationen definiert. Aus diesem Blickfeld sensibilisieren die 18 Klassifikationskriterien auf Unterschiede und Gemeinsamkeiten innerhalb verschiedener Nonprofitorganisationen im Allgemeinen und gegenüber profitorientierten Unternehmen im Speziellen. Folglich liefert dieses Kapitel Antworten darauf, was sonderpädagogische Dienstleistungsorganisationen auszeichnen und welches die für sie typischen Spannungsbereiche sind.

Sonderpädagogische Dienstleistungsorganisationen sind Einrichtungen des Behindertenwesens und können systemisch innerhalb der Fremdleistungs-Nonprofit-Organisationen verortet werden. Ihr gesellschaftlicher Auftrag ist es, innerhalb des Sozialleistungssystems für Menschen in besonderen Abhängigkeitsverhältnissen institutionalisierte Dienste anzubieten. Eine eindeutige Situierung innerhalb von Klassifikationssystemen ist nicht möglich. Es lassen sich keine verbindlichen Abgrenzungen vornehmen, weder gegenüber anderen Nonprofitorganisationen noch gegenüber profitorientierten Unternehmen. Tendenziell kann festgestellt werden, dass sonderpädagogische Dienstleistungsorganisationen profitorientierten Unternehmen näher stehen als Selbsthilfeorganisationen. Wie profitorientierte Unternehmen sind auch sonderpädagogische Dienstleistungsorganisationen zielgerichtete, produktive, soziale Systeme. Sie erfüllen ihr primäres Formalziel, die Bedarfsdeckung, durch das Erbringen spezifischer Leistungen an Dritte. Dabei sind die Leistungen ebenso wie bei profitorientierten Unternehmen das Ergebnis einer Kombination der Produktionsfaktoren Finanzen, Arbeit, Sachmittel und Managerleistung. Auch sonderpädagogische Dienstleistungsorganisationen unterliegen ökonomischen Rentabilitätsvorgaben und Rahmenbedingungen, sind abhängig von externen Investoren, entschädigen ihre Mitarbeitenden finanziell, praktizieren eine klassisch betriebswirtschaftliche Personalstruktur und die Willensbildung ist grundsätzlich die Aufgabe der Leitungsebene. Für die Praxis bedeutet dies, dass jede sonderpädagogische Dienstleistungsorganisation ein Führungsorgan benötigt. Dieses koordiniert Zielfindungen, erarbeitet Pläne, fällt Entscheide, beschafft Arbeitskräfte und optimiert und kontrolliert die erbrachte Leistung. Neben diesen Gemeinsamkeiten schälen sich zwischen profitorientierten Unternehmen und sonderpädagogischen Dienstleistungsorganisationen als Fremdleistungs-Nonprofit-Organisationen auch deutliche Unterschiede heraus. Sonderpädagogische Dienstleistungsorganisationen haben in der Regel unfreiwillige Adressaten, ihre ökonomischen Kontrollmöglichkeiten sind erschwert, neben der ökonomischen unterliegen sie auch einer sozialen Rentabilität, kapitalbezogene Körperschaften sind selten, ihre finanzielle Entscheidungs- und Handlungsautonomie ist deutlich tiefer, von der Steuerpflicht sind sie in der Regel entbunden und die Erfolgskontrollen sind niederschwellig.

Abbildung 35 listet die 18 Klassifikationskriterien auf und fasst die zentralen Inhalte für profitorientierte Unternehmen und Nonprofitorganisationen stichwortartig zusammen. Nonprofitorganisationen werden unterteilt in Selbsthilfe- und Fremdleistungs-Organisationen. Sonderpädagogische Dienstleistungsorganisationen bilden einen Organisationstyp von Fremdleistungs-Nonprofit-Organisationen.

Organisa-tionstypen	Profitorientierte Unternehmen	Nonprofit-Organisationen		
		Selbsthilfe NPO	Fremdleistungs NPO	
Klassifika-tionskriterien				sonderpädagogi-sche Dienstleis-tungsorganisation
1. Marktform	• Kenntnisse über den eigenen Markt sind essentiell, um die Produkte zu positionieren • Wettbewerb: Angebot und Nachfrage-System	• Mitgliederorientie-rung: Adressaten sind keine kom-merziellen Kunden • Schwache Markt-konkurrenz	• Kenntnisse über den Markt sind wichtig, um die Dienste erfolgreich anzubieten • Schwache Markt-konkurrenz	• Beachtliches Marktvolumen • Schwache Markt-konkurrenz • Starke staatliche Marktregulierung
2. Zielerrei-chung/Ziel e/Hauptzw eck	• Primär Gewinnma-ximierung: Ertrag auf investiertes Kapital (Formal-zieldominanz) • Ziele sind quantifi-zierbar	• Erbringen spezifi-sche Leistungen für die Mitglieder (Sachzieldominanz)	• Erbringen spezifi-sche Leistungen an Dritte (Sachziel-dominanz) • Heterogenes Referenzsystem	• Erbringen spezifi-sche Leistungen (Bedürfnisbefridi-gung) an Dritte unter Berücksichti-gung finanzieller Vorgaben • Ziele sind schwer quantifizierbar • Heterogenes Referenzsystem

Organisationstypen	Profitorientierte Unternehmen	Nonprofit-Organisationen		
		Selbsthilfe NPO	Fremdleistungs NPO	
Klassifikationskriterien				sonderpädagogische Dienstleistungsorganisation
3. Gesellschaftliche Rolle	• Hohe wirtschaftliche Bedeutung • Viele verschiedene Branchen mit unterschiedlichen Organisationstypen	• Hohe gesellschaftliche Bedeutung: Vermittler zwischen Markt und Staat • Große Vielfalt unterschiedlicher Organisationstypen		• Hohe sozialstaatliche Bedeutung
4. Art der Interessen	• siehe Zielerreichung/Ziele/Hauptzweck			
5. Handlungsfelder	• Sektorielle Einteilung: Primär-, Sekundär- und Tertiärsektor	• Klassifikatorische Einteilung: z.B. in 12 Branchen (Johns Hopkins Projekt)		
		• Kultur, Ausbildung und Forschung, Gesundheit, Sozialeinrichtungen, Umwelt, Entwicklung, bürgerliche und anwaltschaftliche Vertretungen, Philanthropie, Internationales, religiöse Versammlungen, Geschäftliches und Fachmännisches, Gewerkschaftsverbände, Andere		• Einrichtungen der stationären Versorgung mit sonderpädagogischen, agogischen und pflegerischen Diensten
6. Adressaten	• Adressaten sind freiwillige Nachfrager auf Märkten: Fremdbedarfsdeckung	• Adressaten sind freiwillige Mitglieder: Eigenbedarfsdeckung	• Adressaten sind freiwillige oder unfreiwillige Nachfrager (Klienten, Patienten, Bewohner): Fremdbedarfsdeckung	• Adressaten sind i.d.R. unfreiwillige Nachfrager (Klienten, Patienten, Bewohner) in besonderen Abhängigkeitsverhältnissen: Fremdbedarfsdeckung • Keine/eingeschränkte Auswahl an Leistungsanbietern: Reduzierter Kampf um Adressaten
7. Leistung	• Ökonomische Rentabilität • Gute Kontrollmöglichkeiten über ökonomische Kennzahlen	• Soziokulturelle Rentabilität • Ökonomische Kontrollen werden nicht oder nur bedingt gefordert	• Ökonomische und soziokulturelle Rentabilität • Niederschwellige Kontrollmöglichkeiten (Einhaltung von Budgets und Verhaltensrichtlinien)	

Organisationstypen	Profitorientierte Unternehmen	Nonprofit-Organisationen		
		Selbsthilfe NPO	Fremdleistungs NPO	
Klassifikationskriterien				sonderpädagogische Dienstleistungsorganisation
8. Mitgliedschaft	• Dualsystem: Leistungserbringer (Mitarbeitende der Organisation) und Leistungsempfänger (Kunden)	• Adressaten sind Mitglieder	• Dualsystem: Leistungserbringer (Mitarbeitende der Organisation) und Leistungsempfänger (Klienten, Patienten, Bewohner)	
9. Trägerschaft	• Privatrechtliche Trägerschaften	• Private, staatliche oder halbstaatliche Trägerschaften		• Öffentlich rechtliche, privat subventionierte und privatrechtliche Trägerschaften
10. Rechtsform	• Kapitalbezogene Körperschaften wie AG oder GmbH	• Bedarfsorientierte Körperschaften wie Genossenschaft, Verein oder Stiftung		• Bedarfsorientierte Körperschaften wie Stiftung und Verein • Neu auch gemeinnützige, kapitalorientierte Körperschaften wie gGmbH (oder gAG)
11. Organisationsstruktur	• Struktur folgt Strategie und orientiert sich dabei am Markt, am Kunden- und am Konkurrenzverhalten	• Vielfältige Organisationsstrukturen, weil differenzierte Zielfelder		• Klientenorientierte, funktionale Organisationsstruktur
12. Größe	• Kleinbetriebe, Mittelbetriebe und Großbetriebe • Die Größe wirkt sich wesentlich auf folgende Merkmale aus: Organisationsteilnehmer, Trägerschaft, Steuern, Organisationsstruktur, Finanzierung			
13. Finanzierung	• Kapitaleinlagen von Investoren und Leistungsentgelt aus Verkauf von Gütern oder Dienstleistungen	• Verschiedene Finanzierungsquellen: z.B. Spenden, Subventionen, Mitgliederbeiträgen, Legate, Vermögenserträge, Gelder von Sponsoren, Pflegesätze, Verrechnungstarife, Gelder aus dem Verkauf von Dienstleistungen oder Produkten • Je nach Herkunft der Finanzmittel sind diese an Bedingungen gebunden (z.B. den Verwendungszweck), was die Steuerung der Organisationsentscheide tangiert		
14. Steuern	• Steuerpflichtig	• I.d.R. von Steuern befreit	• I.d.R. von Steuern befreit oder begünstigt	

Organisationstypen	Profitorientierte Unternehmen	Nonprofit-Organisationen		
		Selbsthilfe NPO	Fremdleistungs NPO	
Klassifikationskriterien				sonderpädagogische Dienstleistungsorganisation
15. Mitarbeiter	• Klare Rollendifferenzierung und Aufgabenzuweisung • Keine ehrenamtlich Mitarbeitende • Klassisch betriebswirtschaftliche Personalstruktur: Hoher Professionalisierungsanspruch mit Sanktionspotential	• Hoher Grad an ehrenamtlich Mitarbeitenden • Mitarbeitende sind stark intrinsisch motiviert • Geringer Professionalisierungsanspruch ohne Sanktionspotential	• Mischform: Finanziell entschädigte und ehrenamtlich Mitarbeitende → differenzierter Professionalisierungsanspruch • Mitarbeitende sind stark intrinsisch motiviert	• Hauptsächlich finanziell entschädigte und nur wenige ehrenamtlich Mitarbeitende • Klassisch betriebswirtschaftliche Personalstruktur: Hoher Professionalisierungsanspruch • Mitarbeitende sind stark intrinsisch motiviert
16. Technologieeinsatz	• Intensiver Einsatz von Technologie (insbesondere im Industriesektor)	• Technologiedefizit • Vorwiegender Einsatz von Computer- und Telekommunikationstechnologie		
17. Willensbildung	• Hierarchisch, zielorientiert und weisungsgebunden • Ziel- und Strategievermittlung ist Aufgabe der Leitungsebene	• Partizipatorisch, demokratisch, prozessual • Mitarbeitende sind Adressaten (bottom up)	• Situativ • Ziel- und Strategievermittlung ist Aufgabe der Leitungsebene (top down)	
18. Erfolgskontrolle	• Sachziele sind gut quantifizierbar • Investoren und Management sind motiviert die Leistung zu kontrollieren	• Sachziele sind schwer quantifizierbar • Erfolgskontrollen sind erwünscht, werden aber nicht systematisch und differenziert durchgeführt. Es fehlen ökonomische Motive		

Abbildung 35: Unterschiede und Gemeinsamkeiten von profitorientierten Unternehmen und Nonprofit-Organisation

Anschließend wird der Fokus von den Unterschieden und Gemeinsamkeiten zwischen sonderpädagogischen Organisationen als Fremdleistungs-Nonprofit-Organisationen und profitorientierten Unternehmen auf die für sonderpädagogische Einrichtungen typischen Spannungsbereiche verlagert. Dabei wird deutlich, dass sieben Klassifikationskriterien keine für sie konstitutiven Merkmalsausprägungen zeigen. So ist die gesellschaftliche Rolle von sonderpädagogischen Dienstleistungsorganisationen nicht nachweislich essentieller als jene von anderen Nonprofit-Organisationen (Kapitel 3.6.3); die Art der Interessen bezieht sich inhaltlich auf das Klassifikationskriterium Zielerreichung/Ziele/Hauptzweck (Kapitel 3.6.4); die Handlungsfelder haben klassifikatorischen Charakter und helfen bei der Verortung innerhalb einer bestimmten Branche, sind jedoch nicht konstitutiv für diese Arbeit (Kapitel 3.6.5); das Kriterium Mitgliedschaft wird irrtümlich aufgeführt, weshalb sich dazu keine Ausführungen finden (Kapitel 2.6.8); die Trägerschaft sonderpädagogischer Dienstleistungsorganisationen ist nicht spezifisch für diese Einrichtungsformen, sondern findet sich auch in privaten, staatlichen oder anderen Nonprofit-Organisationen (Kapitel 3.6.9); die Organisationsgröße ist kein weiterführendes Kriterium, denn in der sonderpädagogischen Praxis finden sich verschieden große Organisationseinheiten (Kapitel 3.6.12); und sonderpädagogische Dienstleistungsorganisationen sind zwar in der Regel von der Steuerpflicht befreit, nur ist dies in Abgrenzung zu anderen Nonprofit-Organisationen nichts Spezielles (Kapitel 3.6.14). Damit verbleiben elf Klassifikationskriterien, entlang derer sich 12 für sonderpädagogische Organisationen typische Spannungsbereiche mit ihren jeweiligen Handlungsgrundlagen herausarbeiten lassen. Die Spannungsbereiche sind einerseits interaktiv, das heißt, sie bedingen sich gegenseitig. Andererseits decken sie in einigen Fällen inhaltlich ähnliche Bereiche ab. Dies wird besonders mit Blick auf ihre Handlungsgrundlagen deutlich.[111] Insbesondere die Handlungsgrundlagen sind – analog zu den sonderpädagogischen Dienstleistungen – handlungsleitend für die Entwicklung des sonderpädagogischen Interventionsframeworks sensiQoL©. Die Spannungsbereiche und ihre Handlungsgrundlagen werden in Abbildung 36 aufgelistet und anschließend zusammenfassend ausgeführt:

---

[111] Beispielsweise ist die Klientenorientierung eine für sonderpädagogische Dienstleistungen erarbeitete Handlungsgrundlage des Spannungsbereiches Zielpluralismus. Der systematische Einbezug der Klienten als Koproduzenten ist jedoch auch für den Spannungsbereich Eingeschränkte Leistungsfähigkeit der Klienten bei sonderpädagogischen Organisationen relevant. Oder die Wirkungsorientierung als Handlungsgrundlage des Spannungsbereiches Wirkungskomplexität ist auch beim Zweifachen Rentabilitätsnachweis zentral.

Spannungsbereiche		Handlungsgrundlagen
1	schwache Marktkonkurrenz	kontrollierte finanzielle Liberalisierung sonderpädagogischer Angebote
2	eingeschränkte Leistungsfähigkeit (Kaufkraft, Leistungsbeurteilung) der Klienten	Finanzautonomie der Klienten
		adäquate Leistungsbeurteilungssysteme
3	niederschwellige Qualitätsrichtlinien	essentielle Qualitätsindikatoren bestimmen
4	heterogenes Referenzsystem	Kanalisierung der Interessen aller relevanten Anspruchsgruppen
5	reduzierter Kampf um Klienten	verschärfte Qualitätsvorgaben
6	zweifacher Rentabilitätsnachweis (ökonomische und soziokulturelle Rentabilität)	Wirkungsnachweise
7	Gemeinnützigkeit und effiziente Betriebsführung	gemeinnützige, kapitalorientierte Körperschaften
8	komplexe Finanzierungsstruktur	systematische Strategieorientierung
9	fehlende Anreizsysteme für Mitarbeitende	intrinsische Motivation für Mitarbeitende mit komplementären Anreizsystemen ergänzen
10	Technologiedefizit	Einsatz moderner, komplexitätsreduzierender Technologien
11	Mangel an sonderpädagogischen Führungsinstrumenten	betriebswirtschaftliche Führungsinstrumente sonderpädagogischen Gegebenheiten anpassen
12	niederschwellige Erfolgskontrollen	Anreize für Erfolgskontrollen schaffen

Abbildung 36: Spannungsbereiche und Handlungsgrundlagen sonderpädagogischer Organisationen

1. Schwache Marktkonkurrenz

Marktkonkurrenz erzeugt Druck. Dies kann sich positiv auf die Güte der zu erbringenden Leistung auswirken. Sonderpädagogische Dienstleistungsorganisationen sind diesem Marktdruck nicht ausgesetzt. Das Angebot an sonderpädagogischen Leistungen wird von sozialpolitisch legitimierten Instanzen festgelegt und reguliert. Klienten können – selbst bei schlechter Dienstleistungsqualität – nur bedingt auf Substitutionsangebote ausweichen. Im Zuge der Neugestaltung des Finanzausgleichs (NFA) ist davon auszugehen, dass der Markt in der Behindertenhilfe in Zukunft mehr spielen wird. Eine kontrollierte Liberalisierung der Reglementierung sonderpädagogischer Angebote könnte den Wettbewerb konstruktiv beflügeln. Dies setzt finanzautonome Klienten voraus.

2. Eingeschränkte Leistungsfähigkeit (Kaufkraft, Leistungsbeurteilung) der Klienten

Die Leistungen von Klienten sonderpädagogischer Dienstleistungsorganisationen sind in dreifacher Weise eingeschränkt. Die erste Einschränkung betrifft ihre aktive Mitarbeit als Koproduzenten an der zu erstellenden Leistung. Dies gilt besonders für Menschen mit kognitiven und kommunikativen Beeinträchtigungen. Zweitens lassen sich die Leistungen der Dienste von den Klienten nur unzureichend beurteilen. Und drittens können die Dienstleistenden die empfangenen Leistungen in der Regel nicht selber bezahlen. Es gilt deshalb die Finanzautonomie der Klienten strukturell so weit als möglich zu gewährleisten. Dies lenkt die Aufmerksamkeit der anzubietenden Dienste auf die finanzierenden Klienten. Weiter besteht ein großer Bedarf an Beurteilungsinstrumenten, welche die eingeschränkte Leistungsfähigkeit der Klienten in der Erfassung adäquat berücksichtigen und die sonderpädagogischen Leistungen systematisch anhand von Ist-Soll- und Vorher-Nachher-Vergleichen beurteilen.

3. Niederschwellige Qualitätsrichtlinien

Der größte Kapitalgeber von sonderpädagogischen Dienstleistungsorganisationen ist die öffentliche Hand. In ihrer Funktion als Finanzgeber ist sie – im Unterschied zu profitorientierten Unternehmen – monetär nicht motiviert. Sie kann auf ihre Auslagen keine Renditen erwarten. Es fehlt ein Anreizsystem, um die mit den Auslagen finanzierten Leistung kontinuierlich und akribisch zu überwachen und zu beurteilen. Sonderpädagogische Dienstleistungsorganisationen unterliegen deshalb der latenten Gefahr, dass ihre Leistungen durch das Fehlen monetär motivierter Kontrollinstanzen an Qualität einbüßen. Es müssen verbindliche Qualitätsindikatoren festgelegt werden, welche die für die Klienten essentiellen Lebensbereiche abdecken.

4. Heterogenes Referenzsystem

Sonderpädagogische Dienstleistungsorganisationen werden von unterschiedlichen Interessenträgern mit je eigenen Zielperspektiven beeinflusst. Sie sollten von ihren Fähigkeiten im Umgang mit multikriteriellen Zielsystemen Gebrauch machen und die Interessen der relevanten Anspruchsgruppen kanalisieren und auf ihr primäres Formalziel ausrichten.

5. Reduzierter Kampf um Klienten

Die in Organisationen lebenden Empfänger sonderpädagogischer Leistungen sind keine freiwilligen Konsumenten, sondern unfreiwillige Klienten mit einem ausgewiesenen Hilfsbedarf. Sie sind von der Dienstleistung und vom Leistungserbringer abhängig. Damit fehlt sonderpädagogischen Dienstleistungsorganisationen der marktübliche Mechanismus kritischer und aufgeklärter Kunden. Dieser zwingt Organisationen, sich um die Gunst von Klienten zu bemühen, die Qualität der Leistungen sicherzustellen und innovativ zu bleiben. Qualitätsansprüche müssen sich deshalb verschärft an der Zufriedenheit der Klienten ausrichten.

6. Zweifacher Rentabilitätsnachweis (ökonomische und soziokulturelle Rentabilität)

Sonderpädagogische Dienstleistungsorganisationen sind gefordert, die Wirkungen ihrer Leistungen auszuweisen, um die Kosten der öffentlichen Hand gesellschaftlich und sozialpolitisch zu rechtfertigen. Die Messung der Wertschöpfung in sonderpädagogischen Dienstleistungsorganisationen ist jedoch anspruchsvoll und komplex. Die Güte der Dienste ist schwer quantifizierbar. Es braucht Instrumente, mittels denen Wirkungsnachweise sonderpädagogischer Interventionen offengelegt werden können.

7. Gemeinnützigkeit und effiziente Betriebsführung

Sonderpädagogische Dienstleistungsorganisationen belegen hauptsächlich die Rechtsformen der Stiftung und des Vereins. Die gesetzliche Grundlegung dieser Formen kommt dem Zweck der Gemeinnützigkeit und der Bedarfsdeckung entgegen, allerdings sind diese Rechtsformen nicht verpflichtend auf effiziente Betriebsführungen ausgerichtet. Das Gesetz wurde entsprechend angepasst. Neu ist es auch möglich, kapitalorientierte Körperschaften (z.B. AG oder GmbH) als gemeinnützige Rechtsform zu wählen. Organisationen, welche diese Körperschaft wählen, verschreiben sich einer effizienzorientierten Betriebsführung. Wie kompatibel diese Rechtsformen jedoch mit dem Zweck sonderpädagogischer Dienstleistungen sind, wird sich in den nächsten Jahren zeigen.

8. Komplexe Finanzierungsstruktur

Die Finanzierung sonderpädagogischer Dienstleistungsorganisationen ist komplex. Sie finanzieren sich über verschiedenste Quellen wie Spenden, Subventionen, Mitgliederbeiträge, Legate, Vermögenserträge, Sponsoringgelder, Pflegesätze, Verrechnungstarife oder aus dem Verkauf von Dienstleistungen oder Produkten. Je nach Herkunft der Finanzmittel sind diese an Bedingungen gebunden, beispielsweise den Verwendungszweck. Diese tangieren die Steuerung der Organisationsentscheide. Deshalb ist es wichtig, dass sich die Finanzierungsquellen mit der Strategie der Organisation einverstanden erklären und die Qualität der Dienste systematisch überwachen.

9. Fehlende Anreizsysteme für Mitarbeitende

Für das Personal in sonderpädagogischen Dienstleistungsorganisationen ist die Identifikation mit der Sache das zentrale Arbeitsmotiv. Die Mitarbeitenden sind zu weiten Teilen stark intrinsisch motiviert. Sie erfreuen sich an ihren Aufgaben und zeigen sich engagiert. Dieses Potential müssen sonderpädagogische Dienstleistungsorganisationen als Ressource gezielt einsetzen, hegen und pflegen. Dazu muss das Management den Mitarbeitenden Anreize offerieren, damit diese längerfristig engagiert für die Organisation arbeiten. Während profitorientierte Unternehmen bereits differenzierte Systeme mit monetären und nichtmonetären Anreizen implementiert haben, sind solche Systeme bei sonderpädagogischen Dienstleistungsorganisationen nicht ausgebaut. Es ist allerdings wichtig, dass sie das bestehende intrinsische Motivationspotential mit komplementären Anreizen ergänzen und erweitern. Weil sonderpädagogische Dienstleistungsorganisationen eine betriebswirtschaftliche Personalstruktur pflegen, das heißt, die Mitarbeitenden werden finanziell entschädigt und das ehrenamtliche Engagement ist gering, ist dies einfach zu realisieren.

10. Technologiedefizit

Technologien erleichtern vielen behinderten Menschen das tägliche Leben. Insbesondere Computertechnologien sind heute vielfach lebensbegleitende Assistenten. Innerhalb von sonderpädagogischen Dienstleistungen finden Technologien hingegen kaum Beachtung. Dies ist deshalb so, weil personenbezogene Dienstleistungen dynamisch, komplex und schwer standardisierbar sind. Neuere, komplexitätsreduzierende Technologien versprechen allerdings Abhilfe und versuchen das Technologiedefizit auszugleichen. Sonderpädagogische Dienstleistungsorganisationen sollten offen sein für moderne Technologien und darauf basierende Hilfsmittel nutzbringend in ihre Arbeit integrieren.

11. Mangel an sonderpädagogischen Führungsinstrumenten

Die Ausgestaltung der Willensbildung und -durchsetzung in sonderpädagogischen Dienstleistungsorganisationen hängt zum einen stark von der jeweiligen Organisationskultur ab, zum andern von der Art der zu treffenden Entscheidung. In der Regel pflegen sie eine klassisch betriebswirtschaftliche Führungsstruktur. Die Aufgaben und Kompetenzen sind durch die funktionale Struktur klar geregelt. Defizite bestehen jedoch bei Führungsinstrumenten. Bedingt durch die Ökonomisierung wurden in den letzten Jahren sonderpädagogische Dienstleistungsorganisationen zwar mit vielen betriebswirtschaftlichen Steuerungskonzepten konfrontiert, aber übertragen und angewendet wurden die Instrumente unreflektiert. Für sonderpädagogische Dienstleistungsorganisationen typische Eigenheiten wurden dabei vernachlässigt oder zurückgedrängt. Es besteht heute deshalb ein Mangel an geeigneten Führungskonzepten und -instrumenten, welche auf die spezifischen Bedürfnisse sonderpädagogischer Dienstleistungsorganisationen ausgerichtet sind.

12. Niederschwellige Erfolgskontrollen

Sonderpädagogische Dienstleistungsorganisationen sind bemüht, die Güte ihrer Leistungen als Erfolg auszuweisen. Allerdings fehlen einerseits ökonomische Motive, dies zu tun, andererseits ist es schwierig, die Sachziele entsprechend zu operationalisieren. Entsprechend ist es für sonderpädagogische Dienstleistungsorganisationen wichtig, auch ökonomische Anreizsysteme zu installieren und ihre Handlungen an Zielkonzepten auszurichten, welche Erfolgskontrollen zulassen.

Damit sind insgesamt 16 für sonderpädagogische Dienstleistungsorganisationen typische Spannungsbereiche mit ihren jeweiligen Handlungsgrundlagen benannt. Vier betreffen sonderpädagogische Dienstleistungen, zwölf organisationale Gegebenheiten sonderpädagogischer Einrichtungen. Das nachfolgende Kapitel klärt, welche Spannungsbereiche und Handlungsgrundlagen für das zu entwickelnde Interventionsframework relevant sind und wie diese adäquat zu berücksichtigen sind.

4. Erfordernisse für gelingende sonderpädagogische Interventionen

In den beiden vorangehenden Kapiteln wurden 16 für sonderpädagogische Dienstleistungsorganisationen typische Spannungsbereiche mit ihren jeweiligen Handlungsgrundlagen identifiziert. In diesem Kapitel wird geprüft, welche der sich aus den Spannungsbereichen ergebenden Handlungsgrundlagen für die Entwicklung des Interventionsframeworks sensiQoL© relevant sind und wie. Dazu wird einerseits der Fokus zielgerichtet auf die vom Klienten und der sonderpädagogischen Dienstleistungsorganisation zu erzielende Leistung gelegt. Obwohl der Nutzen des Frameworks letztendlich über diesen Fokus hinausgeht, ist für die Entwicklung selber der eigentliche Leistungserstellungsprozess mit den Leistungsempfängern und -erbringern zentral. Folglich sind für den zweiten Teil dieser Arbeit nur diejenigen Handlungsgrundlagen relevant, welche diesen Fokusbereich direkt tangieren (fett gedruckte Bereiche der Abbildung 37). Andererseits werden die Handlungsgrundlagen entsprechend ihrer konstitutiven Ausrichtung eingeteilt. Insgesamt entstehen vier Relevanzkategorien. Die ersten drei Kategorien bilden als Entwicklungsgrundlagen die Bausteine des Frameworks und gliedern den zweiten Teil dieser Arbeit. Zur vierten Kategorie zählen alle Handlungsgrundlagen, welche nicht im Fokusbereich liegen. Diese sind zwar für die eigentliche Entwicklung nicht relevant, können allerdings die praktische Anwendung des Frameworks unterstützen. Anschließend werden diese vier Kategorien beschrieben.

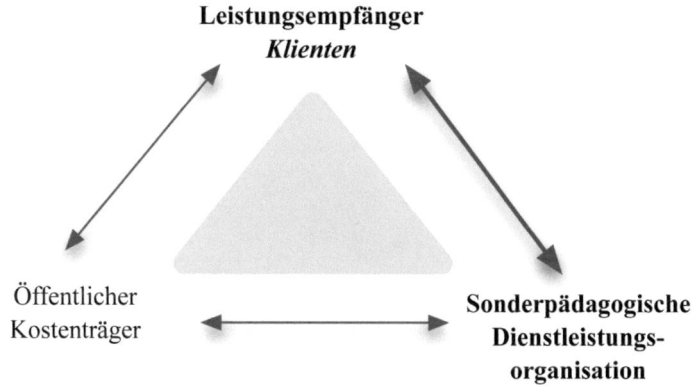

Abbildung 37: Fokus für die Entwicklung des Interventinosframeworks sensiQoL©

4.1 Relevanzkategorien sonderpädagogischer Handlungsgrundlagen

Die Handlungsgrundlagen der Spannungsbereiche sind von unterschiedlicher Konstitution. Sie lassen sich in vier Kategorien einteilen. Die erste Kategorie bilden normative, die zweite instrumentelle, die dritte strukturelle und die vierte anwendungsunterstützende Grundlagen (vgl. Abbildung 38). Für den zweiten Teil der Arbeit sind die ersten drei Kategorien relevant. Sie bestimmen deren Themenschwerpunkte. Die vierte Kategorie ist nicht entwicklungsrelevant, dafür jedoch wichtig für die Anwendung des Interventionsframeworks respektive der Instrumente. Nachfolgend werden die vier Kategorien ausführlich erläutert.

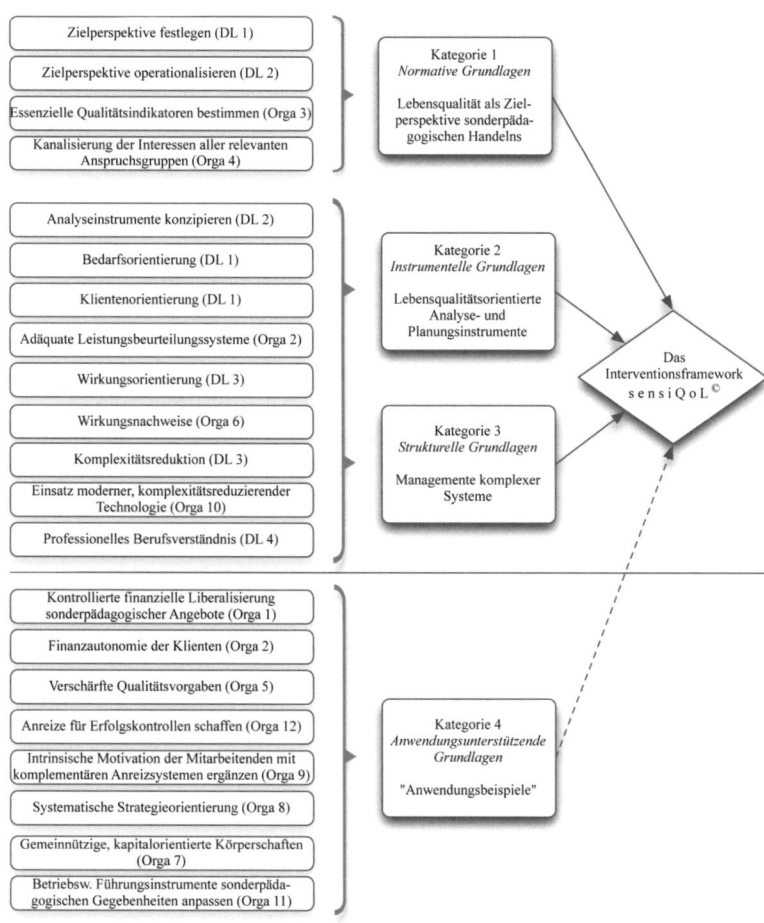

Abbildung 38: Kategorisierung der Handlungsgrundlagen für die Entwicklung des sonderpädagogischen Interventionsframeworks sensiQoL©

Kategorie 1: Normative Grundlagen

Die erste Kategorie ist den drei anderen konzeptionell und chronologisch übergeordnet. Dazu zählen Handlungsgrundlagen, welche für das zu entwickelnde Interventionsframework zwar direkt relevant sind, dieses jedoch von außen konstituieren. An diesen Handlungsgrundlagen hat sich das Framework normativ auszurichten. Dieser ersten Kategorie lassen sich vier Handlungsgrundlagen zuordnen: Zielperspektive festlegen; Zielperspektive operationalisieren; essentielle Qualitätsindikatoren bestimmen; Kanalisierung der Interessen aller relevanter Anspruchsgruppen.

Sonderpädagogische Dienstleistungsorganisationen werden von unterschiedlichen Interessenträgern mit je eigenen Zielperspektiven beeinflusst. Das Management hat die schwere Aufgabe, diese verschiedenen Zielfelder zusammen mit den Mitarbeitenden, den Klienten, Investoren und anderen primären Bezugsgruppen zu besprechen, zu priorisieren und die Schwerpunkte entsprechend zu kommunizieren. Die Zielperspektive muss von allen Interessengruppen getragen werden und die strategischen Entscheide der Organisation sind systematisch darauf auszurichten. Es ist erforderlich, dass die Ziele transparent, operationalisiert und aufeinander abgestimmt sind. Damit dies gelingt, braucht es eine vertiefte Auseinandersetzung mit der Zielperspektive einerseits und zwischen den relevanten Anspruchsgruppen im Bezug auf die Zielperspektive andererseits. Sonderpädagogische Dienstleistungsorganisationen können dabei auf bereits entwickelte Fähigkeiten und Fertigkeiten im Umgang mit heterogenen Referenzsystemen zurückgreifen.

Diese Arbeit orientiert sich an der Zielperspektive Lebensqualität. Für sonderpädagogische Dienstleistungsorganisationen ist die Lebensqualität als Zieldimension deshalb besonders geeignet,

- weil sie sowohl auf der Ebene des übergeordneten Formalziels als auch auf der Ebene der konkreten Sachziele als Orientierungsdimension eingesetzt werden kann;

- weil sich die Lebensqualität messen lässt und damit aus erfassbaren Größen besteht;

- weil Lebensqualität ein Begriff ist, an dem sich auch sonderpädagogische Bezugsdisziplinen wie die Medizin, die Philosophie oder die Psychologie orientieren;

- weil sich Lebensqualität konzeptionell stringent auf den individuellen Bedarf der einzelnen Klienten ausrichten lässt;

- weil Lebensqualität als wissenschaftliches Konstrukt explizit das subjektive Erleben der Klienten – insbesondere seine Zufriedenheit mit der Lebenssituation – in den Vordergrund stellt;

- weil der Klient als Koproduzent systematisch in die Erfassung einbezogen wird.

Folglich lassen sich mit der Zielperspektive Lebensqualität alle genannten Handlungsgrundlagen abdecken und erfüllen. Das Thema Lebensqualität als

Zielperspektive sonderpädagogischen Handelns wird in Kapitel fünf besprochen.

Kategorie 2: Instrumentelle Grundlagen

Die zweite Kategorie bilden instrumentelle Handlungsgrundlagen. Sie sind relevant für eine zuverlässige Analyse und Planung der in Kategorie eins definierten Zielperspektive Lebensqualität. Dazu zählen neun Handlungsgrundlagen: Analyseinstrumente konzipieren; Bedarfsorientierung; Klientenorientierung; adäquate Leistungsbeurteilungssysteme; Wirkungsorientierung; Wirkungsnachweise; Komplexitätsreduktion; Einsatz moderner, komplexitärsreduzierender Technologie; professionelles Berufsverständnis.

Sonderpädagogische Dienstleistungsorganisationen müssen ökonomischen Vorgaben und einem sozial-gesellschaftlichen Auftrag gerecht werden. Gefordert werden Wirkungs- und Rentabilitätsnachweise sonderpädagogischer Interventionen. Um dies zu leisten, ist es in einem ersten Schritt nötig, den sonderpädagogischen Bedarf zu diagnostizieren (Analyseinstrumente), und in einem zweiten Schritt die Planung entsprechender Interventionen darauf auszurichten (Planungsinstrumente). Professionelle sonderpädagogische Analyseinstrumente sind so zu konzipieren, dass sie einerseits die Klienten selber, und andererseits auch die Mitarbeitenden sonderpädagogischer Dienstleistungsorganisationen als Koproduzenten – so weit wie möglich – in den Leistungserstellungsprozess integrieren. Die Dienstleistung hat sich dabei systematisch an den Bedürfnissen ihrer Adressaten auszurichten. Dies ist wegen den unterschiedlichen Pathologien und Entwicklungsbeeinträchtigungen der Klienten sehr anspruchsvoll. Auch sonderpädagogische Planungsinstrumente zu konzipieren ist schwierig. Die Klienten sind oft über einen längeren Zeitraum hinweg – vielfach sogar lebenslänglich – auf Unterstützung und Hilfe angewiesen. Um die Dienste zu optimieren, helfen Planungsinstrumente, welche den Status der Intervention transparent ausweisen und die komplexen Zusammenhänge der Problemsituation dokumentieren. Dies fördert und sensibilisiert das Verständnis über die Situation der Klienten. Sowohl die Analyse- wie auch die Planungsinstrumente sollten so konzipiert sein, dass bei den Anwendern reflexive Lernprozesse in Gang gesetzt und Vertrauensbeziehungen aufgebaut werden. Beide Appelle zielen darauf ab, die Abhängigkeit der Klienten von den Leistungen und ihren Leistungserbringern zu reduzieren und die dadurch entstehenden ungleichen Machtverhältnissen zu nivellieren.

Mit den instrumentellen Grundlagen der Kategorie zwei setzt sich das Kapitel sechs auseinander. Es werden Analyse- und Planungsinstrumente vorgestellt, welche auf die Zielperspektive Lebensqualität ausgerichtet sind und die genannten Erfassungsgrundlagen berücksichtigen.

Kategorie 3: Strukturelle Grundlagen

Die neun in der Kategorie 2 genannten Handlungsgrundlagen beeinflussen nicht nur instrumentelle Aspekte des zu entwickelnden Interventionsframeworks, sondern sind auch strukturrelevant. Die Struktur des Frameworks muss effektive und effiziente Wirkungsnachweise sonderpädagogischer Interventionen ermöglichen. Für die strukturelle Systematik der Analyseinstrumente bedeutet dies, dass der konkrete Interventionsbedarf als Differenz zwischen dem Ist-Zustand und dem gewünschten Soll-Zustand zu erfassen ist. Sonderpädagogische Analyseinstrumente müssen deshalb erstens die tatsächliche Lebensqualität der Klienten erfassen und zweitens diejenigen Bereiche, in denen der Klient seine Lebensqualität verbessert haben möchte. Die strukturelle Systematik der Planungsinstrumente muss Vorher-Nachher-Effekte ausweisen können. Darin ist die Betriebswirtschaftslehre federführend. Sie hat Ansätze und Methoden entwickelt, um effektive und effiziente Wirkungen zu erzielen. Dazu werden neu auch moderne, sensitive, komplexitätsreduzierende Technologien eingesetzt. Diese helfen dabei, systemrelevanten Größen zu identifizieren und transparent darzustellen. Wenn die Ist- und Soll-Werte identifiziert sind, lassen sich sonderpädagogische Intervention evaluativ darauf ausrichten. Die Zielerreichung kombiniert mit der definierten Zeiteinheit und dem Ressourceneinsatz, erlauben Aussagen über die Effizienz der Leistung. Damit lassen sich die Interventionen gegenüber den Klienten, ihren Angehörigen, Geld gebenden Instanzen und anderen interessierten Anspruchsgruppen legitimieren.

Mit den strukturellen Grundlagen der dritten Kategorie setzt sich das Kapitel sieben auseinander. Es wird ein effizientes und effektives Verfahren vorgestellt, um komplexe Probleme systematisch zu analysieren und Lösungsalternativen zu entwickeln. Für das in dieser Arbeit zu entwickelnde Interventionsframework ist insbesondere die Struktur dieses Verfahrens relevant.

Kategorie 4: Anwendungsunterstützende Grundlagen

Die vierte Kategorie beinhaltet Handlungsgrundlagen, welche nicht für die Entwicklung des Interventionsframeworks relevant sind, sondern für deren Anwendung. Die Grundlagen benennen Bedingungen, welche das Interventionsframework sensiQoL© unterstützen. Zu diesen gehören einerseits organisationsstrukturelle Bedingungen. Diese werden von der Organisation selber lanciert. Dazu gehört, dass die Organisationen Anreize für Erfolgskontrollen schaffen, sich systematisch an der Strategie orientieren, die vorhandene intrinsische Motivation der Mitarbeitenden pflegen und sie mit komplementären Anreizsystemen ergänzen. Außerdem scheint es sinnvoll, die Wahl der Körperschaft zu überdenken, denn gemeinnützige, kapitalorientierte Körperschaften helfen bei einer effizienten Betriebsführung und letztendlich müssen betriebswirtschaftliche Führungsinstrumente auf sonderpädagogische Gegebenheiten angepasst werden. Andererseits zählen auch sozialpolitische und gesellschaftliche Bedingungen dazu, welche das Potential des Frameworks von außen beflügeln. Zu diesen Grundlagen gehören die kontrollierte finanzielle Liberalisierung sonderpädagogischer Angebote, die Förderung der Finanzautonomie der Klienten, und es gilt verschärfte Qualitätsvorgaben zu implementieren.

Für die Entwicklung des Interventionsframeworks sind die ersten drei Kategorien relevant. Diese werden im zweiten Teil der Arbeit deshalb vertieft thematisiert und erläutert. Die Grundlagen dieser vierten Kategorie sind zwar anwendungsrelevant, den Entwicklungsprozess selber tangieren sie indessen nicht. Folglich sind diese Handlungsgrundlagen auch nicht Teil der weiterführenden Arbeit.

4.2 Fazit zu den Erfordernissen für gelingende Interventionen

Damit sind die relevanten konzeptionellen Grundlagen, welche bei der Entwicklung eines sonderpädagogischen Interventionsframeworks berücksichtigt werden müssen, benannt und kategorisiert. Im zweiten Teil der Arbeit werden die erarbeiteten Schwerpunkte aus den drei ersten Kategorien als normative, instrumentelle und strukturelle Grundlagen sonderpädagogischer Dienstleistungsorganisationen ausführlich besprochen. Das Kapitel fünf leitet eine sonderpädagogische Lebensqualitätskonzeption als Zielperspektive sonderpädagogischen Handelns her. Auf diesem Lebensqualitätsverständnis bauen die in Kapitel sechs vorgestellten Analyse- und Planungsinstrumente auf. Im siebten Kapitel wird das Problemlösungsframework von Gomez und Probst (1999) dargelegt. An seine Struktur lehnt sich das Interventionsframework sensiQoL$^{©}$ an.

TEIL II
NORMATIVE, INSTRUMENTELLE UND STRUKTURELLE GRUNDLAGEN DES INTERVENTIONSFRAMEWORKS SENSIQOL[©]

5. Lebensqualität als Zielperspektive sonderpädagogischen Handelns

Das Interventionsframework sensiQoL© richtet sich an der Zielperspektive Lebensqualität aus. Dieses Kapitel fasst aktuelle Erkenntnisse der Lebensqualitätsforschung zusammen und diskutiert sie im Hinblick auf das sonderpädagogische Interventionsframework. Dazu wird in einem ersten Schritt die Rolle der Lebensqualität als sonderpädagogische Zielperspektive geklärt. Anschließend ist in einem zweiten Schritt ein wissenschaftlicher Exkurs zu den beiden zentralen Quellen interdisziplinärer Lebensqualitätsforschung nötig. Dies sind die gesundheitsbezogene Lebensqualitätsforschung (Health-Related Quality of Life Research) und die Wohlfahrtsforschung (Welfare Research). Beide Forschungstraditionen entwickelten sich ursprünglich unabhängig voneinander, näherten sich in den letzten Jahren jedoch zunehmend an. Nach diesem Exkurs werden in einem dritten Schritt die sonderpädagogischen Ansätze der Lebensqualitätsforschung vorgestellt. Zu diesen zählen unterschiedliche theoretische Zugänge und empirische Grundsatzfragen bezüglich der Messung der Lebensqualität. Neben diesen theoretischen und forschungsmethodologischen Themen wird das Lebensqualitätskonzept auch in der konkreten sonderpädagogischen Praxis zunehmend wichtig. Lebensqualität wird nämlich direkt mit der Qualitätssicherung in sonderpädagogischen Dienstleistungsorganisationen in Verbindung gebracht. In einem vierten Schritt wird deshalb auch die Rolle der Lebensqualität innerhalb der qualitätssichernden Massnahmen diskutiert und es werden entsprechende Defizite benannt. Abschließend werden in einem fünften Schritt aus den bisherigen Erkenntnissen interdisziplinärer und sonderpädagogischer Lebensqualitätsforschungen Implikationen für die Entwicklung sonderpädagogischer, lebensqualitätsorientierter Analyse- und Planungsinstrumente abgeleitet.

5.1 Zielstellungen sonderpädagogischer Arbeit: Das gute Leben

Sonderpädagogische Arbeit in unserem Kulturraum ist auf Zielstellungen ausgerichtet. Hinter diesen Zielstellungen liegen Annahmen darüber, welche Bemühungen als sinnvoll erachtet werden. Dazu zählen Ausrichtungen, dass Menschen in besonderen Abhängigkeitsverhältnissen am normalen Leben teilnehmen können, dass sie eine möglichst individuelle Entwicklung ihrer Fähigkeiten erfahren, dass sie ihr Leben durch adäquate Unterstützungsleistungen möglichst eigenständig und selbstbestimmt bewältigen können, oder dass segregierende Schul- und Lebensformen aufgelöst werden. Solche Bemühungen stützen sich auf Konzepte wie Normalisierung, Integration, Inklusion, Selbständigkeit, Wohlbefinden, Gesundheit, Autonomie oder Partizipation. Diese Konzepte konkretisieren die jeweiligen Zielstellungen und vereinen sich im gemeinsamen Ziel, die Arbeit am und mit Menschen in besonderen Abhängigkeitsverhältnissen zu definieren. Der Konsens all dieser Zieldimensionen mündet in die Absicht, dass Menschen in besonderen Abhängigkeitsverhältnissen ein möglichst gutes und für sie gelingendes Leben führen können.

Das wissenschaftliche Konzept, welches sich mit dem guten Leben befasst, ist die Lebensqualität. Es bezeichnet für Menschen mit und ohne Behinderung gleichermaßen eine erstrebenswerte Zielgröße. Verstanden als Zielkonstrukt und sensitives Konzept, bietet Lebensqualität einen mehrdimensionalen Betrachtungsrahmen für den generellen Blick darauf, was für Menschen ein gelingendes und gutes Leben ist. Es sieht den Menschen im Zentrum und definiert seinen Bedarf, um ein gutes und gelingendes Leben leben zu können. Aus diesem Betrachtungsrahmen werden den Menschen – im Unterschied zu anderen obengenannten Zielstellungen – keine normativen Muster aufgezwungen, die sie für sich nicht selber gewählt haben. Auf diesem Weg lassen sich Kriterien für die Weiterentwicklung der Unterstützungssysteme, der sozialen Dienste und Dienstleistungen in Richtung der Bedürfnisse der Klienten finden (Wacker et al. 2005, 12).

Ein gelingendes Leben äußert sich in subjektiver Zufriedenheit und Wohlbefinden. Eine in Deutschland durchgeführte Untersuchung zeigt, dass die Lebensqualität von Menschen mit Abhängigkeiten gefährdet ist. Das subjektive Wohlbefinden dieser Menschen hat sich mit dem Eintritt von Hilfe- und Pflegebedarf verändert (Weick 2006).[112] Die Befragten, welche zu keinem der Befragungszeitpunkte Hilfeleistungen benötigten, sind erwartungsgemäß zufriedener als Personen, die auf Unterstützung angewiesen sind. In Abhängigkeit vom Schweregrad weist sowohl die Lebenszufriedenheit – vor allem aber die Gesundheitszufriedenheit – extrem niedrige Werte auf. „Je höher der Grad der Hilfebedürftigkeit ist, desto stärker sinken Gesundheits- und Lebenszufriedenheit ab" (Weick 2006, 14). Eine weitere Erkenntnis dieser Studie besagt, dass sowohl positive als auch negative Lebensereignisse meist nur zu kurzfristigen Zufriedenheitsveränderungen führen. Die Betroffenen passen mit der Zeit ihre Erwartungen an die neuen Umstände an.[113] Es

---

[112] Bei dieser Untersuchung wurden als Indikatoren zum einen die Zufriedenheit mit der Gesundheit, zum andern und vor allem jedoch die Zufriedenheit mit dem Leben insgesamt verwendet.

[113] Mit zunehmender Dauer der Hilfebedürftigkeit ist nur bei der Gesundheitszufriedenheit ein äußerst schwacher Wiederanstieg der Zufriedenheit nachzuweisen. „Das bedeutet, dass nur bei sehr langer Dauer der Hilfe- und Pflegesituation überhaupt ein nennenswerter Anstieg der bereichsspezifischen Zufriedenheit stattfindet. Die übergreifende subjektive Bewertung der Lebensbedingungen, die Zufriedenheit mit dem

ist eine Adaption an schwere gesundheitliche Einschränkungen zu beobachten.

Damit ist festzuhalten, dass Menschen in besonderen Abhängigkeitsverhältnissen gefährdet sind, ein gutes Leben zu führen. Um zu zeigen, welche Aspekte zu einem guten und gelingenden Leben gehören, werden nachfolgend die beiden großen Traditionen der interdisziplinären Lebensqualitätsforschung vorgestellt.

5.2 Interdisziplinäre Lebensqualitätsforschung

Lebensqualität ist ein komplexes, dynamisches und multidimensionales Konstrukt. Ihre Forschung ist in hohem Masse interdisziplinär angelegt und präsentiert sich dementsprechend unübersichtlich. Umfangreiche zusammenfassende Metastudien zum Thema liegen nur ansatzweise vor (z.b. Galloway et al. 2005). Über die größte Tradition zum Thema verfügt, aus naheliegenden Gründen, die Medizin, die seit Jahrzehnten im Forschungsfeld tätig ist (Bullinger et al. 2000a; King et al. 2001; Stosberg 1994). Neben medizinischen gibt es jedoch auch ökologisch, ökonomisch, soziologisch und sozialpsychologisch orientierte Lebensqualitätsmodelle. Dementsprechend wird in der wissenschaftlichen Diskussion der Lebensqualitätsbegriff auch äußerst heterogen verwendet. Es gibt eine unüberschaubare Vielzahl und Vielfalt von vorhandenen Definitionen. Vielfach wird Lebensqualität als allgemeines Gefühl der Zufriedenheit beschrieben.

> „Quality of life is a feeling of overall life satisfaction, as determined by the mentally alert individual whose life is being evaluated" (Meeberg 1993, 37).

Bewertende Aussagen über das Leben im Allgemeinen zeigen sich in einem stärkeren Ausmaß von der aktuellen Befindlichkeit abhängig als bereichsspezifische Bewertungen. Letztere basieren stärker auf Vergleichen mit individuellen, erfahrungsgebundenen Standards (Diener et al. 2000; Ferring et al. 1996; Fischer et al. 2006). Als globale Größe übernimmt die allgemeine Zufriedenheit gegenüber der Zufriedenheit einzelner Lebensbereiche wie Wohnen, Einkommen beziehungsweise verfügbares Geld, Gesundheit, Arbeit und Freizeit eine Kontroll- und Validierungsfunktion, indem deren relative Bedeutung sich an der allgemeinen Zufriedenheit messen lässt (Schütze 1992, zit. in Hamel & Windisch 2000, 56 f.). Andere Autoren knüpfen bei der ganzheitlichen Auslegung von Lebensqualität an, leiten jedoch bereits Folgerungen ab. Diese besagen, dass bei einer Segmentierung von Lebens-

---

Leben steigt [...] auch bei langjähriger Dauer von Hilfe- und Pflegebedürftigkeit nicht an" (Weick 2006, 15).

qualität in verschiedene Bereiche diese das Konstrukt als Ganzes repräsentieren müssen.

> „Quality of life is a term that implies the quality of a person's whole life, not just some component part. It therefore follows that if QOL [Quality of Life] is to be segmented into its component domains, those domains in aggregate must represent the total construct" (Hagerty et al. 2001, 7).

Zahlreiche Vertreter greifen diese Herausforderung auf und listen in ihren Definitionen solche lebensqualitätsrelevanten Bereiche auf. Vielfach tun sie dies im Verweis auf durchgeführte Metaanalysen. Zu den meist genannten Bereichen zählen das materielle, physische respektive gesundheitsbezogene, soziale und das emotionale Wohlbefinden sowie konkrete Produktivitätsaspekte, Beziehungen und die Sicherheit.

> „Quality of life is multidimensional in construct including physical, emotional, mental, social, and behavioural components" (Janse et al. 2004, 654).

> „Quality of life is defined as an overall general well-being that comprises objective descriptors and subjective evaluations of physical, material, social and emotional well-being together with the extent of personal development and purposeful activity, all weighted by a personal set of values" (Felce et al. 1995, 60).

> „Quality of life is both objective and subjective, each axis being the aggregate of seven domains: material well-being, health, productivity, intimacy, safety, community and emotional well-being. Objective domains comprise culturally relevant measures of objective well-being. Subjective domains comprise domain satisfaction weighted by their importance to the individual" (Cummins 1997a, 132).

> „Quality of life is a concept that reflects a person's desired conditions of living related to eight core dimensions of one's life: emotional well-being, interpersonal relationships, material well-being, personal development, physical well-being, self-determination, social inclusion, and rights" (Schalock 2000, 121).

Ein Konsens besteht darüber, dass Lebensqualität von objektiven Lebensbedingungen wie Einkommen oder materieller Sicherheit abhängig ist, dass aber auch subjektive Aspekte wie etwa individuelle Wünsche und Werte in die wahrgenommene Lebensqualität einfließen. Weiter wird Lebensqualität als kulturspezifisches Phänomen diskutiert und ist nicht gleichzusetzen mit Gesundheit.

„‹Quality of life› is an individual's perception of his situation in life within the context of his culture and values, as well as his objectives, expectations, and interests" (WHO 1993, 5).

Die wesentlichen forschungsmethodologischen Erkenntnisse und Erfahrungen im Bereich der Lebensqualitätsforschung stammen aus zwei profilierten Bereichen, namentlich der Wohlfahrtsforschung und der gesundheitsbezogenen Lebensqualitätsforschung. Diese beiden Forschungsbereiche sind international angesehen und blicken auf eine einflussreiche Forschungstradition zurück.

5.2.1 Wohlfahrtsforschung

Was ist Wohlfahrtsforschung?

In der Wohlfahrtsforschung bezeichnet der Begriff Lebensqualität ein Wohlfahrtskonzept, welches in den späten sechziger Jahren entstanden ist. Seitdem spielt Lebensqualität als Zielformel für die Gesellschaftspolitik, aber auch als Maßstab der Gesellschaftsanalyse und Bezugsrahmen für die Wohlfahrtsmessung eine bedeutende Rolle. Mit dem Wohlfahrtskonzept wird versucht, die gesellschaftliche Lage beziehungsweise die Lebensverhältnisse der Bevölkerung auf der Basis quantitativer Informationen zu beurteilen (Noll 1999, 2). Lebensqualität wird dabei als Bestandteil des übergreifenden Konzeptes der Wohlfahrt betrachtet. Die Bestandteile unterscheiden sich in der Bezeichnung und Akzentuierung dessen, was unter dem guten Leben verstanden wird und welche Komponenten dieses umfasst. Der eine Bestandteil des Wohlfahrtskonzeptes gliedert sich in die Bereiche Wohlstand oder Lebensstandard, der andere in jenes des Wohlbefindens. Unter Wohlstand oder Lebensstandard werden zumeist materielle Dimensionen der Wohlfahrt subsumiert. Hierzu zählen der Besitz und Konsum von Gütern und Dienstleistungen und die Verfügung über Einkommen und Vermögen. Das Wohlbefinden ist eine in gewissem Sinne entgegengesetzte Interpretation von Wohlfahrt. Sie stellt das Individuum mit seinen Wahrnehmungen, kognitiven und emotiven Gefühlszuständen in den Vordergrund. Damit umfasst das Konstrukt Lebensqualität formal gleichzeitig sowohl materielle wie auch immaterielle, objektive und subjektive, individuelle und kollektive Wohlfahrtskomponenten und interpretiert die Güte dieser Komponenten nach qualitativen Kriterien. Somit ist Lebensqualität ein multidimensionales Konzept.

Lebensqualität als Zielbestimmung einer reformorientierten Gesellschaftspolitik hat Geschichte. Nach Noll (1999) wurde der Begriff ‹quality of life› im
wissenschaftlichen Kontext erstmals im Jahre 1920 von Arthur Cecil Pigou
verwendet. Er gilt als Begründer der Wohlfahrtsökonomie. In seinem Werk
‹Economics of Welfare› bezeichnet Pigou damit nicht ökonomische Wohl-
fahrtsaspekte (Noll 1999, 3). In seiner modernen Variante ist das Konzept der
Lebensqualität in den 6oer Jahren in den USA entstanden. Es war der dama-
lige Präsident Lyndon B. Johnson, der im Programm der ‹Great Society› die
politische Debatte über die Lebensqualität angestoßen hat.

> „The Great Society looks beyond the prospects of abundance to the prob-
> lems of abundance [...] Everywhere there is growth and movement, activ-
> ity and change. But where is the place for man? [...] The task of the Great
> Society is to ensure our people the environment, the capacity and the so-
> cial structures which will give them a meaningful chance to pursue their in-
> dividual happiness [...] Thus the Great Society is concerned not with how
> much, but how good - not with the quantity of our goods but the quality of
> our lives" (Richard Goodwin, speechwriter to Lyndon Johnson, July 20,
> 1965. In: Bauer 1966, 375).

In den 6oer und 7oer Jahren des letzten Jahrhunderts gewann das Konzept
auch im deutschsprachigen Europa an Popularität. Insbesondere in der da-
maligen Politik wurde der Begriff von nahezu allen Parteien aufgegriffen.
Stellvertretend hierfür sei der deutsche Wahlkampfslogan der SPD von 1972
erwähnt: „Mit Willy Brandt für Frieden, Sicherheit und eine besser Qualität
des Lebens" (Noll 1999, 4). Fortschritt wurde in diesem Zusammenhang definiert als Überwindung des Mangels und der Hebung des Lebensstandards.
So erstaunt es auch nicht, dass das Bruttosozialprodukt mit seinen Wachstumsraten der mit Abstand wichtigste und am häufigsten verwendete Maßstab für die Zielerreichung einer Gesellschaft und des jeweiligen Wirtschafts-
systems herangezogen wurde. Das Wirtschaftswachstum als Inbegriff des
gesellschaftlichen Fortschritts wurde in den Folgejahren jedoch vor dem Hintergrund hoher und mehr oder weniger stetiger Wachstumsraten in den
hoch entwickelten westlichen Industriegesellschaften zunehmend in Frage
gestellt. Anlass hierzu waren die sozialen und ökologischen Kosten des Wirt-
schaftswachstums wie die öffentliche Armut oder der private Reichtum. Ergänzend zur rein ökonomischen Betrachtung der Qualität gesellschaftlicher
Lebensbedingungen wurden zunehmend neue Muster des qualitativen
Wachstums gesucht (Kuckartz et al. 2006, 77). Es rückten die Postulate ‹Qualität vor Quantität› oder ‹mehr ist nicht gleich besser› ins Blickfeld der Gesellschaftspolitik. So entstanden differenzierte, mehrdimensionale Konzepte

von Wohlfahrt. Diese versuchten individuelles Wohlbefinden, Lebensqualität und Verteilungsgerechtigkeit mit dem neuen Ansatz des qualitativen Wachstums zu verbinden. Dadurch sollten die sozialen Kosten der industriellen Lebensweise verringert, die Benachteiligung bestimmter Gruppen, Regionen und Lebensbereiche beseitigt und immaterielle Werte wie Zufriedenheit und Selbstbestimmung in das Konzept einer wohlfahrtsrelevanten Lebensqualität einbezogen werden (Schädler 2001, 14). Auf diese Weise gewann das Konzept der Lebensqualität, alternativ zu dem nun fragwürdig gewordenen Wohlstandsbegriff, rasch an Popularität. Die Gesellschaftspolitik verschrieb sich dieser neuen, aber zugleich auch komplexeren und multidimensionalen Zielformel. In den neuen Modellen wurden sowohl immaterielle Werte wie Zufriedenheit als auch kognitive und emotive Gehalte wie Hoffnungen und Ängste, Glück und Einsamkeit, Erwartungen und Ansprüche, Kompetenzen und Unsicherheiten, Konflikte und Prioritäten mit einbezogen. Lebensqualität wurde in diesem Sinne zu einem Massnahmen für die Kongruenz von objektiven Lebensbedingungen und deren subjektiven Bewertung für und durch größere Bevölkerungsgruppen. Der in dieser Zeit entstandenen Sozialindikatorenforschung kam die Rolle zu, diese Kongruenz empirisch abzubilden (Andrews et al. 1976; Flora et al. 1999; Glatzer et al. 1984).

Mehrdimensionale Wohlfahrtskonzepte: Die vier Wohlfahrtspositionen von Wolfgang Glatzer und Wolfgang Zapf und der capability approach von Amartya Sen

Ein bedeutender deutscher Ansatz der empirischen Wohlfahrts- und Lebensqualitätsforschung wurde maßgeblich von Wolfgang Zapf und Wolfgang Glatzer (1984) geprägt. Der Ansatz stellt eine Synthese der an objektiven Indikatoren orientierten Lebensbedingungen und ihrer subjektiven Wahrnehmung und Bewertung dar. In diesem Sinne definierten Glatzer und Zapf Lebensqualität als „[...] gute Lebensbedingungen, die mit einem positiven subjektiven Wohlbefinden zusammengehen" (Glatzer et al. 1984, 23).[114]

---

[114] Auch der Begriff des subjektiven Wohlbefindens wird als eigenständiges Konstrukt diskutiert. So wird subjektives Wohlbefinden beispielsweise als Glück (Campbell et al. 1976), Glück wiederum als subjektives Wohlbefinden, als Lebensqualität (Shin et al. 1978) oder als Freude (Hoffmann 1984) mit je unterschiedlichen Dimensionen definiert. Zu diesen Dimensionen gehören Zufriedenheitsangaben, kognitive und emotive Gefühle wie Hoffnungen oder Erwartungen, aber auch Einsamkeit, Sorgen und Befürchtungen (Zapf 1984, 23). Mayring (1994) schlägt vor, einerseits zwischen einer negativen (Freiheit von subjektiver Belastung) und einer positiven (Freude, Glück) Komponente und andererseits zwischen einer kognitiven (Zufriedenheit) und einer affektiven (Gefühl des Wohlbefindens) zu unterscheiden, da diese theoretisch gut begründet werden können (Mayring 1994).

Sie entwickelten das Modell der vier Wohlfahrtspositionen, welches sich für die empirische Forschung als fruchtbar erwies (vgl. Abbildung 39).

Wohlfahrtsdispositionen		Subjektives Wohlbefinden	
		gut	schlecht
Objektive Lebensbedin-gungen	gut	Well-being	Dissonanz
	schlecht	Adaption	Deprivation

Abbildung 39: Wohlfahrtspositionen nach Zapf (Zapf 1984, 25)

Werden die objektiven Lebensbedingungen dem subjektiv wahrgenommenen Wohlbefinden gegenübergestellt, entstehen vier verschiedene Konstellationen: Well-being, Dissonanz, Adaption und Deprivation. Well-being definieren Glatzer und Zapf als Koinzidenz von guten Lebensbedingungen und positivem Wohlbefinden. Somit ist dies die erstrebenswerteste Kombination. Deprivation kennzeichnet eine Konstellation, in der schlechte Lebensbedingungen mit negativem Wohlbefinden einhergehen. Dies bildet die für die soziale Arbeit traditionelle Zielgruppe. Dissonanz ist das Produkt einer inkonsistenten Kombination von guten Lebensbedingungen mit Unzufriedenheit und wird auch als Unzufriedenheitsdilemma bezeichnet. Adaption ist die Verbindung von schlechten Lebensbedingungen und Zufriedenheit und wird als Zufriedenheitsparadox benannt. Nach Zapf (1984) stellen auch diese eine Problemgruppe dar. „Die Adaptierten repräsentieren häufig die Realität von Ohnmacht und gesellschaftlichem Rückzug. Gerade sie, die sich subjektiv in greifbare Mangellagen fügen, werden häufig von den etablierteren sozialpolitischen Massnahmen nicht erreicht" (Zapf 1984, 23). Allerdings kommen die inkonsistenten Wohlfahrtspositionen real seltener vor als die konsistenten (Glatzer 2002, 249 f.; Zapf 1984, 25).

Empirische Lebensqualitätsforschung ist – dies zeigt die Rückschau – in der Regel einem engeren und stärker individuenzentrierten Lebensqualitätsverständnis gefolgt, als dies das Konzept ursprünglich intendierte. Auch der von Ökonomie-Nobelpreisträger Amartya Sen vorgeschlagene ‹capability approach› versucht dieser Sichtweise gerecht zu werden (Fukuda-Parr 2003, 203 f.). Es ist ein international zunehmend diskutierter, gerechtigkeitstheoretischer Ansatz zur Evaluation des Wohlergehens. Der capability approach stellt die Frage nach einem guten Leben beziehungsweise nach einer gelingenden praktischen Lebensführung in den Mittelpunkt (Otto et al. 2008, 9). Seine Grundidee ist es, dass das Wohlergehen von Menschen sich nicht einfach daraus ableiten lässt, über welche – in einem weiten Sinne zu verstehende – Güter[115] sie verfügen, sondern dass es darauf ankommt, was sie qua dieser Güter tun oder sein können (Sen 1993, 31). Der Ansatz baut auf einer bestimmten Bedeutung von sogenannten ‹Funktionen› beziehungsweise ‹Funktionsweisen› (functionings) und ‹Fähigkeiten› beziehungsweise ‹Verwirklichungschancen› oder ‹Befähigungen› (capabilities) auf. Während Funktionen das meint, was eine Person realiter tun oder sein kann, reflektiert der Begriff der Fähigkeiten das tatsächliche Vermögen einer Person, aus dem Set all der ihr zur Verfügung stehenden Funktionen solche zu wählen und zu kombinieren, die sie als wertvoll erachtet (Otto et al. 2008, 11; Sen 1992). Funktionen definieren also, was Güter Menschen ermöglichen und welche Alternativen sich ihnen aus dem Gebrauch von Gütern eröffnen. Fähigkeiten messen dagegen den Grad, in dem eine Person ihre eigenen Ziele und Pläne verfolgen kann und reflektieren damit die substantielle Freiheit, die jemand hat (Liesen 2006, 202 ff.). Die Lebensqualität einer Person und ihr Wohlergehen bestimmen sich nach Sen durch die ihr zur Verfügung stehenden Funktionen und Fähigkeiten (Nussbaum et al. 1993; Sen 1987; 1993; 1999; 2000a; 2000b; 2000c; 2000 (1987); 2002). Die empirische Umsetzung dieses Ansatzes ist oft als zu unbestimmt kritisiert worden. Hinterfragt wurde beispielsweise, wie relevante Funktionen identifiziert werden können, welche Informationen benutzt werden sollen, um sie zu evaluieren, und wie sich aus beobachteten Funktionen ein Set von Fähigkeiten ableiten lässt. Sen hat auf die Kritik an der Operationalisierbarkeit des Ansatzes in zweierlei Weise geantwortet. Erstens hat er den capability approach in empirischen Studien selbst demonstriert (Drèze et al. 1989; Sen 1987; 2000c; 2005) oder maßgeblich an der Applikation mitgewirkt (Fukuda-Parr 2003). Dies zeigt die empirische Tauglichkeit. Zweitens hat er betont, dass der Ansatz methodologisch gesehen mit einem breiten Spektrum an Theorien, Verfahren und Daten verträglich ist und sich für eine Vielzahl evaluativer Zwecke eignet. In dieser Offenheit und Unvollständigkeit sieht Sen einen deutlichen Vorteil. Entscheidend sei, dass menschliches Wohlergehen im Sinne von Funktionen und Fähigkeiten interpretiert wird. Dadurch werden andere in der Wohlfahrtsökonomie etablierte Lesarten relativiert. Dazu zählen etwa die Nutzenorientierung (utility), Glück (happiness) oder ökonomischer Wohlstand (opulence) (Liesen 2006, 209). Diese Ansätze sind, gemäß Sen, in vielen ökonomischen Kontexten sinnvoll und angemessen. In der Wohlfahrtsforschung führen sie jedoch zu verzerrten Ergebnissen und bisweilen zu einer eklatanten Fehleinschätzung des Wohlergehens und der Lebenswirklichkeit der Menschen. Dies deshalb, weil sie sich entweder zu stark auf das individuelle Wohlbefin-

---

[115] Güter sind Mittel zum Wohlergehen, determinieren es aber nicht.

den oder aber auf die Verfügbarkeit bestimmter Güter konzentrieren (Sen 1987; 1992; 2002; Sen et al. 1982).

Der capability approach richtet sich auf die sozialen Bedingungen, die es Individuen erlauben, ein gelingendes Leben zu führen. Die öffentliche Aufgabe ist es, den Bürgern die nötigen materiellen, institutionellen und pädagogischen Bedingungen zur Verfügung zu stellen, die ihnen einen Zugang zum guten menschlichen Leben eröffnen. Dieser Zugang soll die Menschen in die Lage versetzten, sich für ein gutes Leben und Handeln zu entscheiden (Nussbaum 1999, 24 ff.). Der Ansatz zielt nicht darauf ab, die Menschen von außen zu oktroyieren, was sie als das Gute zu verstehen haben. Er repräsentiert im Gegenteil einen jener modernen, liberalen Ansätze der Bestimmung des Guten, die von der Perspektive eines jeden einzelnen aus fragen, was ein gutes Leben für sie oder ihn bedeutet (Otto et al. 2008, 10 f.).

Kritik

Die Wohlfahrtsforschung basiert heute zu großen Teilen auf der differenzierten, multidimensionalen Erfassung und statistischen Analyse von Sozial- und Lebensqualitätsindikatoren. Ihre Indikatorensysteme gelten generell als bewährt und zuverlässig. Die erhobenen Daten werden in vielfältigen Kontexten genutzt. Der Erhebungsaufwand ist jedoch beträchtlich und die Ergebnisse lassen sich nur auf einem relationalen Niveau sinnvoll interpretieren. Es sind daher fast ausnahmslos staatlich assoziierte, nationale Einrichtungen oder supranationale Organisationen, welche solche Erhebungen durchführen. Ein bekanntes Beispiel hierfür ist das Sozial-Indikatoren-Programm der ‹Organisation für wirtschaftliche Zusammenarbeit und Entwicklung in Europa› (OECD). In diesem Programm wird Wohlfahrt als das Vorhandensein von Ressourcen zur Erfüllung objektiv bestimmbarer Grundbedürfnisse definiert (Zapf 1984). Ihre Sozial- und Wohlfahrtsstatistik berücksichtigt Indikatoren wie Gesundheit, Persönlichkeitsentwicklung, Arbeit und Beschäftigung, Freizeit und Zeitbudgets, Verfügbarkeit wichtiger Güter und Dienstleistungen, ökologische Umweltbedingungen, Rechte und Gemeindeleben. Zu bestimmten Bereichen gibt es regelmäßige, vertiefende Analysen. Im Bildungsbereich sind dies beispielsweise die ‹Education at a Glance› oder die PISA-Studien[116], im sozialen Bereich etwa die ‹Society at a Glance› oder die ‹Social Protection Statistics›[117]. In der Schweiz ist neben der regelmäßigen Sozialberichterstattung des Bundes unter anderem das Schweizerische Gesundheitsobservatorium mit dem Projekt ‹Indikatoren zur Lebensqualität in

---

[116] Vgl. www.pisa.oecd.org, 22.06.2010
[117] Vgl. www.oecd.org, 21.06.2010

der Schweiz> zu nennen. Dort wurden ausgewählte, gesundheitsbezogene Aspekte in zehn lebensqualitätsrelevanten Bereichen untersucht: Demographischer Aufbau der Gesellschaft; Bildung und Beschäftigung; Einkommen und Lebensstandard; Lebensformen und soziale Integration; Wohnen; Gesundheit; Kultur und Freizeit; Sicherheit und Belastungen; Politik und (staatliche) Interventionen; Umwelt. Das Projekt versteht sich als ein erster Schritt auf dem Weg zu einer umfassenden und praxisorientierten Messung und Beschreibung der Lebensqualität in der Schweiz (Stamm et al. 2003, 3).

Die hier dargestellten Konzeptionalisierungen sind makrosoziär angelegt. Sie untersuchen die Zusammenhänge zwischen Lebensbedingungen und subjektivem Wohlbefinden und beziehen sich auf objektive Lebensbedingungen von Bevölkerungsgruppen oder Gesellschaften. Damit stellen sie Globalmasse dar und richten den Blick auf die Qualität einer Gesellschaft, ihren sozialen Wandel und die gesellschaftliche Produktion von Wohlfahrt (Schäfers 2008, 33). Solche objektiven Ansätze haben durchwegs ihre Berechtigung und wurden auch im Behindertenwesen eingesetzt. Ein Beispiel bildet das in Deutschland im Auftrag des Bundesfamilienministeriums für Familie, Senioren, Frauen und Jugend ab Mitte der 1980er Jahre durchgeführte Forschungsprogramm zu den <Möglichkeiten und Grenzen selbstbestimmter Lebensführungen> (MuG-Studien). Den Inhalt dieser Studien bilden zahlreiche Befragungen zur objektiven Versorgungslage, zur Versorgungsstruktur und zur stationären Lebenssituation von Menschen mit Behinderungen in Haushalten (Schneekloth et al. 2007). Mittlerweile ist bereits die vierte Studie dieser Reihe abgeschlossen. Auch in der Wohlfahrtsforschung ist ein Trend zu einer stärkeren Fokussierung individueller Lebensvollzüge über die Einbeziehung von Mikrodaten auszumachen. Um jedoch den Einfluss des Wandels auf das subjektive Erleben der Menschen und die komplexen Wirkungszusammenhänge zwischen sozialen, psychischen und materiellen Faktoren zu ermitteln, sind meso- und mikrostrukturell angelegte Forschungskonzepte nötig (Beck 2001, 338).

5.2.2 Gesundheitsbezogene Lebensqualitätsforschung

Was ist gesundheitsbezogene Lebensqualitätsforschung?

In der klinischen Forschung findet hauptsächlich ein Lebensqualitätsbegriff Verwendung, der die Gesundheit im Einklang mit der Weltgesundheitsorganisation (WHO) als einen Zustand völligen körperlichen, geistigen und sozialen Wohlbefindens und nicht einfach als Freisein von Krankheit oder Gebrechen, definiert (WHO 1948). In der Beurteilung und Bewertung medizinischer Behandlungsmaßnahmen geht es nicht mehr allein um die Veränderung der klinischen Symptomatik oder die Verlängerung des Lebens. Darüber hinaus wird auch berücksichtigt, wie Patienten ihren Gesundheitszustand subjektiv erleben, wie sie in ihrem Alltag zurechtkommen und ihre sozialen Beziehungen gestalten (Schumacher et al. 2003, 10). Auf dieser Grundlage entstanden multidimensionale Konstrukte. In ihrem Verständnis von Lebensqualität nahmen diese nicht nur körperliche, sondern auch emotionale, mentale, soziale und verhaltensbezogene Komponenten des Wohlbefindens ins Blickfeld.

In der gesundheitsbezogenen Lebensqualitätsforschung gibt es seit den 80er Jahren des letzten Jahrhunderts eine breite, hoch differenzierte Palette von Messinstrumenten zur Evaluation von Lebensqualität. Diese wurden von national und international kooperierenden Teams – meistens im Rahmen größerer klinischer Studien – entwickelt, geprüft und normiert. Zu den bekanntesten gehören die WHO-Instrumente WHOQOL-100 beziehungsweise WHOQOL-BREF, der EQ-5D der EuroQol-Gruppe, das Sickness Impact Profile, das Nottingham Health Profile, FACT beziehungsweise FACT-G für Krebspatienten, der SEIQoL sowie die verschiedenen SFHealth Surveys (Bergner et al. 1976; Browne et al. 1997; Jenkinson et al. 1988). Zu Beginn konzentrierte sich die Forschung hauptsächlich auf die Lebensqualität von Patientinnen und Patienten mit einer bösartigen Tumordiagnose. Heute finden sich Lebensqualitätskonzepte in ganz unterschiedlichen Forschungsbereichen, von der klinischen Medizin über die Gesundheitsökonomie bis hin zur Forschung öffentlicher Gesundheit (Bullinger et al. 2000a; Guggenmoos-Holzmann et al. 1995). Darüber hinaus werden Lebensqualitätsaspekte immer häufiger auch bei Diabetes (Bott 2000; Mülhauser 2000), Asthma (Petermann et al. 1994), Epilepsie (Bishop et al. 2002; Heel et al. 2000; Trimble et al. 1994), chronischen Schmerzen (Dworkin et al. 2001; Gerbershagen 1995; Hunfeld et al. 2001) oder Demenzerkrankungen (Albert et al. 2000; Mack et al. 2001) untersucht. Neben erwachsenen Patienten erzielte in den letzten Jahren zunehmend auch die Lebensqualität von Kindern und Jugendlichen Aufmerksamkeit (Schumacher et al. 2003, 9 f.)

Kritik

Die im Kontext der gesundheitsbezogenen Lebensqualitätsforschung entwickelten Instrumente gehören zu den besten und innovativsten, die heute verfügbar sind. Gleichwohl ist die gesundheitsbezogene Lebensqualitätsforschung der Kritik ausgesetzt. Es sind vor allem drei Einwände, die vorgebracht werden: Die Validität sei nicht gewährleistet, der Einsatz der Evaluationsinstrumente erfolge zu oft unreflektiert und sie beuge sich öffentlichem und politischem Druck.

Die Validität wird deswegen angezweifelt, weil unklar ist, was die lebensqualitätsspezifischen Messinstrumente eigentlich messen. Es gibt keine unabhängige, empirische Entität Lebensqualität und entsprechend kein externes Kriterium, gegen das Lebensqualität getestet werden könnte. Ohne eine grundlegende Konzeptionalisierung ist folglich nicht ersichtlich, was die Instrumente tatsächlich evaluieren (Hunt 1997). Die klaren, allseitig anerkannten Standards klinischer Forschung können deswegen nicht eingehalten werden. Die Entscheidungsgrundlage der Lebensqualitätsforschung wird unsicher. Dies wird von vielen Autoren problematisiert (Arnesen et al. 2003; Fayers et al. 1997; Gill et al. 1994; Guggenmoos-Holzmann et al. 1995; Heinonen et al. 2004; Herdman et al. 1997; Hunt 1997; Jenney et al. 1997; Sanders et al. 1998; Smith et al. 1999; Walker et al. 1993).

Die Evaluationsinstrumente, so der zweite Einwand, reflektieren implizit bestimmte Grundannahmen über das Konstrukt Lebensqualität, die von den Forschenden zu oft ungenügend beachtet werden. Die impliziten Grundannahmen sind ausgesprochen heterogen und haben – klinimetrisch gesehen – jeweils bestimmte Stärken und Schwächen, wie Analyse und Vergleich der Instrumente zeigen (Bowling 1997; Dijkers 1999). Zentrale, durch die Wahl der Instrumente getroffene inhaltliche und methodologische Vorentscheidungen wirken sich sowohl im Erhebungsprozess als auch in den evaluierten Inhalten selbst aus. Auf der inhaltlichen Seite ist der deutlichste Unterschied jener zwischen objektiven und subjektiven Zugängen zur Lebensqualität. Objektive Instrumente zielen darauf ab, entscheidende Parameter für Lebensqualität zu identifizieren und zu evaluieren. Subjektive Instrumente ermitteln die Zufriedenheit beziehungsweise das Wohlbefinden der Probanden. Viele Instrumente mischen im Erhebungsprozess beide Zugänge. Doch spätestens bei der Interpretation der Daten lassen sie sich der einen oder anderen Richtung zuordnen (Dijkers 1999). Die methodologischen Unterschiede sind ebenfalls wesentlich. Manche Instrumente berechnen einen Gesamtwert ‹Lebensqualität› aus den Einzelwerten separat evaluierter Dimensionen[118]. Andere geben nur die Einzelwerte an und lehnen jeden Zusammenschluss heterogener Dimensionen als inadäquat ab. Einige Instrumente benutzen zur Auswertung standardisierte Daten, andere nicht. Es gibt sowohl uni- und multidimensionale Instrumente. Manche erlauben eine Gewichtung bestimmter Domänen durch die Befragten, manche durch den Interviewer, andere sehen keine Gewichtung vor. Einige Instrumente erheben explizit eine Zeitdimension, während andere darauf verzichten. Die HRQoL-Forschung ist somit mit dem Problem konfrontiert, dass die verschiedenen Instrumente ein breites Spektrum konzeptueller und methodo-

---

[118] Beispiele: Körperliche Gesundheit, soziale Beziehungen, Umgebungsvariablen

logischer, wechselseitig inkompatibler Grundannahmen widerspiegeln. Viele Forscher ignorieren diese Problematik und verlassen sich auf das gewählte Instrument, was häufig kritisiert wird (Arnesen et al. 2003; Dijkers 1999; Fayers et al. 1997; Gill et al. 1994; Hunt 1997; Smith et al. 1999; Stosberg 1994; Taillefer et al. 2003; Walker et al. 1993).

Politischer und öffentlicher Druck wird, so der dritte zentrale Einwand, für einen nicht unerheblichen Teil der umstrittenen Forschungsergebnisse im Bereich der HRQoL verantwortlich gemacht. Lebensqualität ist aus dem öffentlichen Leben nicht wegzudenken. Sie bildet als Bezug nehmende Größe einen zentralen Beweggrund für Behörden, Verwaltungen, politische Parteien, Stiftungen, Wirtschaftsunternehmungen, nationale und internationale Organisationen. Klinische Forschungen, so zeigen einige Beiträge, stehen unter Druck, eingeforderte Ergebnisse bezüglich Lebensqualität zu präsentieren, statt Grundlagenforschung zu betreiben (Baldwin et al. 1994; Carr-Hill 1991; Fayers et al. 1997; Hunt 1997). Die Forschungsdesiderate sind aber erkannt und die Lösungsversuche intensivieren sich. Zudem muss hervorgehoben werden, dass die Forschungsergebnisse zwar klinimetrisch umstritten sein mögen, aber deswegen noch nicht irrelevant sind (Bellebaum et al. 1994; Bullinger et al. 2000b; Hagerty et al. 2002; Staquet et al. 1998; Walker et al. 1993).

Trotz der verschiedenen theoretischen Ansatzpunkte und Zugangsweisen zeichnet sich in der empirischen Lebensqualitätsforschung ein Konsens in der Definition und Operationalisierung ab. Dies, obwohl der Begriff nicht eindeutig definiert und festgelegt ist. Es hat sich ein Verständnis von Lebensqualität durchgesetzt, welches durch die Berücksichtigung verschiedener Lebensbereiche mehrdimensional durch den Einbezug individueller Ziele (immaterielle Bedürfnisse nach Zughörigkeit und Selbstverwirklichung), kollektiver Werte (beispielsweise Freiheit, Sicherheit, Verteilungsgerechtigkeit, Solidarität, Akzeptanz) und durch die Verbindung objektiver wie subjektiver Komponenten bestimmt ist. Eine solche Annäherung an ein gemeinsames Verständnis, was unter Lebensqualität zu verstehen ist und welche Parameter bei einer Konzeptionalisierung und Operationalisierung zu berücksichtigen sind, findet sich auch in der sonderpädagogischen Lebensqualitätsforschung.

5.3 Sonderpädagogische Lebensqualitätsforschung

5.3.1 Theoretische Ansätze sonderpädagogischer Lebensqualitätsforschung

In den vergangenen 20 Jahren hat die Lebensqualität von Menschen in besonderen Abhängigkeitsverhältnissen in Forschung und Praxis an Beachtung gewonnen (Kniel et al. 2005, 65). Heute ist das Konstrukt der Lebensqualität für die sonderpädagogische Forschung sehr fruchtbar. Wie nachfolgend gezeigt wird, bietet der Begriff trotz seiner Komplexität und seinem subjektiven Gehalt eine empirisch objektivierbare Grundlage. Diese geht in ihrem Gehalt über ideologisch motivierte Gesellschaftsanalysen und zumeist ideologisch kontaminierte Gesellschaftskritik hinaus. Sie bietet sowohl für die sonderpädagogische Theoriebildung als auch für das konkrete Handeln – sofern entsprechend operationalisiert – eine Zielperspektive.

In der sonderpädagogischen Lebensqualitätsforschung lassen sich drei Zugangsweisen ausmachen: Mikrostrukturelle Ansätze zielen auf die subjektive Wahrnehmung individueller Bedürfnislagen ab und gehen entsprechend von einem subjektiven, individualisierten Verständnis von Lebensqualität aus (1). Makrostrukturelle Ansätze untersuchen die objektiven Lebensbedingungen wie Wohnen, Arbeit, soziale Beziehungen, Bildung, Freizeit, Sicherheit, politische Rechte oder materiellen Standard von Gruppen oder Gesellschaften. Lebensqualität wird dabei als ein vom Lebensumfeld zumindest mitbestimmtes Phänomen definiert (2). Die letzte Gruppe von Ansätzen definiert das Konstrukt Lebensqualität mit für das Individuum relevanten objektiven Lebensbedingungen auf einer Mesoebene. Analysiert werden die Zusammenhänge von sozialen und psychologischen Indikatoren zwischen diesen Bedingungen und dem subjektiven Wohlbefinden (3) (vgl. Abbildung 40).

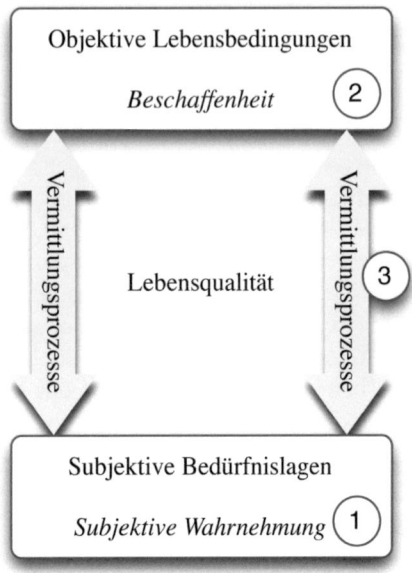

Abbildung 40: Kontextualisierung sonderpädagogischer Lebensqualitätsansätze

1. Lebensqualität als subjektives Phänomen

Sonderpädagogisch orientierte Untersuchungen zur subjektiven Lebensqualität von Menschen mit Behinderungen sind defizitär (Wacker 1994). Empirische Erkenntnisse zur Lebensqualität dieser Zielgruppe stammen größtenteils aus dem angloamerikanischen Sprachraum. Sie wurden überwiegend im Zusammenhang mit der Evaluation von Wirkungen gemeindebezogener Unterstützungsleistungen bekannt (Brown 1997; Schalock 1990; Schalock et al. 1989; Windisch 2007, 209). In diesen Studien, welche die Lebensqualität als subjektives beziehungsweise individuelles Phänomen betrachten, werden prioritär kognitiv und emotional geprägte Einflussfaktoren für das Wohlergehen und die Lebensqualität als wesentlich erachtet. Dazu zählen Zufriedenheit und Glück, Hoffnungen und Ängste, Erwartungen und Ansprüche, Kompetenzen und Unsicherheiten, Einsamkeit oder Konflikte beziehungsweise Prioritäten. Dies gilt zum Beispiel für Studien im Zusammenhang mit der Persönlichkeitsentwicklung behinderter und von Behinderung bedrohter Menschen (Müller-Hohagen 1994) im Zusammenhang mit ihrer Lebenszufriedenheit (Beck 1998a; 1998b; 2004) und ihrer Sexualität (Buttenschon 1999; Diserens et al. 2000). Auch Berichte behinderter Menschen selbst gehen häufig von einer solchen individuellen Perspektive aus (Preis et al. 1989). Der subjektivistischen Zugangsweise liegt die Annahme zugrunde, dass die Erfahrungen von Menschen ihre jeweilige Realität konstruiert, beziehungsweise für das ausschlaggebend ist, was als Realität angesehen wird (Kniel et al. 2005, 66). Der Begriff der Lebensqualität wird in diesen Studien ausschließlich als abstraktes Etikett benutzt, um subjektive Äußerungen des Menschen – beispielsweise über seine Befindlichkeit, seine Wünsche, Werte, Antizipationen, Sympathien und Antipathien – bündeln zu können. Ein vollständiger Zugang zur Subjektivität des anderen wird indes als nicht möglich erachtet. Man kann sich ihr jedoch durch die Fokussierung bestimmter Elemente annähern.

2. Lebensqualität als ein vom Lebensumfeld mitbestimmtes Phänomen

Die Mehrzahl der Arbeiten sind empirische Studien zum Lebensumfeld und zu den Lebensbedingungen behinderter und von Behinderung bedrohter Menschen. Aus dem Umfeld und den Lebensbedingungen des Menschen werden Rückschlüsse auf die subjektive Befindlichkeit gezogen. Dabei wird vorausgesetzt, dass Grundbedürfnisse zu identifizieren sind und von dem Ausmaß ihrer Befriedigung das individuelle Wohlbefinden abhängt.

Auffallend viele Lebensqualitätsstudien befassen sich mit der Wohn- und Betreuungssituation von Menschen mit – zumeist geistiger – Behinderung (Beck 2001; Beck et al. 1994; Dieckmann 2002; Dworschak 2004; Dworschak et al. 2001; Fischer et al. 1998; Horst 2006; Janssen et al. 2003; Richardt 2003; Schwarte et al. 2001; Seifert 1997a; 1997b; 2002; 2003; Seifert et al. 2001; Wacker 1998). Dies hängt sicherlich mit der sozialpolitischen Forderung nach Evaluationen von Angeboten und Unterstützungsleistungen zusammen (Schäfers 2008, 94). Andere Untersuchungen fokussieren auf die Auswirkung von Assistenz- und Betreuungsdiensten bei der Bewältigung des Alltags (Böttner et al. 1997; Schmidtke 1997; Wacker et al. 2005) oder beschäftigen sich mit den Wechselwirkungen zwischen der Belastung sonderpädagogischer Fachkräfte und der Lebensqualität der von ihnen zu betreuenden Menschen (Fischer et al. 1998; Günther et al. 1989; Strassmeier 1990; Wacker et al. 1985). Wieder andere evaluieren die Lebensqualität behinderter Menschen in der Familie (Seifert 1998) oder im Alter (Hollenweger 2000; Wacker 2001; Wieland 1987; Windisch 1997). Auch hier wird der Begriff der Lebensqualität als Etikett benutzt und kann so zu einem breiten, umfassenden Verständnis von Lebensqualität lediglich punktuelle Aussagen generieren.

3. Lebensqualität als Mischung subjektiver und objektiver Faktoren

In praktisch allen sonderpädagogisch orientierten Studien wird davon ausgegangen, dass Lebensqualität als aus subjektiven und objektiven Faktoren zusammengesetztes Konstrukt verstanden werden muss. Die Zielsetzung dieser Studien ist es, individuelle Perspektiven betroffener Menschen mit Behinderungen, interpersonale Vergleiche und Generalisierungen in Anlehnung an ein Modell zu indexieren, wie es beispielsweise Felce und Perry vorgeschlagen haben (Felce 1997; Felce et al. 1995; Felce et al. 1996; 1997; Perry 2002; Perry et al. 1985). Das Modell wurde vor einem behinderungsspezifischen Hintergrund entwickelt und ging aus einer breit angelegten Literaturmetastudie hervor. Es basiert auf fünf daraus isolierten, übergeordneten Lebensqualitätsdomänen: physisches, materielles, soziales und emotionales Wohlbefinden sowie persönliche Entwicklung und Aktivität.[119] Diese Lebensqualitätsdomänen stehen zueinander in Wechselwirkung und durchlaufen eine individuelle Gewichtung als persönliche Werte, Präferenzen und Ziele.

Kritik

In allen Studien wird der Begriff der Lebensqualität entweder zur Bündelung von Befindlichkeiten, Wünschen, Wertvorstellungen beziehungsweise von Sympathie oder Antipathie verwendet oder aber der Begriff wird als Etikett benutzt, um entlang der Ergebnisse ein umfassenderes Verständnis von Lebensqualität zu generieren. Mit der Anlehnung an vorgegebene Modellvorstellungen, wie dies beispielsweise Felce und Perry tun, wird schließlich eine Vereinheitlichung subjektiver und objektiver Faktoren vorgeschlagen. Diese Verbindung von objektiven und subjektiven Faktoren ist zu begrüßen, bleibt aber für die konkrete sonderpädagogische Praxis noch zu unspezifisch. Ohne besondere Berücksichtigung der individuellen Fähigkeiten, Präferenzen und Wünsche einerseits sowie der organisationalen Möglichkeiten andererseits können bestehende Konflikte zwischen konkurrierenden Zielen nicht realitätsnah abgebildet werden (dies betrifft etwa die viel beachteten Studien von Drechsler 2001; Dworschak 2004; Dworschak et al. 2001; Seifert 2003; Seifert et al. 2001). Damit findet ein wesentlicher Teil der menschlichen Lebensrealität im Modell keine handlungsrelevante Entsprechung. Aus diesem

---

[119] Die Ergebnisse einer Studie von Petry, Maes und Vlaskamp (2005) zeigen, dass diese fünf grundlegenden Bereiche der Lebensqualität von insgesamt 76 Eltern und Betreuern von Menschen mit Mehrfachbehinderungen spontan von mehr als der Hälfte aller Befragten für die betroffene Klientel als bedeutsam für die Lebensqualität bezeichnet wurden. Auf explizite Nachfrage stieg dieser Wert auf 88-100 Prozent (Petry et al. 2005, 18 ff.).

Grund muss eine sonderpädagogisch relevante Konzeption von Lebensqualität diese Verbindung in ihre Konzeption mit aufnehmen.

Normative Beiträge

Abschließend sind neben vornehmlich empirischen Projekten auch Beiträge zu normativen Implikationen des Begriffs der Lebensqualität in einem engeren Sinne zu erwähnen. Die Mehrzahl dieser Studien beziehen sich auf die für Menschen mit besonderen Abhängigkeiten anzustrebende Autonomie und ihr Recht auf Selbstbestimmung und Eigenständigkeit (Biewer 2000; Jantzen 1999; Lindmeier et al. 2002; Müller-Hohagen 1994; Mürner et al. 1993; Seifert 1994; Theunissen et al. 2002). In diesem Zusammenhang wird von verschiedenen Autoren das Verhältnis von Lebensqualität und Normalisierung thematisiert (Beck 1992; Gröschke 2000). Im Hinblick auf die sogenannte Singer-Debatte wird ferner die Frage nach dem Status des Begriffs der Lebensqualität in einer sonderpädagogischen Ethik aufgeworfen (Antor 1989; Beck 2001; Schnell 2002; Waldschmidt 2003). Einige Arbeiten problematisieren letztlich das Theorie-Praxis-Verhältnis der Sonderpädagogik selbst (Beck 1998a; Thimm 1977).

5.3.2 Das Konstrukt Lebensqualität

In der Sonderpädagogik bildet die Lebensqualität eine zunehmend akzeptierte Zielperspektive. Trotz der verschiedenen theoretischen Ansatzpunkte und Zugangsweisen zeichnet sich in der empirischen sonderpädagogischen Lebensqualitätsforschung ein Konsens ab. Der Konsens bezieht sich auf diejenigen Aspekte, die von nahezu allen Menschen als für ihre Lebensqualität essentiell genannt und anerkannt werden. Die Ansätze, welche die aktuelle sonderpädagogische Lebensqualitätsdiskussion dominieren, begreifen Lebensqualität als ein Konstrukt. Dieses Konstrukt besteht aus objektiven Lebensbedingungen, subjektiver Zufriedenheit sowie persönlichen Werten und Erwartungen (Cummins 2005; Felce 1997; Schalock et al. 2000). In der Definition der für die Sonderpädagogik relevanten Lebensqualitätsdimensionen sind die Arbeiten der ‹Special Interest Research Group on Quality of Life of the International Association for the Scientific Study of Intellectual Disabilities› (Schalock et al. 2002b) von besonderem Interesse. Ihre Beiträge haben wesentlich zur Konsensfindung beigetragen. So trug die Gruppe beispielsweise in einer breit angelegten Literaturanalyse von 16 veröffentlichten Lebensqualitätsstudien insgesamt 125 Indikatoren zusammen. Dabei können 74.4% dieser Indikatoren in acht Kerndomänen zusammengefasst werden: zwischenmenschliche Beziehungen, soziale Inklusion, persönliche Entwicklung, physisches Wohlergehen, Selbstbestimmung (Autonomie), materielles und emotionales Wohlergehen und Rechte.[120] Die einzelnen Domänen mit der Anzahl ihrer Nennungen sind in der Abbildung 41 aufgelistet.

[120] Jede der acht Domänen wird mittels Indikatoren präzisiert und beschrieben (Schalock 2004, 206):
- Emotional Well-Being: Contentment (satisfaction, moods, enjoyment); Self Concept (identify, selfworth, self-esteem); Lack of Stress (predictability and control)
- Interpersonal Relations: Interactions (social networks, social contacts); Relationships (family, friends, peers); Supports (emotional, physical, financial, feedback)
- Material Well-Being: Financial Status (income, benefits); Employment (work status, work environment); Housing (type of residence, ownership)
- Personal Development: Education (achievements, status); Personal Competence (cognitive, social, practical); Performance (success, achievement, productivity)
- Physical Well-Being: Health (functioning, symptoms, fitness, nutrition); Activities of Daily Living (self care skills, mobility); Leisure (recreation, hobbies)
- Self-Determination: Autonomy/Personal Control (independence); Goals and personal values (desires, expectations); Choices (opportunities, options, preferences)
- Social Inclusion: Community integration and participation; Community roles (contributor, volunteer); Social supports (support network, services)
- Rights: Human (respect, dignity, equality); Legal (citizenship, access, due process)

	Domänen	Anzahl Nennungen
1	Interpersonal relations	15
2	Social inclusion	14
3	Personal development	13
4	Physical well-being	13
5	Self-determination	12
6	Material well-being	12
7	Emotional well-being	8
8	Rights	6
9	Environment (home/residence/living situation)	6
10	Family	5
11	Recreation and leisure	5
12	Safety/security	4
13	Satisfaction	3
14	Dignity and respect	2
15	Spiritual	2
16	Neighbourhood	2
17	Services and supports	1
18	Practical being	1
19	Civic responsibility	1

Abbildung 41: Lebensqualitätsindikatoren: Inhaltsanalyse lebensqualitätsrelevanter Bereiche (Schalock 2004, 205)[121]

Ein Vergleich dieser acht von Schalock (2004) identifizierten Lebensqualitätsdomänen mit den lebensqualitätsrelevanten Bereichen anderer renommierter und für die Sonderpädagogik relevanter Vertreter zeigt hohe Übereinstimmungen. In Abbildung 42 werden die Domänen exemplarisch mit den fünf lebensqualitätsrelevanten Bereichen von Felce und Perry (1997), den

---

[121] Basierend auf: Andrews et al. 1976; Bonham et al. 2004; Campell 1982; Cummins 1997a; Felce et al. 1996; Ferdinand et al. 2000; Flanagan 1982; Gardner et al. 1997; Gettings et al. 1997; Hughes et al. 1995; Karon et al. 2002; Keith et al. 2000; Lehmann et al. 1993; Renwick et al. 2000; Schalock 1996b; The WHOQOL-Group 1995

sieben Kerndomänen von Cummins (1996) und den sechs der Weltgesundheitsorganisation (1993) verglichen.

Schalock (2004)	Felce & Perry (1997)	Cummins (1996)	WHOQoL (1993)
Physical well-being	Physical well-being	Health	Physical
Material well-being	Material well-being	Material well-being	Environment
Social inclusion	Social well-being	Community (well-being)	Social relationships
Emotional well-being	Emotional well-being	Emotional well-being	Psychological
Rights	Productive well-being	Productivity	Level of indepen-dence
Interpersonal rela-tions		Intimacy	Spiritual
Personal develop-ment		Safety	
Self-determination			

Abbildung 42: Vergleich lebensqualitätsrelevanter Domänen

Alle vier Konzeptionen benennen das physische und materielle Wohlergehen, emotionale respektive psychologische Aspekte und soziale Beziehungen als die für die Lebensqualität zentralen Bereiche. Schalock (2004) gewichtet in seiner Metaanalyse zusätzlich die Rechte, die Persönlichkeitsentwicklung und, in Übereinstimmung mit der WHO, die Selbstbestimmung
respektive die Unabhängigkeit. Cummins (1996) verzichtet auf diese Größen, fügt zusätzlich jedoch die Intimität und den Schutz an. Alle vier in der
Abbildung 25 aufgeführten Kataloge operieren auf einer konzeptionell tieferen Ebene zusätzlich mit Items.[122] Diese definieren die in der Tabelle aufge-

---

[122] Die von Cummins explizierten Items zeigen sich nicht direkt, sondern in den von ihm
entwickelten Befragungsinstrumenten, dem ‹Comprehensive Quality of Life Scale
(ComQol)› (Cummins 1997c). Dieser liegt in drei Parallelversionen vor: für die Allge-
meinbevölkerung im Erwachsenenalter (ComQol-Aduld; vgl. Cummins 1997b); für
Menschen mit kognitiven Beeinträchtigungen (ComQol-Intellectual/Cognitive Disability; vgl. Cummins 1997c); und für Kinder und Jugendliche ohne Behinderung im
Schulalter (ComQoL-School Version; vgl. Cummins 1997d). Das Erhebungsinstrument gliedert sich in eine objektive und eine subjektive Skala. Die objektive Skala
wird mit Hilfe von insgesamt 35 Items gebildet und zielt inhaltlich auf die Erhebung
der sieben Lebensqualitätsdimensionen ab. Für die Bildung der subjektiven Skala

führten Domänen. Auch auf der Item-Ebene zeichnen sich – nicht immer begrifflich, aber zumindest inhaltlich – Übereinstimmungen ab.

Der Stellenwert lebensqualitätsrelevanter Bereiche ist sehr individuell. In der Literatur finden sich dennoch Äußerungen – generelle oder bezogen auf eine bestimmte Klientel – zur Wichtigkeit bestimmter Domänen. Allgemeines Wohlbefinden, ein positiv erfahrbares soziales Umfeld und die Offenheit für persönliche Entwicklung sind Dimensionen, die praktisch alle Auffassungen von Lebensqualität betonen (WHO, 2000). Windisch (2007) filtert mittels Regressionsanalyse wichtige Faktoren in ihrer relativen Bedeutung für die allgemeine Zufriedenheit von Menschen mit kognitiven Beeinträchtigungen heraus.[123] Als besonders bedeutsam zeigte sich, dass eine zunehmende Lebenszufriedenheit mit geringeren Einsamkeitsgefühlen beziehungsweise stärkeren Gefühlen sozialer Integration einhergeht. Als zweitwichtigster Faktor stellt sich eine ausgeprägte Zufriedenheit mit der Freizeit dar. Es folgen ein höheres Alter, stärkere Zufriedenheit mit der Gesundheit und eine größere Entscheidungsautonomie (Windisch 2007, 214 f.). Auch Beck (1998b; 1998a) und Finlay (2002) sehen die Bedeutung von sozialen Beziehungen und Netzwerken als besonders wichtige Punkte an, allerdings nicht direkt bezogen auf Menschen mit kognitiven Beeinträchtigungen. Sie begründen dies damit, dass die Teilhabe an Interaktions- und Kommunikationsprozessen die zentrale Voraussetzung zur Realisierung elementarer Bedürfnisse zur Identitätsbildung und Persönlichkeitsentwicklung darstellt (Beck 1998a, 357 ff.; 1998b; Finlay et al. 2002). Dem entgegnet eine in England durchgeführte Studie. Sie zeigt auf, dass subjektives Wohlbefinden stark und durchwegs in Verbindung gebracht werden kann mit sozioökonomischen Benachteiligungen und in einem geringeren Ausmaß mit sozialen Beziehungen.

---

wird analog die bereichsspezifische Zufriedenheit pro Domäne abgefragt und mit der durch den Befragten zugeschriebenen Relevanz gewichtet. Einige Kritikpunkte haben Cummins dazu veranlasst, die ‹Comprehensive Quality of Life Scale (ComQol)› nicht weiter zu überarbeiten. Aufbauend auf den bestehenden Erkenntnissen und Erfahrungen wurde stattdessen eine neue Skala entworfen, der ‹Personal Well-being Index (PWI)› (Cummins et al. 2005). Diese neuen Instrumente verzichten auf eine objektive Subskala und geben auch die Gewichtungsprozedur der Wichtigkeits-Skala auf. Die inhaltliche Ausrichtung hingen wurde beibehalten.

[123] Zu den Faktoren der untersuchten Lebensbedingungen zählen Wohnform, Arbeit, Selbstbestimmung beziehungsweise Entscheidungsautonomie, soziale Netzwerkbeziehungen, Gefühle von Einsamkeit beziehungsweise sozialer Integration, psychisches Befinden und Einzelzufriedenheiten. Zu den persönlichen Merkmalen gehören Alltagskompetenzen, Alter und Geschlecht (Windisch 2007, 214).

„Variation in subjective well-being was strongly and consistently related to socio-economic disadvantage and, to a lesser extent, social relationships" (Emerson et al. 2008, 150 f.).

Zusammenfassend ist festzuhalten, dass Lebensqualität ein Konstrukt mit mehreren Dimensionen ist. Eine erste Dimension bilden die objektiven Lebensbedingungen. Heute besteht weitgehend Einigkeit darüber, welches die lebensqualitätsrelevanten Kerndimensionen sind. „Der (objektive) Bedarf ergibt sich aus allgemeinen Grundbedürfnissen (Schutz, Sicherheit, soziale Anerkennung usw.) sowie aus der Zielsetzung der Partizipation (an Bildung, Arbeit, Information, Mobilität usw.) und bemisst sich an einem kulturell vorfindbaren allgemeinen Lebensstandard" (Wacker et al. 2005, 88 f.). Eine zweite Dimension bilden die subjektiven Bedürfnisse. Diese „[...] resultieren stärker aus den persönlichen Wünschen, Lebensstilen und -vorstellungen und zielen auf die Realisierung individueller Lebensführungen und der Teilhabe an subjektiv bedeutsamen Lebensbereichen" (Wacker et al. 2005, 88 f.). Wenn Lebensqualität als sonderpädagogisches Arbeitskonzept fruchtbar sein soll, müssen diese beiden Dimensionen aufeinander abgestimmt und ausgerichtet werden. Hier zeigen sich jedoch große methodologische und methodische Schwierigkeiten.

5.3.3 Methodologische und methodische Grundsatzfragen empirischer Lebensqualitätsforschung

In der Sonderpädagogik wird Lebensqualität verstanden als ein offenes, komplexes, mehrdimensionales, sensibles und relatives Arbeits- und Handlungskonzept. Als solches bedarf es theoretischer und empirischer Begründung (Schalock et al. 2002a, 458). Analog zu den grundlegenden Dimensionen von Lebensqualität gibt es auch weitgehend einen Konsens über die zentralen Prinzipien der Konzeptualisierung von Lebensqualität. Empirische Forschungen, die sich mit Lebensqualität auseinandersetzen, müssen – neben einer theoretischen Konzeptualisierung – auch methodologische Grundsatzfragen klären. Dies betrifft Fragen nach dem Forschungsansatz, der Datenquelle und den Datenerhebungstechniken (vgl. Abbildung 43).

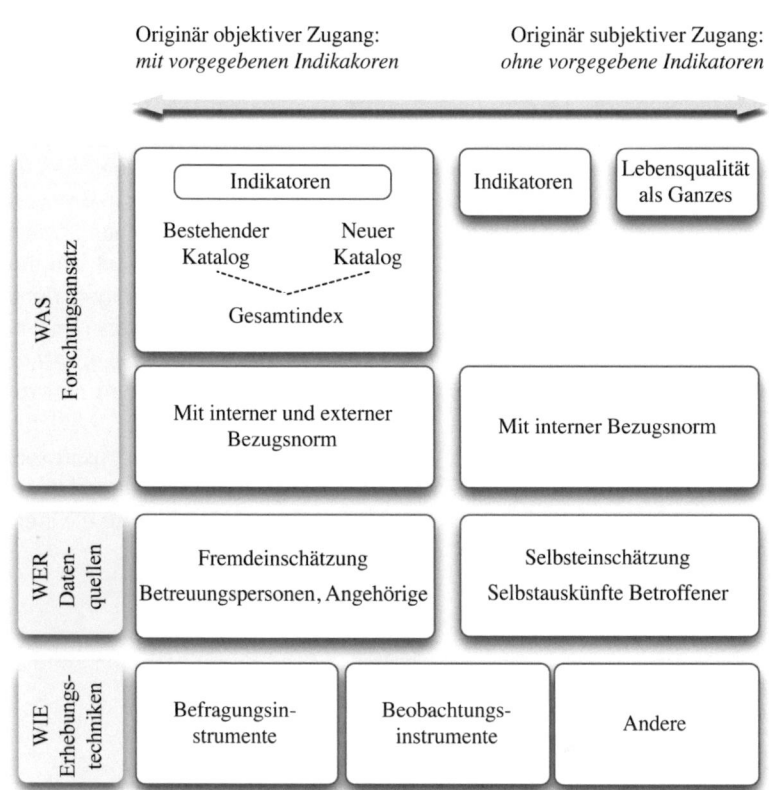

Indikatoren

Bestehender Katalog   Neuer Katalog

Gesamtindex

Mit interner und externer Bezugsnorm

Indikatoren

Lebensqualität als Ganzes

Mit interner Bezugsnorm

WAS Forschungsansatz

WER Datenquellen

Fremdeinschätzung
Betreuungspersonen, Angehörige

Selbsteinschätzung
Selbstauskünfte Betroffener

WIE Erhebungstechniken

Befragungsinstrumente

Beobachtungsinstrumente

Andere

Abbildung 43: Methodologische Grundsatzfragen empirischer Lebensqualitätsforschung

Forschungsansatz

Die Erfassung der Lebensqualität von Menschen, die in besonderen Abhängigkeitsverhältnissen leben und arbeiten, kann mehreren Zwecken dienen. Erstens werden die Klienten durch den Akt des Erfassens als Menschen und nicht nur als Dienstleistungsempfänger mit ihren Problemlagen wahrgenommen. Zweitens sehen Mitarbeitende, wie sich ihre Anstrengungen und Bemühungen auswirken. Drittens verstehen Angehörige anhand der Messung den Zustand der Klienten besser.

Lebensqualität zu erfassen ist allerdings schwierig. Es können durchaus Zweifel aufkommen, ob Lebensqualität überhaupt messbar ist (Rapley 2003, 84 ff.). Aus den zahlreichen Forschungsbemühungen lässt sich jedoch schließen, dass dies durchaus möglich ist. Die Bemühungen, Lebensqualität zu evaluieren, haben entweder einen originär objektiven oder einen originär subjektiven Zugang. Originär objektive Zugänge definieren Lebensqualität über Lebensbedingungen. Diese Lebensbedingungen werden als Set von Indikatoren definiert, welches das Ergebnis einer theoretisch sinnvollen Operationalisierung des Lebensqualitätskonzepts darstellt. Die Indikatoren stecken den Handlungsraum ab, in welchem individuelle Grundbedürfnisse erfüllt werden können. Welche Indikatoren dabei als relevant angesehen und im Set einbezogen werden, hängt stark vom jeweiligen Erkenntnisinteresse und dem Kontext der Studie ab. Während Surveys der klassischen Sozialindikatorenforschung vorwiegend leicht mess- und erfassbare und von ihrer Konstitution her eher objektive Indikatoren in die Untersuchungen einbinden, sind diese für spezifisch sonderpädagogische Fragestellungen nur begrenzt nützlich. Sonderpädagogisch relevante Indikatoren haben interessengebunden vielfach einen subjektiven Charakter und müssen meistens über den direkten Einbezug der Individuen erfasst werden (vgl. Abbildung 44). Dabei sind die subjektiven Wahrnehmungs- und Bewertungsprozesse für die Erfahrung von Lebensqualität relevant. Die Lebensbedingungen werden unterschiedlich erfahren und hinsichtlich ihrer Bedeutung für die individuelle Lebensführung gewertet.

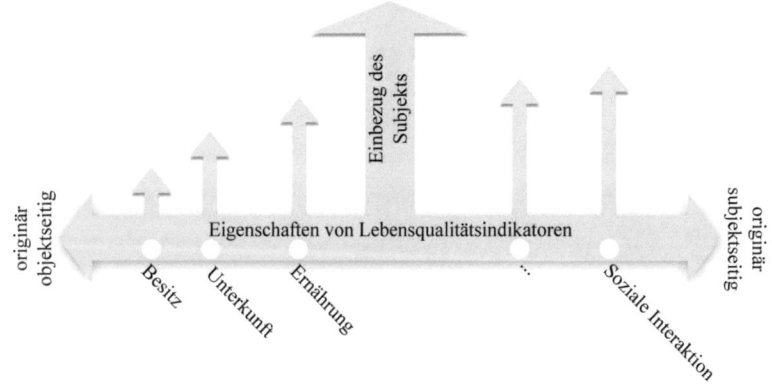

Abbildung 44: Eigenschaften von Lebensqualitätsindikatoren und der Einbezug der Individuen

Wird mit Indikatoren gearbeitet, stellt sich erstens die Frage, ob diese einem bereits bestehenden Katalog entstammen oder ob sie auf der Grundlage theoretischer Überlegungen neu entwickelt werden. Zweitens ist zu entscheiden, ob die Einzelwerte im Anschluss zu einem die Merkmalsausprägungen widerspiegelnden Gesamtindex zusammengezogen werden.[124] Indi-

---

[124] Weil in der Sonderpädagogik Lebensqualität als Arbeits- und Handlungskonzept aufgefasst wird, beinhaltet es neben diagnostischen Aspekten auch Bereiche der Pla-

viduen können jedoch auch über einen originär subjektiven Zugang angegangen werden. Entweder werden sie gebeten, ihre Lebensqualität als Ganzes in einer Zufriedenheitsskala abzubilden[125] oder das Individuum definiert explizit die für sie relevanten Lebensqualitätsbereiche – entsprechend der Vorgabe mehr oder weniger differenziert. Hier gilt es analog zur Zufriedenheitsforschung zwischen der Zufriedenheit einzelner Lebensbereiche wie Arbeit, Einkommen, Gesundheit, Freizeit etc. und einer allgemeinen Zufriedenheit mit den Lebensbedingungen zu differenzieren. Dabei übernimmt die Lebensqualität als Ganzes gegenüber den Einzelwerten der Indikatoren eine Kontroll- und Validierungsfunktion (Schütze 1992, zit. in Hamel & Windisch 2000, 56 f.; Windisch 2007, 211). Originär subjektive Zugänge entziehen sich in der Regel interindividuellen Vergleichen. Als Bezugsnormen können nur Soll- respektive Wunschwerte der betreffenden Personen eingebunden werden. Bei originär objektiven Zugängen lassen sich die Daten darüber hinaus auch interindividuell vergleichen, beispielsweise zu anderen relevanten Bezugspersonen oder -gruppen.

Datenquellen

Neben der Entscheidung, welcher Forschungsansatz verfolgt wird, stellt sich die Frage nach den geeigneten Datenquellen, um die relevanten Informationen zu erlangen. Die Daten können sowohl aus bestehendem Datenmaterial gezogen oder speziell für eine Untersuchung neu erhoben werden. Grundsätzlich möglich sind Selbstberichte und -einschätzungen Betroffener, Berichte und Einschätzungen von Betreuungspersonen, Angehörigen oder anderen Vertrauenspersonen und die Beobachtung. Der Forschungszugang – originär subjektiv oder objektiv – tangiert die Wahl zwischen Selbst- und Fremdeinschätzung nicht. Er stellt lediglich eine Wahl der Messungsart und damit der Messgenauigkeit dar.

Grundsätzlich gilt bei sonderpädagogischen Lebensqualitätserhebungen die Regel, die Klienten so weit wie möglich in den Erhebungsprozess einzubeziehen. Dies geschieht vorzugsweise über Selbsteinschätzungen wie mündliche Befragungen. Um reliable und valide Aussagen zu erhalten, muss die Kommunikation den spezifischen Bedürfnissen der Klienten entsprechen,

---

nung und Durchführung sonderpädagogischer Interventionen. Dazu sind differenzierte Angaben über die Befindlichkeit einzelner lebensqualitätsrelevanter Aspekte nötig. In der Regel wird deshalb auf einen Gesamtindex verzichtet.

[125] Kniel und Windisch (2002) beispielsweise erfassen die Lebensqualität als Ganzes in ihrer Untersuchung mit der Frage: „Denken Sie einmal daran, wie Sie leben und wie Sie sich fühlen: Sind Sie mit Ihrem Leben unzufrieden oder zufrieden?" (Kniel et al. 2002). Die Bewertung erfolgt auf einer Skale von 1 (unzufrieden) bis 10 (zufrieden).

der jeweiligen Situation angepasst sowie offen und einfühlsam sein. Es ist beispielsweise darauf zu achten, dass das Gespräch an einem dem Klienten bekannten Ort und mit vertrauten Gesprächspartnern stattfindet, die Umgebungsbedingungen günstig sind, allfällige Hilfsmittel wie Piktogramme, Zeigetafeln, Computer usw. (z.B. wegen einer Seh- oder Hörbehinderung) vorhanden sind und optimal eingesetzt werden oder dass die Gesprächspartner mit dem intellektuellen Niveau, auf dem mit dem Klienten kommuniziert wird, vertraut sind (Senat SAMW 2008). Analog zu diesen Richtlinien haben auch andere Autoren wie Mummendey (2008), Schnell et al. (2008) oder die Europäische Vereinigung von Organisationen von Menschen mit geistiger Behinderung und ihren Familien (1998) allgemeinverbindliche Regeln der Formulierung von Fragen und Feststellungen in Fragebogen zusammengestellt (Europäische Vereinigung der ILSMH 1998; Mummendey et al. 2008; Schnell et al. 2008). Aber selbst wenn diese Kommunikationsregeln strikte eingehalten und befolgt werden, verbleiben Erfassungsdefizite. Menschen mit geistigen Behinderungen beispielsweise sind kognitiv und kommunikativ vielfach nicht in der Lage, zuverlässig Auskünfte über die eigene Person – insbesondere über ihre funktionalen Fähigkeiten – zu geben (Antener et al. 2005, 40). Zahlreiche Studien haben gezeigt, dass diese Personen ihre funktionalen Fähigkeiten überschätzen (Kiyak et al. 1994; Ostbye et al. 1997; Weinberger et al. 1992). Ein weiteres vieldiskutiertes Problem zeigt sich in der Tendenz, sozial erwünscht zu antworten oder auf neutrale Antwortkategorien auszuweichen (Gromann 1998; Hagen 2002). Gründe hierfür sind beispielsweise die generelle Unerwünschtheit von Kritik, negativen Äußerungen oder ein Selbstschutz, weil die negative Bewertung eigener Lebensumstände als unangenehm erlebt und deshalb nicht ausgesprochen wird. Die Tendenz zu sozial erwünschten Antworten wird durch mehrere Effekte verstärkt. Dazu zählen die asymmetrische Befragungssituation respektive die ungleichen Machtverhältnisse zwischen Interviewer und Befragtem, beschränkte Antwortkonzepte, mangelnde Meinungsäußerungskompetenz und die fehlende Erfahrung, die Dienstleistungsangebote zu vergleichen (Antener et al. 2005, 41). Entsprechend wird bei von Hilfe abhängigen Personenkreisen ein höherer Anpassungsdruck erwartet. In der Praxis wird vielfach versucht, diesem Problem durch Rückgriff auf die Angaben von Familienmitgliedern und anderen Bezugspersonen – sogenannten Proxies – zu entgegnen (Nybo et al. 2001; Stancliff 2000). Damit entstehen jedoch neue Schwierigkeiten. Zwei dieser Bereiche sind für die Erfassung der Lebensqualität von besonderer Relevanz und werden in der wissenschaftlichen Literatur unter den Begriffen ‹Adaptionsphänomen› und ‹advokatorische Ethik› diskutiert:

Adaptionsphänomen:

Unterschiede zwischen Selbst- und Fremdeinschätzung können darauf beruhen, dass sich die jeweiligen Beurteilungen auf verschiedene Aspekte beziehen. Dabei werden unterschiedliche Kriterien als relevant betrachtet (Benyamini et al. 1999). Eine Studie von Schönemann-Gieck et al. (2003) zeigt dies deutlich bei hundertjährigen Menschen, denn die Hundertjährigen beurteilen ihre Funktionseinschränkungen in allen Aspekten günstiger als die Stellvertreter dies tun. Stellvertreter neigen dazu, die Gesundheit anhand der funktionalen Leistungsfähigkeit einzuschätzen, während die betroffenen Personen selber vor allem ihre psychische und nicht die körperliche Situation als relevant für die eigene gesundheitliche Gesamtbeurteilung betrachten (Schönemann-Gieck et al. 2003, 433 f.). Nach Steinhagen-Thiessen et al. (1999) ist es durchaus wahrscheinlich, dass eine gute Gesundheit – insbesondere im hohen und sehr hohen Alter – nicht (mehr) die Abwesenheit von Krankheit und Behinderung ist, sondern die Abwesenheit von quälenden Beschwerden oder einfach einen Zustand beschreibt, der besser ist als der von Gleichaltrigen (Steinhagen-Thiessen et al. 1999). Dies deutet auf einen überaus starken und effektiven psychischen Adaptionsprozess im Sinne von Positivierung und Normalisierung hin. Dieser ist auch bei Menschen mit starken Beeinträchtigungen in sonderpädagogischen Dienstleistungsorganisationen zu beobachten.

Um die Güte der Fremdbeurteilung zu steigern, werden in der wissenschaftlichen Literatur viele Ansatzpunkte diskutiert. So wurde beispielsweise herausgefunden, dass die Einschätzungen dann besonders valide und reliabel sind, wenn sie konkret sind – wie beispielsweise Einschätzungen des täglichen Lebens (Gauggel et al. 2002; Long et al. 1998) – oder wenn die Häufigkeit des Kontaktes hoch ist (Bassett et al. 1990). Andere Untersuchungen weisen darauf hin, dass Urteile, die von einem diagnostischen Modell ausgehen und von geschulten Interviewern abgegeben werden, grundsätzlich homogener sind (Schönemann-Gieck et al. 2003, 434). Interviewer müssen entsprechend gut ausgebildet und trainiert werden. Es braucht Geduld und Einfühlungsvermögen, um adäquat auf die Klienten mit ihren individuellen Fähigkeiten eingehen zu können.

Advokatorische Ethik:

Stellvertreter treten in unterschiedlichen Rollen auf. Sie können sowohl unverzichtbare Hilfen in der Kommunikation zur Ermittlung des Patientenwillens leisten, sie können sich an stellvertretenden Entscheiden bei urteilsunfähigen Patienten beteiligen, oder sie können als Vertreter ihrer eigenen Interessen auftreten, die sich nicht mit den Interessen der Klienten decken

(Senat SAMW 2008, 10; Stancliff 2000). Generell besteht beim Rückgriff auf sekundäre Informationsquellen die Gefahr, ungenaue beziehungsweise falsche Aussagen zu erhalten (Rodgers et al. 1992). In der wissenschaftlichen Literatur werden diese Stellvertreterprobleme unter dem Begriff der ‹advokatorischen Ethik› diskutiert (Antor et al. 2000, 107). Damit wird letztendlich eine professionelle Haltung der Drittpersonen eingefordert. Brüll (2005) spezifiziert dies damit, dass advokatorisch tätige Personen sich an den Gesetzen der Gerechtigkeit und an den Erkenntnissen über die längerfristigen Bedürfnisse der betroffenen Menschen zu orientieren haben. Dabei müssen sie sich vom Gedanken des Schutzes vor unvernünftigem Verhalten leiten lassen (Brüll et al. 2005, 17). Osbahr (2000) fordert im Gegenzug zu Brüll, die Haltung des ‹Entscheidens-für-Andere› zurückzunehmen und statt dessen ein biographisches Verständnis zu entwickeln (Osbahr 2000, 64 f.). Nach Feuser (2006) ist advokatorisches Handeln „ein Handeln, das Menschen Möglichkeiten schaffen soll, alternativ handeln zu können, ohne zu bestimmen, wie sie zukünftig zu handeln haben, wenn sie dazu befähigt sind" (Feuser 2006, 12).

In beiden Problembereichen, dem Adaptionsphänomen und der advokatorischen Ethik, bleiben die operativ relevanten Richtlinien und Kriterien, welche bei stellvertretenden Entscheidungsfindungen respektive bei biographisch orientierten Handlungen zu berücksichtigen und einzubeziehen sind, weitgehend ungeklärt. Egal, welcher Erhebungsansatz gewählt wird und auf welche Datenquellen zurückgegriffen wird, entscheidend ist, dass die Evaluation auf den gelebten Erfahrungen der Klienten basiert und ihre Perspektive reflektiert. Die Wahl der geeigneten Erhebungstechniken spielt dabei eine entscheidende Rolle.

Erhebungstechniken

Stark verbreitete Methoden, um die Lebensqualität strukturiert zu erheben, sind schriftliche und mündliche Befragungen. Schriftliche Erfassungen werden mit Fragebogen durchgeführt, mündliche mittels Interview. Beide Befragungsmethoden lassen sich nach dem Grad der Strukturierung einteilen: von offenen, wenig strukturierten qualitativen Erfassungen über halbstandardisierte bis hin zu stark strukturierten, standardisierten, quantitativen Erhebungen. Meistens sind es die Klienten selber, welche den Fragebogen ausfüllen oder beim Interview die Antworten geben. Ausnahmen bilden Untersuchungen zur Lebenssituation von Menschen mit schweren und schwersten kommunikativen und kognitiven Beeinträchtigungen. Selbstauskünfte der Betroffenen sind in diesen Fällen nicht, allenfalls nur rudimentär, möglich. Studien, welche sich mit dieser Klientel beschäftigen, versuchen entweder durch Rückgriff auf die Angaben von Familienmitgliedern und anderen Bezugspersonen (Nybo et al. 2001) zu den gewünschten Angaben zu kommen oder greifen auf die Beobachtung als Erfassungsinstrument zurück (Schäfers 2008, 94 f.). Im Gegensatz zum Einsatz von Fragebogen und Interviews können Menschen in allen Stadien von Beeinträchtigungen beobachtet werden. Damit Beobachtungen wissenschaftlichen Gütekriterien entsprechen, müssen spezifische Kategorien identifiziert und entwickelt werden, welche mit den zu Grunde liegenden theoretischen Annahmen übereinstimmen (Dean et al. 1993, 819). Neben Befragungs- und Beobachtungsinstrumenten gibt es auch andere Möglichkeiten, die Lebensqualität zu erfassen. Dazu zählen beispielsweise psychophysiologische Messverfahren. Diese versuchen über Zusammenhänge zwischen menschlichem Verhalten und physiologischen Prozessen Rückschlüsse auf das Wohlbefinden von Menschen zu ziehen.

5.3.4 Lebensqualität als Arbeitskonzept

Die oben aufgeführten methodologischen Grundsatzfragen nach dem Forschungsansatz, den Datenquellen und den Erhebungstechniken wurden von Schalock (1996b) forschungschronologisch in ein Arbeitskonzept integriert. Sein Ansatz wurde vor einem behinderungsspezifischen Hintergrund entwickelt (Schalock 1990; 1996a; 1996b; 1997). Neben seinen acht identifizierten Lebensqualitätsdomänen extrahiert er einen systematischen, auf die Domänen bezogenen Überblick und generierte Empfehlungen für die Forschung. Beispielsweise werden Messinstrumente und Messtechniken vorgestellt und systematisch verglichen, die für die Evaluation der Lebensqualität behinderter Menschen benutzt oder eigens dafür entwickelt worden sind. Schalock argumentiert, dass Lebensqualität nicht als distinkte Entität begriffen werden sollte, sondern pragmatisch im Sinne eines prozessorientierten Arbeitskonzeptes (organizing concept). Dieses kann entscheidend zur Verbesserung der Lebensbedingungen behinderter oder von Behinderung bedrohter Menschen beitragen. Er gibt sechs Schritte vor, denen die Forschung folgen soll:

1. den Zweck der Untersuchung und die beabsichtigte Verwendung der Daten festlegen,
2. relevante Domänen selektieren,
3. relevante Indikatoren innerhalb der Domänen selektieren,
4. Evaluationsinstrumente wählen (Messinstrumente und Methodik),
5. akzeptable Reliabilität und Validität im Einklang mit den vorhergehenden Schritten aufzeigen,
6. (vorsichtige) Interpretation der Ergebnisse (Schalock 1996b, 131 ff.).

Schalocks forschungsmethodologisches Modell kongruiert auffallend mit den Erfahrungen in der HRQoL-Forschung.

An der Zielperspektive Lebensqualität richtet sich zunehmend auch die organisationale Qualitätssicherung aus. Das Konstrukt Lebensqualität als organisationales Arbeitskonzept fruchtbar zu machen, rückt folglich verstärkt ins Blickfeld. Die damit verbundenen Herausforderungen werden nachfolgend aufgegriffen.

5.4 Lebensqualität und Qualitätssicherung

5.4.1 Sozialpolitische Qualitätsvorgaben

Immer mehr europäische Länder geben medizinischen, sozialpädagogischen oder sonderpädagogischen Dienstleistungsorganisationen verbindliche Massnahmen zur Qualitätssicherung vor. Im deutschsprachigen Raum wurden vom Gesetzgeber bereits Ende der 1990-Jahre verbindliche Qualitätsvorgaben verlangt. Die gesetzlichen Anforderungen bilden den sozialpolitischen Rahmen. Die Gestaltung, Entwicklung und Wirkungsbeurteilung professioneller sonderpädagogischer Dienste bewegt sich innerhalb dieser Vorgaben. Die sozialpolitische Strategie will – unter immer komplexeren gesellschaftlichen Voraussetzungen und immer engeren Sozialbudgets – öffentliche Ausgaben für sonderpädagogische Dienstleistungsorganisationen auf eine effizientere Weise steuern (Schädler 2001, 22). Die gesetzlichen Rahmenbedingungen sind in Deutschland in den zwölf Sozialgesetzbüchern geregelt. So besagt der Paragraph § 20 Abs. 2 im Sozialgesetzbuch IX, dass die Erbringer von Leistungen ein Qualitätsmanagement aufweisen müssen. Mit solchen Qualitätsmanagementsystemen soll durch zielgerichtete und systematische Verfahren und Massnahmen die Qualität der Versorgung gewährleistet und kontinuierlich verbessert werden. Ob und wie dies gelingt, wird über Zertifizierungsverfahren geprüft (Sozialgesetzbuch (SGB)). Eine weitere wichtige Gesetzesgrundlage wird in Paragraph § 75 zu den Einrichtungen und Diensten im Sozialgesetzbuch XII geregelt. Gemäß diesem sind die Träger der Sozialhilfe zur Übernahme der Vergütung für die Leistung nur dann verpflichtet, wenn mit ihnen eine Vereinbarung über Inhalt, Umfang, Qualität der Leistungen und die Prüfung der Wirtschaftlichkeit und Qualität der Leistungen (Prüfungsvereinbarung) besteht.[126] Diese Vereinbarungen müssen den Grundsätzen der Wirtschaftlichkeit, Sparsamkeit und Leistungsfähigkeit entsprechen (Sozialgesetzbuch (SGB)). Die inhaltliche Ausgestal-

---

[126] Fassung des Gesetzes zur Einordnung des Sozialhilferechts in das Sozialgesetzbuch vom 27. Dezember 2003 unter der Rubrik ‹Einrichtungen und Dienste›.

tung solcher Vereinbarungen entspricht in etwa den schweizerischen Qualitätsauflagen. In der Schweiz ist bis ins Jahr 2011 für die Qualitätssicherung der Wohnheime, kollektiven Wohnformen und Tagesstätten das Bundesamt für Sozialversicherung (BSV) zuständig. Sonderpädagogische Dienstleistungsorganisationen, welche vom BSV Bau- und Betriebsbeiträge erhalten, müssen erstens die Qualitätsbedingungen des Bundes, die so genannten BSV/IV-2000 Kriterien[127], erfüllen und zweitens ein Qualitätsmanagement (QM)[128] einführen (Bundesamt für Sozialversicherung 2006, 13). Die üblichen Qualitätsstandards für das Sozial- und Gesundheitswesen in der Schweiz entsprechen der Hauptnorm ISO, vorzugsweise ISO-9001:2008[129]. Beide Vorgaben werden von externen, akkreditierten Zertifizierungsstellen überprüft und zertifiziert. Bei den BSV/IV-Kriterien sind es 19 formale Qualitätskriterien und bei der ISO-Zertifizierung Dokumentationen von Prozessabläufen.

Insgesamt ist allerdings anzuzweifeln, dass die gesetzlichen Qualitätsvorgaben die notwendigen Voraussetzungen schaffen, damit die Klienten in den Einrichtungen ein für sie gutes und gelingendes Leben führen können. Anzuzweifeln ist dies erstens deshalb, weil sich die vorgegebenen Qualitätsaspekte vorwiegend auf administrative, strukturelle und formalisierte Bereiche beziehen, welche insgesamt die Versorgungsqualität sicherstellen. Dazu gehören beispielsweise bestimmte Erfordernisse im Bezug auf die Personal-

---

[127] Der Katalog der BSV/IV-2000 Kriterien beinhaltet 19 formale Bedingungen, welche den drei Domänen Organisation, Klientinnen/Klienten und Dienstleistungen zugeteilt sind.

[128] Die Organisationen haben zwei Möglichkeiten, ein Qualitätsmanagement (QM) zu implementieren. Entweder sie entwickeln ein eigenes Qualitätsmanagementsystem (QMS), das auf die spezifischen organisationalen Gegebenheiten abgestimmt ist, oder sie kaufen und implementieren ein auf dem Markt erhältliches (Bundesamt für Sozialversicherung 2006, Anhang S. 3). Die meisten sonderpädagogischen Dienstleistungsorganisationen operieren mit einem gekauften Qualitätsmanagementsystem. Aufgrund der geringen Auswahl vorhandener Systemen entschieden sich viele für eines nach der Normreihe ISO 9000ff. oder für das Total Quality Managementmodell der EFQM.

[129] ISO 9000 ist ein Normenkatalog zur Sicherung der Qualität aus Kundensicht (Innerhofer et al. 1996, 372). Aus dieser Reihe sind für den sonderpädagogischen Bereich drei Normen relevant. ISO 9000:2000 dient als Referenznorm, erläutert die Grundlagen und definiert die Begriffe zum Lenken und Leiten von Systemen. ISO 9001:2008 bezieht sich auf die Mindestanforderungen, und ISO 9004:2000 enthält Empfehlungen, wie Exzellenz in einer Organisation erreicht werden kann. Die Zahl nach dem Doppelpunkt verweist auf die letztmalig durchgeführte Überarbeitung. Die im Oktober 2008 neu veröffentlichte Norm ISO 9001:2008 enthält keine neuen Anforderungen zur Version 90001:2000. Getätigt wurden lediglich Präzisierungen und Klarstellungen im Normentext (www.sqs.ch, 02.03.2010).

ausstattung, den Ausbildungsstand, Materialien und Konzepte (Speck 2004a). Solche strukturellen Bedingungen sind zwar notwendig, aber nicht hinreichend für die Entwicklung und Sicherung der Qualität (Beck 2006, 187). „Es gibt nachweislich Einrichtungen, mit denen zwar Qualitätsvereinbarungen abgeschlossen sind, in denen aber trotzdem inhumane Zustände herrschen [...]" (Speck 2004a, 25). Zweitens ist dies anzuzweifeln, weil sich die gesetzlichen Vorschriften nur darauf beziehen, dass entsprechende qualitätssichernde Massnahmen durchzuführen sind. Aber welche konkreten Verfahren und Instrumente einzusetzen sind und wie diese praktiziert werden, bleibt den einzelnen Einrichtungen überlassen. Die üblicherweise verwendeten Verfahren und Instrumente konzentrieren sich insbesondere auf konkrete und lebenspraktisch orientierte Bereiche. Dazu gehören das Wohnen, soziale Netzwerke, Unterstützungsressourcen oder Aktivitäten. Weitere Bereiche des menschlichen Wohlergehens wie beispielsweise Lebenszufriedenheit und -freude werden ausgespart.[130] Es sind aber gerade diese Themen, die traditionell in den Beiträgen zur Qualitätssicherung und -verbesserung eine bereits längere Tradition haben (vgl. Gromann et al. 2003; Jakobs et al. 1987; Seifert 1997a; Sonnenberg 2004). Hinzu kommt, dass bei den eingesetzten Verfahren und Instrumenten die Fragen nach den tatsächlichen Wirkungen sonderpädagogischer Interventionen auf die Klienten die Möglichkeiten ihrer Überprüfung und die Entwicklung von Gütekriterien für die Arbeitsprozesse meist übergangen werden (Schädler 2001, 14).

Aus den genannten Gründen ist deshalb zu bilanzieren, dass im Behindertenwesen bislang eine inhaltliche Ausformulierung festgelegter Qualitätskriterien und ein verbindlicher Maßstab zur Erhebung der relevanten Bereiche fehlen. Gerade hier scheint das Lebensqualitätskonzept als Bewertungsmaßstab und Zieldimension sonderpädagogischen Handelns nützlich zu sein und wertvolle Orientierungsgrößen zu liefern. In den letzten Jahren entwickelte sich das Lebensqualitätskonzept deshalb fachlich zum führenden inhaltlichen Orientierungspunkt (Beck 1994; 1996; Keith et al. 2000; Schalock et al. 2002b; Wacker 1994).

---

[130] Eine ähnlich gelagerte Situation findet sich auch in der Lebensqualitätsforschung bei Demenz. „Ein Hauptmangel an den bisher entwickelten Lebensqualitätsinstrumenten für Menschen bei Demenz liegt darin, dass die Instrumente nicht unbedingt alle jene Bereiche erfassen, welche auch für die individuelle Lebensqualität wichtig sind" (Oppikofer 2008, 15).

5.4.2 Befragungsinstrumente zur Erhebung von Lebensqualität: Ein Auszug

Das Interesse an Qualitätssicherung und Qualitätsmanagement im sonderpädagogischen Bereich hat zur Entwicklung einiger lebensqualitätsbezogener Instrumente geführt. Diese bemühen sich, Qualitätskonzepte mittels fachlich begründeter Kriterien zu etablieren. Für den deutschsprachigen Raum[131] zu erwähnen sind beispielsweise die Instrumente ‹Lebensqualität in Wohnstätten für erwachsene Menschen mit geistiger Behinderung (LEWO II)› (1), die aus der Kölner Lebensqualitätsstudie hervorgegangenen ‹Checklisten zur Evaluation der professionellen Arbeit› (2), das ‹Interview zu individuellen Entscheidungsmöglichkeiten und Lebenszufriedenheit im Bereich Wohnen› (3) oder der Fragekatalog ‹Schöner Wohnen› (3):

(1) LEWO II ist auf wohnbezogene Dienste für geistig behinderte Menschen ausgerichtet. Dabei unterscheidet das Instrument sieben Aufgabenfelder. Dies sind materielle Gegebenheiten, formale und informale Alltagsstrukturen, das Zusammenleben, nichtprofessionelle Netzwerke und Beziehungen, Rechte und Schutz, die Mitarbeiterführung und die Organisationsentwicklung. Diese sieben Felder sind in insgesamt 33 so genannte Gegenstandsbereiche unterteilt. Die Qualitätsprüfung soll, je nach Anwendungsoption, sowohl eine zuverlässige Bestandsaufnahme als auch eine individuelle Hilfeplanung erlauben (Schwarte et al. 1994; 2001).

(2) Die Checklisten zur Evaluation der professionellen Arbeit fokussieren auf die Lebensqualität von Menschen mit schweren und schwersten Beeinträchtigungen. Eine erste Checkliste A will die Reflexion der professionellen Arbeit anregen, eine zweite Checkliste B die Reflexion über die Sicherung der Individualisierung der Lebensbegleitung dieser Anspruchsgruppe. Die Listen orientieren sich ebenso wie die zugrunde liegende Studie am Lebensqualitätsmodell von Felce und Perry (1995; 1996; 1997). Ähnlich wie bei LEWO II soll qua Selbstreflexion das Angebots- und Dienstleistungsspektrum geprüft und mit dem Hilfe- und Unterstützungsbedarf der Betreuten abgeglichen werden (Seifert et al. 1992; Seifert 2002; 2003; Seifert et al. 2001).

(3) Das Interview zu individuellen Entscheidungsmöglichkeiten und Lebenszufriedenheit im Bereich Wohnen wurde im Rahmen einer vergleichenden Studie zur Lebenssituation von Menschen mit geistiger Behin-

---

[131] Die deutschsprachigen Instrumente sind stark an die englischsprachigen Verfahren angelehnt. Eine ausführliche Liste über deutsch- und englischsprachige Instrumente findet sich bei Schäfers (2008, 101-103).

derung in verschiedenen stationären Wohnformen entwickelt. Es besteht aus insgesamt 43 Items, aufgeteilt auf die Bereiche Lebenszufriedenheit und individuelle Entscheidungsmöglichkeiten. Der Index zu den individuellen Entscheidungsmöglichkeiten bearbeitet die Themen Privatsphäre, Partizipation, alltägliche Lebensführung und Freizeit. Die Fragen beziehen sich vorrangig auf subjektive Lebensqualitätsindikatoren, die von außen nur schwer beobachtbar sind. Im Gegensatz dazu zielen die Fragen zum Lebenszufriedenheitsindex – entsprechend dem Untersuchungsbereich – vorrangig auf alltägliche, von außen beobachtbare Lebensbedingungen in Wohneinrichtungen. Sie bearbeiten die Themen Wohnen/Betreuung und soziales Umfeld respektive soziale Beziehungen (Bundschuh et al. 2002; Dworschak 2004).

(4) Schöner Wohnen ist ein Instrument zur Nutzerbefragung im Wohnbereich. Es besteht aus einem rund 180 Fragen beinhaltenden Bogen und einem Kartenset, welches die Frageinhalte veranschaulicht. Inhaltlich werden sechs Bereiche abgedeckt: Allgemeine Fragen, Lebensstandard, Beziehungen, Selbständigkeit, Individualität sowie Einfluss- und Wahlmöglichkeiten. In seiner Idee für den praktischen Einsatz sollen einzelne Fragen oder Abschnitte ausgewählt und erfragt werden (Gromann et al. 2003).

Damit sind die beiden großen internationalen Traditionen der Lebensqualitätsforschung vorgestellt, die zentralen Ansätze der sonderpädagogischen Lebensqualitätsforschung bekannt und die Bemühungen, die Lebensqualität als sonderpädagogisches Arbeitskonzept fruchtbar zu machen und entsprechende qualitative Vorgaben und Instrumente zu entwickeln, ausgeführt. Das nächste Teilkapitel schält aus diesen Inhalten die Implikationen heraus, welche für die Entwicklung sonderpädagogischer, lebensqualitätsorientierter Analyse- und Planungsinstrumente relevant sind.

5.5 Implikationen für die Entwicklung sonderpädagogischer, lebensqualitätsorientierter Analyse- und Planungsinstrumente

Die Lebensqualität ist eine geeignete Zieldimensionen, um sonderpädagogische Arbeit daran auszurichten. Dies zeigen die vorangehenden Unterkapitel. Dieses Teilkapitel knüpft bei den hergeleiteten Erkenntnissen an und leitet entsprechende Konsequenzen für die Entwicklung des Interventionsframeworks ab. Es werden verschiedene für die Entwicklung von sonderpädagogischen Analyse- und Planungsinstrumente relevante Implikationen aus der Wohlfahrtsforschung, der gesundheitsbezogenen und der sonderpädagogischen Lebensqualitätsforschung sowie aus der Qualitätssicherung benannt.

5.5.1 Implikationen aus der Wohlfahrtsforschung

Entlang der Ausführungen zur Wohlfahrtsforschung sind für die Entwicklung einer sonderpädagogischen Lebensqualitätskonzeption und daraus abgeleiteten operativen Instrumenten folgende Aspekte zu berücksichtigen:

Katalog lebensqualitätsrelevanter Indikatoren

In der Wohlfahrtsforschung werden Indikatorenkataloge verwendet. Durch das, was die Indikatoren repräsentieren, definieren die Kataloge ein bestimmtes Verständnis von Lebensqualität. Die Indikatoren bilden dabei die erfassbaren Einheiten. Diese lassen sich vielfach wiederum – in Relation zum jeweiligen Differenzierungsgrad – in übergeordnete Subdomänen und Domänen einteilen. Damit geben Indikatorenkataloge den objektiven Rahmen vor, an welchem sich Erfassungsinstrumente auszurichten haben. Indikatorenkataloge sind auch für eine sonderpädagogische Lebensqualitätskonzeption dienlich und bilden ein Referenzsystem. Ein solcher Katalog muss das Konstrukt Lebensqualität allerdings wissenschaftlich fundiert repräsentieren und für die Praxis praktikabel sein. Nur so können sich sonderpädagogische Instrumente darauf beziehen und die Lebensqualität der Klienten zuverlässig erfassen. Verbindliche Indikatoren haben aber auch terminologische Vorteile. Sie stellen ein einheitliches Begriffssystem mit entsprechenden Definitionen zur Verfügung. An diesem System können sich nicht nur die Instrumente, sondern generell professionsspezifische Diskussionen zwischen und innerhalb von Organisationen ausrichten.

Wenn sich sonderpädagogisches Handeln an der Zielperspektive Lebensqualität orientiert, ist es zwingend nötig zu wissen, was unter Lebensqualität verstanden wird. Dieses Verständnis wird durch einen die Lebensqualität repräsentativ wiedergebenden Katalog sichergestellt. An diesem können sich inhaltliche Diskussionen sowie operative Instrumente und Massnahmen ausrichten.

Originär objekt- und subjektseitige Indikatoren

Der Entwicklungsprozess der Wohlfahrtsforschung wiederholt sich in der Qualitätsentwicklung der Behindertenhilfe. Neben originär objektseitigen Lebensqualitätsindikatoren (z.B. Besitz, Güter, Einkommen) werden heute vermehrt auch originär subjektseitige Faktoren (z.B. soziale Integration, Empathie, Emotionen) einbezogen. Analog dazu sind Messungen heute bemüht, objektive Strukturmerkmale durch subjektive Wirkungsaspekte von Unterstützungsleistungen zu ergänzen. Damit dies möglich ist, sind subjektseitige Indikatoren in den die Lebensqualität repräsentierenden Indikatorenkatalog zu integrieren. Um solche subjektseitigen Indikatoren zu erfassen, sind die Klienten so weit wie möglich aktiv einzubeziehen. Dies zu gewährleisten ist anspruchsvoll, ressourcen- und zeitintensiv, aber unabdingbar nötig, wenn die Lebensqualität zuverlässig erfasst und ausgewiesen werden soll.

In Anlehnung an die aktuelle Entwicklung der Wohlfahrtsforschung muss eine sonderpädagogische Lebensqualitätskonzeption folglich sowohl originär objektseitige als auch subjektseitige Lebensqualitätsindikatoren beinhalten. Nur so werden vom Lebensqualitätskatalog alle relevanten, die Lebensqualität repräsentierenden Bereiche abgebildet.

Mehrdimensionalität

Die Lebensqualität eines Menschen ist ein Passungsprodukt von mehreren zu berücksichtigenden Dimensionen. Die empirische Basis dieser Dimensionen bildet der Lebensqualitätskatalog. Eine erste Dimension bezieht sich auf die objektiven Lebensbedingungen eines Menschen, in denen er lebt und arbeitet. Eine zweite Dimension bildet seine subjektive Zufriedenheit mit den lebensqualitätsrelevanten Bereichen. Die dritte Dimension, welche durchlaufen werden muss, damit sich die subjektive Lebensqualität einstellt, sind die persönlichen Werte. Dazu zählen alters- und geschlechterspezifische Aspekte, biographische Erfahrungen oder Persönlichkeitsmerkmale. Nur wenn alle diese drei Dimensionen berücksichtigt werden, ergibt sich als Passung ein repräsentatives Bild über die Lebensqualität eines Menschen. Folglich müssen sonderpädagogische Lebensqualitätsinstrumente auch alle Dimensionen einbinden. Zu allen lebensqualitätsrelevanten Bereichen sind somit erstens die individuellen Fähigkeiten eines Klienten zu erfassen, auf welche er zurückgreifen kann. Zweitens gilt es seine Prioritäten und Wünschen festzustellen um zu sehen, ob diese Lebensbereiche für ihn überhaupt wichtig sind. Drittens sind die organisationalen Möglichkeiten einer sonderpädagogischen Dienstleistungsorganisation zu erheben und mit den relevanten Lebensbedingungen für ein gutes und gelingendes Leben abzugleichen.

Die verschiedenen Dimensionen von Lebensqualität wirken zwar erschwerend auf die Erfassung, aber sie erweitern die Interventionsalternativen. Grundsätzlich sind sowohl organisationale Möglichkeiten, individuelle Fähigkeiten als auch individuelle Wünsche und Prioritäten veränderbar. Wo konkret angesetzt wird, um die Lebensqualität eines Klienten zu steigern, ist einerseits abhängig von den einzelnen Werten dieser Dimensionen, andererseits von ihrem individuellen Zusammenspiel. Nur dadurch wird es überhaupt möglich, dass sich Beeinträchtigungen und Verkümmerungen in bestimmten Dimensionen durch andere kompensieren lassen.

Lebensqualität ist mehr als nur Zufriedenheit. Sie versteht sich als Passungsprodukt verschiedener Dimensionen. Ein sonderpädagogisches Lebensqualitätskonzept und daraus abgeleitete operative Instrumente müssen differenziert auf diese verschiedenen Dimensionen eingehen und diese systematisch erfassen. Die Sicherung und Steigerung von Lebensqualität orientiert sich handlungsleitend am Unterstützungsbedarf und richtet sich danach aus, was der einzelne Klient für ein gelingendes Leben braucht. Das dynamische Zusammenspiel der verschiedenen Dimensionen ist bei einer erfolgreichen Planung, Gestaltung und Evaluation von Interventionen zu berücksichtigen.

Nachhaltigkeit

Das Lebensqualitätskonzept distanziert sich von subjektiven Momentaufnahmen. Spontane physische und emotionale Befindlichkeiten finden darin keine seriöse Entsprechung. Vielmehr versteht sich Lebensqualität als längerfristiges und nachhaltiges Konzept. Mit dieser Perspektive wird eine Gesellschaft oder ein Individuum stärker unter den Gesichtspunkten der Gerechtigkeit, des effizienten Gebrauchs der Ressourcen sowie der ökologischen Tragbarkeit von Wertorientierungen, Verhaltensmustern und Lebensstilen bewertet. Dies zeigt sich insbesondere bei implementierenden Massnahmen, um die Lebensqualität eines Klienten zu sichern. Interventionen, welche ausschließlich und unreflektiert auf ein kurzfristiges Gefühl der Zufriedenheit ausgerichtet sind, tragen vielfach nicht zu einer Verbesserung der Lebensqualität bei.

Lebensqualität als sonderpädagogisches Handlungskonzept soll eine solche nachhaltige Perspektive verfolgen und in ihren Instrumenten und den zu generierenden Interventionsmaßnahmen entsprechend berücksichtigen.

Fähigkeitenorientierung

Materielle Güter und Ressourcen sind zwar wichtige Mittel für ein gutes und gelingendes Leben, aber sie alleine sind nicht ausreichend. In Anlehnung an den Capability Approach soll die Lebensqualität eines Menschen deshalb unter Einbezug der individuellen Fähigkeiten (capabilities) definiert werden. Es sind die Befähigungen, über die ein Mensch verfügen muss, damit er sein Leben erfolgreich gestalten kann. Danach werden Menschen nicht als passive Empfänger von Wohlfahrtserträgen einer Gesellschaft betrachtet, sondern als fähige respektive zu befähigende Akteure. Für die Entwicklung von sonderpädagogischen Erfassungsinstrumenten bedeutet dies, dass nicht nur nach dem Vorhandensein von Gütern zu fragen ist, sondern auch danach, wozu die Klienten fähig sind mit diesen Gütern etwas zu tun oder zu sein.

Unzufriedenheitsdilemma und Zufriedenheitsparadox

Die beiden von Glatzer und Zapf beschriebenen Phänomene – das Unzufriedenheitsdilemma und das Zufriedenheitsparadox – sind auch bei der Gewichtung lebensqualitätsrelevanter Aspekte von Menschen in besonderen Abhängigkeitsverhältnissen relativierend zu berücksichtigen. Ihre Aussagen sind wegen Anpassungen der Ansprüche an die Lebensumstände und fehlenden oder unzureichenden Vergleichsmöglichkeiten vorsichtig und kritisch zu interpretieren (Windisch 2007, 215 f.). Nach Glatzer und Zapf (1984) sind diesbezüglich folgende Erwägungen relativierend zu berücksichtigen:

- Soziale Gruppen mit besonders schlechten Lebensbedingungen und sozialem Druck neigen verstärkt zur Leugnung von Unzufriedenheit beziehungsweise zu Zufriedenheitsäußerungen.

- Sie zeigen eine Neigung, persönliche Ansprüche an die Lebensumstände zu adaptieren. Vergleichsmaßstäbe sind dabei eingeschränkt oder fehlen gänzlich.

- Äußerungen über die Zufriedenheit beziehungsweise die Unzufriedenheit sind kulturell gelernt und somit von den individuellen Lebenswelterfahrungen abhängig (Glatzer et al. 1984; Zapf et al. 1996).

Gewisse Hinweise auf ein allfälliges Dilemma oder Paradoxon sind mit methodisch ausgeklügelten Erfassungsdesigns einzufangen, beispielsweise mit Kontrollfragen. Allerdings verbleibt ein Restrisiko. Hier ist eine aufgeklärte Haltung und ein sensibles Interpretationsgespür der Mitarbeitenden und Angehörigen hilfreich.

5.5.2 Implikationen aus der gesundheitsbezogenen Lebensqualitätsforschung

Aus den geschilderten Erkenntnissen und Erfahrungen der gesundheitsbezogenen Lebensqualitätsforschung sind für die Entwicklung eines sonderpädagogischen, lebensqualitätsorientierten Interventionsframeworks insbesondere drei forschungsmethodologische Prämissen relevant:

a) Der Zweck der Lebensqualitätsevaluation muss klar spezifiziert werden.

Für das Interventionsframework sensiQoL© bedeutet dies, dass die damit verbundene Absicht klar ausgewiesen werden muss. Ihr Zweck ist es, die Lebensqualität der Klienten, die in sonderpädagogischen Dienstleistungsorganisationen leben und arbeiten, zu sichern und zu steigern.

b) Das anzuwendende Verständnis beziehungsweise Konzept von Lebensqualität muss klar kommuniziert werden.

Die primären Adressaten, gegenüber denen der Zweck der Evaluation kommuniziert werden muss, sind die Klienten selber sowie ihre nächsten Angehörigen und Bezugspersonen. Ihnen ist zu verdeutlichen, dass sich das Interventionsframework sensiQoL$^©$ auf ein Lebensqualitätskonzept stützt, welches mit einem empirischen Lebenskatalog arbeitet, mehrere Dimensionen berücksichtigt und eine nachhaltige Perspektive verfolgt. Die anwendungsinterne Legitimation wird mit dieser Arbeit kommuniziert.

c) Die benutzten Instrumente müssen sich ersichtlich auf die Punkte a) und b) beziehen.

Um lebensqualitätssteigernde Massnahmen zu planen, ist es vorab nötig zu wissen, wie es um die Lebensqualität der einzelnen Klienten steht. Um dies zu erfassen, werden Analyseinstrumente eingesetzt. Erst wenn der aktuelle Lebensqualitätsstand diagnostiziert und die zu verbessernden Aspekte der Klienten identifiziert sind, können mittels Planungsinstrumenten geeignete Interventionen selektioniert werden. Der Zweck dieser beiden Instrumentengruppen und das ihnen zu Grunde liegende Verständnis muss ebenfalls klar kommuniziert werden.

5.5.3 Implikationen aus der sonderpädagogischen Lebensqualitätsforschung

Die Implikationen für die Entwicklung des Interventionsframeworks sensiQoL$^©$ aus der sonderpädagogischen Lebensqualitätsforschung beziehen sich einerseits auf das Arbeitskonzept, andererseits auf zentrale Erfassungsgrundsätze und -richtlinien. Weil sich die sonderpädagogische Lebensqualitätsforschung – wie oben gezeigt wurde – in ihren Wurzeln stark auf die Wohlfahrts- und gesundheitsorientierte Lebensqualitätsforschung bezieht, tangieren sich vereinzelt auch die Implikationen.

Lebensqualität als umfassendes Arbeitskonzept: Analyse und Planung

Der Auftrag sonderpädagogischer Dienstleistungsorganisationen ist es, ihre Klienten in ihren besonderen Abhängigkeitsverhältnissen zu begleiten und zu unterstützten. Dazu müssen sie ihre Lebenslagen kennen, das heißt ihren individuellen Bedarf diagnostizieren, die entsprechenden Ressourcen optimal einsetzen, um den Bedarf bestmöglich zu decken respektive zu kompensieren. Um den sonderpädagogischen Bedarf zuverlässig und effizient zu erfassen, braucht es Analyseinstrumente. Die Analyse bildet den ersten Schritt im Arbeitsprozess. Er besteht aus einer Diagnose der individuellen Problembereiche und einer nachfolgenden Analyse der identifizierten Werte. Die Diagnose basiert auf den die Lebensqualität repräsentierenden Indikatoren und versucht mittels subjektiver Bewertung auch heterogene Formen individueller Beeinträchtigungen zu berücksichtigen. Die ermittelten Werte werden anschließend analysiert. Sowohl bei der Diagnose als auch bei der nachfolgenden Analyse werden die Klienten so weit wie möglich in den Prozess einbezogen. Dies gilt auch für Menschen mit schweren kognitiven und kommunikativen Beeinträchtigungen. Nur wenige bestehende Instrumente werden dieser Anforderung gerecht. Analyseinstrumente müssen deshalb noch individualisierter werden (Birnbacher 1999, 33). Um basierend auf der Analyse erfolgreiche Intervention zu generieren, werden in einem zweiten Schritt Planungsinstrumente benötigt. Welche Interventionen für den einzelnen Klienten geplant und umgesetzt werden, ist vielfach nicht intuitiv auszumachen. Die Zusammenhänge von individuellen Lebenssituationen sind komplex und dynamisch. Planungsinstrumente müssen den Betreuungs- und Pflegepersonen dabei helfen, die Problemsituationen entsprechend zu analysieren und zu visualisieren, um geeignete qualitätssteigernde und -sichernde Interventionsmaßnahmen zu generieren. Sowohl die Analyse der subjektiv empfundenen Lebensqualität der Klienten als auch die darauf aufbauende Planung von Interventionen muss wissenschaftliche und praktische Gütekriterien erfüllen.

Anschließend werden die für die Entwicklung und den Einsatz von Analyse- und Planungsinstrumenten zentralen Richtlinien, Aspekte der Gestaltung der Instrumente sowie die Schwierigkeiten und Fehlerquellen benannt. Diese sind einerseits bei der Entwicklung, andererseits bei der Anwendung adäquat zu berücksichtigen.

Erfassungsrichtlinien und -grundsätze

Wird die Lebensqualität von Menschen in besonderen Abhängigkeitssituationen erfasst, muss dies systematisch mittels validierter Instrumente geschehen. Ergänzend zu bereits genannten Implikationen sind folgende Erfassungsrichtlinien und -grundsätze zu nennen:

- Die Erfassungen der Lebensqualität soll im Zusammenhang mit Fragen zum konkreten Alltagserleben der Klienten oder geplanten Alltagsverbesserungen durch Mitarbeitende stehen (Gromann 1996, 215). Dadurch werden die für die Klienten relevanten Aspekte direkt angesprochen. Dies erleichtert es, die verschiedenen Aspekte der Lebensqualität aus der Sicht des Klienten zu gewichten.

- Die Erhebung soll in Beziehung zu persönlichen Zielen und Zukunftsvorstellungen gesetzt werden. Nur so kann der Unterschied zwischen resignativer Anpassung und wirklicher Zufriedenheit aufgeklärt werden (Gromann 1996, 215).

- Im Vordergrund der Erfassung steht das subjektive Erleben der Klienten, ihr Wohlergehen im Bezug auf ihre Lebenssituation.

- Selbst Klienten mit beeinträchtigten kommunikativen und kognitiven Fähigkeiten sind ihren Möglichkeiten entsprechend so weit wie nur möglich direkt einzubeziehen, um über ihre Lebensqualität Auskunft zu erteilen. Dort, wo dies nicht möglich ist, sind objektivierbare Mittel und Wege zu finden, um Rückschlüsse über ihr subjektives Erleben zu ziehen. Bei solchen Verfahren gilt es, sich der Projektionsgefahr eigener Vorurteile und Wünsche bewusst zu sein.

- Bei Klienten, welche ihre Lebensqualität selber nicht einschätzen können oder in ihren Kommunikationsmöglichkeiten eingeschränkt sind, sollen die medizinethischen Prinzipien ‹Gutes Tun› und ‹Nicht-Schaden› zum Tragen kommen (Senat SAMW 2008, 7).

- Die Lebensqualität von Angehörigen und Betreuenden ist oft eng verknüpft mit derjenigen der Klienten. Deshalb wäre es wünschenswert, auch diese explizit zu thematisieren, allerdings getrennt zu beurteilen.

Nachdem die für die Entwicklung des Interventionsframeworks relevanten Implikationen aus der sonderpädagogischen Lebensqualitätsforschung betrachtet wurden, werden nachfolgend jene aus der Qualitätssicherung herausgestrichen.

5.5.4 Implikationen aus der Qualitätssicherung

Die Implikationen aus dem Bereich der Qualitätssicherung beziehen sich einerseits auf die Ausrichtung und Gestaltung der Instrumente und andererseits auf die Schwierigkeiten bei der Lebensqualitätsmessung.

Die Wahl und Gestaltung der Erhebungsinstrumente ist von der Forschungs-frage ausgehend zu steuern und inhaltlich sowie sprachlich auf die jeweilige Personengruppe abzustimmen (Schäfers 2008, 100). Entsprechend den ver-schiedensten Untersuchungskontexten existieren umfangreiche Operationa-lisierungsvarianten. So ist beispielsweise der ‹Personal Well-being Index› (PWI) von Cummins (Cummins et al. 2005) „[...] designed as the first level of deconstruction of the global, abstract question ‹How satisfied are you with your life as a whole?›" (Cummins et al. 2005, 4). Im Unterschied zu dieser universellen Anwendbarkeit zielen andere Erhebungsinstrumente auf be-stimmte Lebensbereiche, beispielsweise auf betreute Wohnformen (Bund-schuh et al. 2002; Gromann et al. 2003). Die dem Interventionsframework sensiQoL© zu Grunde liegende Lebensqualitätskonzeption ist umfassend. Sie berücksichtigt alle für die Klienten relevanten Lebensbereiche. Für eine partielle Erfassung kann es sinnvoll sein, die Lebensbereiche als übergeord-nete Domänen mit ihren jeweiligen Untergruppen, beispielsweise als Variab-len und diese beschreibende Items, auszuweisen. Damit wird es möglich, diese getrennt zu erfassen.

Für die Erfassung selber stehen verschiedenste Techniken wie Beobachtung und Befragung zur Verfügung. Aus pragmatischen und ressourcentechni-schen Gründen basieren die meisten Instrumente zur Erfassung der Lebens-qualität auf schriftlichen oder mündlichen Befragungen. Beide Formen grei-fen auf Fragetechniken zurück. Diese gehören zwar zum allgemeinen Gegenstand der Sozialwissenschaften, aber ihre Erkenntnisse lassen sich nicht unreflektiert auf die Befragung von Menschen in besonderen Abhän-gigkeitsverhältnissen übertragen. Insbesondere dann nicht, wenn schwere und schwerste kommunikative und kognitive Beeinträchtigungen vorliegen. Über die Angemessenheit und Umsetzbarkeit von Fragetechniken liegen im deutschsprachigen Raum bislang nur wenige Erfahrungsberichte vor (Schä-fers 2008, 147). Richtlinien stammen beispielsweise von der europäischen Vereinigung der ILSMH[132] (1998). Diese besagen, dass die Klienten persön-lich anzusprechen sind, dass die Sprache einfach, positiv, unkompliziert und mit kurzen Sätzen respektive Worten aus der Alltagssprache sein soll, dass keine abstrakten Begriffe oder Abkürzungen, Fremdwörter, Initialen ver-wendet werden sollen, dass für eine Sache die gleichen Begriffe gebraucht werden und dass es unterstützend ist praktische Beispiele und Bilder einzu-binden (Europäische Vereinigung der ILSMH 1998, 12-14). Andere Grundsät-

---

[132] Formely International League of Societies für Persons with Mental Handicap (ILSMH) (www.siwadam.com/hmm/euie.htm, 22.06.2010).

ze, an denen sich Lebensqualitätserhebungen orientieren können, sind von Gromann (1996). Sie listet folgende Punkte auf:

- Die Meinung der Klienten ist regelmäßig zu erheben und soll zur Routine werden;

- die Fragen sind einfach zu formulieren und es ist immer nach dem konkreten Wie zu fragen;

- die Fragen sind persönlich zu stellen;

- es sollen sich anonyme[133], kurze, übersichtliche und verständliche Verfahren entwickeln;

- die Verfahren sollten miteinander vergleichbare Daten der Nutzerbewertung möglich machen;

- es soll immer die persönliche Erfahrungswelt als Vergleichshintergrund beziehungsweise Bewertungsmaßstab erfragt werden (beispielsweise: Verdienst du genug, um für all die Dinge, die du brauchst, zu bezahlen? – und nicht: Wie viel Geld verdienst du?);

- Hilfsmittel (Bilder, visuelle Hinweise, Hörbeispiele, Symbole) zur Verdeutlichung von Fragekomplexen sind je nach Bedarf einzusetzen;

- Auswertungshilfen wie Bewertungsskalen können viel dazu beitragen, dass Bewertungen verdichtet werden (Gromann 1996, 216 ff.).

Werden die oben genannten Grundsätze und Richtlinien berücksichtigt, verhilft dies der Erfassung zu zusätzlicher Validität, Objektivität und Reliabilität. Dies ist wichtig, um dem Anspruch an die wissenschaftlichen Gütekriterien zu entsprechen. Allerdings treten bei der Erfassung subjektiver Wirkungsaspekte vielfach Schwierigkeiten und Fehlerquellen auf, welche hier ebenfalls thematisiert werden müssen.

Schwierigkeiten und Fehlerquellen bei der Messung subjektiver Wirkungsaspekte:

In der psychologischen und sozialwissenschaftlichen Forschung werden bezüglich der Messung subjektiver Wirkungsaspekte unter dem Begriff Antwortverzerrung verschiedenste Schwierigkeiten und Fehlerquellen problematisiert. Unter Antwortverzerrung wird das Phänomen verstanden, dass bei Erhebungen häufig nicht die tatsächlichen Einstellungen, Meinungen und

---

[133] Anonymität ist nur dann eine Option, wenn anschließend keine direkt auf den Auskunft gebenden Klienten bezogene Massnahmen zur Verbesserung der Lebensqualität geplant sind.

Werte abgebildet werden. Die Reaktion des Befragten ist unabhängig vom Inhalt der Fragen (Schäfers 2008, 159), das heißt, sie steht nicht in direkter Beziehung zu dem zu erhebenden Merkmal. Diese Verzerrung ist eine Folge davon, dass die Befragung eine soziale Situation darstellt, die als solche einen Einfluss auf die Antworten haben kann. Die Ursachen für verzerrte Antworten können bei den Befragten, den Fragen oder den Interviewern beziehungsweise den Interviewsituationen liegen.

Zu den bekanntesten Verzerrungen, deren Ursache auf die befragten Personen zurückzuführen ist, zählen die Tendenz, sozial erwünscht zu antworten, die Akquieszenz und die Tendenz zur Mitte: Die soziale Erwünschtheit oder die Tendenz, auf neutrale Antwortkategorien auszuweichen, ist ein Hauptproblem beim Einsatz von Fragebogen. Mittels Interview oder Fragebogen erfasste Verhaltensweisen, Einstellungen oder Befindlichkeiten sind fast immer einer sozialen Bewertung unterworfen. Befragte Personen neigen deshalb dazu, ihre Antworten dahin gehend anzupassen, dass sie entsprechend der Erwartung Zustimmung findet. Die Antworten repräsentieren somit nicht die persönlich zutreffende Einstellung (Sonnenberg 2004, 68). Gründe hierfür sind beispielsweise die generelle Unerwünschtheit von Kritik oder ein Selbstschutz, weil die negative Bewertung eigener Lebensumstände als unangenehm erlebt und deshalb nicht ausgesprochen wird (Mummendey et al. 2008, 166 ff.). Die Tendenz zu sozial erwünschten Antworten wird vielfach verstärkt durch asymmetrische Befragungssituation, beschränkte Antwortkonzepte, mangelnde Kompetenz in der Meinungsäußerung und einem Mangel an Erfahrung, die Dienstleistungsangebote zu vergleichen (Antener et al. 2005, 41). Eine Möglichkeit, das Auftretens dieser Antworttendenz zu reduzieren, sind anonyme Befragungen. Wenn es allerdings darum geht, die Lebensqualität von Klienten sonderpädagogischer Einrichtungen zu erfassen, um ableitend qualitätssichernde Interventionen zu generieren, sind anonyme Antworten zweckentfremdend. Akquieszenz bezeichnet die Neigung, bei Fragen zustimmend (Ja-Sage-Tendenz) respektive ablehnend (Nein-Sage-Tendenz) zu antworten. „Dies kann der Fall sein, wenn die Inhalte der Fragen für den Befragten nicht von großem Interesse sind und er in eine Art Monotonie des Antwortens verfällt. Sie kann ebenfalls eintreten, wenn Fragen zu allgemein oder unverständlich formuliert sind" (Sonnenberg 2004, 67). Eine weitere Verzerrung tritt häufig bei Befragungen ein, in welchen mit mehrstufigen Skalen (z.B. Likert-Skalen) gearbeitet wird. In solchen Fällen neigen Personen häufig dazu, eher die mittleren Skalenpunkte auszuwählen. Dieses Verhalten wird als Tendenz zur Mitte bezeichnet. Eine weitere Form von Antwortverzerrungen ist die Verweigerung von Antworten (Sonnenberg 2004, 67).

Zu den bekanntesten Antwortverzerrungen, deren Ursache bei den Fragen selber liegt, zählt der Ausstrahlungs- oder Halo-Effekt. Dieser Effekt tritt ein, wenn einzelne Eigenschaften oder Aussagen eines Klienten einen Gesamt-eindruck erzeugen, welcher weitere Wahrnehmungen überstrahlt. Übertragen auf Fragenkataloge bedeutet dies beispielsweise, dass eine vorhergehende Frage Gedanken oder Gefühle auslöst, die Auswirkungen auf die nachfolgenden Fragen haben. Dies muss bei der wissenschaftlichen Konstruktion der Fragen berücksichtigt werden. Eine weitere viel beachtete Verzerrung bildet der Reihenfolge- oder Positions-Effekt. Ähnlich wie beim Halo-Effekt kann die Reihenfolge der gestellten Fragen einen Einfluss auf die Interpretation und die Bewertung haben. Dies führt im ungünstigsten Fall zu systematischen Verzerrungen. Für beide Effekte spielen die Formulierung und die Anordnung der Fragen eine zentrale Rolle. Die Effektstärke kann über Variierung in Pretests ermittelt werden.

Zu einer der meist genannten Verzerrungen, deren Ursache bei den Befragern oder der Interviewsituation liegt und welche für Fragenkataloge relevant ist, zählt der Rosenthal- oder Pygmalion-Effekt. Dem Effekt nach sollen sich Erwartungen, Überzeugungen und Einstellungen der interviewenden Person nach der Art der selbsterfüllenden Prophezeiung auswirken. Der Effekt wird allerdings kritisiert und angezweifelt (Eysenck 1984, 167).

Damit sind die zentralen Implikationen, welche es bei der Entwicklung des Interventionsframeworks sensiQoL$^{©}$ – insbesondere bei den operativen Analyse- und Planungsinstrumenten – zu berücksichtigen gilt, benannt und ausgeführt. Bevor jedoch diese Instrumente vorgestellt werden, wird der Inhalt dieses Kapitels kurz zusammengefasst.

5.6 Fazit zur Lebensqualität als geeignete Zielperspektive für sonderpädagogisches Handelns

Die traditionelle Behindertenhilfe mit ihren vorwiegend pauschalen Angeboten und standardisierten Versorgungspaketen steht im Widerspruch zu gesellschaftlichen Individualisierungs- und Pluralisierungsprozessen. Im Zentrum stehen sollte die Gestaltung individueller Leistungsarrangements, welche jede einzelne Person bei der Entwicklung des eigenen Lebensstils und der Verwirklichung einer möglichst autonomen Lebensführung unterstützen (Schäfers 2008, 60). Die umfassende Leitperspektive, wie selbstbestimmte Lebensführung und Teilhabe am Leben der Gesellschaft gelingen kann, bietet die Lebensqualität. Lebensqualität wird verstanden als ein komplexes, mehrdimensionales, relatives und umfassendes Arbeitskonzept, das der theoretischen und empirischen Begründung bedarf. Die sonderpädagogische Lebensqualitätsforschung orientiert sich diesbezüglich an der gesundheitsbezogenen Forschung und an den zentralen Erkenntnissen der Wohlfahrtsforschung. Mit seinem mehrdimensionalen Betrachtungsrahmen berücksichtigt das sonderpädagogische Lebensqualitätskonzept heute sowohl die objektiven Lebensbedingungen in einer Gesellschaft für Menschen in besonderen Abhängigkeitsverhältnissen als auch die subjektive Wahrnehmung und Bewältigung der damit verbundenen Aufgaben in der individuellen Lebensführung. In die Evaluation fließen die verschiedenen Dimensionen – die objektiven Lebensbedingungen und die subjektive Zufriedenheit unter besonderer Berücksichtigung der persönlichen Werte und Ziele – mit ein. Die objektive Einschätzung der Lebensbedingungen basiert auf Standards der Behindertenhilfe, die sich an den Leitideen Integration, Empowerment, Selbstbestimmung, Partizipation, Normalisierung und Inklusion sowie den Rechten von Menschen mit Behinderungen orientieren. Die Lebensbedingungen sind objektiv feststellbar und beziehen sich auf personale, strukturelle und institutionelle Aspekte. Sie sind wichtig, aber keine hinreichende Bedingungen für die Entfaltung von Lebensqualität. Entscheidend ist das subjektive Wohlbefinden. Dieses findet seinen Niederschlag in der Zufriedenheit mit der Erfüllung individueller Bedürfnisse. Die Passung zwischen der subjektiven Zufriedenheit und den objektiven Lebensbedingungen wird geprägt durch die persönlichen Werte. Dazu zählen biographische, kulturelle, geschlechts- und altersspezifische, behinderungsbedingte Aspekte, Persönlichkeitsmerkmale und die aktuelle Lebenssituation. Die Lebensqualität resultiert als Gewichtung dieser Passung und kann nur vom Adressaten selber beurteilt werden.

Für die weitere Arbeit sind zwei Feststellungen zentral. Die erste Feststellung bezieht sich darauf, dass Lebensqualität eine geeignete Zielperspektive ist, an welcher sich sonderpädagogisches Handeln ausrichten kann. Dies deshalb, weil sich in der sonderpädagogischen Lebensqualitätsforschung ein Konsens abzeichnet, welches die zentralen lebensqualitätsrelevanten Bereiche sind. Darüber hinaus kann heute auf einen erheblichen Fundus an Erkenntnissen und Erfahrungen zurückgegriffen werden, wie Lebensqualität zu operationalisieren ist und als Arbeitskonzept fruchtbar gemacht werden kann. Die zweite Feststellung macht auf das Manko an reliablen und validen sonderpädagogischen Erfassungsinstrumenten aufmerksam. Daraus leitet sich der Bedarf ab, solche – unter Berücksichtigung der genannten Implikationen – zu entwickeln und zu evaluieren. Im folgenden Kapitel wird ein Projekt vorgestellt, in welchem sonderpädagogische Analyse- und Planungsinstrumente entwickelt und getestet wurden. Diese richten sich an dem hier dargelegten Verständnis von Lebensqualität aus, berücksichtigen die aufgelisteten Grundlagen und erfüllen die wissenschaftlichen und praktischen Anforderungen.

6. Lebensqualitätsorientierte Analyse- und Planungsinstrumente

In diesem Kapitel werden sonderpädagogische Analyse- und Planungsinstrumente vorgestellt. Die Instrumente wurden im Projekt ‹Lebensqualität
und nachhaltige Qualitätsentwicklung in sonderpädagogischen Betreuungs-
und Dienstleistungsorganisationen› entwickelt und geprüft. Anschließend
werden erstens einige administrative Angaben zum Projekt wie die Dauer,
die Partner und die Projektschritte kommuniziert. Zweitens wird der dem
Projekt zu Grunde liegende Lebensqualitätskatalog und seine Entwicklung
ausgeführt. Drittens werden die darauf basierenden Analyse- und Planungsinstrumente erläutert. Abschließend wird ein Fazit generiert. Insgesamt richtet sich das Augenmerk dieser Ausführungen weniger an der Evaluation und
dem methodischen Vorgehen der Studie aus, sondern vielmehr daran, wie
die Instrumente funktionieren und was sie bewirken. Durch diese Fokusse –
Funktionalität und Wirkung – wird ersichtlich, wie und wo die vorangehend
erarbeiteten Grundlagen und Implikationen zum Tragen kommen.

6.1 Projektadministration

Das Projekt[134] ‹Lebensqualität und nachhaltige Qualitätsentwicklung in sonderpädagogischen Betreuungs- und Dienstleistungseinrichtungen› startete
im Juni 2006 und dauerte 30 Monate. Mitfinanziert wurde es von der Kommission für Technologie und Innovation (KTI). Curaviva, der Verband Heime
und Institutionen Schweiz, beteiligte sich finanziell an der Entwicklung der
Softwareapplikation. Für die Umsetzung wurde gesamthaft mit dem Winter-
thurer Institut für Gesundheitsökonomie (WIG) von der Zürcher Hochschule
für Angewandte Wissenschaften, den Pflegewissenschaften des Universitätsspitals Zürich sowie fünf schweizerischen Einrichtungen des Behindertenwesens, namentlich dem Bill-Haus (Biel), dem Götschihof (Aeugstertal),
dem Mathilde Escher Heim (Zürich), der Stiftung Rütimattli (Sachseln) und
den Wohnstätten Zwyssigstrasse (Zürich), zusammengearbeitet.

Ziel des Gesamtprojektes war die Entwicklung von Instrumenten, welche zu
einer nachhaltigen und effizienten Steigerung und Sicherung der Lebensqualität von Menschen in besonderen Abhängigkeitsverhältnissen beitragen.
Die Instrumente berücksichtigen dabei die bisherigen Erkenntnisse der Lebensqualitätsforschung in einer spezifisch sonderpädagogischen Ausrichtung und stützen sich auf die in dieser Arbeit hergeleiteten Grundlagen. Um
dieses Ziel zu erreichen, waren vier Schritte nötig. In einem ersten Schritt
wurde ein auf die Erfordernisse deutschschweizerischer Betreuungs- und

---

[134] Ausführliche Informationen befinden sich auf der Homepage unter www.sensiQoL.ch
(21.06.2010).

Dienstleistungseinrichtungen im Behindertenwesen zugeschnittener Lebensqualitätskatalog generiert. Dieser besteht aus vier übergeordneten Domänen, 19 Variablen und 61 die Variablen beschreibenden Items. Im Katalog wird das theoretische Konstrukt Lebensqualität in praktisch operationalisierbare Teile zerlegt. In einem zweiten Schritt wurden spezifische Befragungsinstrumente entwickelt und damit die Items erfragt und quantifiziert. Anhand der Mittelwerte aller erfragten Lebensqualitätsbereiche jeder teilnehmenden Einheit ließen sich die Variablen mit den tiefsten Werten ermitteln. In einem dritten Schritt wurden diese Variablen in ihrem systemischen Zusammenhang visualisiert. In einem vierten und letzten Schritt wurden die entsprechenden Beziehungen aller im Fokus stehenden Variablen verfeinert. Dadurch konnten anschließend Simulationen getätigt werden. Diese gaben Aufschluss darüber, wie das System auf hypothetische Veränderungen reagiert.

6.2 Lebensqualitätskatalog

Der Lebensqualitätskatalog bildete die Basis aller im Projekt entwickelten Instrumente. Er wurde in einer umfassenden Analyse bestehender Lebensqualitätskonzeptionen auf medizinischer, praxisbezogener oder metatheoretisch orientierter Lebensqualitätskonzeptionen erstellt und anschließend von Experten überprüft. Die medizinische Sicht repräsentiert der WHOQOL-100 (Angermeyer et al. 2000), die ICF[135] (DIMDI 2005) und der SF-36 (Monika et al. 1998). Die ‹Internationale Klassifikation der Funktionsfähigkeit, Behinderung und Gesundheit› spielte dabei eine herausragende Rolle, da sich diese Konzeption, ihrem eigenen Verständnis nach, neben gesundheitsorientierten auch auf lebensweltorientierte, soziale Kriterien stützt. Für die praxisbezogene Sicht wurden die Konzeption LEWO II (Schwarte et al. 2001), GBM (GBM 2004) und QuAnTa (Hensel et al. 2001) ausgewählt. Für die metatheoretische Sicht wurde die Lebensqualitätskonzeption von Schalock (2004), Felce und Perry (1997) und der Personal Well-being-Index Intellectual Disability von Cummins und Lau (Cummins et al. 2005) mit einbezogen.

Die Analyse der neun Konzeptionen erfolgte in zwei Schritten. In einem ersten Schritt wurde die Struktur der vorliegenden Konzeptionen indexiert und miteinander verglichen. Hieraus ergab sich eine für alle Konzeptionen typische Gliederung in vier übergreifenden Domänen. In einem zweiten Schritt wurden diese vier Domänen übernommen und die den verschiedenen Lebensqualitätskonzeptionen entnommenen Variablen und Items darunter

---

[135] Internationale Klassifikation der Funktionsfähigkeit, Behinderung und Gesundheit

subsumiert.[136] Aus den neun ausgewählten Konzeptionen ergaben sich insgesamt 217 Variablen und Items, wobei es bei einigen zu Mehrfachnennungen kam. Diese wurden in einem dritten Schritt zusammengefasst und vereinheitlicht. So konnten schließlich den vier Domänen physische und psychische Gesundheit, soziale Einbettung, Entwicklung und Tätigkeit und Sicherheit, 19 Variablen und 61 diese Variablen beschreibende Items zugeordnet werden (vgl. Abbildung 45).[137]

---

[136] Bei der ICF wurde lediglich die erste Ebene mit den 34 Kapiteln in die Analyse einbezogen, da die tieferliegenden Ebenen mit den anderen Items konzeptionell nicht übereinstimmen.

[137] Der Lebensqualitätskatalog wurde in einem nachfolgenden Projekt in Kooperation mit Experten erneut überarbeitet.

physische & psychische Gesundheit	soziale Einbettung	Entwicklung/Tätigkeit	Sicherheit
•Ernährung *Ausgewogenheit & Reichhaltigkeit; Abwechslung; Zugangsmöglichkeiten* •physische Mobilität *Selbständigkeit; Vitalität (Lebenskraft) & Energie; Schlafen & Ruhe* •Pflege des Körpers *Hygiene; Körperästhetik* •förderliche Emotionen *Liebe; Trauer; Ärger; Angst* •Selbstbild/psychische Funktionen und Strukturen *Selbstkonzept; Coping* •physische Körperfunktionen/-strukturen *physische Wahrnehmungsfähigkeit; physische Empfindungsfähigkeit; Bewegung; Sexualität*	•soziale Interaktionen *Beziehungen (Familie, Freunde, Peers, Mitbewohner, Mitarbeiter); Wechselseitige Kommunikation; Ausdrucksfähigkeit; Soziales Engagement & Interesse; Teilhabe & Partizipation* •Würde *Werte: Ansehen & Respekt; Rechte: Schutz vor Diskriminierung* •Gutes Tun *ökologische Wertschätzung & Verantwortung; kulturelle Wertschätzung & Verantwortung*	•soziale Kompetenz *Empathie/Vorstellung vom Guten; Kooperationsbereitschaft; Dialogfähigkeit; Kritik- & Konfliktfähigkeit* •lustvolle Erfahrungen *Freude; Musse; Zufriedenheit* •würdige Beschäftigung *Beschäftigung, Leistung, Produktivität; Gleichberechtigung* •mentale Fähigkeit *Aufnahmevermögen; Erinnerung & Merkfähigkeit; kompetente Zukunftsplanung; Reflexions- & Analysefähigkeit* •Verstandesfähigkeit *Wissensbestände; Kulturtechniken* •Vorstellungsfähigkeit *Fantasie & Kreativität; Spiritualität* •Hauswirtschaftliche Versorgung *Putzen; Kochen; Waschen; Einkauf*	•Unterkunft *Wohnlichkeit: Privatsphäre, Rückzugsmöglichkeit; Umgebung (Lärm, Klima, Lage)* •Schutz *psychischer Schutz; Physischer Schutz* •Besitztum *Nominalgüter (Einkommen); Realgüter (Besitz)*

Abbildung 45: Lebensqualitäskatalog mit Domänen, Variablen und Items

Mit dieser als Lebensqualitätskatalog beschriebenen Lebensqualitätsheuristik werden alle als relevant erachteten Lebensqualitätsbereiche von Menschen in besonderen Abhängigkeitsverhältnissen abgedeckt.

6.3 Analyse- und Planungsinstrumente

Auf der Grundlage dieses Lebensqualitätskataloges wird, in Zusammenarbeit mit den beteiligten Praxispartnern, die Entwicklung verschiedener webbasierter Instrumente realisiert. Mit Hilfe dieser Instrumente lassen sich die als lebensqualitätsrelevant erachteten Bereiche erfassen und modellieren. Aus den gewonnenen Ergebnissen können bei Bedarf Verbesserungsvorschläge generiert werden. Einige Instrumente werden als Analyse-, andere als Planungsinstrumente eingesetzt. Die Analyseinstrumente erfassen, beurteilen und bewerten den lebensqualitätsrelevanten Bedarf. Die Planungsinstrumente visualisieren und analysieren die Zusammenhänge und Spannungsfelder des ermittelten Bedarfs und schlagen Massnahmen zur Erarbeitung und Beurteilung möglicher Interventionen vor. Beide Instrumententypen können sowohl auf individueller als auch auf organisationaler Ebene eingesetzt werden. Damit helfen die entwickelten Instrumente, Probleme zu identifizieren, verstehen und bearbeiten sowie sinnvolle, effiziente und effektive Interventionen zu erarbeiten.

Die Abbildung 46 gibt einen Überblick über die entwickelten Instrumente und verortet diese innerhalb der zu Grunde gelegten Lebensqualitätskonzeption.

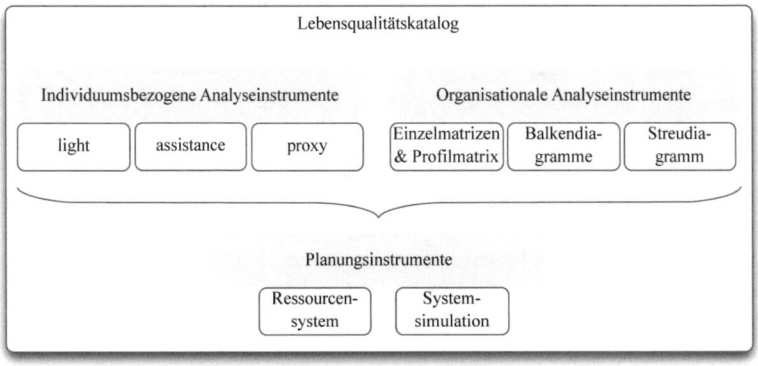

Abbildung 46: Übersicht Analyse- und Planungsinstrumente

Nachfolgend werden die einzelnen Instrumente und deren Anwendungsbereiche vorgestellt.

6.3.1 Analyseinstrumente

Die Analyseinstrumente lassen sich in individuumsbezogene und organisationale Instrumente einteilen. Die individuumsbezogenen Analyseinstrument erheben die Lebensqualität der Dienstleistungsempfänger (Bewohner, Klienten, Patienten) mittels Befragungen. Die organisationalen Analyseinstrumente konkretisieren organisationsspezifische Einstellungen und machen sie den Mitarbeitenden transparent und bewusst.

Individuumbezogene Analyseinstrumente

Für die Erfassung der individuellen Lebensrealität werden Befragungs- und Protokollierungsinstrumente für Menschen mit unterschiedlichen Beeinträchtigungsgraden und einer dazu korrespondierenden klientenspezifischen Methodik entwickelt. Für die Befragungsinstrumente heisst dies, dass vor dem Hintergrund der unterschiedlichen kognitiven und kommunikativen Beeinträchtigungen drei methodisch unterschiedlich gestaltete Fragebogen entwickelt wurden. Die so genannte Version light wird bei Menschen ohne kognitive und kommunikative Beeinträchtigungen verwendet. Die Version assistance wird bei Menschen mit kognitiven oder kommunikativen Einschränkungen eingesetzt und die Version proxy ist als Stellvertreterbefragung konzipiert und kommt bei kognitiv und kommunikativ schwer beeinträchtigten Menschen zum Einsatz. Allen drei Befragungsinstrumenten ist gemeinsam, dass sämtliche vom Lebensqualiltätskatalog vorgegebenen Items erfragt und zu jedem Item zwei Fragen gestellt werden. Mit der Antwort auf die erste Frage wird erhoben, ob die Fähigkeit vorhanden respektive die Möglichkeit gegeben ist, die mit dem Item ausgedrückte lebensqualitätsrelevante Variable zu realisieren. Mit der Antwort auf die zweite Frage wird erfasst, welche Priorität der Befragte diesem Item zuordnet oder wie stark der Wunsch danach ausgeprägt ist. Diese Zweiteilung der Befragung – Fähigkeit und Möglichkeit beziehungsweise Priorität und Wunsch – wird in allen Fragebogenvarianten durchgehalten.

Jedem der drei Befragungsinstrumente ist ein Protokollierungsinstrument zugeordnet. Mittels diesem werden demographische Angaben zum Klienten protokolliert und die Gewichtung sämtlicher Antworten auf einer 6-stufigen Skala (0-5) gesetzt.[138] Die Gewichtung erfolgt für die Fähigkeiten und Möglichkeiten sowie die Prioritäten und Wünsche für jedes einzelne Item. Ein eigens entwickelter Passungsschlüssel stellt die beiden Werte zueinander in

---

[138] Damit Instrumente sensibel für Veränderungsmessungen sind, sollten Skalen mit vier oder mehr Antwortformaten gegenüber parallelen Formaten wie beispielsweise ja/nein-Skalen bevorzugt werden (Oppikofer 2008, 18).

Beziehung und leitet daraus den lebensqualitätsrelevanten Handlungsbedarf ab. Dieser zeigt sich überall dort, wo die Prioritäten und Wünsche die Werte der individuellen Fähigkeiten und organisationalen Möglichkeiten übersteigen.

Je nach kommunikativen und kognitiven Beeinträchtigungen wird für die Befragung einer Person der entsprechende Fragebogen (light, assistance, proxy) eingesetzt. Welcher Fragebogen im Einzelfall verwendet wird, entscheiden die für den Klienten zuständigen Betreuungspersonen. Dabei liegt es durchaus im Ermessen der verantwortlichen Personen, auch externe Interviewpersonen einzusetzen oder beizuziehen. Für die Befragung einer Person mit erheblichen kognitiven Beeinträchtigungen wird beispielsweise das Item Abwechslung der Variable Ernährung in der Domäne physische und psychische Gesundheit durch folgende Frage erhoben: „Ist das Essen in der Institution abwechslungsreich?" Die Antwort wird direkt anschliessend – entweder durch eine protokollführende Person, durch den Interviewer oder durch die befragte Person selber – mit einem Wert zwischen 0 und 5 gewichtet.[139] Soweit dies die Beeinträchtigungen erlauben, werden die Gewichtungen von den Klienten selber vorgenommen. Um die Quantifizierung zu erleichtern, steht eine Visuelle-Analogskala als Hilfsmittel zur Verfügung. Diese kann den Klienten bei Bedarf vorgelegt werden. Falls der Klient nicht in der Lage ist, selber zu urteilen, nimmt die interviewende Betreuungsperson die Gewichtung vor. Bei dieser indirekten Gewichtung durch den Interviewer wird darauf geachtet, dass der Bewohner in die Interpretation mit einbezogen wird. Daran anschliessend wird die Frage nach der Priorität respektive dem Wunsch gestellt. Diese lautet für das gewählte Item: „Wie wichtig ist abwechslungsreiches Essen für Sie?" Auch diese Antwort wird, mit Rekurs auf den Befragten, auf der Skala von 0 bis 5 bewertet. Aus der Summe der eine Variable definierenden Itemwerte – sowohl für die Fähigkeiten und Möglichkeiten als auch für die Prioritäten und Wünsche – wird anschliessend der Mittelwert errechnet. Diese Werte werden der entsprechenden Variable zugeschrieben. Mit diesem mehrstufigen Befragungszugang wird ein differenziertes Bild zur Zufriedenheit des Bewohners zu jedem Item möglich. Wird die Frage nach der abwechslungsreichen Ernährung hinsichtlich der Fähigkeit und Möglichkeit mit einer 5, die Frage hinsichtlich der Priorität und dem Wunsch mit einer 3 bewertet, bedeutet dies, dass die Institution eine abwechslungsreiche Ernährung ermöglicht, eine solche vom Bewohner aber gar nicht gewünscht wird. Handlungsbedarf zeigt sich einerseits dort, wo der

---

[139] In einem nachfolgenden Forschungsprojekt wurden die Intervalle der Likert-Skala von 5 (0-5) auf 3 (1-4) reduziert und die Zahlenwerte durch Begriffe (bswp. nie, manchmal, meistens, immer) ersetzt.

Variablenwert der Priorität und des Wunsches höher ausfällt als jener der Fähigkeit und Möglichkeit. Diese Konstellation weist auf eine subjektiv tief empfundene Lebensqualität bezüglich dieser Variable hin. Andererseits sind auch präventive Handlungsszenarien denkbar. Dies wäre beispielsweise dann möglich, wenn sich ein Prioritäten- und Wunschwert – bei gleichbleibendem Fähigkeiten- und Möglichkeitswert – über eine bestimmte Zeitspanne hinweg fortlaufend erhöht. In einem solchen Fall würde sich in absehbarer Zukunft ein Handlungsbedarf abzeichnen, welcher so frühzeitig identifiziert und angegangen werden kann.

Diese vorgeschlagene Erfassung erlaubt im Anschluss die gezielte Festlegung möglicher zu entwickelnder Bereiche und die Fokussierung auf den individuellen oder institutionellen Handlungsbedarf. Die Festlegung möglicher zu entwickelnder Bereiche wird dadurch, dass die Instrumente in eine Webapplikation eingebunden sind, vereinfacht. Die im Protokoll eingetragenen Ergebnisse lassen sich über eine Excel-Importschnittstelle in die Applikation importieren. Dadurch können die Werte, entsprechend den jeweiligen Interessen, grafisch angeordnet und dargestellt werden, beispielsweise auf- oder absteigend. Für die Abschätzung des individuellen Handlungsbedarfs – beispielsweise die Konzeption individueller Förderpläne oder die Diskussion von Veränderungen im Lebensplan – wird grundsätzlich auf der Ebene der individuell gewichteten Variablen verblieben. Für eine vertiefte Analyse können auch die spezifischeren Itemwerte hinzugezogen werden. Zur Abschätzung des institutionellen Handlungsbedarfs erlaubt es das Instrument, alle eine organisationale Einheit repräsentierenden Personen (Wohngruppe, Abteilung, Wohnheim, Institution, Stiftungen) einzubeziehen, und errechnet für jede Variable automatisch den Mittelwert.

Organisationale Analyseinstrumente

Zusätzlich zu den individualisierten Analyseinstrumenten, welche – in kommunikativ und kognitiv angepasster Weise – der individuellen Erfassung lebensqualitätsrelevanter Bereiche dienen, kommt das organisationale Analyseinstrument zur Ermittlung des Organisationsprofils zum Einsatz. Jede sonderpädagogische Dienstleistungsorganisation hat ein eigenes Profil, verfolgt bestimmte Ziele und handelt dabei nach spezifischen Grund- und Leitsätzen. Solche Grund- und Leitsätze sind den Mitarbeitenden einer Organisation teilweise bewusst und zeigen sich explizit in Leitbildern, Stellenprofilen und Organigrammen. Die tägliche Arbeit ist geprägt von solchen Grund- und Leitsätzen. Oft werden diese jedoch kaum oder nur allgemein thematisiert. Genau hier greifen die erarbeiteten organisationalen Analyseinstrumente ein. Sie machen den Mitarbeitenden ihre Grund- und Leitsätze transparent und bewusst.

Die Ausgangslage für die organisationalen Analyseinstrumente bildet wiederum der Lebensqualitätskatalog. Auf seiner Basis lässt sich mit Hilfe der Instrumente Einzelmatrizen und Profilmatrix das institutionsspezifische Profil herausarbeiten.[140] Dazu sind drei Schritte nötig. In einem ersten Schritte werden entlang einer aufgespannten Matrix alle einander gegenübergestellten Variablenbeziehungen des Lebensqualitätskataloges mit einem Wert zwischen 0 und 3 gewichtet. Der Wert legt fest, welche Wirkung eine Variable auf eine andere Variable hat. Dabei wird beispielsweise die Wirkung der Variable ‹Ernährung› auf die Variable ‹Physische Mobilität› mit einem Wert zwischen 0 (keine Wirkung) und 3 (grosse Wirkung) belegt. Diese Gewichtung wird vorzugsweise je von drei Mitarbeitenden der Organisation aus ihrer persönlichen Sicht durchgeführt. Bei den Personen sollte es sich um Mitarbeitende handeln, die auf drei unterschiedlichen hierarchischen Ebenen (z.B. Behindertenbetreuung, Gruppenleitung, Bereichsleitung) arbeiten. In einem zweiten Schritt werden die drei ausgefüllten Profilmatrizen mechanisch miteinander verglichen und die abweichenden Werte besonders hervorgehoben.[141] Die abweichenden Gewichtungen werden in einem dritten Schritt in einer gemeinsamen Sitzung besprochen und ein von allen Beteiligten akzeptierter Konsens ausgehandelt. Das Ergebnis dieses dreiteiligen Verfahrens ist eine institutionelle Profilmatrix. Diese nimmt im Interventionsframework sensiQoL© eine entscheidende Funktion wahr. Die seriöse Herleitung der Einzelmatrizen und die anschliessende Konsolidierung zur Profilmatrix sind sehr zentral. Ihre Aushandlungsprozesse wirken als strategische Positionierung. Da die Interpretation der Beziehungen zwischen den Variablen sehr unterschiedlich ausfallen kann, werden diese in einem iterativen und interaktiven Prozess von den Beteiligten diskutiert und festgelegt. Jeder Variable der Profilmatrix wird eine charakteristische Eigenschaft in einem Feld von zwei Wirkungslinien zugeschrieben. Die eine Wirkungslinie repräsentiert eine aktive oder reaktive Wirkungstendenz, die andere eine kritische oder puffernde. Ist beispielsweise der Charakter der Variablen ‹Ernährung› tendenziell aktiv, bedeutet dies, dass sie auf andere Variablen eine starke Wirkung hat, sie selber jedoch nur schwach beeinflusst wird. Eine reaktive Variable hingegen hat der aktiven entgegengesetzt eine tiefe Wir-

---

[140] In Abhängigkeit von der Heterogenität der Klientel sollten verschiedene Profilmatrizen erarbeitet werden.

[141] Die Webapplikation ist so programmiert, dass die für die Bildung der Profilmatix relevanten Einzelmatrizen angewählt und anschliessend vom Programm automatisch verglichen werden. Dabei werden identische Werte der Einzelmatrizen übernommen und abweichende Gewichtungen gelöscht.

kung auf andere, wird selber aber stark beeinflusst. Ist der Charakter einer Variablen beispielsweise kritisch, dann wird darunter subsumiert, dass nicht nur ihre Wirkung auf andere stark ist, sondern dass sie selber auch stark von anderen Variablen beeinflusst wird. Puffernde Variablen haben weder eine starke Wirkung auf andere noch werden diese stark beeinflusst. Die vollständig ausgefüllte Profilmatrix widerspiegelt als Ergebnis dieses Bewusstmachungsprozesses das institutionsspezifische Profil der Organisationseinheit. Es lassen sich sowohl institutionelle Prioritäten als auch interventionsrelevante Charakterisierungen aller Variablen ableiten. Diese können mit Hilfe von Diagrammen visualisiert und analysiert werden. Damit ermöglichen sie einerseits die konsequente Hinführung der Mitarbeitenden auf inhaltlich relevante und formal klare Themenbereiche der Lebensqualität in Wohngruppen, Abteilungen, Wohnheimen oder Stiftungen, andererseits geben die Charaktereigenschaften der Variablen wertvolle Hinweise auf ihre nutzbringende Verwendung bei Interventionen.

6.3.2 Planungsinstrumente

Neben den Analyseinstrumenten sind auch Planungsinstrumente entwickelt und erprobt. Dies sind die Instrumente Ressourcensystem und Systemsimulation. Beide Instrumente beziehen sich auf die mit den Analyseinstrumenten erhobenen Daten, können sowohl auf individueller als auch auf organisationaler Ebene angewendet werden[142] und bilden die Grundlage einer lebensqualitätsorientierten Unterstützungsplanung.

Ressourcensystem

Die Lebensqualität eines einzelnen Klienten oder eines organisationalen Zusammenschlusses mehrerer Klienten, lässt sich durch eine Vielzahl miteinander in Beziehung stehender Lebensqualitätsvariablen als umfassendes System visualisieren. Aus diesem Gesamtsystem lassen sich – je nach Interesse – verschiedene kleinere Subsysteme herauslösen. Dasjenige System, das den zu entwickelnden Gegenstand kontextualisiert und die relevanten Lebenszusammenhänge systemisch darstellt, wird als Ressourcensystem bezeichnet. Um ein solches zu erstellen, wird zuerst eine derjenigen Variablen ausgewählt, deren Passungswert sich im vorgängigen Analyseprozess als tief herausgestellt hat. Diese Variable rückt nun – probeweise – ins Zentrum. Dann werden diesem zu entwickelnden Gegenstand automatisch sämtliche Variablen zugeordnet, die mit ihm in einer starken (3er-Gewichtung der Pro-

---

[142] Im hier vorliegenden Projekt wurde der Anwendungsbereich auf organisationale Einheiten beschränkt.

filmatrix) Verbindung stehen. So rückt beispielsweise bei einem Klienten, laut der individuellen Standortbestimmung, die Variable ‹physische Körperfunktion und -strukturen› ins Zentrum, weil für diese Variable ein tiefer Wert ausgewiesen wurde. Die Variable wird subjektbezogen von den Variablen ‹Ernährung› und ‹Selbstbild› beeinflusst. Ihrerseits beeinflusst sie fünf andere Variablen des Lebensqualitätskataloges, nämlich ‹Ernährung›, ‹physische Mobilität›, ‹Pflege des Körpers› und ‹soziale Interaktion›. Dabei sind grundsätzlich auch wechselseitige Beeinflussungen üblich. In diesem Beispiel bilden all diese Variablen mit ihren Verbindungen das Ressourcensystem des Entwicklungsbereichs ‹physische Körperfunktion und -strukturen›. Das erarbeitete Ressourcensystem lässt sich entsprechend den Anwenderpräferenzen grafisch darstellen.

Systemsimulation

Die Systemsimulation findet auf der Grundlage des Ressourcensystems statt. In zwei Arbeitsschritten kann mit diesem Instrument überprüft werden, wie der Wert respektive die Werte des zu entwickelnden Bereichs erhöht werden könnten. Dafür werden zuerst die Variablenbeziehungen verfeinert. Dies geschieht, indem die Wirkungen zwischen den Variablen für alle Werte zwischen 0 und 5 definiert werden. So lassen sich zusätzliche Feinabstufungen der Beziehungsstärken und zeitliche Abhängigkeiten der Beziehungsrelationen einbauen. In einem zweiten Arbeitsschritt werden die empirisch ermittelten Variablenwerte einer oder mehrerer Variablen im Ressourcensystem verschoben. Dies provoziert eine Veränderung des Systems, welche über eine fiktive Rundenzahl hinweg beobachtet und in einem Wirkungsdiagramm ausgewiesen werden kann. So können spielerisch verschiedene Interventionsvarianten formal vorweggenommen und mögliche Auswirkungen solcher Veränderungen aufgezeigt werden. Die Zusammenhänge zwischen einer Intervention und dem Resultat werden auf diese Weise transparent und quantitativ ausgewiesen. Allerdings ist diejenige Intervention, welche den grössten Erfolg ausweist, nicht immer die, welche für eine Organisation auch wirklich umsetzbar ist. Eine Intervention steht immer in Relation zu den vorhandenen Ressourcen und den Präferenzen einer organisationalen Einheit. Folglich fliessen in den Selektionsprozess, welche Variablen sich für eine Veränderung eigenen, die ermittelten Charaktereigenschaften der Variablen mit ein. Diese können – wie oben erläutert – in organisationsspezifischen Diagrammen eingesehen werden. Gestützt auf diese Charaktereigenschaften und im Vergleich der verschiedenen Simulationsresultate wählen die Anwender diejenigen Interventionen aus, welche die vorhandenen Ressourcen optimal verwerten, inhaltlich den besten Erfolg versprechen und ökonomisch nachhaltig sind.

Werden diese Planungsinstrumente systematisch in den sonderpädagogischen Alltag integriert, lassen sich individuelle und einheitsbezogene Situationsberichte sowie sinnvolle Entwicklungs- und Förderpläne aufstellen, anwenden und evaluieren. Interventionen sind inhaltlich operationalisierbar, legitimierbar und tragen zur Verbesserung der individuellen Lebensqualität der Klienten bei.

6.4 Fazit zu lebensqualitätsorientierten Analyse- und Planungsinstrumenten

Mit den vielseitig einsetzbaren Analyse- und Planungsinstrumenten verfügen sonderpädagogische Dienstleistungsorganisationen über eine umfassende Palette von Hilfsmitteln. Die Instrumente unterstützen die Mitarbeitenden dabei, relevante Bereiche der Lebensqualität zu erfassen, zu gewichten, zu beurteilen, darzustellen und zu simulieren. Die Überprüfung der einzelnen Instrumente in der praktischen Anwendung hat gezeigt, dass alle Instrumente sowohl zu Analyse- als auch zu Planungszwecken erfolgreich eingesetzt werden können. Die Analyseinstrumente erlauben nicht nur die Erarbeitung einer soliden Grundlage der momentanen Lebenssituation des Befragten, sondern sie fördern auch eine vertiefte Auseinandersetzung der Mitarbeitenden mit ihren eigenen Einstellungen zu wesentlichen Kriterien der Lebensqualität ihrer Klienten. Dies führt in auffallend konstruktiver Weise zu intensiven und diskursiven Gesprächen über die Ausrichtung der Organisationseinheit zu lebensqualitätsrelevanten Themen und inhaltlich zu einer wesentlich konkreteren Positionierung der Organisation. Mit den Planungsinstrumenten kann ein weiteres Stück des Lebens der Klienten geplant und mit dafür sinnvoll scheinenden Interventionen praktisch umgesetzt werden.

Nachdem mit der Zielperspektive Lebensqualität die normativen und mit den Analyse- und Planungsinstrumenten die instrumentellen Grundlagen des Interventionsframeworks sensiQoL© vorgestellt sind, werden anschiessend die strukturellen Grundlagen erarbeitet.

7. Management komplexer Probleme

Heutige Situationen sind vielfach so komplex, dass sie selten von Einzelpersonen und oft nur mit unterstützenden Instrumenten in relevanter Weise zu verstehen sind. Treten in solchen Situationen Probleme auf, sind diese schwer zu bewältigen. In diesem Kapitel wird eine Methodik vorgestellt, mit welcher komplexe Probleme effizient und effektiv dargestellt und gelöst werden können. Das Framework kombiniert einen systemischen Denkansatz mit entsprechenden Modellierungstechniken und einem systematischen Verfahren. Der offene Rahmen lässt es zu, dass das Framework auch auf zweckorientierte soziale Systeme übertragen werden kann. Diese Arbeit verdeutlicht dies am Lebensqualitätssystem von Menschen, die in sonderpädagogischen Dienstleistungsorganisationen leben und arbeiten. Um das Framework zu verstehen, wird in einem ersten Schritt der zentrale systemische Denkansatz des ‹Vernetzten Denkens› ausgeführt. Dieser Denkansatz ist grundlegend, um komplexe Probleme zu lösen. In einem zweiten Schritt werden vier Techniken erläutert, mit welchen die Probleme – ausgehend vom ‹Vernetzten Denken› – visualisiert und modelliert werden können. In einem dritten Schritt wird die Problemlösungsmethodik von Gomez und Probst (1987; 1999) vorgestellt. Sie entwickelten und vertreten einen wissenschaftlich fundierten und in der Praxis weit verbreiteten Problemlösungsansatz. Dieser vereint ‹Vernetztes Denken› und Modellierungstechniken in einem systematischen Verfahren, um Probleme effektiv und effizient zu lösen. Anschliessend wird auch für dieses Kapitel ein Fazit gezogen.

7.1 ‹Vernetzt Denken› als systemischer Denkansatz

Der Begriff des ‹Vernetzten Denkens› ist vor allem durch den Biokybernetiker[143] Frederic Vester (1988; 1991; 2003) geprägt. In den letzten Jahren gesellten sich vermehrt auch andere Termini wie ‹Systemisches Denken› (Dörner 2006), ‹Systems thinking› (Klir 2001), ‹Ganzheitliches Problemlösen› (Gomez et al. 1999) oder ‹Ganzheitliches Managen› (Honegger 2005) dazu. Diese und ähnliche Begriffe sind in verschiedensten Wissenschaftsbereichen in Mode gekommen. Sie werden in der Literatur zwar gerne und oft verwendet, aber kaum präzise definiert. Ausserdem sind die damit verbundenen Absichten zumeist exemplarisch oder pragmatisch ausgerichtet. Empirische Untersuchungen sind spärlich, theoretische und didaktische Reflexionen zur

---

[143] Die Kybernetik ist eine wissenschaftliche Disziplin. Sie beschäftigt sich mit Steuerungs- und Regelungsvorgängen bei Maschinen und lebenden Organismen und versucht komplizierte Zusammenhänge einfach und klar zu erfassen und damit besser zu verstehen (Kaufmann 2007, 6).

Entwicklung des ‹Vernetzten Denkens› fast überhaupt nicht zu finden (Ossimitz 1996, 281).

Diese Arbeit orientiert sich am Begriff des ‹Vernetzten Denkens›. Im Kern zielt der Begriff auf eine Erweiterung des monokausalen, funktionalen Denkansatzes in Ursache-Wirkungsrelationen. Erweitert wird dieser klassische Ansatz dadurch, dass auch indirekte Wirkungen und insbesondere Rückwirkungen von Wirkungen auf die Ursachen berücksichtigt und einbezogen werden. Um diese komplexen Zusammenhänge zu erfassen, ist eine systemische Sichtweise nötig. Nur so ist es möglich, die Dynamik von, in und zwischen Systemen und Teilsystemen zu erfassen. Dem Systembegriff kommt dabei eine entscheidende Rolle zu. In der Literatur wird er zwar vielfältig verwendet[144], beim ‹Vernetzten Denken› bezieht er sich jedoch auf ein soziales, offenes, hoch komplexes, dynamisches probabilistisches Ganzes mit bestimmten Verhaltenstendenzen. Der Charakter eines System wird definiert durch sein Verhalten im Zeitablauf (dynamisch, statisch), den Komplexitätsgrad (einfach, kompliziert, komplex, hochkomplex), die Bestimmtheit des Verhaltens (determiniert, probabilistisch) und durch die Art der Beziehungen untereinander (Mirow 2002, 35-37). Folglich besteht ein System diesem Verständnis nach immer aus Elementen[145], „die so miteinander verknüpft sind, dass kein Teil unabhängig ist von anderen Teilen und das Verhalten des Ganzen beeinflusst wird vom Zusammenwirken aller Teile (Ulrich et al. 1991, 30)." Die Systemgrenze umschliesst dabei den betrachteten Teil des Gesamtsystems und grenzt diesen von der Umwelt, dem nicht betrachteten Teil des Gesamtsystems, ab (Baisch 2000, 21; Kaufmann 2007, 14).

Ausgehend von diesem Systemverständnis wird in der Praxis des ‹Vernetzten Denkens› versucht, reale Systeme vereinfacht darzustellen und zu beschreiben. Das Ziel ist es, vereinfachte, unvollständige und subjektive, aber in ihren Merkmalen möglichst repräsentative Abbilder der Realität zu produzieren. Die kleinsten noch zu modellierenden Bestandteile solcher Modelle sind die Elemente. Sie sind durch ein Netz kausaler Zusammenhänge miteinander verbunden. Diese Zusammenhänge sind in beobachtbaren oder messbaren Beziehungen oder Relationen beschrieben (Mirow 2002, 34). Abbildung 47 stellt ein modelliertes System mit seinen Elementen und Beziehungen dar.

---

[144] Das Verwendungsspektrum reicht von technischen Maschinen bis zu Menschen und ihren Gemeinschaften (Kaufmann 2007, 14).

[145] In der Literatur werden für die Bezeichnung Element mehrere sprachliche Variationen wie Variable, Grösse, Faktor oder Komponente verwendet.

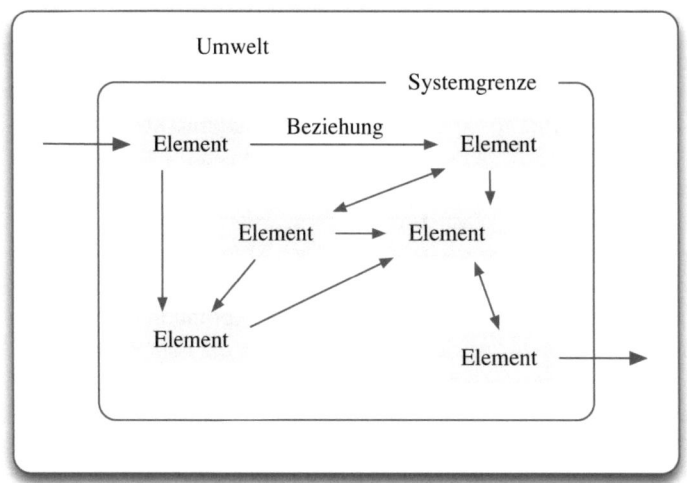

Abbildung 47: System und seine Bestandteile

Ein differenzierter Ansatz, den Begriff des ‹Vernetzten Denkens› zu systematisieren, stammt von Ossimitz (1996). Nach seinem Verständnis umfasst
der Begriff die Fähigkeit, indirekte Wirkungen zu erkennen und zu beurteilen
und dabei insbesondere Rückkopplungskreisläufe zu identifizieren sowie
komplexe Netze von Wirkungsbeziehungen zu modellieren und zu verstehen
(Ossimitz 2000, 49 f.). Um dies auszuführen, unterscheidet er vier zentrale
Dimensionen, die in den verschiedenen Systemansätzen mehr oder weniger
deutlich ausgeprägt sind respektive gewichtet werden. Die erste Dimension
ist die Vernetzungs-Komponente. Sie ist vermutlich die bekannteste der vier
Dimensionen systemischen Denkens. Dabei geht es um ein Denken in vernetzten, systemischen Wirkungsnetzen mit dem Ziel, Wirkungsketten sowie
eskalierende und stabilisierende Rückkoppelungen zu erfassen. Die erste
Dimension zielt auf eine Überwindung des einfachen, linearen Ursache-
Wirkungsdenkens ab und benötigt vernetzte Darstellungsformen wie Wir-
kungs- oder Flussdiagramme. Die zweite Dimension ist die Modell-Kompo-
nente. Diese weist explizit darauf hin, dass stets mit externalisierten Modellen von Systemen operiert wird. Modelle sind Abbilder einer viel komplexeren Realität. Sie heben gewisse Aspekte der systemischen Situation hervor
und vernachlässigen dabei andere. Damit zeigt modellorientiertes Denken
einerseits Grenzen gegen die Anmassung auf, dass durch irgendeine Systemanalyse die Wahrheit gefunden werden könnte. Andererseits gilt es zu
bedenken, dass durch die mit einem Modell verbundene Abstraktion immer
auch ein Informationsverlust verbunden ist (Kaufmann 2007, 16). Im Um-

gang mit Modellen empfiehlt es sich deshalb, diese als etwas Vorläufiges zu sehen, was durchaus noch verbessert, verändert, erweitert und abgewandelt werden kann. Die bewusste Reflexion des Modellcharakters scheint nach den bisherigen empirischen Forschungen (z.B. Klieme et al. 1994) von entscheidender Bedeutung zu sein. Anwender systemischer Ansätze müssen sich dessen bewusst sein. Die dritte Dimension ist die dynamische-Komponente. Diese unterstreicht, dass beim vernetzten Denken verschiedene Zeitabläufe wie Wachstumsprozesse, Verzögerungen oder Schwingungen berücksichtigt werden müssen. Dies ist insofern nötig, weil dadurch Rückkoppelungen erkannt werden können. Die vierte und letzte Dimension des vernetzten Denkens ist die pragmatische-Komponente. Der pragmatische Aspekt des systemischen Denkens betont die Fähigkeit der Systeme, sich praktisch steuern zu lassen und an der richtigen Stelle die richtigen Entscheidungen zu treffen. Diese Dimension wurde vor allem in der kognitionspsychologischen Problemlösungsforschung (Dörner 2006) sowie in systemischen Managementansätzen (Gomez et al. 1987; Gomez et al. 1999) betont (Ossimitz 1996, 281).

Ausgehend von diesen Dimensionen entwickelt sich das ‹Vernetzte Denken› zunehmend zu einer praxisrelevanten Methode, um komplexe Probleme zu analysieren und zu lösen. Die Methode begreift das Problem als System und bedient sich verschiedener Darstellungsformen. Anschliessend werden vier zentrale Techniken vorgestellt, um solche Systeme zu visualisieren und zu modellieren.

7.2 Modellierungstechniken

Wenn Systeme in der Realität keine Experimente zulassen oder übliche Denkmuster bei Umschreibungen von komplexen Systemen an ihre Grenzen stossen, kann auf die Verfahren der Modellierung von dynamischen Systemen zurückgegriffen werden. Die Ausgangslage solcher Verfahren bilden Modelle. Modelle sind vereinfachte und generalisierte Darstellungen eines realen Systems. Durch eine entsprechende Reduktion der Komplexität lenken Modelle die Aufmerksamkeit auf das Wesentliche und können so zu einem besseren Verständnis des realen Systems beitragen.

Die Art des Modells ist wesentlich von der gewählten Darstellungsform abhängig. Verallgemeinernd kann zwischen einem qualitativen und quantitativen Modellierstil unterschieden werden (Ossimitz 1991). Während es beim quantitativen Ansatz um die numerische Simulation der zeitlichen Entwicklung eines Systems geht, zielen qualitative Modelle entsprechend auf ein qualitatives Systemverständnis ab. Ossimitz differenziert zwischen vier systemischen Darstellungsformen; der verbalen Systembeschreibung, dem

Wirkungsdiagramm, dem Flussdiagramm und der Gleichungsdarstellung. Dabei sind die beiden erstgenannten tendenziell eher dem qualitativen, die beiden letztgenannten eher dem quantitativen Modellierstil zuzuordnen. Diese vier Darstellungsformen werden nachfolgend überblicksartig vorgestellt.

Verbale Beschreibungen

Verbale Beschreibungen von Systemmodellen nutzen die Laut- und Bildsprache. Sie sind zwar unmittelbar verständlich, gleichzeitig sind ihre Darstellungsmöglichkeiten aber wenig formalisierbar und bieten nur wenige Möglichkeiten zum Operieren.

Wirkungsdiagramme

Wirkungsdiagramme[146] sind im Wesentlichen gerichtete Knoten-Kanten-Graphen. Die Knoten stellen Systemelemente dar, die Kanten erfassen die Zusammenhänge zwischen den Elementen. Die Wirkung von einem Element auf ein anderes wird mit einem Pfeil dargestellt. Die Spitze des Pfeils zeigt in die Richtung der Beeinflussung. Vorzeichen am Pfeilende geben zusätzliche Auskunft über die Art der Einflüsse. Positive Vorzeichen (+) intendieren, dass es bei einer Zunahme von Element A zu einer Zunahme von Element B kommt respektive eine Abnahme von Element A zu einer Abnahme von Element B führt. Negative Vorzeichen (-) besagen, dass es bei einer Zunahme von Element A zu einer Abnahme von Element B kommt respektive eine Abnahme von Element A zu einer Zunahme von Element B führt. Elemente lassen sich zu zusammengehörenden Kreisläufen verbinden. Dadurch entsteht ein aus Regelkreisen zusammengesetztes Wirkungsnetz. Der Charakter des Regelkreises ergibt sich aus der Summe der darin enthaltenen gegenläufigen Beziehungen: Eskalierende Regelkreise existieren dann, wenn die Summe aller verstärkenden Vorzeichen (+) eine gerade Zahl ergibt (vgl. Abbildung 48), und stabile Regelkreise existieren, wenn die Summe aller negativen Vorzeichen (-) eine ungerade Zahl ergibt. Mit Wirkungsdiagrammen ist es somit möglich, systemische Vernetzungen qualitativ[147] darzustellen. Daraus ergeben sich wichtige Aufschlüsse über das Systemverhalten (Gomez et al. 1999, 72 f.; Ossimitz 2010).

---

[146] Wirkungsdiagramme werden in der Literatur vielfach auch Ursache-Wirkungsdiagramme oder Strukturdiagramme genannt. Im Englischen ist die häufigste Bezeichnung causal loop diagram (CLD) oder structural diagram (z.B. Richardson 1991).

[147] Die Elemente in Wirkungsdiagrammen können sowohl quantitative als auch qualitative Grössen sein (Ossimitz 2000, 71 ff.).

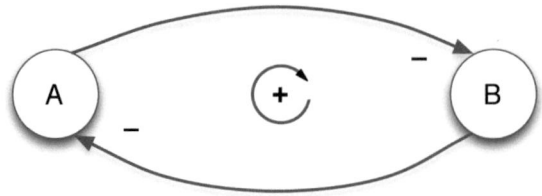

Abbildung 48: Wirkungsdiagramm (eskalierender Kreislauf)

Flussdiagramme

Flussdiagramme sind weiterentwickelte Wirkungsdiagramme. Durch die Abbildung des dynamischen Verhaltens komplexer Systeme mittels Simulationen ermöglichen sie, ein tieferes Systemverständnis zu erlangen. Dazu ist es erforderlich, das System weiterzuspezifizieren. In einer solchen Spezifizierung wird zwischen zwei Typen von Systemelementen differenziert: Bestands- und Flussgrössen (Ossimitz 1996, 280). Bestandsgrössen beschreiben einen momentanen Zustand und beziehen sich daher auf einen bestimmten Zeitpunkt. Änderungen im Zeitablauf erfolgen ausschliesslich durch Zu- oder Abflüsse. Flussgrössen hingegen beschreiben die Art der Änderung. Dabei kann zwischen Zu- und Abflüssen unterschieden werden. Bisweilen wird auch zwischen anderen Beziehungstypen unterschieden oder es werden zusätzliche Hilfsgrössen generiert.

Flussdiagramme arbeiten ausschliesslich mit quantitativen Grössen. Durch die Unterscheidung von Bestands- und Flussgrössen werden wesentliche Elemente der numerischen Simulation dynamischer Systeme in das Flussdiagramm integriert, denn jede in einem Flussdiagramm modellierte Grösse ist im wesentlichen eine Zahl.

Gleichungsdarstellungen

Gleichungsformen beziehungsweise Systeme von Differenzengleichungen zählen vollständig zur quantitativen Darstellung von Systemmodellen. Sie enthalten durchwegs quantifizierte Grössen und stark formalisierte Beziehungen (mathematische Funktionen, Gleichungen, Rechenanweisungen für Computer), welche in der Systemdynamik direkt auf numerische Simulation ausgerichtet sind. Kenntnisse über die zugrunde liegenden mathematischen Beziehungen erlauben eine Berechnung beziehungsweise Prognose von Systemzuständen.

Nachdem die zentralen systemischen Denkansätze und die wichtigsten Darstellungsformen von Problemsystemen bekannt sind, wird nachfolgend die Problemlösungsmethodik von Gomez und Probst vorgestellt (1987; 1999).

7.3 Problemlösungsmethodik von Gomez und Probst

Im Jahre 1987 publizierten die Professoren Peter Gomez und Gilbert J. Probst unter dem Titel ‹Vernetztes Denken im Management› ein Heft in der Reihe ‹Die Orientierung› (1987). In diesem Heft präsentierten sie – ausgehend von sieben Denkfehlern des Problemlösens in komplexen Situationen – sieben Bausteine einer Methodik des ganzheitlichen Problemlösens (Gomez et al. 1987, 16). Diese sieben Schritte bildeten den ersten strukturellen Entwurf, um komplexe Probleme[148] zu lösen. In den nachfolgenden Jahren wurde die Methode laufend weiterentwickelt und gleichzeitig sukzessive auf sechs und schliesslich auf fünf Schritte reduziert (Gomez et al. 1999, 24).[149] Schritt eins widmet sich der Identifikation des Problems. Schritt zwei untersucht die verschiedenen Zusammenhänge und Spannungsfelder der Problemsituation und versucht diese zu verstehen. Im dritten Schritt werden Gestaltungs- und Lenkungsoptionen erarbeitet. Diese werden im vierten Schritt beurteilt und im fünften und letzten Schritt wird die selektionierte Lösung umgesetzt und verankert. Die fünf Schritte sind iterativ im Sinne einer schrittweisen Verfeinerung zu verstehen und entsprechend anzuwenden. In ihren Inhalten verbinden sie vernetztes und dynamisches Denken mit systemischem Handeln.[150] Bei Gomez und Probst werden diese Dimensionen als Prozesse des ‹Vernetzten Denkens›, des ‹Unternehmerischen Handelns› und des ‹Persönlichen Überzeugens› benannt. Die Prozesse des vernetzten Denkens werden über Konzepte gesteuert und geleitet, diejenigen beim unternehmerischen Handeln werden durch Instrumente begleitet, und beim persönlichen Überzeugen manifestieren sie sich als bestimmte Verhaltens-

---

[148] Abgrenzend zu einfachen oder komplizierten Problemen zeichnen sich komplexe durch eine Vielzahl stark verknüpfter Einflussgrössen aus, deren Interaktion sich laufend verändert (Gomez et al. 1999, 15).

[149] In der Literatur finden sich vier- bis siebenschrittige Problemlösungsverfahren. Im Kern beinhalten all diese Verfahren vier zentrale Schritte, die jeweils unterschiedlich benannt werden. Inhaltlich handelt es sich um die Erfassung, Planung, Durchführung und Evaluation (Güttler et al. 2003).

[150] Vernetztes Denken berücksichtigt primär indirekte Wirkungen, eskalierende und stabilisierende Rückkoppelungen und Wirkungsnetze. Beim dynamischen Denken werden zusätzlich zeitliche Elemente wie Verzögerungen, Schwingungen, Bestände vs. Flüsse hinzugefügt und geben dem an sich statischen Modell eine zeitliche Eigendynamik. Und systemisches Handeln versucht, die Systeme mit der richtigen Intensität und zur richtigen Zeit nachhaltig zu steuern.

weisen (vgl. Abbildung 49) (Gomez et al. 1999, 27). Folglich geht die Methode heute deutlich über die Modellbildung im klassischen Sinne hinaus. Sie unterstützt die Anwender dabei, komplexe Probleme zu identifizieren, die relevanten Zusammenhänge der Problemsituation zu verstehen, nachhaltige Lösungen zu selektionieren und anschliessend umzusetzen. Damit dient sie der Erklärung von Sachverhalten, aber nicht deren Begründung. Insgesamt überzeugt das Framework darin, systemisches Denken in eine unternehmerische Managementpraxis zu integrieren, um komplexe Unternehmungsprobleme qualitativ und nachhaltig anzugehen. Sie wird zwar vorwiegend bei ökonomischen Fragestellungen angewendet, allerdings lässt sie sich auch auf komplexe Problemstellungen aus anderen Praxisfeldern – beispielsweise dem ökologischen oder dem gesellschaftlichen Bereich – übertragen (Gomez et al. 1999, 9; Honegger et al. 2007, 32). Dies ist deshalb möglich, weil die Methode hinsichtlich der Auswahl und Gestaltung von System-Lenkungseingriffen offen und flexibel konzipiert ist.

	Konzepte: vernetzt denken	Instrumente: unternehmerisch handeln	Verhaltensweisen: persönlich überzeugen
1. Probleme entdecken und identifizieren	• unterschiedliche Standpunkte einnehmen • Zweckbestimmung und Systemabgrenzung vornehmen • Schlüsselfaktoren ableiten	• Anspruchsgruppen-teams bilden • Ziele festlegen • Kompetenzen aufbauen	• Verantwortung übernehmen • Visionen kommunizieren • Schwergewichte setzten
2. Zusammenhänge und Spannungsfelder der Problemsituation verstehen	• den zentralen Kreislauf identifizieren • das Netzwerk aufbauen • zeitliche Abhängigkeiten und Intensitäten ermitteln	• nach Prozessen statt Funktionen organisieren • die Geschäftslogik entwickeln • Zeitmanagement umsetzen	• Unternehmergeist fördern • Paradoxien/Dilemmata managen • Projekt- und Teamarbeit fördern
3. Gestaltungs- und Lenkungsoptionen erarbeiten	• Verhaltensmuster der nicht lenkbaren Bereiche ermitteln • Lenkungsoptionen identifizieren • Indikatoren der Zielerreichung festlegen	• Szenerien entwickeln und durchspielen • kreative Problemlösungen entwickeln • Fortschritte in der Problemlösung überwachen	• zukunftsorientiert denken und handeln • Machbarkeiten und Grenzen aufzeigen • zielorientiert führen und Kreativität fördern
4. Mögliche Problemlösungen beurteilen	• die Einhaltung der systematischen Lenkungsregeln sicherstellen • Alternativen qualitativ beurteilen • mögliche Problemlösungen quantitativ bewerten	• die Eigengesetzlichkeiten des Unternehmens nutzen • Benchmarking praktizieren • Wertsteigerungen realisieren	• die Mitarbeiterinitiative fördern • den Risikodialog suchen • die Interessen der Anspruchsgruppen sicherstellen
5. Problemlösungen umsetzen	• Stufengerecht und multidimensional verankern • Früherkennung und Fortschrittskontrolle sicherstellen • Entwicklungsprozesse und -fähigkeiten erfassen	• Umsetzung planen und kommunizieren • Ziel- und anreizorientiert realisieren • lernorientiertes Controlling einführen	• Dialog praktizieren • Vertrauens- und sinnorientiert führen • Lernprozesse auslösen und unterstützen

Abbildung 49: Problemlösungsmethodik von Gomez und Probst (Gomez et al. 1999, 28 f.)

Die fünf zentralen Ablaufschritte mit ihren jeweiligen Unterschritten und den drei Prozessfeldern definieren den strukturellen Rahmen des Lösungsverlaufs. Innerhalb der einzelnen Schritte operiert das Framework mit Instrumenten und Techniken, um die Probleme zu visualisieren und systemisch abzubilden. Die zentrale Darstellungstechnik bildet das Wirkungsdiagramm. Damit können die wesentlichen Systemelemente festgehalten, die Zusammenhänge zwischen den Elementen dargestellt und stabilisierende beziehungsweise eskalierende Rückkoppelungen erkannt werden. Gomez und Probst arbeiten allerdings auch mit einfachen verbalen Beschreibungsverfahren sowie anspruchsvolleren Flussdiagrammen. Gleichungsdarstellungen, die direkt auf numerische Simulationen ausgerichtet sind und deshalb vorwiegend computerbasiert errechnet werden, sind in ihren Ausführungen nur beiläufig erwähnt. Sie argumentieren, „[...] dass es in den weitaus meisten Fällen genügt, mit Papiermodellen und gedanklichen Simulationen zu arbeiten" (Gomez et al. 1999, 134). Heute muss diese Situation jedoch neu beurteilt werden. In den vergangenen zehn Jahren wurde die Entwicklung von kommerziellen, computerbasierten Instrumenten, welche dabei helfen, die Probleme als Systeme darzustellen, diese zu beschreiben, zu modellieren, zu analysieren und sogar zu simulieren, stark vorangetrieben. Solche Verfahren sind heute selbst für Laien zu bedienen und vereinfachen die Problemlösungsprozesse. Zu den bekanntesten computergestützten Simulationsmodellen gehören im deutschsprachigen Bereich beispielsweise das Sensitivitätsmodell Prof. Vester®[151], der Object-VersPlan[152], der Consideo Modeler[153], die Gamma-Methodik[154] oder Heraklit[155]. Wenn anschließend die fünf Pro-

[151] Das Sensitivitätsmodell Prof. Vester® wurde unter der Leitung von Prof. Dr. Dr. h.c. Frederic Vester konzipiert und ständig im Dialog weiterentwickelt. Es ist ein computerbasiertes Planungs- und Mediationswerkzeug für komplexe Systeme. Das Modell soll zur Rationalisierung der Arbeit mit Netzwerken beitragen und die Möglichkeit der Simulation eröffnen (Gomez et al. 1987, 133; Vester 2003). Heute wird es vom Malik Management Zentrum St. Gallen vertrieben.

[152] Object-VersPlan wurde von Ralf Klotzbücher entwickelt. Es ist ein Planspielgenerator zur Entwicklung von Planspielen im Versicherungssektor (Klotzbücher 1996).

[153] Consideo Modeler ist ein universitäres Hilfsmittel zur Visualisierung und Simulation komplexer Probleme mit Methoden wie Brainstorming, Mindmapping oder mit Hilfe der Systemtheorie System Dynamics. Es wird von der Consideo GmbH vertrieben (Consideo 2009).

[154] Gamma steht für eine Methodik und ein PC-Werkzeug und bedeutet ‹Ganzheitliche Modellierung und Management komplexer Systeme›. Das PC-Werkzeug ist ein Produkt der TERTIA Edusoft GmbH. Gamma ist offen konzipiert, das heißt, die Anwender formulieren die relevanten Elemente und deren Verbindungen selber. Das Programm bietet mehrere Analysefunktionen wie die Untersuchung betroffener und beeinflusster Elemente, Rückkoppelungs- und Zeitanalysen an (Gomez et al. 1999, 133; Hub 1994; Wahren 1996, 39).

blemlösungsschritte von Gomez und Probst vorgestellt werden, so orientieren sich die Ausführungen zwar entlang der Struktur der einzelnen Schritte, allerdings werden die inhaltlichen Schwerpunkte in den für diese Arbeit relevanten Bereichen gesetzt. Dazu zählen einerseits die konzeptionellen und instrumentellen Aspekte aus den beiden Prozessbereichen ‹vernetzt denken› und ‹unternehmerisch handeln›, andererseits Exkurse zu computerbasierten Instrumenten.

7.3.1 Schritt 1: Probleme entdecken und identifizieren

Bei der Problementdeckung und -identifikation bedeutet vernetztes Denken, die Problemsituation aus verschiedenen Perspektiven zu beleuchten. Nur so können die ganzheitlichen Konturen des Problems herausgearbeitet werden. In einem ersten Schritt geht es deshalb darum, das zu untersuchende System zu beschreiben sowie mögliche Systemgrenzen zu erfassen (Gomez et al. 1999, 40-43). Dabei bringen verschiedene Anspruchsgruppen ihre jeweils unterschiedliche Wahrnehmung im Hinblick auf die Problemsituation ein. Dass die jeweiligen Anspruchsgruppen unterschiedliche Interessen und Problemwahrnehmungen verfolgen, ist konstruktiv für eine vollständige Erfassung der Problemsituation. Für die Bearbeitung des Problems wird eine Gruppe, bestehend aus Vertretern der verschiedenen Anspruchsparteien, gebildet. Die Zusammenstellung der Gruppe muss im Hinblick auf die Problemlösung zweckmäßig und ausgewogen sein (Gomez et al. 1999, 50). In einem zweiten Schritt wird einerseits der Zweck bestimmt, den der Untersuchungsgegenstand aus Sicht der verschiedenen Anspruchsgruppen erfüllt. Ziel dieser Zweckbestimmung ist es, das System so abzugrenzen, dass nur die relevanten Aspekte der Problemsituation einbezogen werden. Ist ein zu untersuchendes System zu umfassend, so wird es in einzeln zu analysierende Teilsysteme gegliedert. Interessieren bestimmte Einzelheiten, ist das entsprechende Subsystem herauszulösen und auf einer tieferen Abstraktionsebene konkreter abzubilden (Gomez et al. 1999, 43-47). Andererseits werden die Ziele der Anspruchsgruppen festgehalten, operationalisiert, hierarchisch gegliedert und bereits die erforderlichen Kompetenzen für eine Zielerreichung ermittelt. Eine vollständige Zielharmonisierung ist in den wenigsten Fällen zu erwarten (Gomez et al. 1999, 54 f.). In einem dritten Schritt werden

---

[155] Heraklit ist sowohl eine Methode als auch eine kommerzielle Software für Manager und Berater, die Unternehmens-, Organisations-, Personal- oder Regionalentwicklungsprozesse steuern. Die Methode besteht aus acht Schritten, von der Systemabgrenzung bis zur Systemveränderung. Mit der Software lassen sich Wirkungsnetze und Szenarien erstellen. Damit werden Entscheidungen und Strategien transparenter und leichter nachvollziehbar.

aus den im Rahmen der Systembeschreibung und -abgrenzung erfassten Informationen diejenigen Variablen abgeleitet, welche die wichtigsten Aspekte des Systems repräsentieren und für das Systemverhalten eine wesentliche Rolle spielen. Mit einer Selektion von 20 bis 40 Variablen kann eine überschaubare Systemabbildung erreicht werden.[156] Eine systemrelevante Beschreibung hängt jedoch nicht nur von der Anzahl der Variablen ab. Entscheidend dabei ist auch die richtige Zusammensetzung auf dem entsprechenden Abstraktionsniveau[157]. Um dies zu gewährleisten, verweisen Gomez und Probst (1999) auf die von Vester (2005) entwickelte Kriterienmatrix (Vester 2005, 218 ff.). Diese besteht aus 18 für ein System relevanten Grundaspekten. Dazu zählen sieben Lebensbereiche, drei physikalische Grundkriterien eines Elements, vier Aspekte der Systemdynamik und vier Arten der Systembeziehung (Vester 2005, 219-222). Um eine einseitige Betrachtung zu verhindern, werden alle 18 Kriterien in Querdimensionen quantifiziert und aufsummiert. Der Einsatz einer Kriterienmatrix ist allerdings unter dem Aspekt eines effektiven und praxisorientierten Vorgehens für Unternehmen weniger geeignet, denn die Kriterien sind nicht unternehmensspezifisch (Jurgelucks 2008, 39). Folglich ist situativ zu entscheiden, mit welchen Mitteln und Verfahren ein das Problem repräsentierender Variablenkatalog hergeleitet wird.

7.3.2 Schritt 2: Zusammenhänge und Spannungsfelder der Problemsituation verstehen

Im zweiten Schritt der Problemlösungsmethodik wird das Problem in einem Netzwerk übersichtlich dargestellt und die Charaktere der systemrelevanten Variablen spezifiziert. Dadurch entwickeln die Anwender ein Verständnis für die Natur der Beziehungen zwischen den problemrelevanten Teilen.

Netzwerk aufbauen

Um Komplexität sichtbar und verständlich darzustellen, müssen die wesentlichen Größen ganzheitlich dargestellt werden. Die Erkenntnis der Zusammenhänge in einem System basiert auf dem schrittweisen Aufbau eines Wirkungsnetzwerks[158], welches die wechselseitigen Beziehungen zwischen den

---

[156] Der Consideo Modeler (2009) empfiehlt 6 bis 10 Elemente pro System. Allerdings arbeitet diese Software sehr stark mit Sub-Netzen (Consideo 2009).

[157] Vester (2005) spricht von der Aggregationsebene (Vester 2005, 213) und Dörner (2006) vom Auflösungsgrad der Betrachtung (Dörner 2006, ca. 115).

[158] Wirkungsnetze bestehen aus mehreren Wirkungsdiagrammen und werden alternativ auch als Wirkungsgefüge, Feedback-, Einfluss- (engl. Influence Diagram) oder kausales Kreislaufdiagramm (engl. Causal-Loop-Diagramm) bezeichnet.

Variablen darstellt (Gomez et al. 1999, 72-89; Vester 2005, 239 ff.). Mit einem solchen Wirkungsnetz wird versucht, sich ein Bild von der Komplexität des betrachteten Systems zu erarbeiten, um so die Struktur und Systematik des Problems aufzuzeigen. Das Netzwerk wird mit der Wirkungsdiagramm-Technik in drei Arbeitsschritten erstellt. Erstens wird der zentrale Wirkungs-kreislauf definiert, zweitens das Netzwerk ausgebaut und drittens werden die zeitlichen Abhängigkeiten und Intensitäten ermittelt. Dabei werden alle in einem System relevanten Variablen berücksichtigt.

Der Aufbau des Netzwerkes beginnt mit der Identifikation des zentralen Kreislaufs. Weil dieser die Problemsituation antreibt, wird er auch System-motor genannt. Das Vorgehen wird durch die in den Mittelpunkt gestellte Perspektive der Problemsituation bestimmt. Ausgehend vom zentralen Kreislauf wird anschließend das Netzwerk schrittweise durch weitere sys-temrelevante Größen ergänzt und zu einem problemrepräsentativen Netz-werk (Wirkungsgefüge) ausgebaut. Welche Variablen dabei als bedeutsam in Erscheinung treten, hängt von den eingenommenen Perspektiven und den identifizierten Schlüsselfaktoren ab. Die berücksichtigten Variablen sollten in etwa das gleiche Abstraktionsniveau aufweisen. Wirkungen werden im Netzwerk mit Pfeilen dargestellt. Verstärkende Wirkungen (je mehr, desto mehr) werden mit einem (+) und dämpfende beziehungsweise stabilisieren-de (je weniger, desto weniger) mit einem (–) versehen.[159] Stehen Variablen in einer wechselseitigen Beziehung, so spricht man von Rückkoppelung oder Feedback. Dabei gilt es zwischen verstärkenden und stabilisierenden Regel-kreisen zu unterscheiden. Stabilisierende Regelkreise bestehen aus einer be-liebigen Anzahl positiver und aus einer ungeraden Anzahl negativer Wir-kungsbeziehungen. Diese selbstregulierenden Regelkreise werden auch als negative Rückkoppelungen bezeichnet. Sie tragen zur Systemstabilität bei, indem sie Veränderungen dämpfen und einen Gleichgewichtszustand an-streben. Verstärkende Regelkreise setzen sich aus einer geraden Anzahl positiver Wirkungen oder ausschließlich aus gleichgerichteten Wirkungsbe-ziehungen zusammen. Diese haben die Eigenschaft, sich selbst zu verstär-ken. Folglich ist ein solches System nie stabil, jedoch wichtig, um Entwick-lungen in Gang zu setzen. Damit in einem aus verschiedenen Regelkreisen zusammengesetzten Netzwerk ein Gleichgewichtszustand herrschen kann,

---

[159] Bei einer verstärkenden Beeinflussung spricht man auch von einer positiven oder gleichgerichteten Wirkung: Eine Zunahme der Variablen X führt zu einer Zunahme der Variablen Y und umgekehrt. Bei einer dämpfenden beziehungsweise stabilisie-renden Beeinflussung spricht man auch von einer negativen oder gegengerichteten Wirkung: Eine Zunahme der Variablen X führt zu einer Abnahme der Variablen Y und umgekehrt.

müssen negative über positive Rückkoppelungen dominieren (Gomez et al. 1999, 78-84; Vester 2005, 240 ff.).

Die Anzahl und die Art der Regelkreise sagt bereits einiges über den Charakter und das Verhalten eines Systems aus. So lässt eine geringe Zahl von Rückkoppelungen eher auf ein von äußeren Faktoren abhängiges Durchflusssystem schließen, ein solches mit vielen hingegen auf ein eher autarkes Verhalten. Auch die Länge der Wirkungsketten gibt Hinweise. Rückkoppelungen mit vielen Zwischenschlaufen bedeuten Rückwirkungen mit Zeitverzögerungen. Diese können, weil sie meist zu spät erkannt werden, gefährlich sein. Kurze Regelkreise zwischen zwei oder drei Variablen deuten dagegen meist auf eine rasche Reaktion hin. Bei negativer Rückkoppelung bedeutet das Einstellung auf ein Gleichgewicht, bei positiver Rückkoppelung rasches Aufschaukeln (Vester 2005, 244). Weiter ist der Regelkreisanalyse zu entnehmen, welche Variablen mit und welche ohne Rückkoppelungen im System eingebunden sind. Variablen ohne Rückkoppelungen oder mit nur einer Beziehung sind daher nochmals auf Ihre Systemrelevanz hin zu überprüfen. Auch ist zu untersuchen, ob alle Variablen im Gesamtsystem eingebunden sind oder ob gewisse Variablen ein isoliertes Teilsystem bilden. Die Regelkreise können auch analysiert werden, um den Vernetzungsgrad[160] zu ermitteln. Ein gewisses Maß an Vernetzung ist für das System förderlich, eine zu hohe oder zu tiefe Vernetzung führt hingegen zu Instabilität (Principe 1994, 248 f.). Bei der Zusammenstellung des Netzwerks ist darauf zu achten, dass wirklich nur die relevanten Variablen und die wesentlichen Beziehungen berücksichtigt und festgelegt werden.

Nachdem das Netzwerk aufgebaut ist, werden die zeitlichen Abhängigkeiten der Wirkungen und die Intensitäten der Beeinflussungen ermittelt. Zeitliche Abhängigkeiten werden üblicherweise nach kurz-, mittel- oder langfristigen Wirkungen unterteilt. Dies wird mit unterschiedlichen Strichdicken der Pfeile dargestellt. Was konkret unter der jeweiligen Zeiteinheit verstanden werden soll, muss festgelegt werden. Im Rahmen einer Zeitraum-Betrachtung ist außerdem zu beachten, dass eine Beziehung zwischen zwei Variablen ihren Charakter im Zeitablauf verändern kann.[161] Die Bestimmung der Wirkung und des Zeithorizonts sagen noch nichts darüber aus, wie intensiv sich die

---

[160] Anzahl Beziehungen / Anzahl Variablen

[161] Die Berücksichtigung des Zeitaspekts dient Gomez und Probst lediglich der zusätzlichen Unterstützung für die Analyse des Netzwerks. Eine differenzierte Berücksichtigung der zeitlichen Abhängigkeiten findet sich bei Vester im Rahmen der Teilszenarien und Simulationen (Vester 2003, 250-263). Mit Hilfe einer Funktion lässt sich dabei die Wirkung einer Variable auf eine andere auch in zeitlicher Hinsicht bestimmen (Vester 2003, 258).

Veränderung einer Größe auf andere auswirkt. Die Intensität der Wirkungsbeziehungen kann schwach, mittel oder stark sein. Dies lässt sich durch entsprechende Markierung der Pfeile mit Zahlen oder Farben festhalten. Die Intensitäten der Beziehungen zwischen den Variablen werden mit Hilfe einer so genannten Einflussmatrix[162] ermittelt. Darin wird jede Größe des Netzwerks mit jeder anderen in Beziehung gesetzt. Eine direkte Selbstbeeinflussung der Variablen wird nicht berücksichtigt. Die Intensitätsskala der Beziehungen besteht aus vier Stufen (0-3). Der Wert 0 bedeutet, dass zwischen zwei Elementen keine direkte Beziehung besteht, 1 steht für eine schwache Beziehung, 2 für eine mittlere und 3 für eine starke Beziehung (Gomez et al. 1999, 84 f.). Die Anwender müssen das Eichungsmaß der Einflussmatrix selber finden. Dies geschieht entweder intuitiv oder über inhaltliche Ausformulierungen der einzelnen Skalenwerte – mitunter auch nur der beiden Extremwerte 0 und 3. Dadurch, dass die Anwender die Werte selber mit den für sie relevanten Inhalten belegen, ist das Instrument immer sensitiv für die aktuelle Problemsituation. Die selbst gewählten Extremwerte begrenzen den für die Anwender repräsentativen Ausschnitt. Eine Profilierung ist auf jedem Problemniveau möglich.

Damit ist das Netzwerk aufgebaut und die zentralen Beziehungsspezifikationen sind gebildet. Anschließend gilt es die Charaktere der Variablen zu spezifizieren.

Charaktere der systemrelevanten Variablen spezifizieren

Aus den in der Einflussmatrix definierten Wirkungsintensitäten aller Beziehungen lassen sich die Charaktereigenschaften der systemrelevanten Variablen ableiten. Die Eigenschaften sind insbesondere im Hinblick auf Interventionsmaßnahmen wertvoll.

Eine erste Systemanalyse erfolgt über die horizontale Addition aller Zeilenwerte und die vertikale Addition aller Spaltenwerte der Einflussmatrix. Addiert man die horizontalen Werte, erhält man die Aktivsumme. Diese Summe erlaubt Aussagen über die Beeinflussbarkeit der Variablen auf die übrigen Variablen. Die Addition der vertikalen Werte ergibt die Passivsumme. Diese widerspiegelt die Beeinflussung einer Variablen durch die anderen Variablen. Werden die Größen nach ihrer Einflussnahme einerseits und ihrer Beeinflussbarkeit andererseits kategorisiert, so lassen sich vier Typen von Größen unterscheiden: Aktive, kritische, reaktive und träge[163].[164] Aktive Va-

---

[162] Die Einflussmatrix wurde von ihrem Erfinder, Frederic Fester, auch Papiercomputer genannt (Vester 1990, 36).

[163] Vester (2003) spricht von puffernden, Gomez und Probst (1999) von trägen Variablen.

riablen beeinflussen die anderen Variablen stark, werden aber selbst wenig beeinflusst. Sie eignen sich besonders als Steuergrößen, da sie die größte Hebelwirkung aufweisen. Reaktive Variablen haben einen geringen Einfluss, werden aber stark von anderen beeinflusst. Systemveränderungen wirken sich vorwiegend bei ihnen aus, ohne dass sie auf das System verändernd zurückwirken. Sie eignen sich daher als Indikatoren zur Beurteilung der Auswirkung von Veränderungen oder Gestaltungsmaßnahmen. Kritische Variablen beeinflussen stark, werden aber auch selbst stark beeinflusst. Sie eignen sich damit zwar für Steuerungsmaßnahmen, sind aber aufgrund möglicher Kettenreaktionen mit Vorsicht zu behandeln. Träge Variablen verfügen weder über eine ausgeprägte Einflussnahme noch werden sie wesentlich von anderen Variablen beeinflusst. Sie können aufgrund ihrer geringen Bedeutung für die Dynamik eines Systems weitgehend vernachlässigt werden. Welche Rollen (aktiv, reaktiv, kritisch oder träge) die einzelnen Variablen im System einnehmen, lässt sich in einem Rollendiagramm graphisch darstellen. Dabei lassen sich alle Variablen, ihrer kybernetischen Rolle entsprechend, in den Spannungsfeldern aktiv-reaktiv sowie kritisch-puffernd verorten (Gomez et al. 1999, 84-89).

Eine zentrale Stärke von Einflussmatrizen ist, dass verschiedene Gruppen mit ihren jeweiligen Ansprüchen und Interessen eine Matrix ausfüllen können und sich diese anschließend konsolidiert in eine Konsensmatrix[165] übertragen lassen. Größere Abweichungen bei den Gruppeneinflussmatrizen sind kritisch zu hinterfragen und gegebenenfalls anzupassen. Dieses Vorgehen einer Konsensbildung berücksichtigt die Blickwinkel aller einbezogenen Anspruchsgruppen und legt ihre subjektiven Wahrnehmungen zur Problemsituation offen.

---

[164] Die Berechnung dieser vier Grössen wird bei Vester beschrieben. Er spricht von Einflussindizes, in der die Variablen im Verhältnis aktiv-reaktiv (Q-Wert) sowie kritischträge (P-Wert) dargestellt werden. Der Q-Wert wird ermittelt, indem man die Aktivsumme durch die Passivsumme dividiert. Die Variable mit dem höchsten Q-Wert ist das aktivste, jene mit dem niedrigsten das reaktivste Element. Vester nimmt dabei eine Skalierung in hochaktiv, aktiv, leicht aktiv, neutral, leicht reaktiv, reaktiv und hoch reaktiv vor. Umgekehrt verhält es sich mit dem P-Wert. Bei seiner Berechnung werden die Aktiv- und Passivsumme multipliziert. Variablen mit einem hohen P-Wert sind kritische, solche mit einem niedrigen träge Variablen. Auch hier ist eine Skalierung in hochkritisch, kritisch, leicht kritisch, neutral, schwach träge, träge und stark träge möglich (Vester 2003, 230-232).

[165] Die im vorangehenden Kapitel als organisationales Analyseinstrument vorgestellte Profilmatrix entspricht ihrer Funktion nach der Konsensmatrix.

7.3.3 Schritt 3: Gestaltungs- und Lenkungsmöglichkeiten erarbeiten

Nachdem die problemrelevanten Variablen identifiziert, in einem Netzwerk dargestellt und ihre Eigenschaften spezifiziert sind, stellt sich die Frage nach den Einflussmöglichkeiten. Diese sind nämlich eingeschränkt. Nur eine begrenzte Anzahl von Variablen lassen sich beeinflussen. Für die Anwender ist daher von Interesse, welche Größen für sie beeinflussbar sind und welche außerhalb ihres Einflussbereichs liegen. Um die Möglichkeiten und Grenzen des Systems zu kennen, werden in diesem Arbeitsschritt einerseits nicht lenkbare und lenkbare Bereiche bestimmt, andererseits Indikatoren. Indikatoren zeigen an, ob mit der Einflussnahme auch das erwünschte Ergebnis erzielt werden konnte.

Nicht lenkbare Bereiche identifizieren

Viele Aspekte einer Problemsituation werden exogen bestimmt und entwickeln sich eigendynamisch. Es sind im weitesten Sinne Umweltfaktoren wie die Gesamtwirtschaft, Natur, Gesellschaft, Technologieentwicklung, Wertveränderungen oder das Konkurrenzverhalten. Diese sind für den auf einer bestimmten Ebene agierenden Problemlöser nicht direkt beeinflussbar. Solche Einflüsse zählen zu Rahmenbedingungen, deren Veränderungen einfach geschehen. Sie werden als nicht lenkbare Bereiche benannt und im Netzwerk durch ein bestimmtes Symbol (z.B. dunkles Rechteck) oder eine bestimmte Farbe gekennzeichnet. Zu wissen, wie sich diese Bereiche in Zukunft verhalten, ist trotzdem wichtig. Durch die Identifikation solcher nicht lenkbaren Elemente kann festgestellt werden, mit welchen Rahmenbedingungen zu rechnen ist und wo mit Szenerien gearbeitet werden muss. Szenerien helfen dabei zu erfahren, welche Auswirkungen etwaige zukünftige Entwicklungen auf das System nehmen könnten – natürlich immer im Wissen, dass solcherlei Aussagen über mögliche Entwicklungen nicht gesichert sind, sondern lediglich hypothetische Konstrukte darstellen (Gomez et al. 1999, 115-121).

Insgesamt verhilft die Kenntnis über nicht lenkbare Bereiche zu einem besseren Verständnis der Problemsituation. So ist es unternehmensstrategisch beispielsweise von großer Bedeutung, für Konkurrenzunternehmen nicht lenkbare Größen für sich selber lenkbar zu machen. Dadurch kann ein entscheidender Wettbewerbsvorteil erzielt werden (Gomez et al. 1999, 122). Die Kräfte der Problemlöser sollten sich schwerpunktmäßig trotzdem auf Faktoren konzentrieren, welche direkt verändert werden können. Das sind die lenkbaren Bereiche.

Lenkbare Bereiche identifizieren

Lenkungsmöglichkeiten sind für die zukünftige Ausrichtung einer Strategie wichtig. Als lenkbar gilt eine Variable, wenn an ihr unmittelbar etwas bewegt werden kann (Gomez et al. 1999, 121). Natürlich sind nicht alle Größen im gleichen Ausmaß beeinflussbar. Die bedeutsamsten Variablen, um ein System zu lenken, sind die aktiven. Werden diese Variablen verändert, so produziert das für das System absehbare Folgen. Ebenfalls wirksame Ansatzpunkte bilden die kritischen Variablen. Gerade weil diese als kritisch spezifiziert sind, sollten diese in selbstregulierende Regelkreise eingebunden sein und keine unkontrollierbaren Aufschaukelungen auslösen. Da lenkbare Variablen grundsätzlich auf verschiedenen Ebenen durch verschiedene Anspruchsgruppen und in unterschiedlichem Masse beeinflusst werden können, sind auch mehrere Konsequenzen möglich. Diese gilt es bei der Umsetzung einer Strategie zu erkennen und allenfalls entsprechende Massnahmen zu planen. Welche Lenkungsoptionen konkret verändert werden sollen, hängt primär von der Zielsetzung ab.

Indikatoren bestimmen

Um die Veränderung in einem System erfassen und beurteilen zu können, sind in einem abschließenden Schritt zustandsbeschreibende Indikatoren zu bestimmen. Diese als Indikatoren bezeichneten Variablen sind reaktive Größen. Sie bilden die Basis für die Festlegung strategischer Ziele und geben Hinweise darauf, wie sich die Problemsituation unter dem Einfluss der nicht lenkbaren Bereiche (Rahmenbedingungen) oder durch die Lenkungseingriffe (aktive/kritische Variablen) verändert. Um diese Funktionen ausüben zu können, müssen Indikatoren zuerst als Kennzahlen und nach ihrer Reaktionsgeschwindigkeit spezifiziert werden. Damit sich eine Variable als Indikator eignet, sollte sie einerseits quantifizierbar sein und als Zahl eine genaue Bestimmung der Zielerreichung zulassen, andererseits Veränderungen ohne große zeitliche Verzögerungen angeben können. Je früher eine als Indikator definierte Variable den Grad der Zielerreichung anzeigt, desto besser. Dadurch können Massnahmen eingeleitet werden, bevor unerwünschte Entwicklungen eintreten. Welche reaktiven Variablen tatsächlich als Indikatoren geeignet sind, kann nicht generell beantwortet werden. Bei der Suche nach zweckmäßigen Indikatoren spielen nicht nur die als reaktiv definierten Größen, sondern auch das Wissen und die Erfahrung der involvierten Parteien eine tragende Rolle. Sind die lenkbaren und nicht lenkbaren Variablen sowie die Indikatoren der Zielerreichung bestimmt, werden die lenkbaren Größen, Strategien und Massnahmen zugeordnet und die Indikatoren in konkrete Zielvorgaben überführt. Damit sind gewissermaßen die Rahmenbedingungen für die Lösungsbemühungen definiert. Bevor es jedoch zur eigentlichen Umsetzung kommt, gilt es die möglichen Problemlösungen zu beurteilen und anschließend zu selektionieren.

7.3.4 Schritt 4: Mögliche Problemlösungen beurteilen

Im vierten Prozessschritt werden mögliche Problemlösungen erarbeitet und evaluiert. Dabei ist zu bedenken, dass es nur in den seltensten Fällen möglich ist, die Auswirkungen einer Intervention vollständig und eindeutig zu erfassen. Allerdings verfügen die Anwender durch die Erkenntnisse und Erfahrungen im bisherigen Problemlösungsprozess über nützliche und hilfreiche Entscheidungsgrundlagen. Diese werden in diesem Evaluationsprozess herangezogen und konstruktiv eingearbeitet.

In den Evaluationsprozess werden sowohl quantitative als auch qualitative Kriterien mit einbezogen. Quantitative Größen zu erfassen ist in der Praxis populär, denn sie lassen sich in der Regel einfach messen und ausweisen. Insbesondere die großen strategischen Entscheidungen von profitorientierten Unternehmen stützen sich stark auf quantitative Kriterien. Die Ermittlung und der Vergleich des Gewinnpotentials zählen dabei zu den bekanntesten Verfahren, um Lösungsansätze zu beurteilen. Gomez und Probst schlagen vor, neben quantitativen auch qualitative Größen zu berücksichtigen (Gomez et al. 1999, 174). Dazu zählen etwa Kriterien wie die Eruierung des erzielbaren Nutzens von Aktionären und anderen Anspruchsgruppen. Eine Quantifizierung solcher und anderer qualitativer Kriterien bietet allerdings erhebliche Schwierigkeiten. Deshalb wird vielfach nicht von Quantifizierungen, sondern von Beurteilungen ausgegangen. Eine erste Möglichkeit, Lösungen qualitativ zu beurteilen, bieten Auflistungen von möglichen Vor- und Nachteilen einer Intervention. Aus solchen Listen können bereits erste Schlussfolgerungen gezogen werden. Diese reichen jedoch noch nicht aus, um eine fundierte Entscheidung zu treffen. Eine zweite Möglichkeit bietet die Nutzwertanalyse. Bei dieser werden die verschiedenen Problemlösungsalternativen einander gegenübergestellt. Dabei werden die Kriterien nach ihrer Bedeutung gewichtet und anschließend, nach der Erfüllung bestimmter Kriterien, benotet. So entsteht ein differenziertes Beurteilungsbild. Bei der Wahl der Kriterien ist darauf zu achten, dass nicht nur die für eine Organisation naheliegenden Aspekte berücksichtigt, sondern auch Interessen der Anspruchsgruppen, Rahmenbedingungen oder Lenkungsregeln einbezogen werden (Gomez et al. 1999, 174-180). Obwohl mit einer Nutzwertanalyse gegenüber herkömmlichen Vor- und Nachteilslisten differenziertere Entscheidungsgrundlagen vorliegen, bleibt die Aussagekraft beschränkt. Gerade bei Verarbeitung und Analyse qualitativer Kriterien sind computerbasierte Simulationen mit alternativen Szenerien hilfreich. Solche liefern – ergänzend zu quantitativen Größen – wertvolle Informationen, um eine nachhaltige, effektive und effiziente Entscheidung zu treffen. Gomez und Probst (1999) gehen in ihren Ausführungen zur Problemlösungsmethodik nicht ausführlich auf solche Computertools ein. Allerdings zeigen andere Autoren, wie mit Hilfe solcher Programme Problemlösungen erarbeitet und anschließend beurteilt werden können. Stellvertretend für solche Programme wird anschließend in einem Exkurs entlang der Terminologie des Sensitivitätsmodells Prof. Vester$^{©}$ eine solche Möglichkeit erläutert.

Computerbasierte Problemsimulationen am Beispiel des Sensitivitätsmodells Prof. Vester$^{©}$

Computerbasierten Tools helfen dabei, Problemsituationen besser zu verstehen und entsprechend wirksame Lösungen zu finden. Die Möglichkeiten gegenüber Papier und Stift sind vielfältiger, detaillierter, umfangreicher und benutzerfreundlicher. Dies zeigt sich insbesondere bei der Bildung von Teilszenarien[166] und bei den Simulationen. Teilszenarien bestehen in der Regel aus drei bis zehn Variablen und bilden einen besonders interessanten Systembereich aus dem gesamten Netzwerk ab. Damit der Bereich die Problemstellung ganzheitlich repräsentiert, kann es sinnvoll sein, einzelne Variablen zusammenzufassen oder weiter aufzugliedern (Principe 1994, 233 ff.). Ist das Teilszenario einmal gebildet, werden anschließend Simulationen zum genaueren Verständnis der Zusammenhänge und des Systemverhaltens im Zeitablauf durchgeführt. Dazu ist es zunächst nötig, mit Hilfe einer Abbildungsfunktion alle Variablen zu bewerten, die Beziehungen untereinander zu skalieren und bei Variablen allfällige zeitliche Verzögerungen einzugeben. Die Bewertung geschieht bei Vester innerhalb einer vorgegebenen Skala mit den Extremwerten 0 und 30. Neben der Skalierung der einzelnen Variablen werden zudem sämtliche Beziehungen zwischen den Variablen verfeinert. Dafür wird für jeden Wert auf der Skala 0 bis 30 der Ausgangsvariablen die entsprechende Wirkung auf die Zielvariable definiert. Die Wirkungsskala variiert in der Regel von -3 bis +3.[167] Weiter ist mit Hilfe der Tabellenfunktion zu bestimmen, ob die Ausgangsvariable unmittelbar oder erst nach einer gewissen Verzögerung auf die Zielvariable wirkt (Vester

---

[166] Das im vorangehenden Kapitel als Planungsinstrument vorgestellte Ressourcensystem entspricht seiner Funktion nach einem Teilszenario.

[167] Die Software gibt den Wert der Ordinate von 0 bis 30 vor. Bei der Skalierung der Abszisse besteht jedoch die Möglichkeit, diese beliebig auszudehnen beziehungsweise einzuschränken (Vester 2005, 258).

2005, 258-260).[168] Sind alle Variablen gewichtet und die Beziehungen spezifiziert, kann das System simuliert werden. Die Veränderungen, welche die einzelnen Variablen erfahren, entsprechen mathematisch der Addition und Subtraktion ganzzahliger Werte pro Zeitpunkt. Die Ordinate der Skala entspricht der Variablenposition, von der die Wirkung ausgeht, die Abszisse dem Grad der Veränderung, also der Reaktion der davon betroffenen Eingangsvariablen.[169] Die Simulationen untersuchen nun, wie das System auf Zustandsveränderungen reagiert. Solche Veränderungen können durch die Einführung oder Entfernung von zusätzlichen Variablen oder durch angenommene Veränderungen von Variablenbewertungen initiiert werden. In einer systematischen Anwendung entsprechen diese Veränderungen verschiedenen Interventionsstrategien im Sinne von Wenn-dann-Prognosen (Vester 2005, 263). Dabei werden durch hypothetische Veränderungen des Zustands von geeigneten Lenkungsvariablen die Auswirkungen auf das Teilszenario überprüft. Für eine bessere Analyse kann die Entwicklung aller Variablen über einen Zeitablauf in einem Funktionsdiagramm abgebildet und als Policy-Tests gespeichert werden. Die Ordinate zeigt den Zustand der jeweiligen Variablen an, die Abszisse deren Entwicklung über den Zeitablauf. Damit wurde deutlich, dass sich mit Hilfe von computerbasierten Teilszenarien und Simulationen die Beziehungen genauer definieren lassen, die statische Analysefunktionen – wie beispielsweise das Festlegen lenkbarer Bereiche – erweitert sind und zusätzlich auch dynamische Wirkungsanalysen möglich werden. Es ist allerdings darauf hinzuweisen, dass die Ergebnisse der Policy-Tests nicht unreflektiert als Prognosen verstanden werden dürfen.[170] Diese stellen eher Tendenzen dar und bedürfen einer weiteren Interpretation (Ackermann et al. 1998, 29). Simulationen – computerbasiert oder gedanklich – dienen nicht als Instrument zur Formulierung konkreter Handlungsempfehlungen. Sie sind jedoch gute Veranschaulichungsmittel und geeignete Instrumente, um Lernprozesse auszulösen und tragen so zu einem

---

[168] Bevor die Zeitverzögerung bestimmt werden kann, muss ein Zeittakt (beispielsweise 1 Jahr) definiert werden. Dieser hat auf den mathematischen Ablauf der Simulation keinen Einfluss. Einen Einfluss auf die Simulation hat hingegen die festzulegende Zeitverzögerung bei der Wirkung einer Variablen auf eine andere. So kann beispielsweise bestimmt werden, ob eine Variable bereits in der ersten oder in der zweiten Simulationsrunde wirken soll.

[169] Es kommt vor, dass einzelne Variablen bei bestimmten Skalierungen auf sich selbst wirken. Diese Wirkung kann durch die Definition einer internen Funktion einer Variablen abgebildet werden.

[170] Die Möglichkeit der Simulation führt vielfach zur Erwartungshaltung, dass mit der Software genaue Prognosen erstellt werden können. Dies ist jedoch nicht möglich und führt zur Relativierung der Bedeutung dieses Arbeitsschrittes (Principe 1994, 387).

besseren Verständnis der Systemzusammenhänge, des Systemverhaltens und der vernetzten Dynamik der ausgewählten Variablen bei (Vester 2005, 255 ff.). Durch sie können indirekte Zusammenhänge zwischen wichtigen Größen der Systeme besser verstanden und die Sensibilisierung für interdependente Größen verstärkt werden (Gomez et al. 1999, 208).

Abschließend sind noch weitere Vorteile computerbasierter Instrumente zu nennen. Zu diesen Vorteilen zählt beispielsweise, dass den Anwendern in der Regel kontextbezogene Online-Tutorials, Online-Hilfen oder Anleitungen zur Verfügung stehen. Diese sind direkt dort abzurufen oder einzusehen, wo sich die Anwender im Prozess befinden. Eine weitere Stärke ist die einfache Archivierung der digitalisierten Produkte der Wissensprozesse. Sie werden auf dem Server kontinuierlich gesichert, können aber auch exportiert und lokal auf einem Rechner als Graphik gespeichert werden. Generell gelten computerbasierte Tools als flexibel in der Handhabung. So lassen sich Wirkungsnetze jederzeit anpassen und Elemente modifizieren (Jurgelucks 2008, 9 ff.). Neben diesen zahlreichen funktionalen Möglichkeiten computerbasierter Werkzeuge zählt auch der konkrete Lerneffekt, der durch den Prozess der Wirkungsnetzmodellierung und -simulation erfahren wird, zu den zentralen Stärken. Individuelles und organisationales Lernen wird durch die Externalisierung von Wissen und dessen explizite Repräsentation gefördert. In der Folge hilft dies auch bei der erfolgreichen Strategieentwicklung und Steuerung komplexer Systeme (Franke 2003, 131).

7.3.5 Schritt 5: Problemlösungen umsetzen und verankern

In den bisherigen Schritten des Problemlösungsprozesses wurden die notwendigen Anhaltspunkte und Hilfen für eine erfolgreiche Umsetzung und Verankerung erarbeitet. Jetzt, da das Problem spezifiziert ist und die verschiedenen Lösungsalternativen und ihre Folgen gründlich und gewissenhaft durchdacht sind, gilt es sich für die geeignetste Alternative zu entscheiden und diese umzusetzen. Dabei ist zu berücksichtigen, dass Lösungen – analog zu den komplexen Problemen selber – fast immer mehrdimensional und vernetzt sind. Entsprechend müssen sie auf verschiedenen Ebenen betrachtet und angegangen werden. Jede Änderung in einem Teilsystem hat Änderungen auf das System und andere Systeme zur Folge. Bei der Umsetzung gilt es deshalb die Erkenntnisse aus der Analyse der Problemsituation sehr behutsam anzuwenden. Das Ziel ist es, mit einer Intervention die gewünschte Wirkung zu erzielen. Damit diese gelingt, muss an den geeigneten Orten und mit den geeigneten Mitteln interveniert werden, so dass die systemischen Eigenschaften genutzt und so die gewünschte Wirkung erzielt wird. Zu den geeigneten Orten zählen die erfassten Größen, um das System zu steuern und zu lenken. Der Veränderungsprozess setzt bei aktiven, eventuell auch bei kritischen Variablen an. Bei diesen sind die größten Wirkungen zu erwarten. Es macht keinen Sinn, bei Größen anzusetzen, die im System kaum etwas bewegen – seien es Menschen, Sachmittel oder Informationen (Gomez et al. 1999, 207). Bei Eingriffen muss immer auch die zeitliche Dimension von Interventionen berücksichtigt werden. Das System hat zu diesem Zweck zwischen langfristigen, mittelfristigen und kurzfristigen Wirkungszusammenhängen differenziert (Gomez et al. 1999, 208). Auch die Früherkennungsindikatoren wurden identifiziert. Sie erlauben es, in der Umsetzungsphase Veränderungen positiver oder negativer Art früh zu erfassen und entsprechende Korrekturmaßnahmen einzuleiten (Gomez et al. 1999, 203). Früherkennungsindikatoren gehören bei einem ganzheitlichen Controlling dazu. Dieses misst auch Fortschritte und Abweichungen und leitet, indem konstruierte Zusammenhänge gezielt hinterfragt werden, Korrekturmaßnahmen ein. Was die geeigneten Mittel betrifft, so existieren keine allgemein gültigen Instrumente, Rezepte und Vorgehensweisen. Lösungsverwirklichungen sind vielmehr spezifisch für jede Ebene und für jeden Bereich des Problems gesondert zu gestalten (Gomez et al. 1999, 204). Wichtig dabei ist, dass die Problemlösung schrittweise umgesetzt wird (Gomez et al. 1999, 214) und dabei nicht nur an den Wandel, sondern gleichzeitig auch an das Bleibende gedacht wird (Gomez et al. 1999, 203). Eine gute Führungskraft zeichnet sich mitunter immer auch dadurch aus, dass sie diese Aspekte berücksichtigt und bei jedem einzelnen Entscheidungsschritt vorausschauend an die spätere Realisierung denkt. Dabei sind die verfügbaren Ressourcen wie Zeit, Finanzmittel, Wissen, Material usw. stets latent mitzudenken.

Die Phase der Umsetzung ist generell sehr sensibel. Damit sie erfolgreich gelingt, sind klare Informationen über den Problemlösungsprozess, eine detaillierte Projekt- und Maßnahmenplanung sowie eine offene Kommunikation und Diskussion der erzielten Ergebnisse wichtig (Gomez et al. 1999, 218). Selbst die beste Entscheidung kann in der Realisierungsphase durch die Art der Umsetzung missverstanden, verfälscht und sabotiert werden.

7.4 Fazit zu Management komplexer Probleme

Heutige Probleme sind vielfach komplex. Sie erfolgreich zu lösen ist schwierig und anspruchsvoll. Die von Gomez und Probst entwickelte Problemlösungsmethodik bietet dabei eine wertvolle Hilfe. Sie integriert Analyse- und Entscheidungsinstrumente in eine effiziente Ablaufstruktur. Die Struktur besteht im Kern aus fünf Problemlösungsschritten. Entlang dieser fünf Schritte werden Probleme entdeckt und identifiziert, Zusammenhänge erfasst und aufgezeichnet sowie die Eigenschaften der vernetzten Situationen analysiert. Dies fördert die Kreativität, um letztendlich geeignete Lösungen zu finden und umzusetzen (Gomez et al. 1999, 269). Die zentralen Stärken des Ansatzes liegen in der umfassenden Standortbestimmung der Problemsituation, der Visualisierung relevanter Zusammenhänge, der Konzentration auf lenkbare Bereiche, sowie der klaren und effizienten Ablaufstruktur. All diese Stärken werden durch die neusten Entwicklungen computerbasierter Technologien heute zusätzlich unterstützt. Problemlösende Anwender werden direkt und schrittweise angeleitet, können auf vordefinierte Analyseinstrumente zugreifen und mit flexiblen Visualisierungshilfen hantieren.

Bilanzierend ist festzuhalten, dass die im ersten Teil identifizierten Spannungsbereiche und die daraus abgeleiteten Handlungsgrundlagen die inhaltliche Ausrichtung des zweitens Teils definieren. Zur inhaltlichen Ausrichtung des zweiten Teils zählen normative, instrumentelle und strukturelle Grundlagen. Die normative Grundlage bildet die Lebensqualität als sonderpädagogische Zielperspektive, an der sich das Interventionsframework sensiQoL© ausrichtet. Innerhalb der Lebensqualitätsforschung zeichnet sich ein Konsens darüber ab, was unter Lebensqualität zu verstehen ist und welche Implikationen für eine erfolgreiche Operationalisierung zu berücksichtigen sind. Die instrumentellen Grundlagen bilden Analyse- und Planungsinstrumente, welche sich direkt auf die Lebensqualität beziehen. Die vorgestellten Instrumente erfüllen die geforderten Implikationen und können direkt in das Interventionsframework integriert werden. Die strukturellen Grundlagen werden der von Gomez und Probst entwickelten Problemlösungsmethodik entliehen. Ihre effiziente Ablaufstruktur mit der Trennung in verschiedene Prozessbereiche bildet eine Vorlage für das Interventionsframework sensiQoL©. Damit sind alle relevanten Grundlagen, um das Framework zu entwickeln, zusammengetragen. Im folgenden dritten Teil der Arbeit werden die lebensqualitätsorientierten Analyse- und Planungsinstrumente in eine Interventionsstruktur integriert, welche sich an den fünf Schritten der Problemlösungsmethodik orientieren. Weil es sich um ein sonderpädagogisches Framework handelt, welche die besonderen Spannungsbereiche sonderpädagogischer Arbeit aufgreift, sind Adaptionen notwendig.

TEIL III
SENSIQOL©

8. Das Interventionsframework sensiQoL©

In dieser Arbeit wird das sonderpädagogische Interventionsframework sensiQoL© entwickelt. Eingesetzt wird das Framework von Mitarbeitenden in sonderpädagogischen Dienstleistungsorganisationen, welche ihre Klienten im Alltag begleiten und unterstützen. Im ersten Teil der Arbeit werden für sonderpädagogische Dienstleistungen und Organisationsformen typische Spannungsbereiche identifiziert und Handlungsgrundlagen benannt, um diese zu entschärfen. Die Handlungsgrundlagen haben normativen, instrumentellen oder strukturellen Charakter und sind entsprechend gruppiert. Ausgehend von ihnen werden im zweiten Teil entsprechende Grundlagen für das Interventionsframework erarbeitet. Die normative Grundlage bildet die Zielperspektive Lebensqualität, die instrumentellen Grundlagen die sonderpädagogischen Analyse- und Planungsinstrumente und die strukturellen die Problemlösungsmethodik von Gomez und Probst (1999) mit ihrer prozessorientierten Ablaufstruktur. In diesem Kapitel werden die erarbeiteten normativen, instrumentellen und strukturellen Grundlagen des zweiten Teils verarbeitet. Die Verarbeitung besteht im Wesentlichen aus der Überführung der in Kapitel sechs vorgestellten lebensqualitätsorientierten Analyse- und Planungsinstrumente in die von Gomez und Probst (1999) vorgeschlagene Problemlösungsstruktur. Konkret wird anschließend der Interventionsprozess mit seinen fünf Prozessschritten ausführlich geschildert. Dabei wird die Funktion jedes Prozessschrittes erläutert, das genaue Vorgehen erklärt und die involvierten Instrumente werden beschrieben. Das erste Teilkapitel (8.1) ist deskriptiv. Es legt nicht intuitiv und selbsterklärend offen, wo welche der erarbeiteten Grundlagen berücksichtigt werden und sich im Interventionsframework entfalten. Um diese Verbindung transparent zu machen, werden im nachgelagerten Teilkapitel (8.2) die normativen, instrumentellen und strukturellen Grundlagen nochmals benannt und ihre Wirkungen entlang des Ablaufs des Frameworks explizit ausgeführt. So wird deutlich, wie die aus den spezifischen Spannungsbereichen von sonderpädagogischen Dienstleistungsorganisationen abgeleiteten Grundlagen einbezogen werden und sich als Stärken einer best practice entfalten. Im letzten Teilkapitel wird ein Fazit generiert.

8.1 Die fünf Schritte des Interventionsprozesses

Das Interventionsframework sensiQoL© führt die Anwender durch einen strukturierten und zielgerichteten Interventionsprozess zu stringenten, inhaltlich begründeten Handlungsalternativen (vgl. Abbildung 50). Dieser Prozess besteht aus fünf übergeordneten Arbeitsschritten, die sich an der Lebensqualität ausrichten. Lebensqualität wird dabei als vielschichtiges, sub-

jektives und komplexes Konstrukt verstanden. Dieses Konstrukt wird abgebildet durch einen Lebensqualitätskatalog. Dieser besteht aus vier übergeordneten Domänen, 19 Variablen und 57 die Variablen beschreibenden Items (vgl. Abbildung 34). Alle fünf Arbeitsschritte beziehen sich auf diesen Lebensqualitätskatalog, sind prozessorientiert und bauen chronologisch aufeinander auf. Sie beinhalten Analysen und daraus abzuleitende Entscheidungen und Handlungen. Diese richten sich nach dem Bedarf der Klienten und orientieren sich an den Ressourcen der Dienstleistungsorganisation.

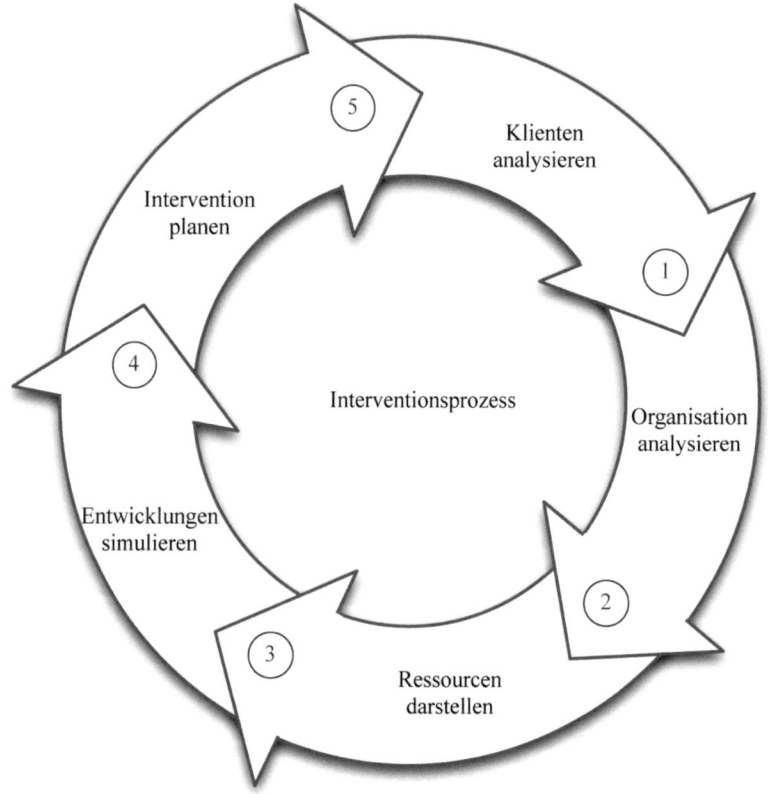

Abbildung 50: Die fünf Schritte des Interventionsprozesses

Neben dem offensichtlichen Nutzen, nämlich die Lebensqualität der Klienten zu sichern und zu erhöhen, erfüllt das Interventionsframework sensi-QoL© zwei weitere wichtige Funktionen. Erstens kann es als Nachweisinstrument professioneller sonderpädagogischer Dienstleistungen eingesetzt werden. Dies ist möglich, weil die einzelnen Prozessphasen gut dokumen-

tiert sind, sich die Interventionen auf transparente Diagnosen beziehen und sich durch Interventionen indizierte Veränderungen quantitativ ausweisen lassen. Zweitens kann das Framework als systematisches Lehr- und Lerninstrument, anhand dessen Interventionsabläufe eingeübt werden können, eingesetzt werden.

Im Folgenden werden die fünf Schritte des Interventionsprozesses detailliert vorgestellt.

8.1.1 Schritt 1: Klienten analysieren

Funktion

In diesem Arbeitsschritt wird die Lebensqualität der Klienten erfasst, analysiert und der zu entwickelnde Bereich identifiziert. Dafür stehen verschiedenste Instrumente zur Verfügung. Die wichtigste Funktion übernehmen die Erfassungsinstrumente. Sie geben Aufschluss über die Befindlichkeit der Klienten, über ihre Wünsche und Prioritäten, Fähigkeiten und Ressourcen. Damit liefern sie die Informationsbasis für anschließende Analysen. Erst wenn all diese Ausgangsdaten sorgfältig zusammengetragen und analysiert sind, kann derjenige Bereich identifiziert werden, der mit gezielten Interventionsmaßnahmen entwickelt werden soll.

Vorgehen

1. Erhebungsinstrument wählen (light, assistance, proxy)

Für die Lebensqualitätserhebung der Klienten stehen drei verschiedene Erhebungs- und Protokollierungsinstrumente bereit. Je nach Grad der kommunikativen oder kognitiven Beeinträchtigung eines Klienten wird das Instrument light, assistance oder proxy eingesetzt. Das Erhebungsinstrument light ist für Menschen, die gut kommunizieren und sich aufgrund kognitiver Kompetenzen kompetent und eigenständig über ihr Befinden äußern können. Angepasst an diese Fähigkeiten besteht es aus einem differenzierten Fragenkatalog. Die Fragen werden den Klienten von einer interviewenden Person gestellt. Diese kann eine direkte Betreuungsperson, eine Betreuungsperson einer anderen Gruppe oder sogar extern herangezogenes Personal sein. Für Menschen mit leichten bis mittelgradigen kommunikativen oder kognitiven Beeinträchtigungen ist das Erfassungsinstrument assistance geeignet. Auch dieses Instrument besteht aus einem Fragebogen. Verglichen mit light sind die Fragen allerdings kürzer und prägnanter formuliert, mit Beispielen versehen und als Hilfsmittel kann eine visualisierte Skala verwendet werden, welche die Gewichtung der Werte erleichtert. Auch assistance

ist so konzipiert, dass den Klienten die Fragen von mindestens einer Person vorgetragen werden. Ob eine oder zwei Personen für die Erhebung eingesetzt werden, wird den Dienstleistenden überlassen. Die Entscheidung ist mitunter abhängig von den Anforderungen, welche der zu befragende Klient stellt, seinen Fähigkeiten und Kompetenzen sowie der Personalsituation der Organisation. Wenn Klienten so schwer beeinträchtigt sind, dass keine direkten Befragungen durchgeführt werden können, kann das Instrument proxy eingesetzt werden. Es dient der Befragung von Stellvertretern. Dazu zählen Betreuungspersonen, Begleitpersonen oder Angehörige. Natürlich ist es auch möglich, dass mehrere Stellvertreter einen Fragebogen zu demselben Klienten ausfüllen und die Angaben anschließend verglichen werden.

2. Erhebung durchführen und protokollieren

Ist das für einen Klienten geeignete Erhebungsinstrument gewählt, wird die Erhebung durchgeführt und protokolliert. Bei den Instrumenten light und assistance wird der Klient von Interviewenden befragt. Beim Instrument proxy antworten Stellvertreter für den Klienten. Obwohl die drei Erhebungsinstrumente sich in der Erhebungssituation unterscheiden, unterliegen sie derselben Fragesystematik. Die Fragen beziehen sich erstens immer auf die 57 Items, zweitens werden zu jedem Item einerseits die individuellen Fähigkeiten und organisationalen Möglichkeiten, andererseits die Prioritäten und Wünsche erfragt. Alle Antworten werden auf einer sechsstufigen Likert-Skala gewichtet, protokolliert und in einen Passungswert umgewandelt (vgl. Abbildung 51).

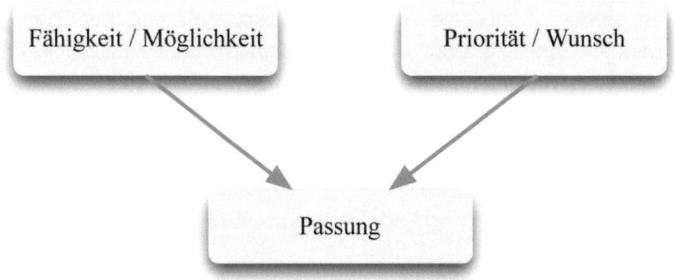

Abbildung 51: Erhebungssystematik

Der Wert der Passung entspricht einer Passungssystematik. Diese geht von der Annahme aus, dass der lebensqualitätsbezogene Passungswert hoch ist, wenn der Wert der Fähigkeiten/Möglichkeiten gleich groß oder höher ist als der Wert der Prioritäten/Wünsche. Entsprechend dieser Logik ist der lebensqualitätsbezogene Passungswert umso tiefer, je größer die negative Differenz zwischen dem Prioritäten/Wunsch-Wert und dem Fähigkeiten/Möglichkeiten-Wert ist (vgl. Abbildung 52). Der tiefste lebensqualitätsbezogene Passungswert ist dann zu setzen, wenn ein Klient ein Item mit der höchsten Priorität respektive dem höchsten Wunsch quantifiziert (Wert 5), ihm allerdings gänzlich die Fähigkeiten und Möglichkeiten fehlen, dies zu realisieren (Wert 0). Dies ergibt eine Passung mit dem Wert null. So lässt sich für jedes Item ein lebensqualitätsbezogener Passungswert ermitteln und als Mittelwert aller Item-Werte auf die Variablen übertragen.

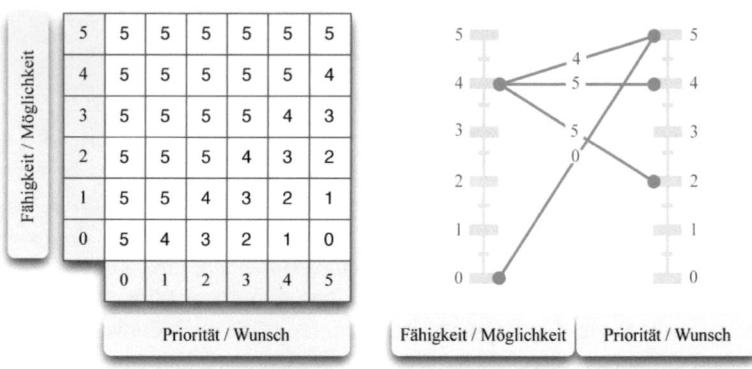

Abbildung 52: Passungssystematik

Wenn die Erhebung am Computer durchgeführt wird, können die Werte direkt in der Applikation eingegeben werden. Diese Erhebungsform ist zu favorisieren, denn sie gibt die Erfassungsstruktur vor und benötigt keinen nachfolgenden Übertrag. Wer die Erhebungsinstrumente ausdruckt und mit einer Papierform arbeitet, muss die Werte anschließend in eine Datei übertragen und manuell über eine Schnittstelle importieren. Diese Variante ist etwas umständlich, dafür kann die Befragung unabhängig von einem Computer mit Internetverbindung durchgeführt werden.

3. Ergebnisse analysieren und Entwicklungsbereich identifizieren

Sind die Erhebungswerte einmal in der Applikation eingespeist, können sie tabellarisch in einer Rangordnung aufgelistet und so übersichtlich dargestellt werden. So lassen sich leicht diejenigen Werte identifizieren, bei welchen die Lebensqualität subjektiv tief empfunden wird. Diese entsprechen den Variablen mit den tiefsten Passungswerten. Solche tabellarischen Listen der Lebensqualitäts-Variablenwerte sind sowohl für einzelne Klienten als auch – auf Mittelwerten basierend – für mehrere Klienten, beispielsweise für Wohngruppen, Abteilungen oder ganze Organisationen anzufertigen.

Um den zu entwickelnden Bereich zu identifizieren, wäre es vermessen, unreflektiert die Variable mit dem tiefsten Passungswert zu wählen. Eine zuverlässige Analyse berücksichtigt drei zentrale Analyseaspekte. Einen ersten in die Analyse zu integrierenden Aspekt bilden die tiefsten Passungswerte. Sie sind das aussagekräftigste Indiz für die Entscheidungsfindung. Auch der zweite Aspekt lässt sich aus den Informationen der Rangfolgelisten herauslesen. Allerdings müssen dazu die Variablenwerte differenzierter betrachtet werden. Hier fließen die einzelnen Werte der eine Variable definierenden Items mit ein. Erstens ist darauf zu achten, wie groß die Streuung der verschiedenen Werte ist. Eine kleine Streuung besagt, dass alle Items auf einem ähnlich tiefen Niveau gewichtet wurden. Eine große Streuung weist meistens auf ein oder zwei Items hin, welche besonders tief gewichtet wurden und allenfalls eigenständig und fokussiert analysiert werden sollten. Zweitens ist darauf zu achten, welchen Charakter der Passungswert hat. Passungswerte – ausgenommen der Wert null – können sich nämlich je unterschiedlich zusammensetzen (vgl. Abbildung 52) und erlauben es, insbesondere über verschiedene Erhebungszeitpunkte hinweg, Gefährdungspotential zu erkennen. Ein solches Potential zur Gefährdung der Lebensqualität zeigt sich in jenen Bereichen, in welchen die Prioritäten und Wünsche eine zunehmende Tendenz aufweisen, während die Fähigkeiten und Möglichkeiten rückläufig sind, stagnieren oder nicht in derselben Intensität zunehmen, wie es die Prioritäten und Wünsche tun. Hier wird es möglich, bereits vorbeugend Leistungen und Massnahmen zu lancieren. Diese sind in Betracht zu ziehen, wenn die Ressourcen einer Person oder des sozialen Netzwerks nicht mehr zur Aufrechterhaltung oder zur Wiederherstellung der Lebensqualität ausreichen. Den dritten und nicht zu unterschätzenden Analyseaspekt bildet die Intuition der Dienstleistenden. Alleinstehend ist die Intuition allerdings für die Entscheidungsfindung ein gefährlicher Ratgeber. Kanalisiert durch die empirisch quantifizierten Lebensqualitätsdaten, können die mit Intuitionen vereinbarten Gefühle der subjektiven Gewissheit allerdings wertvolle Impulse liefern und die Selbstwahrnehmung der Dienstleistenden reflexiv schulen. Damit sind auch sie in die Analyse, um den zu entwickelnden Bereich zu identifizieren und Interventionsziele zu formulieren, mit einzubeziehen.

Individuell abgestimmt auf den jeweiligen Klienten oder die Klientengruppe kann somit, gestützt auf die Ergebnislisten und die erfahrungsbasierte Intuition, derjenige Bereich identifiziert und festgelegt werden, welcher durch gezielte Interventionen optimiert werden soll. In der Systematik des Lebensqualitätskataloges entspricht der Entwicklungsbereich einer Variablen. Sie steuert den weiteren Verlauf des Interventionsprozesses.

8.1.2 Schritt 2: Organisation analysieren

Funktion

Jede sonderpädagogische Dienstleistungsorganisation hat ein eigenes Profil. Sie verfolgt bestimmte Ziele und handelt dabei nach spezifischen Grund- und Leitsätzen. Solche Grund- und Leitsätze sind den Mitarbeitenden einer Organisation teilweise bewusst und zeigen sich explizit in Leitbildern, Stellenprofilen oder in Organigrammen. Oft schwingen diese jedoch implizit in der täglichen Arbeit mit, ohne dass diese bewusst wahrgenommen und thematisiert werden. Der zweite Arbeitsschritt legt solche organisationsspezifischen Einstellungen offen, macht diese den Mitarbeitenden bewusst und gewichtet die Lebensqualitätsschwerpunkte. Dies geschieht mit Hilfe der Instrumente Einzelmatrizen und Profilmatrix. Bei beiden Matrizen werden einander die 19 Variablen des Lebensqualitätskataloges gegenübergestellt und die Einflüsse gewichtet.

Vorgehen

1. Einzelmatrizen gewichten

In einem ersten Schritt füllen mindestens drei Personen der Institution selbständig und unabhängig voneinander eine Einzelmatrix aus. Bei diesen Personen handelt es sich um Mitarbeitende der Institution. Vorzugsweise arbeiten diese auf drei unterschiedlichen hierarchischen Ebenen, beispielsweise als Behindertenbetreuerin, Gruppenleiterin und Bereichsleiterin. Beim Ausfüllen der Profilmatrix gewichten die partizipierenden Mitarbeitenden jeden Einfluss der Variablen auf alle anderen Variablen. Ein Beispiel dazu könnte lauten: Welchen Einfluss hat in unserer Institution die Variable ‹Physische Körperfunktion› auf die Variable ‹Beschäftigung›? Die Wirkungen werden in einem Zahlenwert von 0 – 3 ausgedrückt (0 = keine Wirkung / 3 = starke Wirkung). Das Ergebnis dieses Prozesses ist eine mathematische Matrix (vgl. Abbildung 53).

	Variable 1	Variable 2	Variable 3	Variable 4	Variable 5	Variable 6	Variable n
Variable 1		1	3	1	1	1	0
Variable 2	0		2	0	3	1	0
Variable 3	2	1		2	3	1	1
Variable 4	3	1	1		2	3	0
Variable 5	0	3	2	3		2	1
Variable 6	1	2	1	2	0		1
Variable n	0	1	2	3	2	0	

Abbildung 53: Matrix – Einzelmatrizen und Profilmatrix

2. Profilmatrix ableiten

Die drei unterschiedlich gewichteten Einzelmatrizen werden in einem zweiten Schritt zu einer Profilmatrix zusammengeführt. Diesen Zusammenschluss erledigt die webbasierte Applikation weitgehend selbständig. Identische Gewichtungen der Einzelmatrizen werden automatisch übernommen und fixiert, Differenzen zur Diskussion gestellt. Diese Differenzen müssen in einer Konsenssitzung beglichen und ausdiskutiert werden. Die Diskussion ist – seriös geführt – aufwendig aber fruchtbar, interessant und für die weiteren Schritte essentiell. Um diese Diskussion inhaltlich zu flankieren, können lebensqualitätsspezifische Definitionen von allen Variablen herangezogen werden. Sie helfen dabei, sich innerhalb der vorgegebenen Terminologie zu positionieren, das jeweils individuelle Verständnis der teilnehmenden Mitarbeitenden begründend zu kommunizieren. So werden aus den Erfahrungen der Mitarbeitenden in ihren jeweiligen Funktionen organisationsspezifische, lebensqualitätsrelevante Schwerpunkte gebildet. Als Ergebnis dieses Bewusstmachungsprozesses widerspiegelt die Profilmatrix die organisationale Einheit.

3. Ergebnisse analysieren

Aus einer Profilmatrix können in mathematischen Verfahren verschiedene Diagramme abgeleitet werden. All diese Verfahrensprozesse sind bereits vorprogrammiert und werden von der Onlineapplikation auf Knopfdruck selbständig durchgeführt. Insgesamt liefern die Diagramme wertvolle Erkenntnisse über die Charaktereigenschaften der 19 Variablen. Diese Eigenschaften werden durch die vier Charaktertendenzen aktiv, reaktiv, kritisch und puffernd repräsentiert. Die Eigenschaften sind hilfreich, wenn es darum geht, geeignete Interventionen zu bestimmen. Zwei Typen von Diagrammen sind besonders nützlich. Es sind dies die beiden Balkendiagramme sowie ein Streudiagramm.

Ein erstes Balkendiagramm listet die aktiven und reaktiven Variablen auf, ein zweites die kritischen und puffernden (vgl. Abbildung 54). Aktive Variablen beeinflussen viele andere Variablen, reaktive werden beeinflusst. Variablen, welche sowohl viele andere beeinflussen und selber auch stark beeinflusst werden, zählen zu den kritischen. Variablen, welche weder beeinflussen noch durch andere beeinflusst werden, sind puffernd. Ein Interventionsplan kann sich diese Eigenschaften entsprechend zu Nutze machen. So sind es beispielsweise vorwiegend aktive Variablen, welche sich eignen, um durch sie eine Änderung zu indizieren, reaktive geben geeignete Indikatoren ab, um Veränderungen zu überwachen, und kritische Variablen verlangen einen besonders behutsamen Umgang. Noch ist es nicht nötig, sich die Variablen mit den extremen Ausprägungen zu merken, aber um zu verstehen, um welche Art von System es sich bei diesen Variablen handelt, lohnt sich ein Blick auf die beiden Diagramme. Gleiches gilt auch für das Streudiagramm (vgl. Abbildung 55). Diese Graphik spannt die vier Charaktertendenzen über zwei Diagonalen auf und verortet die 19 Variablen im entstehenden Feld. Je mehr Variablen sich in der kritischen Ecke befinden, desto diffiziler ist das Lebensqualitätssystem. Ist das Gros der Variablen im puffernden Bereich, wird es schwierig, eine Änderung zu lancieren, weil das System tendenziell statisch und träge ist. Wünschenswert ist es, wenn einige Variablen aktive und reaktive Charaktereigenschaften aufweisen, denn damit sind qua Definition gute Möglichkeiten gegeben, um eine Veränderung zu lancieren und das System zu überwachen. Solche pauschalen Bewertungen sind allerdings nicht verbindlich. Letztendlich ist jedes System individuell und muss auch entsprechend individualisiert werden. Dieser Prozess wird im dritten Schritt fortgesetzt.

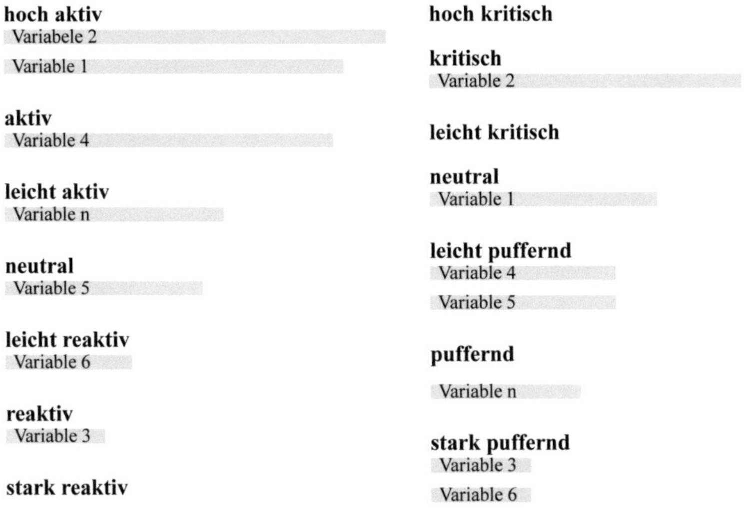

hoch aktiv
Variabele 2
Variable 1

aktiv
Variable 4

leicht aktiv
Variable n

neutral
Variable 5

leicht reaktiv
Variable 6

reaktiv
Variable 3

stark reaktiv

hoch kritisch

kritisch
Variable 2

leicht kritisch

neutral
Variable 1

leicht puffernd
Variable 4
Variable 5

puffernd
Variable n

stark puffernd
Variable 3
Variable 6

Abbildung 54: Balkendiagramme (aktiv-reaktiv und kritisch-puffernd)

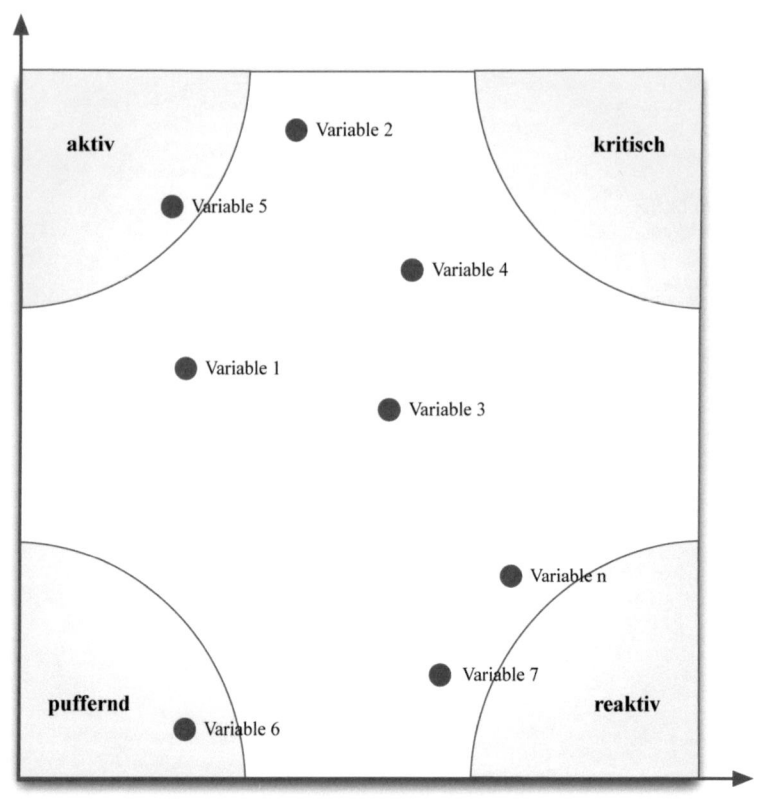

Abbildung 55: Streudiagramm

8.1.3 Schritt 3: Ressourcen darstellen

Funktion

Dieser dritte Schritt knüpft unmittelbar am ersten Schritt an. Die Variable, welche dort als Entwicklungsbereich identifiziert wurde, wird hier in einem System dargestellt. Dadurch, dass die Variable in ein System eingebettet wird, werden die verschiedenen Zusammenhänge und Beeinflussungen der systemrelevanten Variablen visualisiert. Dies steigert das Verständnis für die aktuelle Situation. Bereits jetzt ist es möglich, erste Ziele zu formulieren, an denen sich die weiteren Schritte des Interventionsprozesses ausrichten werden.

Vorgehen

1. Ressourcensystem erstellen

In einem ersten Schritt werden diejenigen Variablen bestimmt, welche die zu entwickelnde Variable unmittelbar tangieren. Dazu zählen alle Variablen, welche die Entwicklungsvariable direkt beeinflussen oder von dieser beeinflusst werden. Weil die Wirkungen zwischen allen Variablen durch die Profilmatrix bereits quantifiziert sind, müssen die zugehörigen Variablen nicht mehr identifiziert werden. Die Onlineapplikation listet automatisch alle Variablen und die Variablenverbindungen auf, welche in der Profilmatrix mit dem Wert 3, das heißt einer starken Wirkung, versehen sind. Die Anwender können anschließend alle Variablen ausblenden, welche keine direkte Verbindung zur Entwicklungsvariablen aufweisen. Dadurch wird die Komplexität des Systems systematisch bis auf eine repräsentative Größe und Anzahl reduziert. Um das System anschaulich zu gestalten, erlaubt es die Applikation, die Variablen zu verschieben und – falls erforderlich – farblich speziell zu kennzeichnen. Abbildung 56 zeigt ein fiktives Modell von einem zu entwickelnden Bereich. In der Mitte befindet sich die zu entwickelnde Variable mit dem tiefsten Passungswert (Variable 3; Passungswert 3.4). Fünf Variablen sind direkt mit der Entwicklungsvariablen verbunden und werden um diese herum angeordnet. Natürlich werden nicht nur die Variablenverbindungen zur Entwicklungsvariablen, sondern auch zwischen den anderen Variablen im Ressourcensystem angezeigt, beispielsweise die Verbindung der Variablen 1 zur Variablen 2. Auf diese Weise gestalten die Betreuungspersonen sukzessive ein vereinfachtes Abbild eines Lebensbereiches ihrer Klienten, einer Gruppe respektive Abteilung oder einer anderen Einheit. Dieses Ressourcensystem wird anschließend genauer analysiert.

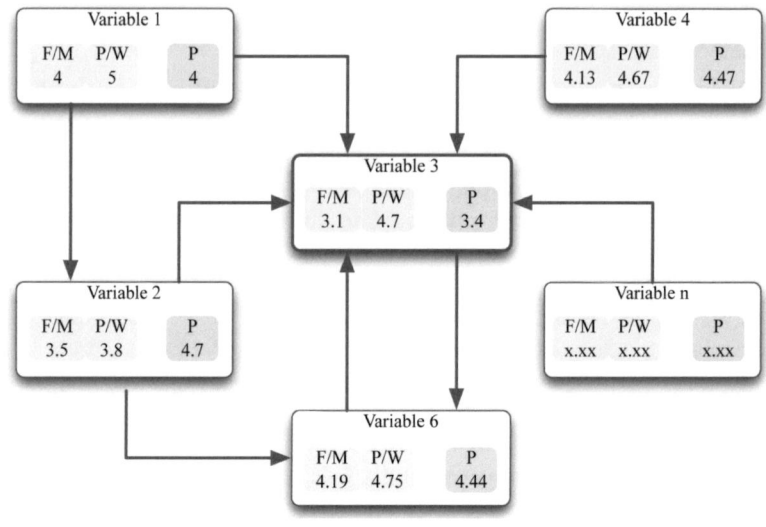

Abbildung 56: Ressourcensystem

2. Ressourcensystem analysieren

Mit den relevanten Variablen und ihren Verbindungen ist das Gerüst des Systems bestimmt. Im zweiten Schritt werden die Inhalte dieses Gerüstes genauer analysiert und präzisiert. Dies tangiert drei Bereiche. Erstens ist das Ressourcensystem nochmals dahin gehend zu begutachten, ob wirklich alle relevanten Variablen und die Verbindungen aufgeführt werden. Sollte sich zeigen, dass eine systemrelevante Variable fehlt oder überflüssig ist, kann diese entsprechend eingeblendet oder ausgeblendet werden. Auch Verbindungen lassen sich rekursiv, indem die Profilmatrix angepasst wird, modifizieren. Solche Anpassungen sind grundsätzlich in jedem Prozessschritt möglich. Zweitens sind die empirisch erhobenen Werte der Fähigkeiten/Möglichkeiten, der Prioritäten/Wünsche und der generierten Passungen genauer anzuschauen – und zwar sowohl auf Variablen- als auch auf Item-Ebene. Schließlich schließen hohe Fähigkeits- und Möglichkeitswerte einer Variablen auf ein entsprechend hohes Ressourcenpotential, welches allenfalls für eine Intervention einzubeziehen ist. Drittens sind auch die Charaktereigenschaften der Variablen zu analysieren. Hier ist die Applikation hilfreich, denn die ausgeprägtesten aktiven, reaktiven, kritischen oder puffernden Variablen werden farblich speziell gekennzeichnet. Damit ist das Systemverständnis des Lebensbereichs so weit vorhanden, dass Interventionsziele bestimmt und formuliert werden können.

3. Interventionsziele formulieren

Ist der Entwicklungsbereich graphisch übersichtlich dargestellt und sind die Relationen der relevanten Einflussgrößen definiert, werden die Interventionsziele formuliert. Interventionsziele legen die zu einem bestimmten Zeitpunkt erwarteten Ergebnisse fest. Sie dienen als Maßstab, um die Wirksamkeit der zu treffenden Massnahmen zu überprüfen und gegebenenfalls zu modifizieren. Falls möglich, sollten die Ziele zusammen mit dem Klienten bestimmt und spezifisch auf seine Lebenssituation ausgerichtet werden. Wo ein Klient aufgrund seiner Beeinträchtigung nicht einbezogen werden kann, sind die nahestehenden Bezugspersonen in diesen Prozessschritt zu integrieren. Die Interventionsziele sollten präzise, verständlich und wahrnehmbar formuliert sein. Nur bei einer Evaluation kann festgestellt werden, ob das Ziel erreicht wurde. Idealerweise werden hierzu Kriterien formuliert, woran dies bemessen werden kann. Zusätzlich wird auch ein Zeitraum festgelegt, bis wann das Ziel erreicht werden soll. Spätestens dieser Zeitraum gilt gleichermaßen als Evaluationstermin, um die neue Lebenssituation zu analysieren.

Mit dem bisher entwickelten Systemverständnis und den festgelegten Zielvorstellungen sind alle Ausgangsbedingungen erfüllt, um mögliche Interventionen zu bestimmen und ihre Wirkungen zu vergleichen. Dies geschieht im vierten Prozessschritt des Interventionsframeworks sensiQoL[©].

8.1.4 Schritt 4: Entwicklungen simulieren

Funktion

Im vierten Arbeitsschritt werden verschiedene Interventionen, wie der Entwicklungsbereich effektiv und effizient verändert werden kann, erarbeitet, analysiert und verglichen. Folglich bereitet dieser Prozessschritt die Entscheidung vor, welche es im fünften Schritt zu treffen und umzusetzen gilt. Gute und nachhaltige Entscheidungen zu treffen ist naturgemäß zeitraubend und aufwendig. Entscheidungsträger sollten diesen Aufwand jedoch nicht scheuen und sich nicht vorschnell mit den offensichtlichen Alternativen zufriedengeben. In der Regel gibt es immer mehr Alternativen als jene, die bisher bekannt sind. Zur Suche und Analyse von solchen Alternativen stellt sensiQoL[©] als Instrument die Systemsimulation zur Verfügung. Mittels Simulationen werden über einen vorbestimmten Zeitraum hinweg hypothetische Szenarien simuliert und die dabei entstandenen Systemveränderungen analysiert. Durch diese hypothetischen, auf den empirisch ermittelten Ist-Werten generierten Simulationen werden die Wirkungszusammenhänge zwischen einer Intervention und dem Resultat transparent und quantitativ ausgewiesen. Bevor sich das Ressourcensystem simulieren lässt, müssen allerdings die Beziehungen zwischen den Variablen genauer definiert werden. Dieser Verfeinerungsprozess ist aufwendig, aber notwendig, um dem System die nötige realitätsnahe Dynamik zu bescheren.

Vorgehen

1. Variablenbeziehungen verfeinern

Im Ressourcensystem werden die Beziehungen zwischen den Variablen durch Pfeile aufgezeigt. Diese Beziehungen gilt es in diesem Arbeitsschritt zu verfeinern, das heißt, der Einfluss der miteinander in Verbindung stehenden Variablen wird definiert. Natürlich wird auch dieser Prozess online vollzogen und durch die Applikation wesentlich erleichtert. Abbildung 57 zeigt ein Beispiel eines solchen Verfeinerungsprozesses. Darin wird der Einfluss der Variablen 1 auf die Variable 2 definiert und zwar für jeden möglichen Wert zwischen 0 und 5. In diesem Beispiel weist die empirisch ermittelte Passung der Variablen 1 den Wert 4 auf. Dieser Wert ist in der rechten Graphik mit einem dunklen Kreis im vertikalen Zahlenstrahl markiert. Die Anwender müssen für jede Verbindung das definieren, was in diesem Beispiel die treppenförmige graue Linie darstellt. Entlang dieser Stufen können bei der horizontalen Fußachse die Effektstärken auf die Variable 2 abgelesen werden. Im Beispiel hat die Variable 1 auf die Variable 2 beim Wert 4 keine Wirkung. Auch beim Wert 3.5 wäre die Wirkung noch immer neutral. Erst bei Werten die tiefer sind als 3.5 strahlt die Variable 1 auf die Variable 2 negative Effekte aus. Beim Wert drei verändert sich die Variable 3 um minus 0.1 Punkte, beim Wert 2 um minus 0.2 Punkte und beim Wert 1 sogar um minus 0.3 Punkte. Diese Effekte ergeben sich in jeder Runde. Gelingt es allerdings, den Wert der Variablen 1 auf 4,5 oder sogar auf 5 zu erhöhen, so hat dies auf die Variable 2 einen positiven Einfluss. Ihr Wert nimmt in diesem Fall um 0.1 zu. Durch diese Verfeinerungen wird die Dynamik angeleitet, welche für die nachfolgende Simulation wichtig ist. Selbstverständlich können diese Ausgestaltungen aller Verbindungen immer wieder verfeinert und präzisiert werden. Insbesondere zu Beginn der Simulationen ergeben sich manchmal unplausible und unrealistische Effekte, welche anschließend korrigiert werden müssen, um ein reelles Systemverhalten abbilden zu können.

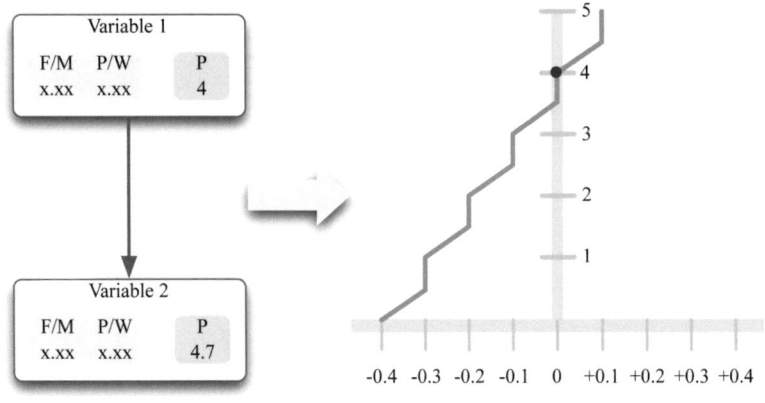

Abbildung 57: Verfeinerung

2. Interventionsalternativen simulieren und Systemveränderungen analysieren

Sind alle Variablenbeziehungen innerhalb des Ressourcensystems spezifiziert, lassen sich verschiedene Szenarien simulieren und speichern. Ein Szenario entspricht einer Simulation über eine bestimmte Rundenzahl hinweg. Konkret bedeutet dies, dass die Mitarbeitenden die empirisch erhobenen Passungswerte von einer oder mehreren Variablen verändern. Nach diesen Veränderungen können per Knopfdruck eine beliebige Anzahl Runden durchgespielt werden, wobei eine Runde abgeschlossen ist, wenn alle Verbindungseffekte für die jeweiligen Passungswerte berücksichtigt sind. Anschließend können die erzielten Veränderungen eingesehen werden (vgl. Abbildung 58). In der Praxis zeigt sich eine Veränderung dann als besonders effektiv, wenn mit geringen Veränderungen bereits große positive Effekte auf die Variablenwerte des Systems erzielt werden können. Welche Variablen für Veränderungen in Frage kommen, ist einerseits abhängig von den vorhandenen Ressourcen, Stärken und Präferenzen einer organisationalen Einheit, andererseits von den Fähigkeiten und Prioritäten der betroffenen Klienten. Nur wenn eine Organisation die Möglichkeit hat, an einer Variablen auch etwas zu bewirken, und wenn die Klienten auch dazu befähigt sind, kommt sie als Initiator für eine Veränderung in Betracht. Dies kann aus den Fähigkeits- und Möglichkeitswerten respektive den Prioritäten- und Wunschwerten der Variablen herausgelesen werden. Ob sich diese Variable auch systemisch eignet, kann aus den im zweiten Arbeitsschritt erarbeiteten Charaktereigenschaften der Variablen eingesehen werden. Besonders geeignet sind Variablen mit einem aktiven Charakter.

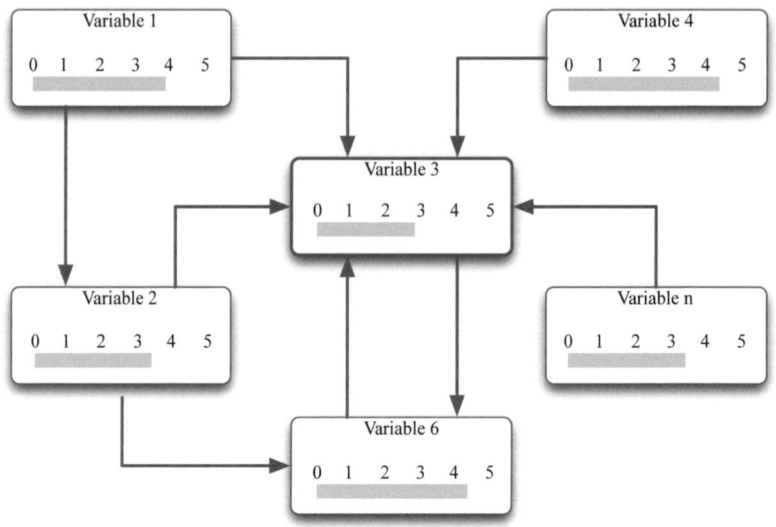

Abbildung 58: Simulation

Mit dem Simulationsinstrument können die Anwender verschiedene Veränderungen an Variablenwerten initiieren und die Simulationen mit den eindrücklichsten Systemeffekten speichern und analysieren (vgl. Abbildung 59). So werden nicht nur mehrere erfolgsversprechende Interventionsalternativen erarbeitet, sondern die anwendenden Betreuungspersonen gewinnen spielerisch gleichzeitig wertvolle Einsichten über die Dynamik und Komplexität von Interventionsmaßnahmen. Diese Einsichten gehen deutlich über die allgemeine Vorstellungsfähigkeit hinaus, welche zusätzlichen Effekte eine implementierte Maßnahme mit sich bringen kann. Dies führt bei den Betreuenden zu einem gesteigerten Verständnis über die komplexen Lebenssituationen ihrer Klienten.

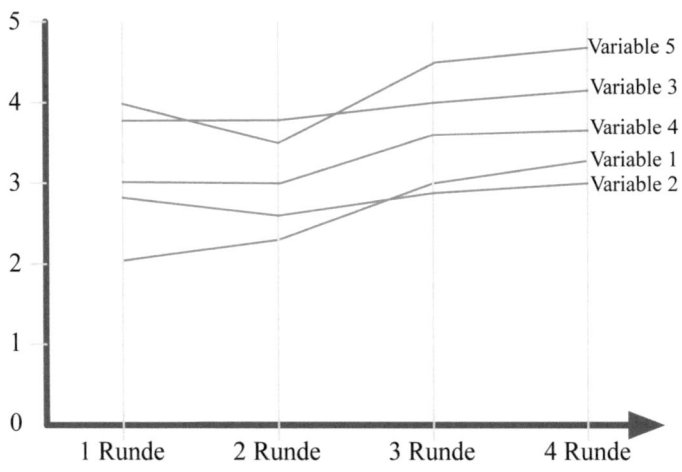

Abbildung 59: Funktionsdiagramm der Simulationseffekte

3. Beurteilung der Interventionsalternativen

Steht eine zufriedenstellende Anzahl an simulierten Interventionsalternativen bereit, gilt es jede Alternative zu durchdenken und ihre Folgen und Risiken abzuwägen. Bei den Beurteilungen ist erstens der Zeithorizont der Alternative zu berücksichtigen. Dieses Kriterium versucht die fiktive Rundenzeit einer Simulation in eine für die Intervention reelle Zeiteinheit umzuwandeln. Dieser Umwandlungssatz wird sowohl durch die vorhandenen organisationalen Ressourcen als auch die individuellen Fähigkeiten der Klienten bestimmt. Durch die im Verfeinerungsprozess definierten Effektstärken zwischen den Variablenverbindungen sollte der Umwandlungssatz zwischen den verschiedenen Interventionsalternativen zwar in etwa gleich sein, kleinere Abweichungen sind jedoch nicht ausgeschlossen. So kann es durchaus vorkommen, dass zwei vergleichbare Alternativen mit ähnlichen Effekten in den gleichen Runden jetzt unterschiedlich bewertet werden. Beispielsweise deshalb, weil eine Intervention längerfristig durch ein zukünftiges organisationales Konzept wie einen Neubau oder eine veränderte Gruppenkonstellation erfolgsversprechender scheint. Zweitens ist die Reversibilität einer Maßnahme als Beurteilungskriterium einzubeziehen. Interventionen, welche mit verhältnismäßig einfachen Mitteln wieder rückgängig zu machen sind, werden gegenüber schwer rückzuführenden Massnahmen grundsätzlich bevorzugt. Dies ist insbesondere dann wichtig, wenn das dritte Beurteilungskriterium, das Risikopotential, als hoch einzustufen ist. sensiQoL© unterstützt zwar die Entscheidungsfindung, aber das Framework entfaltet sich insbesondere dann, wenn die Entscheidungen wohl überlegt und mit Bedacht getroffen werden. Einerseits sind Fehlversuche, falsche und schädliche Massnahmen mit unerwünschten Folgen bei Menschen grundsätzlich besonders gravierend, andererseits kann die Korrektur von Entscheidungsfehlern unter Umständen viel mehr Arbeit, Energie und Zeit kosten, als für die administrativste Entscheidung selbst nötig ist. Deshalb sind die verschiedenen Interventionsalternativen genau auf die Höhe und Art des Risikos zu bewerten. Bei Massnahmen mit gleichen Effekten ist grundsätzlich diejenige mit dem geringeren Risikopotential zu bevorzugen. Das vierte und letzte Bewertungskriterium sind die Grenzkonditionen. Sie spielen eine wichtige Rolle, um zu erkennen, wann eine Entscheidung, die ursprünglich als richtig gewertet wurde, aufgrund der eingetretenen, falsch kalkulierten oder nicht berücksichtigten Umstände unhaltbar wird. Die Frage, die zur Bestimmung der Grenzkonditionen führt, lautet: Beim Eintreten welcher Umstände akzeptieren wir, dass wir uns getäuscht haben? Wenn Grenzbedingungen eintreten, gilt es rasch und sensibel auf sie zu reagieren. In solchen Situation darf man nicht an der ursprünglichen Entscheidung festhalten, sondern dann handelt es sich um eine gänzlich neue Lage, welche auch eine neue Entscheidung erfordert.

Sind die am meisten Erfolg versprechenden Interventionsalternativen analysiert, wird in einem nächsten Schritt die geeignetste selektioniert und die entsprechenden Massnahmen geplant und lanciert.

8.1.5   Intervention planen

Funktion

Im fünften Arbeitsschritt wird die umzusetzende Intervention selektioniert, werden Massnahmen geplant, koordiniert, letztendlich umgesetzt, überwacht und kontrolliert. Eine Intervention besteht dabei aus einer oder mehreren Massnahmen, welche die Entwicklung des selektionierten Bereichs der Klienten respektive der im Fokus stehenden Einheit fördern wollen. Sie ist als verbindliche Anordnung zu interpretieren, welche für das gesamte Dienstleistungsteam gilt. Grundsätzlich sind die Klienten, Angehörigen, Dienstleistenden und allenfalls auch andere beteiligte Berufsgruppen in den Planungsprozess zu integrieren.

Vorgehen

1. Intervention selektionieren und ihr Ziel präzisieren

Aus den Interventionsalternativen wird diejenige ausgewählt, welche für die Klienten den größtmöglichen und nachhaltigsten Erfolg verspricht und die vorhandene Ressourcen optimal verwertet. Nicht zu vergessen ist, dass auch die Nullvariante, die den Status quo darstellt, als Alternative zur Verfügung steht. Sie mag Unvollkommenheit aufweisen und mit Schwierigkeiten verbunden sein, aber wenigstens sind diese bekannt. Unabhängig davon, ob die Nullvariante oder eine der in den vorangehenden Schritten erarbeiteten Interventionsalternativen selektioniert wird, zwischen den Entscheidungsträgern und den Leuten, welche diese umsetzen müssen, sollte ein tragfähiger Konsens über die selektionierte Intervention bestehen. Gemeinsam getroffene Entscheidungen haben beträchtlich größere Realisierungschancen als andere. Ist die Intervention selektioniert, wird das im zweiten Arbeitsschritt formulierte Ziel präzisiert, schriftlich ausformuliert und gegenüber den Klienten, ihren Angehörigen und den Dienstleistenden kommuniziert.

2. Maßnahmen planen

Nachdem die Intervention selektioniert und ihr finales Ziel bekannt ist, werden die dazu nötigen Massnahmen bestimmt und koordiniert. Systemisch ausgedrückt lassen sich mit den Massnahmen diejenigen Variablen im Ressourcensystem verändern, welche bei der Simulation den Entwicklungsbereich nachhaltig steigern und verbessern konnten. Dabei können eine oder mehrere Variablen aus dem Ressourcensystem mit je einer oder mehreren konkreten Massnahmen angegangen werden. Im Planungsprozess werden alle für die Intervention relevanten Massnahmen benannt und beschrieben. Anschließend ist es erforderlich, die erwarteten Wirkungen zu konkretisieren. Dazu werden die primär angegangene Variable und allfällige Folgewirkungen auf andere lebensqualitätsrelevanten Bereiche benannt. Hier können auch die im zweiten Arbeitsschritt identifizierten Indikatoren hinzugezogen werden. Weiter muss jede getroffene Maßnahme einer personellen Verantwortlichkeit zugeschrieben werden. Es kann sein, dass die Umsetzung von einem Team vollzogen wird, aber es ist unerlässlich, dass die eigentliche Endverantwortung bei einer einzelnen Person liegt. Diese muss über die entsprechenden Kompetenzen und das erforderliche Wissen verfügen, um die Verantwortung auch tatsächlich übernehmen zu können. Und letztendlich gehört zu einer umfassenden Maßnahmenplanung auch der zeitliche Horizont. Dieser bezieht sich auf die verschiedenen zeitlichen Elemente der Intervention. Dazu zählen erstens die idealen Zeitpunkte, um die einzelnen Massnahmen zu lancieren, allfällige Steigerungssequenzen der Massnahmen oder nachgelagerte Unterstützungsleistungen. Zweitens ist es wichtig, zeitliche Eckwerte zu markieren, wann welche Effekte zu erwarten sind. Drittens muss der Zeitpunkt für überprüfende Evaluationen festgelegt werden. Abschließend kann es auch hilfreich sein, die verschiedenen Massnahmen zu priorisieren. Die intensivste Aufmerksamkeit gebührt dann natürlich den als besonders wichtig klassifizierten Massnahmen (vgl. Abbildung 60).

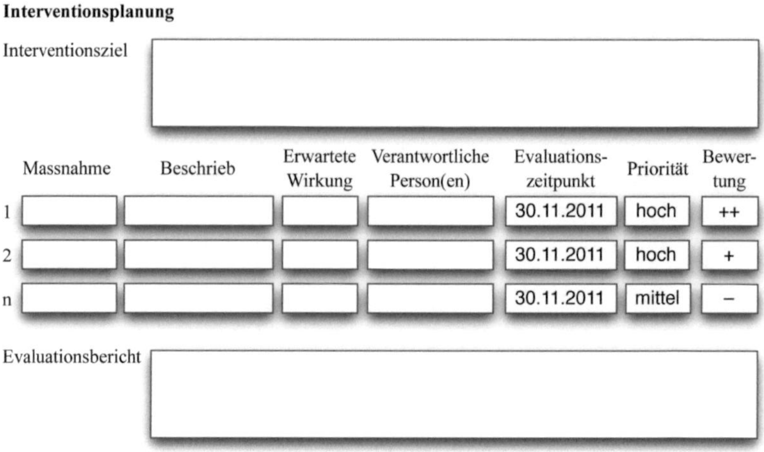

Interventionsplanung

Interventionsziel

Massnahme	Beschrieb	Erwartete Wirkung	Verantwortliche Person(en)	Evaluations- zeitpunkt	Priorität	Bewer- tung
1				30.11.2011	hoch	++
2				30.11.2011	hoch	+
n				30.11.2011	mittel	–

Evaluationsbericht

Abbildung 60: Interventionsplanung

3. Intervention durchführen, überwachen und evaluieren

Nachdem die einzelnen Massnahmen einer sonderpädagogischen Intervention geplant und koordiniert sind, wird diese umgesetzt, kontinuierlich begleitet, überwacht und letztendlich evaluiert. Bei der Begleitung und Überwachung der Massnahmen müssen die verantwortlichen Personen insbesondere die Wirkung der ihnen zugeteilten Massnahmen verfolgen. Dabei ist darauf zu achten, dass unter einem sonderpädagogischen Prozessverständnis die Ziele und Massnahmen der Interventionsplanung den aktuellen Bedürfnissen der Klienten angepasst werden müssen. Idealerweise geschieht dies über eine regelmäßige Dokumentation. Erreichen gewisse Wirkungen die definierten Grenzkonditionen, ist eine sofortige Neubeurteilung der Ausgangslage erforderlich. Verlaufen die Wirkungen wie erwünscht, werden die Massnahmen spätestens beim Erreichen des fixierten Evaluationszeitpunkts beurteilt. Die Beurteilung ergibt sich aus dem Vergleich zwischen den festgelegten Zielen und dem Ergebnis der Interventionsmaßnahmen. Bei dieser Beurteilung schließt sich der Regelkreis sonderpädagogischer Interventionen und wird durch die neu generierten Erkenntnisse, Erfahrungen und die aktuelle Lebenssituation des Klienten gleichermaßen wieder eröffnet. In diesem Sinne ist selbst die während der Klientenanalyse angelegte Informations- und Datensammlung keine statische Einmalerhebung, sondern eine dynamische Größe im Interventionsprozess. Die Informationen über einen Klienten oder eine organisationale Einheit werden kontinuierlich angepasst und erweitert. Parallel zur Datengrundlage erweitert sich auch das Verständnis rund um die komplexen Zusammenhänge der Lebenssituationen der Klienten.

Damit sind die fünf Prozessschritte des Interventionsframeworks sensiQoL$^©$ vorgestellt. Anschließend werden diese explizit mit den erarbeiteten Grundlagen in Verbindung gebracht.

8.2   Die Grundlagen des Interventionsframeworks sensiQoL$^©$

Das Interventionsframework sensiQoL$^©$ stützt sich auf strukturelle, normative und instrumentelle Grundlagen. Diese werden im zweiten Teil der Arbeit vorgestellt. Dieses Teilkapitel verdeutlicht, wo welche dieser Grundlagen in das Framework einfließen, wie sie sich entfalten und welche im ersten Teil der Arbeit identifizierten Spannungsbereiche von sonderpädagogischen Dienstleistungsorganisationen dadurch reduziert werden.

Die strukturellen Grundlagen bilden die fünf aufeinander aufbauenden Ablaufschritte. Sie reichen von der Erfassung des sonderpädagogischen Interventionsbedarfs der Klienten bis zur konkreten Implementierung und Evaluation von ermittelten Massnahmen, um definierte Lebensbereiche der Klienten zu unterstützen. Die eigentliche Struktur des Ablaufs orientiert sich an der von Gomez und Probst (1999) entwickelten Problemlösungsmethodik. Allerdings war es erforderlich, diese Methodik begrifflich sonderpädagogischen Gegebenheiten anzupassen. So wird auf ökonomisch geprägte Ausdrücke verzichtet, universale Auslegungen werden auf spezifisch sonderpädagogische überführt und defizitbehaftet Termini durch ressourcenorientierte Begriffe ersetzt. Diese Anpassungen sind erforderlich, um die typischen Spannungsbereiche von in sonderpädagogischen Organisationen angebotenen Dienstleistungen entsprechend zu berücksichtigen, respektive zu reduzieren.

Die normativen Grundlagen zeigen sich insbesondere in der Ausrichtung auf die Lebensqualität als Zielperspektive sonderpädagogischen Handelns. Mit dem Lebensqualitätskonzept steht eine Handlungsgrundlage zur Verfügung, an der sich alle relevanten Interessengruppen ausrichten können. Die Handlungsgrundlage basiert auf dem minimalen Konsens, dass Klienten, die in sonderpädagogischen Dienstleistungsorganisationen leben und arbeiten, ein Recht auf ein gelingendes Leben haben. Obwohl die Lebensqualität ein im Kern relatives und subjektives Konstrukt ist, bietet es durch seine objektivierten und operationalisierten lebensqualitätsrelevanten Bereiche ein für die Sonderpädagogik geeignetes Arbeitskonzept. Neben dem subjektiven Bedarf der einzelnen Klienten bindet das Lebensqualitätskonzept auch institutionelle Präferenzen und Möglichkeiten mit ein. Und gerade weil die Lebensqualität als Gegenstandsbereich und Zielperspektive von sonderpädagogischem Handeln bereits vordefiniert und operationalisiert ist, hat dies auch Auswirkungen auf die Struktur. Im Unterschied zur universalen Problemlösungsmethodik von Gomez und Probst (1999) muss der Gegenstandsbereich des Problems nicht mehr grundlegend erarbeitet und abgesteckt werden. Der entwickelte Lebensqualitätskatalog mit seinen Domänen, Variablen und Items gibt den Rahmen weitgehend vor.

Die instrumentellen Grundlagen ergeben sich aus den im sechsten Kapitel vorgestellten Analyse- und Planungsinstrumenten. Die individuumsbezogenen Analyseinstrumente light, assistance und proxy sind im ersten Arbeitsschritt integriert. Sie helfen bei der Erfassung des sonderpädagogischen Handlungsbedarfs, richten sich an der Zielperspektive Lebensqualität aus und können bei Menschen mit leichten, mittelgradigen und schwersten Beeinträchtigungen angewendet werden. Sie sind so konzipiert, dass sie den erschwerenden Umständen der Bedarfserfassung gerecht werden, die Klienten gleichwohl weitmöglichst in die Analyseprozesse integrieren und ungleiche Abhängigkeits- und Machtverhältnisse durch eine systematische Befragungsstruktur reduzieren. Außerdem wird nicht nur die aktuelle Lebensqualität der Klienten ermittelt, sondern es werden auch subjektive Wünsche und Bedürfnisse als Soll-Werte identifiziert. Um diese zu erfüllen und zu befriedigen, können anschließend geeignete sonderpädagogische Interventionsmaßnahmen bestimmt werden. Die organisationalen Analyseinstrumente sind Teil des zweiten Arbeitsschritts. Dazu gehören die Matrizen und die daraus abzuleitenden Diagramme. Auch diese Instrumente berücksichtigen mehrere im ersten Arbeitsteil entwickelte Handlungsgrundlagen. So lassen sich mit den Matrizen beispielsweise die Ziele und Prioritäten organisationaler Einheiten festlegen und bei der Interventionsplanung adäquat berücksichtigen. Weiter werden mit diesen Prozessinstrumenten die komplexen Zusammenhänge organisationaler Schwerpunkte reduziert und reflexive Lernprozesse institutionalisiert. Gleichzeitig erlauben es die Instrumente, eingesetzt als strategische Führungshilfsmittel, wichtige Impulse zu setzen. Die Planungsinstrumente sind Teil der Schritte drei bis vier. Sie stützen sich alle auf modernste komplexitätsreduzierende Technologien, mittels welchen soziale Systeme übersichtlich dargestellt und simuliert werden können. Das computerbasierte Instrument, um einen zu entwickelnden Bereich in einem sozialen Ressourcensystem darzustellen, ist im dritten Arbeitsschritt subsumiert. Damit wird es möglich, individuelle Entwicklungsbereiche mit ihren komplexen Zusammenhängen innerhalb des individuellen und organisationalen Möglichkeitsraums zu situieren und transparent abzubilden. Die Instrumente der Verfeinerung und die darauf basierenden Entwicklungssimulationen sind in den vierten Arbeitsschritt integriert. Mit diesen Instrumenten wird die Güte sonderpädagogischer Leistungen zuverlässig ausgewiesen. Es lassen sich effektive und effiziente Interventionen selektionieren, deren Wirkung später durch Vorher-Nachher-Effekte soziokulturell und ökonomisch legitimiert werden kann. Im fünften Arbeitsschritt werden die Massnahmen geplant und umgesetzt. Dafür stehen die aus den vorangehenden Arbeitsschritten gewonnenen Erkenntnisse und Informationen zur Verfügung, welche die Interessen verschiedener Anspruchsgruppen berücksichtigen und diese handlungsrelevant kanalisieren.

Die Abbildung 61 gibt einen zusammenfassenden Überblick über das Interventionsframework sensiQoL[©]. Es wird seine Ablaufstruktur mit den integrierten Instrumenten dargestellt und es werden stichwortartig die im ersten Teil der Arbeit hergeleiteten Handlungsgrundlagen aufgeführt, welche konstruktiv in das Framework einfließen.

Struktur		Instrumente	Berücksichtigung der Handlungs-grundlagen
1. Klienten analysie-ren	1. Erhebungsins-trumente wählen 2. Erhebung durchführen und protokol-lieren 3. Ergebnisse analysieren und Entwick-lungsbereich identifizieren	• light • assistance • proxy	Individuumsbezogene Analyseinstru-mente, welche • sich an der Zielperspektive Le-bensqualität (DL 1) mit ihren essen-tiellen, lebensqualitätsrelevanten Indikatoren ausrichten (Orga 3), • die Klienten systematisch einbe-ziehen (DL 1), • der erschwerten Bedarfserhebung gerecht werden (DL 2), • sich am Bedarf der Klienten orien-tieren und dabei sowohl den Ist- als auch den Soll-Zustand erfassen (DL 1), • ungleiche Abhängigkeits- und Machtverhältnisse durch eine sys-tematische Befragungsstruktur re-duzieren (DL 4).
2. Organisa-tion ana-lysieren	1. Einzelmatri-zen gewichten 2. Profilmatrix ableiten 3. Ergebnisse analysieren	• Einzelma-trizen • Profilma-trix • Balken-diagram-me • Streudia-gramm	Organisationale Analyseinstrumente, welche • die Ziele und Prioritäten organisa-tionaler Einheiten identifizieren, festlegen und bei der Interven-tionsplanung adäquat berücksich-tigen (DL 1), • die komplexen Zusammenhänge organisationaler Schwerpunkte re-duzieren (DL 3), • reflexive Lernprozesse institutiona-lisieren (DL 4), • gleichzeitig als strategische Füh-rungsinstrumente wichtige Impulse setzen (Orga 11).
3. Ressour-cen dar-stellen	1. Ressourcen-system erstel-len 2. Ressourcen-system analy-sieren 3. Interventions-ziele formulie-ren	• Ressour-censystem	Planungsinstrumente, welche • komplexitätsreduzierende Techno-logien, mittels welchen soziale Sys-teme simuliert werden können, einbeziehen (Orga 10), • Vorher-Nachher-Effekte ausweisen und die Wirkungen von Interven-tionen offenlegen (DL 3), • es durch Simulationen erlauben,

			effektive und effiziente Interventionen zu selektieren und sowohl soziokulturell als auch ökonomisch zu legitimieren (Orga 6),
4. Entwicklungen simulieren	1. Variablenbeziehungen verfeinern 2. Interventionsalternativen simulieren und Systemveränderungen analysieren 3. Beurteilung der Interventionsalternativen	• Verfeinerung • Simulation • Funktionsdiagramm	• die individuellen Entwicklungsbereiche innerhalb des individuellen und organisationalen Möglichkeitsraums situieren, • individuelle Lebenssituationen transparent darlegen und dabei die komplexen Zusammenhänge adäquat berücksichtigen (DI 3), • die Interessen verschiedener Anspruchsgruppen berücksichtigen und kanalisieren (Orga 4),
5. Intervention planen	1. Intervention selektionieren und ihr Ziel präzisieren 2. Massnahmen planen 3. Intervention durchführen, überwachen und evaluieren	• Interventionsplanung	• die Güte sonderpädagogischer Leistungen zuverlässig ausweisen (Orga 2).

Abbildung 61: Das Interventionsframework sensiQoL© und seine Grundlagen

8.3 Fazit zum Interventionsframework sensiQoL©

Den zentralen Raster des Frameworks bilden die strukturellen Grundlagen mit ihren fünf übergeordneten Arbeitsschritten und den je drei Unterschritten. Sie geben den Ablauf vor. In den ersten beiden Prozessschritten werden die Klienten und die Organisation analysiert, um den Gegenstandsbereich zu identifizieren, welcher weiter entwickelt und verbessert werden soll. Dieser Bereich wird im dritten Schritt systemisch abgebildet. Zu einem solchen System zählen alle für den Bereich relevanten und zu berücksichtigenden Einflussgrößen. Im vierten Schritt werden die Beziehungen zwischen diesen Einflussgrößen verfeinert, damit Simulationen durchgeführt werden können. Diese bilden die Veränderungen auf bestimmte Interventionen ab. Im fünften Schritt wird diejenige Intervention gewählt und umgesetzt, welche unter den aktuellen Bedingungen die größte Wirkung verspricht. Die normative Stoßrichtung, an der sich das gesamte Framework orientiert, bildet die Lebensqualität. Mit seiner klaren Ausrichtung und der fortgeschrittenen wissenschaftlichen Operationalisierung berücksichtigt und entkräftet das Lebensqualitätskonzept zahlreiche im ersten Teil der Arbeit identifizierten Spannungsbereiche sonderpädagogischer Dienstleistungsorganisationen.

Und genauso verhält es sich auch mit den in das Framework integrierten Instrumenten. Sie sind stringent auf die Verbesserung der Lebensqualität der in sonderpädagogischen Dienstleistungsorganisationen lebenden und arbeitenden Klienten ausgerichtet. Sowohl die Analyse- als auch die Planungsinstrumente erfüllen die im ersten Teil herausgearbeiteten Erfordernisse professionellen sonderpädagogischen Handelns.

Nachfolgend werden einige praktische Erfahrungen geschildert, welche gemacht wurden, als die lebensqualitätsorientierten Analyse- und Planungsinstrumente im Heimalltag getestet wurden.

9. sensiQoL© im praktischen Einsatz

In diesem Kapitel verändert sich die Perspektive auf das Interventionsframework sensiQoL©. Vordergründig sind nicht mehr die wissenschaftlichen Grundlagen oder die entwicklungstheoretischen Aspekte des Frameworks, sondern die praktische Sicht der Anwender. Diskutiert und ausgeführt werden deshalb im ersten Teil dieses Kapitels konkrete Erfahrungen im Umgang mit den Analyse- und Planungsinstrumenten. Die Erfahrungen wurden im Projekt ‹Lebensqualität und nachhaltige Qualitätsentwicklung in sonderpädagogischen Betreuungs- und Dienstleistungseinrichtungen› (vgl. Kapitel 6) mit den Partnerorganisationen aus dem deutschschweizerischen Behinderten- und Gesundheitswesen gesammelt. Zu den Partnerorganisation zählten das Bill-Haus (Biel), der Götschihof (Aeugstertal), das Mathilde Escher Heim (Zürich), die Stiftung Rütimattli (Sachseln) und die Wohnstätten Zwyssigstrasse (Zürich) als Vertreter des Behindertenwesens sowie eine Abteilung der Pflegewissenschaften des Universitätsspitals Zürich.[171] Die Berichte werden den entlang der fünf Prozessschritte des Interventionsframeworks sensiQoL© vorgestellt, beziehen sich jedoch ausnahmslos auf die im Projekt entwickelten Analyse- und Planungsinstrumente. Im zweiten Teil werden vier zentrale Eigenschaften beschrieben, welche das Interventionsframework charakterisieren und auszeichnen. Anschließend an diese typischen Charakteristika des Frameworks werden im dritten Teil die zentralen Nutzaspekte aufgelistet, welche die Anwendung des Interventionsframeworks mit sich bringen. Differenziert wird dabei zwischen dem Nutzen für die Klienten, für das dienstleistende Personal und die sonderpädagogische Dienstleistungsorganisation. Abschließend wird ein Fazit generiert.

9.1 Analyse- und Planungsinstrumente im Einsatz

9.1.1 Schritt 1: Klienten analysieren

Die Erfassungssystematik der drei Instrumente light, assistance und proxy wurde ausnahmslos als wertvoll beurteilt. Die Praktiker begrüßten insbesondere den bedarfsorientierten Ansatz. Dieser zeigt sich einerseits darin, dass mit dem Lebensqualitätskonzept – neben den üblichen vorwiegend gesundheitsorientierte Funktionsfähigkeiten – auch andere für die Klienten relevante Lebensbereiche berücksichtigt werden. Dazu zählen etwa die soziale Einbettung oder die Sicherheit. Andererseits wurde es für die Interventions-

---

[171] Um die Erfahrungen zu verdeutlichen, ist es vereinzelt notwendig, diese mit empirischen Ergebnissen aus dem Projekt zu illustrieren. Die Ergebnisse werden jedoch nie direkt einem Namen der partizipierenden Projektpartner zugewiesen.

planung als nützlich empfunden, dass die Fähigkeiten und Möglichkeiten getrennt von den subjektiven Wünschen und Prioritäten der Klienten ermittelt wurden. Mit diesen differenzierten Angaben erhielten die Projektpartner mehr Anhaltspunkte über das Wohlergehen, als wenn dieses lediglich als Einzelwert erfasst worden wäre. Allerdings wirkte sich diese Differenzierung auf die Länge der Interviews aus. Besonders mit dem Instrument assistance wurde die zeitliche Schwelle von einer Stunde mehrfach erreicht. Weil es für viele Klienten schwierig war, sich über diese Zeitdauer hinweg zu konzentrieren, reagierten die Interviewführer situativ und selbständig auf diesen Umstand. Wenn es angebracht war, machten sie eine Pause oder vertagten die weiteren Fragen auf einen anderen Tag. Solche flexiblen Anpassungen waren mit sensiQoL$^©$ problemlos möglich. Diese und ähnliche Situationen waren für das Forschungsteam ein starkes Indiz dafür, dass es für die sonderpädagogische Praxis zwar wichtig ist, gut konzipierte und strukturierte Instrumente einsetzen zu können, aber dass der Einsatzbereich und die Handhabung zu weiten Teilen in der Kompetenz des anzuwendenden Personals liegen muss. Die Betreuungspersonen sind die Experten der Praxis. Sie sind vertraut mit den Klienten und wissen am besten, wer mit welchem Instrument, an welchem Ort, zu welcher Zeit und von wem erfragt werden soll.

Die Ergebnislisten, welche direkt online in der Applikation aufgerufen werden können, wurden von den Praktikern als aussagekräftig bewertet. Dadurch, dass sich die Passungswerte per Mausklick auf- oder absteigend sortieren lassen, war es für die Anwender einfach und schnell möglich, die zu entwickelnden Lebensbereiche zu identifizieren. Aus Sicht des Forschungsteams erstaunte allerdings, dass die Passungswerte der meisten organisationalen Einheiten relativ hoch ausfielen. Von jeder der insgesamt acht organisationalen Einheiten[172], die am Projekt eilgenommen haben, wurde für jede Variable der Mittelwert berechnet. Die größte Streuung erzielte die organisationale Einheit, deren tiefster Mittelwert einer Variablen 3.17 und der höchste 5 war. Zusammen mit zwei anderen organisationalen Einheiten, deren Streuung von 3,4 bis 4.9 respektive 3.82 bis 4.88 lag, bildeten diese drei Gruppen allerdings eher die Ausnahme. Bei den anderen fünf Gruppen waren die Variablenwerte mit dem tiefsten Mittelwert 4 oder höher. Hier könnte angenommen werden, dass es schwierig ist, aus diesen eng zusammenliegenden Werten überhaupt noch Tendenzen herauszulesen und Interventionen zu planen. Aber weil sich das Framework gerade dadurch auszeichnet, dass die Lebensqualität jedes Klienten – unabhängig vom jeweiligen Niveau der Werte – verbessert werden kann, war es dennoch problemlos

---

[172] Die Stiftung Rütimattli und die Wohnstätten Zwyssigstrasse nahmen mit je zwei Gruppen (organisationalen Einheiten) am Projekt teil.

möglich, einen zu entwickelnden Bereich festzulegen und ein Ressourcengefüge zu erstellen. Dies demonstrierte die Einrichtung, deren Streuung lediglich sehr klein war und gerade einmal von 4.63 bis 5 reichte, eindrücklich. Auch Sie bestimmten die Variable mit dem tiefsten Mittelwert von 4.63 als die zu entwickelnde Variable. Im Unterschied zu den anderen Gruppen bewegten sich die anderen Passungsmittelwerte einfach auf einem relativ hohen Skalenniveau mit einer geringen Streuung.

Als eher kritisch sind insbesondere zwei Punkte aufzuführen. Ein erster Punkt bezieht sich auf die Fragenkonstrukte der Instrumente light und assistance. Diese liegen nahe beisammen, das heißt, die Klientel, welche mit dem Fragebogen light befragt wird, unterscheidet sich nur gering von jenen Klienten, bei welchen der Fragebogen assistance eingesetzt wurde. Hier ist zu prüfen, ob ein Fragebogen auch so formuliert werden kann, dass dieser von Menschen ohne oder mit geringen kognitiven Einschränkungen selbständig ausgefüllt werden kann. Ein solcher hätte beispielsweise im Mathilde Escher Heim gut eingesetzt werden können. Die Menschen, die in dieser Einrichtung leben und arbeiten, haben eine progressiv verlaufende Muskelkrankheit, sind aber kognitiv fähig, selbständig einen Fragebogen auszufüllen. Ein solcher autonom auszufüllender Fragebogen würde sowohl das Einsatzgebiet von sensiQoL$^©$ erweitern, als auch die Mitarbeitenden entlasten, die Interviews zu führen. Und wenn die Fragebogen auch noch online ausgefüllt werden könnten, müssten die Mitarbeitenden anschließend die Daten nicht einmal übertragen, weil sie automatisch in der Datenbank abgelegt werden. Ein zweiter kritischer Punkt bezieht sich auf die Mittelwertabweichungen des Proxy-Fragebogens. Die Analyse zeigt, dass diese bei den Proxy-Fragebogen tendenziell hoch ausfallen. Bei den Variablen betrug diese bei den Fähigkeiten/Möglichkeiten 0.35, bei den Prioritäten/Wünschen sogar 0.52. Dies bedeutet, dass sich die Aussagen der Stellvertreter in den Bewertungen durchschnittlich um 0.70 beziehungsweise 1.05 Punkte unterschieden (Wong 2008, 64). Diese Differenz ist beachtlich und ein Anzeichen dafür, die Art dieses Zugangs neu zu überdenken.

9.1.2 Schritt 2: Organisation analysieren

Das Ausfüllen der Einzelmatrizen und der Profilmatrix wurde als aufwendig und zeitintensiv erlebt, allerdings gleichermaßen als interessant und wertvoll. Insbesondere die Konsenssitzungen der je drei Mitarbeitenden einer organisationalen Einheit dauerten durchschnittlich zwei Halbtage. Diesen Sitzungen wurde von den Mitarbeitenden ein großer fachlicher Wert zugeschrieben. Hervorgehoben wurde beispielsweise, dass sie durch diese Sitzungen eine gemeinsame Sprache entwickelten, dass sie ihre unterschiedlichen Verständnisse von Fachbegriffen wie Förderung, Begleitung oder Integration offenlegen und einander allenfalls angleichen konnten und dass die Begriffe der lebensqualitätsrelevanten Variablen durch interne Klientenbeispiele eine für sie alltagspraktische Bedeutung erfuhren. Insgesamt schrieben die Mitarbeitenden diesem Arbeitsschritt den Status eines für sie gewinnbringenden Führungsinstrumentariums zu, um die Strategie einer Gruppe oder einer Organisation zu überdenken, allenfalls anzupassen und zu konkretisieren. Wie dies umgesetzt wurde, zeigt ein Beispiel einer teilnehmenden Gruppe. In einer abschließenden Projektbesprechung mit der Gruppenleiterin dieser Gruppe hat sie dem Forschungsteam berichtet, dass sie die Profilmatrix seit einigen Wochen intuitiv als Führungsinstrument in Gruppensitzungen einsetzt. Bei diesen wöchentlichen Sitzungen diskutieren sie und ihre Mitarbeitenden jeweils gemeinsam einzelne Beziehungsrelationen der Matrix. Einige Beziehungen werden gefestigt, andere geändert. Sie begründete dies damit, dass die Matrix eine gute Basis bilde, um gezielt über für ihre Gruppe relevante Themen zu diskutieren. Bei dieser Gruppe wurde die Matrix – zumindest in der zweiten Projekthälfte – bereits als fester Bestandteil einer professionellen sonderpädagogischen Arbeit in den Alltag integriert.

Es gibt verschiedene Wege und Möglichkeiten, organisationale Schwerpunkte zu bestimmen und auszuweisen und in eine Strategie zu überführen. Die Matrizen in diesem Arbeitsschritt sind deshalb besonders dafür geeignet, weil sich die Schwerpunkte diskursiv, klar strukturiert und entlang von lebensqualitätsrelevanten Bereichen direkt aus den organisationalen Realitäten heraus entwickeln. Inhaltlich und numerisch widerspiegeln sich diese Schwerpunkte einer organisationalen Einheit in den Variablenbeziehungen, welche von den Mitarbeitenden mit einer starken 3er-Gewichtung bewertet wurden und in der anzahlmäßigen Verteilung der Gewichtungen. So zeigten sich beispielsweise in den Einheiten mit einem stark gesundheitsorientierten und medizinisch ausgerichteten Tätigkeitsfeld besonders in den Variablen der Domäne physische (und psychische) Gesundheit viele 3er-Gewichtungen. Andere Gruppen setzten ihre Akzente vielmehr in der sozialen Einbettung. Natürlich sahen die Prozesse, bis diese Schwerpunkte entwickelt wurden, für jede organisationale Einheit anders aus. Wie intensiv und wie lange an den Profilmatrizen im Einzelfall gearbeitet wurde, war mitunter abhängig vom Anspruch der teilnehmenden Mitarbeitenden und wie konkret und transparent eine allfällige bereits vorhandene strategischen Ausrichtung war. Für zwei Gruppen war der Prozess besonders intensiv. Diese bekundeten Mühe damit, die starken Einflüsse von den mittelstarken zu differenzieren respektive das für die Gruppe Zentrale vom weniger Relevanten abzugrenzen, um sich auf das Wesentliche zu konzentrieren. Als Ergebnis resultierte in einer Gruppe eine Profilmatrix mit lediglich 22 3er-Beziehungen, in der anderen mit insgesamt 148 3er-Gewichtungen (vgl. Abbildung 62). In beiden Fällen wurde das Maß verfehlt, welches für die weiteren Schritte entscheidend ist. Die erste Gruppe hat es versäumt, die für ihre Klienten zentralen Arbeitsgebiete durch entsprechende Gewichtungen zu markieren. Der zweiten Gruppe ist es nicht gelungen die Komplexität auf ein praktikables Maß zu reduzieren, indem die wirklichen Kernpunkte benannt werden. Diese Verfehlungen wiesen darauf hin, dass beide Gruppen noch keine eindeutige Strategie verfolgen. Das endete für die erste Gruppe in einem zu vereinfachten Ressourcensystem, für die zweite in einem zu komplexen.

	Variable 1	Variable 2	Variable 3	Variable 4	Variable 5	Variable 6	Variable 7	Variable 8	Variable 9	Variable 10	Variable 11	Variable 12	Variable 13	Variable 14	Variable 15	Variable 16	Variable 17	Variable 18	Variable 19
1. Ernährung		3	2	1	2	2	2	2	1	2	2	2	0	0	1	2	1	1	1
2. Physische Körperfunktionen & -strukturen	3		2	1	3	3	3	3	0	1	2	2	1	2	2	2	1	2	3
3. Physische Mobilität	3	2		2	3	3	2	0	1	2	3	2	2	2	2	2	1	2	1
4. Förderliche Emotionen	2	1	1		1	3	3	0	1	2	3	2	0	1	1	1	0	1	0
5. Pflege des Körpers	1	0	2	2		1	1	1	0	0	2	2	0	0	2	0	1	2	0
6. Selbstbild / psychische Funktionen und Strukturen	1	1	1	1	1		1	0	1	1	0	0	0	0	1	0	0	0	0
7. Soziale Interaktinen	1	1	2	3	2	1		0	1	3	2	2	0	2	2	1	1	1	0
8. Würde	0	0	0	0	0	1	1		0	1	3	1	0	1	1	2	3	3	0
9. Gutes Tun	0	0	0	1	0	0	1	0		1	2	2	0	0	0	0	0	0	0
10. Soziale Kompetenz	1	1	1	2	1	1	2	1	1		2	1	1	0	1	2	1	1	1
11. Lustvolle Erfahrungen	2	2	2	2	1	1	1	1	0	1		1	0	2	0	2	1	0	0
12. Mentale Fähigkeit	1	0	0	1	1	0	2	1	0	2	2		1	1	0	0	0	1	0
13. Verstandesfähigkeit	2	2	0	2	1	0	2	0	1	1	2	2		1	1	0	0	0	0
14. Vorstellungsfähigkeit und Kreativität	0	0	0	0	0	0	0	0	0	0	0	0	0		0	0	0	0	0
15. Hauswirtschaftliche Versorgung	0	1	0	0	0	0	0	0	0	0	0	0	0	0		0	0	0	0
16. Würdige Beschäftigung	0	2	1	0	0	1	1	3	0	1	2	0	0	1	0		0	0	0
17. Unterkunft	0	2	2	1	1	1	2	1	0	1	2	1	1	1	0	2		2	0
18. Schutz	1	1	2	1	1	1	2	2	0	1	2	1	0	0	1	3	3		0
19. Besitztum	0	0	0	0	0	1	0	0	0	0	2	0	1	1	2	0	1	0	

	Variable 1	Variable 2	Variable 3	Variable 4	Variable 5	Variable 6	Variable 7	Variable 8	Variable 9	Variable 10	Variable 11	Variable 12	Variable 13	Variable 14	Variable 15	Variable 16	Variable 17	Variable 18	Variable 19
1. Ernährung		3	3	0	1	1	1	1	0	2	3	0	0	0	3	1	0	0	0
2. Physische Körperfunktionen & -strukturen	2		3	3	3	2	1	3	0	2	3	2	2	2	1	2	3	3	1
3. Physische Mobilität	1	3		3	1	3	2	3	1	2	3	1	1	1	1	3	3	3	3
4. Förderliche Emotionen	0	1	3		1	3	3	3	2	3	3	2	2	2	0	3	2	3	1
5. Pflege des Körpers	0	3	1	1		2	1	2	2	1	0	0	0	0	0	1	0	1	0
6. Selbstbild / psychische Funktionen und Strukturen	1	1	1	3	3		3	3	2	3	3	1	1	2	2	3	3	3	1
7. Soziale Interaktinen	0	0	3	3	0	3		3	2	3	3	2	2	2	0	3	3	3	1
8. Würde	0	1	3	3	3	3	3		2	3	3	2	1	1	0	3	3	3	3
9. Gutes Tun	1	0	2	2	1	1	3	3		2	3	1	2	2	0	2	1	1	0
10. Soziale Kompetenz	0	2	2	3	1	3	3	3	2		3	2	2	2	0	3	3	3	1
11. Lustvolle Erfahrungen	3	3	3	3	3	2	3	3	2	3		2	1	2	1	2	3	3	2
12. Mentale Fähigkeit	3	2	2	2	2	2	3	3	2	3	3		2	2	3	3	3	3	3
13. Verstandesfähigkeit	1	0	1	1	1	2	3	3	2	3	0	3		3	1	3	3	3	3
14. Vorstellungsfähigkeit und Kreativität	0	0	3	3	0	2	3	1	2	2	1	2	2		1	3	3	3	3
15. Hauswirtschaftliche Versorgung	3	2	2	0	1	0	2	2	0	1	0	2	2	0		3	3	0	2
16. Würdige Beschäftigung	0	1	3	2	2	3	3	3	0	2	3	2	0	0	0		3	3	3
17. Unterkunft	3	3	3	3	3	1	3	3	1	3	3	3	3	3	3	3		3	2
18. Schutz	3	3	3	3	3	3	3	3	1	2	3	3	3	3	3	3	3		2
19. Besitztum	0	0	0	0	1	2	0	3	1	0	0	0	0	0	1	0	3	0	

Abbildung 62: Profilmatrizen mit wenigen und vielen 3er-Gewichtungen

Für die weiteren Schritte mussten beide Gruppen erneut eine Konsenssitzung einberufen und ihre bisherigen Gewichtungen neu überdenken. Solche rekursiven Überarbeitungen sind jedoch Teil eines nachhaltigen Interventionsprozesses. In beiden Fällen war die zweite Sitzung erfolgreich. Die erste Gruppe hat sich mit einer Erhöhung auf insgesamt 85 3er-Gewichtungen auf eine zwar hohe, aber dennoch überschaubare Anzahl geeinigt, und die zweite Gruppe reduzierte die 3er-Gewichtungen auf 32. Diese erwies sich zwar als knapp, aber dennoch als praktikabel für die weiteren Prozessschritte.

Die verschiedenen Graphiken, welche sich aus der Profilmatrix ableiten lassen, fanden in diesem Arbeitsschritt insgesamt nur wenig Beachtung. Die Mitarbeitenden hatten zwar in den beiden Balkendiagrammen registriert, welche Variablen aktiv, reaktiv respektive einen eher kritischen oder puffernden Charakter haben, aber was es damit genau auf sich hat, war – zumindest während diesem Prozessschritt – nicht relevant, bestenfalls bloß interessant. Aber dies war zu diesem Zeitpunkt auch nicht erforderlich. Deutlich mehr Aufmerksamkeit erhielten die Streudiagramme. Als das Projektteam diese den einzelnen Gruppen präsentierte, führte dies zu Wiedererkennungseffekten mit der eigenen organisationalen Einheit. Dies wurde beispielsweise durch Äußerungen der Mitarbeitenden offenkundig, dass sie selber schon oft erfahren mussten, dass mit den in der kritischen Zone abgebildeten Lebensqualitätsvariablen wahrlich sehr behutsam umzugehen ist oder dass eine Variable mit einem stark aktiven Charakter auch in ihrem Alltag vielfach herangezogen wird, um eine Veränderung zu initiieren. Solche und andere Aussagen waren für das Projektteam erfreulich. Dadurch wurde bestätigt, dass die erarbeitete Profilmatrix und die mathematisch daraus abzuleitenden Diagramme durchaus fähig sind, Realitäten des sonderpädagogischen Gruppenalltages plakativ und transparent widerzuspiegeln.

9.1.3 Schritt 3: Ressourcen darstellen

Die Möglichkeit, den zu entwickelnden Bereich in einem Ressourcensystem abzubilden, wurde von den Projektpartnern als eines der aussagekräftigsten Instrumente von sensiQoL© bewertet. Die Navigationselemente, um ein System graphisch übersichtlich darzustellen, waren für die Mitarbeitenden zwar nicht immer intuitiv bedienbar, aber mit der Hilfe von Anleitungen und unterstützenden Ausführungen des Projektteams führte dies letztendlich immer zum gewünschten Ziel. Insgesamt wurden acht Ressourcensysteme gebildet – für jede partizipierende organisationale Einheit eines. Grundsätzlich ist es mit der Applikation zwar möglich, auch Ressourcensysteme für einzelne Klienten zu gestalten, aus zeitlichen Gründen beschränkte sich das Projekt auf mittelwertbasierte Systeme der organisationalen Einheiten. Die Anzahl der Variablen in den acht Ressourcensystemen reichte von minimal fünf bis maximal zehn Variablen. Die beiden Ressourcensysteme, welche aus je zehn Variablen bestanden, erwiesen sich allerdings anzahlmäßig bereits als grenzwertig. Insbesondere, weil es sich um sehr dynamische Systeme mit vielen Verbindungen zwischen den einzelnen Variablen handelte, brauchte die Mitarbeitenden mehr Zeit und Übung, um sich zu orientieren. Als ideal erwiesen sich die Ressourcensysteme, welche aus sechs, sieben oder acht Variablen bestanden. Diese Systeme waren rasch überschaubar. Selbst ohne das System zu simulieren, waren erste Erkenntnisse über die Kausalitäten innerhalb des Systems schnell gewonnen. Hilfreich war es auch, dass die aktiven und reaktiven Variablen farblich durch die Applikation bereits als solche gekennzeichnet waren. Dies ersparte es den Mitarbeitenden, die Charaktereigenschaften der Systemvariablen aus den beiden im zweiten Arbeitsschritt erstellten Balkendiagrammen zu entnehmen. Allen Gruppen gelang es – gestützt auf die vorhandenen Mittelwerte und die Charaktereigenschaften der Variablen – zwei bis drei vielversprechende Interventionsalternativen zu selektionieren. Dies soll an einem konkreten Beispiel erläutert werden (vgl. Abbildung 63):

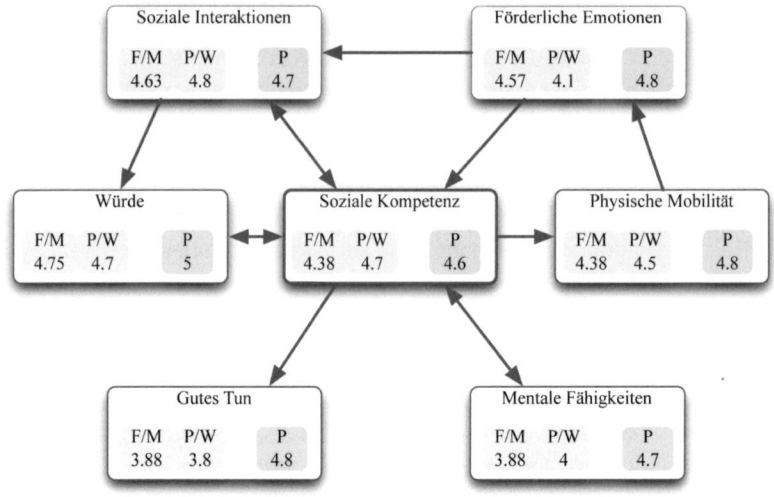

Abbildung 63: Ressourcensystem einer organisationalen Einheit

Die Variable mit dem tiefsten Passungswert (4.6) des abgebildeten Ressourcensystems war die ‹Soziale Kompetenz›. Diese Variable wurde von den Mitarbeitenden der Gruppe als der zu entwickelnde Bereich bestimmt und ins Zentrum des Systems gestellt. Alle Variablen, welche nicht direkt von der ‹Sozialen Kompetenz› beeinflusst wurden oder diese selber nicht direkt beeinflussten, wurden von den Mitarbeitenden manuell ausgeblendet. Dies ließ sich über ein Navigationselement in einer Seitenleiste bewerkstelligen. Insgesamt verblieben sechs Variablen, welche anschließend mit Hilfe der Computermaus graphisch so um die ‹Soziale Kompetenz› herum positioniert wurden, dass sich ein übersichtliches und ausgewogenes Ressourcensystem ergab. Nachdem das System graphisch ansprechend gestaltet war, wurde dieses begutachtet. In diesen kleinen Systemanalysen wurden insgesamt drei direkte Wechselwirkungen zwischen zwei Variablen ausgemacht. In alle drei ist die Variable ‹Soziale Kompetenz› involviert. Weiter wurden kleinere und größere Regelkreise erkannt, beispielsweise von der ‹Sozialen Kompetenz› zur ‹Physischen Mobilität›, von dort zu den ‹Förderlichen Emotionen› und zurück zur ‹Sozialen Kompetenz›. Solche Regelkreise zeugen von einer gewissen Systemdynamik. Um den Passungswert der ‹Sozialen Kompetenz› zu steigern, eignen sich besonders aktive Variablen. In diesem System sind dies die ‹Sozialen Interaktionen› und die ‹Förderlichen Emotionen›. Rein kybernetisch-mathematisch scheint eine Intervention über die Variable ‹Förderliche Emotionen› effektiver zu sein, denn diese wirkt nicht nur direkt auf die ‹Soziale Kompetenz›, sondern auch indirekt über ‹Soziale Interaktionen› und die ‹Würde›. Außerdem war ersichtlich, dass bei den genannten Variablen auch die Werte der Fähigkeiten/Möglichkeiten hoch sind, was seinerseits gut ist, weil sich durch diese vorhandenen Kompetenzen Interventionsmaßnahmen grundsätzlich leichter entfalten. So erhielten die Mitarbeitenden bereits nach kurzer Zeit und mit wenigen Handgriffen und Mitteln wertvolle Informationen und ein gesteigertes Verständnis über die Beschaffenheit des Systems rund um die ‹Soziale Kompetenz›. Mit einer gezielten Intervention auf die Variable ‹Förderliche Emotionen› wurde außerdem bereits eine erste vielversprechende Alternative erarbeitet, um die ‹Soziale Kompetenz› zu steigern. Dieses Beispiel verdeutlicht, dass bereits aus einer einfachen Darstellung eines zu entwickelnden Bereichs in einem Ressourcensystem wertvolle und weiterführende Erkenntnisse und Informationen für eine nachhaltige Intervention gewonnen werden können.

9.1.4 Schritt 4: Entwicklungen simulieren

Um ihr Ressourcensystem simulieren zu können, mussten die partizipierenden Projektpartner zuerst alle Variablenverbindungen verfeinern. Diese Aufgabe erwies sich als schwierig und zeitintensiv. Einige Mitarbeitende meinten bei der abschließenden Besprechung, dass sie mit dieser Aufgabe kognitiv überfordert waren. In der Tat war es einerseits schwierig, das programmierte Instrument zu bedienen, andererseits zu verstehen, was mit diesen Verfeinerungen erreicht und bezweckt werden soll. Was die Bedienung betrifft, so war das Instrument graphisch zu umständlich und intuitiv nicht sofort einsichtig. Zwar wurden unterstützend einige bereits definierte Pre-Sets von solchen Verfeinerungen aufgeschaltet, aber auch diese trugen nicht merklich zu einer verbesserten Anwendung bei. Der Grund dafür dürfte auch im zweiten genannten Punkt zu suchen sein. Einigen Projektpartnern war die Funktion dieses Schrittes nicht ersichtlich. Folglich haben sie es auch unterlassen, ihre Arbeitszeit dafür zu investieren, weil sie den Nutzen nicht begriffen. Für das Projektteam war schnell klar, dass dieser Schritt komplett überdacht und überarbeitet werden musste. Das neue Konzept steht, konnte jedoch im Rahmen des Projektes nicht mehr umgesetzt werden.

Es waren allerdings nicht alle Projektpartner mit dieser Aufgabe überfordert. Einige suchten die Unterstützung des Projektteams und investierten viel Zeit und Engagement in die Verfeinerungen. Dies soll wiederum an einem Beispiel erläutert werden (vgl. Abbildung 64):

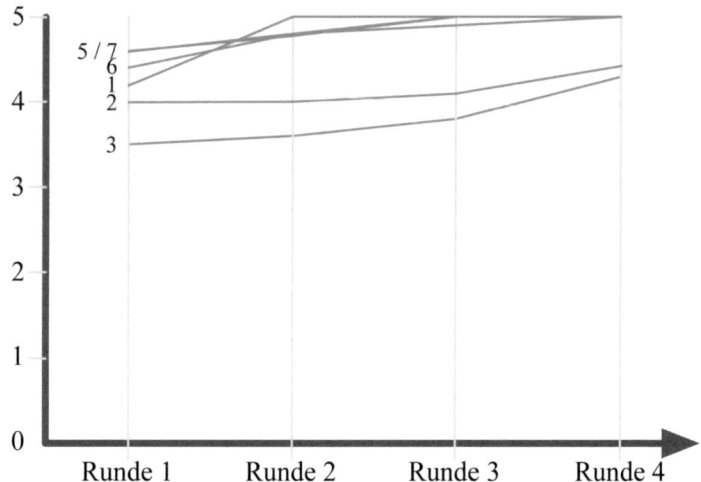

1 Ernährung
2 Physische Körperfunktionen / -strukturen
3 Physische Mobilität
5 Pflege des Körpers
6 Selbstbild / psychische Funktionen & Strukturen
7 Soziale Interaktionen

Abbildung 64: Funktionsdiagramm der Simulationseffekte einer organisationalen Einheit

In dieser Gruppe wurde versucht, die Variable ‹Physische Mobilität› mit einem Ausgangswert von 3.5 zu steigern. Aus dem Ressourcensystem ließ sich herauslesen, dass eine Intervention bei der Variablen ‹Selbstbild/psychische Funktionen und Strukturen› den besten Erfolg verspricht. Folglich wurde der Wert dieser Variable im Simulationsinstrument von den Mitarbeitenden dieser Gruppe manuell leicht erhöht und das System über vier Runden hinweg simuliert. Die dadurch erzielten Effekte waren sehr zufrieden stellend. Der Wert der ‹Physischen Mobilität› stieg bereits nach vier Runden auf 4.3, und auch die anderen Variablen in diesem System erfuhren wertsteigernde Effekte. Natürlich haben die Mitarbeitenden auch andere Simulationsszenarios durchgespielt und abgespeichert, aber keines wies dieselben positiven Effekte aus wie dasjenige des abgebildeten Funktionsdiagramms. Zusammen mit den in den vorangehenden Schritten gewonnenen Erkenntnissen und Informationen war es für diese Gruppe möglich, eine klare Stoßrichtung für die Intervention zu definieren. Gestützt auf die Instrumente des Frameworks lautete die Empfehlung für diese Gruppe, bei der Variablen ‹Selbstbild/psychische Funktionen und Strukturen› zu intervenieren. In diesem konkreten Beispiel ist allerdings Vorsicht geboten, denn der Charakter dieser Variablen wird im Gesamtgefüge als kritisch spezifiziert. Veränderungen, welche an dieser Variablen vorgenommen werden, können sich – positiv oder negativ – auch über die Grenzen dieses Ressourcensystems hinaus auswirken. Aber das Interventionsframework sensiQoL© liefert die nötigen Grundlagen, damit solche und ähnliche Effekte oder Gegebenheiten bei der Planung und Umsetzung der Intervention berücksichtigt werden.

9.1.5 Schritt 5: Intervention planen

Das Projekt, aus dem die oben angeführten Erfahrungen und Beispiele stammen, war als Entwicklungsprojekt konzipiert. Interventionen umzusetzen, zu implementieren und letztendlich zu evaluieren, zählen nicht zu den Bestandteilen des Projektes. Es fanden zwar mit allen acht kooperierenden Organisationseinheiten abschließende Gespräche statt, wie sie mit den gewonnenen Daten und Erkenntnissen weiterfahren, aber die Einheiten wurden bei diesen Schritten nicht begleitet. Insgesamt, so wurde uns jedoch zurückgespiegelt, empfanden die Praxispartner die Analyse- und Planungsinstrumente als wertvoll und nutzbringend. Sie konnten sich durchaus vorstellen – teilweise nach einer Überarbeitung der Bedienungsoberfläche – die Instrumente kontinuierlich oder periodisch in ihren Berufsalltag zu integrieren.

9.2 Vier zentrale Eigenschaften des Interventionsframeworks sensiQoL©

Klienten- und bedarfsorientiert

Das Interventionsframework sensiQoL© stellt den Menschen ins Zentrum, der wegen seinen besonderen Abhängigkeiten auf sonderpädagogische Unterstützung und Begleitung angewiesen ist. Sowohl die Analyse- als auch die Planungsinstrumente richten sich an der Bedarfslage der Klienten aus und berücksichtigen neben den individuellen Ressourcen und Präferenzen auch diejenigen der organisationalen Einheit, in welcher der Klient lebt und arbeitet. Entsprechend breit ist auch das Anwendungsfeld des Interventionsframeworks. Es eignet sich für stationäre und ambulante sonderpädagogische Angebotsysteme wie Werkstätten, Wohnheime, Tagesstätten – egal ob groß oder klein, privatrechtlich oder gemeinnützig, zentralistisch oder föderalistisch koordiniert und organisiert. Mit den drei Erfassungsinstrumenten light, assistance und proxy bietet sensiQoL© einen bedarfsgerechten Zugang für Menschen mit unterschiedlichsten Entwicklungsbeeinträchtigungen. Dank der differenzierten Erfassungssystematik können mit sensiQoL© nicht nur generelle Aussagen über den Grad des Wohlbefindens verschiedener lebensqualitätsrelevanter Bereiche gemacht werden, sondern auch über die Art des Wohlbefindens. Dies ist deshalb möglich, weil das Wohlbefinden als Passungsprodukt zwischen den Fähigkeiten und Möglichkeiten einerseits und den Prioritäten und Wünschen eines Klienten andererseits ermittelt wird. So lassen sich auch Veränderungen bestimmter Werte erkennen und präventiv angehen, bevor das Wohlbefinden darunter leidet. Somit findet das Framework sowohl für Ist-Standerhebungen als auch für gezielte Interventionsplanungen Verwendung. Alle Instrumente können grundsätzlich unabhängig vom Standort eingesetzt werden und die Daten sind jederzeit über die Onlineapplikation abrufbar.

Lebensqualitätsorientiert

Das Interventionsframework sensiQoL© verfolgt eine klare normative Ausrichtung. Das übergeordnete Zielkonzept, an welchem es sich orientiert, ist das der Lebensqualität. Der dem Konzept zu Grunde liegende Lebensqualitätskatalog wurde in einer wissenschaftlichen Metaanalyse entwickelt und repräsentiert alle lebensqualitätsrelevanten Lebensbereiche. Mit diesem Katalog wird in einer verbindenden Terminologie der Interventions- und Handlungsraum abgesteckt. Die Ausgestaltung des Raums selber übernehmen allerdings die anwendenden Organisationseinheiten. Dies geschieht im zweiten Prozessschritt mit den Einzel- und Profilmatrizen. Mit diesen Instrumenten ordnen sie den Lebensbereichen die für sie relevanten Präferenzen zu und setzen ihre fachlichen Akzente. Diese Akzente fließen – zusammen mit den individuellen Bedarfslagen der Klienten – direkt in die Interventionsplanungen ein. Die konkreten Interventionen können sich dabei an handlungsleitenden Konzepten aus der sonderpädagogischen Theoriebildung wie beispielsweise Empowerment, Normalisierung, Integration oder der kooperativen Agogik ausrichten.

Entwicklungsorientiert

Das Interventionsframework sensiQoL© eignet sich für Menschen mit einem besonderen Betreuungsbedarf, und zwar unabhängig von der Art und Intensität des Betreuungsbedarfs und der Entwicklungsbeeinträchtigung. Das Framework kann gleichermaßen bei schwer pflegebedürftigen Menschen mit starken kognitiven und kommunikativen Beeinträchtigungen oder leicht körperbehinderten Menschen, welche auf punktuelle Begleitungen angewiesen sind, angewendet werden. Die Analyse- und Planungsinstrumente zielen immer darauf ab, die subjektiv empfundene Lebensqualität des Klienten – unabhängig vom jeweiligen Skalenniveau, der Streuung der Werte oder im Vergleich zu anderen Klienten – zu stabilisieren oder zu verbessern, indem gezielt Entwicklungsbereiche bestimmt, analysiert und entsprechende Interventionsmaßnahmen implementiert werden. Zu dieser Entwicklungsorientierung gehört auch, dass allenfalls – insbesondere bei degressiven Entwicklungsverläufen – der Status quo eines Klienten möglichst lange zu erhalten ist.

Neben dem Entwicklungsaspekt, welcher direkt auf die Klienten abzielt, richtet sich diese Eigenschaft auch auf den Umgang und die Handhabung der Mitarbeitenden mit den Instrumenten. Ähnlich wie bei den meisten Instrumenten nimmt die Vertrautheit auch bei den Analyse- und Planungsinstrumenten von sensiQoL$^©$ zu, je mehr und je intensiver diese angewendet werden. Fehlgriffe werden zunehmend seltener, die Funktion und Bedeutung einzelner Schritte wird klarer und die zeitlichen Investitionen sinken. Aber darüber hinaus, und dies ist eine inhärente Stärke des Frameworks, ist es auch inhaltlich erfahrungssensitiv. Die Evaluation einer auf Verfeinerungen basierenden Intervention kann beispielsweise ergeben, dass gewisse Entwicklungsverläufe von Variablen reell anders wahrgenommen wurden, als dies die Simulation ergab. Die Erkenntnisse solcher und ähnlicher Fälle können anschließend rekursiv korrigiert werden. Dadurch erfährt das Framework eine zunehmende Annäherung an die Realität. Wird sensiQoL$^©$ in diesem Sinne prozessbegleitend eingesetzt, werden die Anwender systematisch auf lebensqualitätsrelevante Aspekte sensibilisiert. Dies unterstützt sie in ihrer professionellen sonderpädagogischen Alltagsgestaltung.

Prozess- und Ergebnisorientiert

Das Interventionsframework sensiQoL$^©$ zielt darauf ab, die Lebensqualität der Klienten zu sichern und zu steigern. Mit diesem Ziel ist das Framework deutlich auf ein Ergebnis ausgerichtet. Ob dieses als Förder- oder Entwicklungsziel definierte Ergebnis erreicht wurde, kann im Vergleich zweier zu unterschiedlichen Zeitpunkten durchgeführten Erhebungen bestimmt werden. Um dieses Ziel zu erreichen, stellt sensiQoL$^©$ den Mitarbeitenden als unterstützende Arbeitsgrundlage spezifische Analyse- und Planungsinstrumente zur Verfügung. Diese sind in ein strukturiertes, prozessorientiertes Ablaufsystem integriert – von der differenzierten Diagnose bis zur Evaluation der implementierten Intervention. Die in den einzelnen Prozessschritten erbrachten Leistungen werden genau beschrieben und lassen sich jederzeit transparent ausweisen. Dies ist für sonderpädagogische Dienste essentiell, denn damit lassen sich Sinnzusammenhänge und Entscheidungen der Dienstleitenden aufzeigen und nachvollziehbar darlegen.

Nachdem die vier zentralen Eigenschaften von sensiQoL$^©$ beschrieben sind, wird anschließend der praktische Nutzen des Frameworks dargestellt.

9.3 Der Nutzen des Interventionsframeworks sensiQoL©

sensiQoL© ist ein professionelles und ganzheitliches Interventionsframework zur Erfassung, Analyse und Mediation der Lebensqualität von Menschen, die in sonderpädagogischen Dienstleistungsorganisationen leben und arbeiten. Vom Framework profitieren die Klienten, das dienstleistende Personal und die Organisation.

Nutzen für die Klienten

Der primäre und offensichtliche Nutzen für die Klienten, bei denen sensi-QoL© seriös angewendet wird, besteht in der Sicherung und Steigerung ihrer Lebensqualität. Dazu setzt das Framework direkt beim spezifischen Bedarf der Klienten an, und es werden für sie lebensqualitätssteigernde Interventionen erarbeitet. Zu diesem primären Nutzen für die Klienten gesellen sich auch sekundäre Nutzaspekte hinzu. Beispielsweise fühlen sich die Klienten, weil sie direkt in den Analyse- und Planungsprozess integriert werden, ernst genommen und respektiert als Menschen mit spezifisch sonderpädagogischem Bedarf. Durch die strikte, die Klienten einbindende Erfassungsstruktur von sensiQoL© wird nicht einfach über die Klienten verfügt. Der Interventionsprozess wird zu einer kooperativ erbrachten Leistung und gleichsam werden dadurch ungleiche Machtverhältnisse zwischen den Dienstleistungsanbietern und den -empfängern reduziert.

Nutzen für die Dienstleistenden

Der Nutzen für das dienstleistende Personal besteht darin, dass sie durch das Interventionsframework in ihrer täglichen Arbeit unterstützt werden. Die Instrumente von sensiQoL© helfen ihnen, die für die Klienten geeigneten Interventionen zu bestimmen und diese umzusetzen. Dies gibt den Dienstleistenden Sicherheit und bestärkt sie in ihrer professionellen Handlungskompetenz. Neben diesem internen, auf das eigene Handeln ausgerichteten Nutzen, kann mit den durch sensiQoL© geführten Dokumentationsnachweisen auch gegenüber externen Interessen- und Anspruchsgruppen jederzeit Rechenschaft abgelegt werden. Es besteht eine klare Handlungstransparenz und die fachliche Qualität der sonderpädagogischen Dienste ist weitgehend gesichert. Selbstverständlich setzt der Umgang mit dem Interventionsframework ein professionelles Engagement des Personals voraus. Dazu gehört ein reflektierter, seriöser und kontrollierter Umgang mit den Instrumenten. Die konkrete, schrittweise Ablaufstruktur hilft dabei, diese Anforderungen einzuhalten.

Der Nutzen für sonderpädagogische Dienstleistungsorganisationen, welche das Interventionsframework sensiQoL© anwenden, implementiert die oben aufgelisteten Aspekte der Klienten und des Personals. Allerdings erfahren die genannten Aspekte für die Organisationen eine andere Konsequenz und Tragweite. So sind es beispielsweise nicht einzelne Mitglieder des Personals, welche Rechenschaft gegenüber den geldgebenden Instanzen ablegen müssen, sondern die Gesamtorganisation respektive das diese vertretende Führungsmanagement. Und gerade hier zeigt sich eine große Stärke des Frameworks, nämlich die Leistungstransparenz. Mit sensiQoL© können die sonderpädagogischen Leistungen der Organisation jederzeit nachvollziehbar und transparent dargestellt und auf Verlangen ausgewiesen werden. Wird die normative, strukturelle und instrumentelle Basis des Interventionsframeworks anerkannt – welche in der hier vorliegenden Arbeit hergeleitet wird – lassen sich die Dienstleistungen jederzeit objektiv beurteilen. Dies ist sowohl für geldgebende Instanzen als auch für andere Anspruchsgruppen wie die Angehörige, Freunde und Bekannte möglich. Ein weiterer Nutzen, den das Framework für die Organisationen generiert, ist die Verankerung einer einheitlichen Sprache. Die fachlichen Diskurse beziehen sich auf das Begriffssystem des Lebensqualitätskataloges. Dieser Katalog bildet das terminologische Referenzsystem, und zwar sowohl für den innerbetrieblichen Informationsfluss aller Prozessbeteiligten als auch für den interorganisationalen und den interdisziplinären Austausch. Abschließend ist zusätzlich zu erwähnen, dass EDV-gestützte Instrumente und Dokumentationen in den letzten Jahren zunehmende Resonanz erfahren. Organisationen, die heute noch mit handschriftlichen Dokumentationen arbeiten, stoßen vermehrt an Grenzen: Datenerfassungen sind zeitraubend, das Controlling wird umständlich und der ständig ansteigende formelle Informationsfluss wird zunehmend intransparent. Mit dem onlinebasierten Interventionsframework sensiQoL© sind die Daten und Informationen jederzeit abrufbar, klar strukturiert und mehrfach gesichert. Durch die effiziente Ablaufstruktur soll das Augenmerk des Personals auf das Wesentliche gelenkt werden und nicht auf unnötige und zeitraubende Schreibarbeiten. So verbleiben mehr zeitliche Ressourcen für die eigentliche Arbeit am und mit den Klienten.

9.4   Fazit zu den Erfahrungsberichten

In diesem Kapitel werden praktische Erfahrungen geschildert, welche Anwender mit den Analyse- und Planungsinstrumenten gemacht haben, vier zentrale Charaktereigenschaften von sensiQoL© beschrieben und der Nutzen für die Klienten, das Personal und die Organisation aufgezeigt. Die Erfahrungen mit den Analyse- und Planungsinstrumenten zeigen, dass die Instrumente wirkungsstark und praxisrelevant für den sonderpädagogischen Alltag sind. Vereinzelt muss aber auch festgestellt werden, dass gewisse Schritte noch zu komplex in der Handhabung sind und folglich zu viel Zeit beanspruchen oder das Personal überfordern. Die benannten Defizite sind allerdings erkannt und formen die Ausrichtung eines weiterführenden Projektes. Parallel dazu werden auch die Stärken des Frameworks kontinuierlich weiter ausgebaut.

Bereits in den Erfahrungsberichten schimmern vereinzelt für das Interventionsframework typische Charaktereigenschaften durch. Zu diesen zählen erstens die systematische Klientenorientierung, welche die Klienten mit ihrem jeweiligen spezifischen Bedarf in den Mittelpunkt stellt. Die zweite Eigenschaft betrifft die strikte Orientierung an der Lebensqualität. Durch diese normative Ausrichtung ist das Framework kompatibel zu bestehenden sonderpädagogischen Handlungstheorien, Ansätzen und Konzepten und verfolgt eine klare inhaltliche und wissenschaftlich operationalisierte Perspektive. Der dritte markante Charakterzug zeigt sich in der Entwicklungsorientierung. Entlang der Ablaufstruktur werden für jeden Klienten maßgeschneiderte Interventionen erarbeitet. Diese richten sich nach dem jeweiligen Entwicklungsstand der Klienten. Die vierte sensiQoL© charakterisierende Eigenschaft ist die Prozess- und Ergebnisorientierung. Die fünf Prozessschritte des Frameworks verlangen zwar, dass die Abfolge der Schritte eingehalten wird, aber die eigentliche Chronologie ist flexibel. Die Anwender können selber definieren, wann oder mit welcher Intensität sie die Instrumenten benutzen. Deshalb lässt sie sich auch problemlos in den praktischen sonderpädagogischen Alltag integrieren. Was die Ergebnisorientierung betrifft, so können erzielte Veränderungen in lebensqualitätsrelevanten Bereichen ausgewiesen und als bewertbare Ergebnisse den Interventionsmaßnahmen zugeschrieben werden.

Insgesamt ist festzuhalten, dass sonderpädagogische Dienstleistungsorganisationen, welche das Interventionsframework sensiQoL© seriös in ihren Heimalltag integrieren, wirkungsvolle Instrumente erhalten, um ihr professionelles Handeln und die organisationalen Leistungen transparent auszuweisen. Das dienstleistende Personal wird in seiner täglichen Arbeit unterstützt und die Lebensqualität der Klienten wird gesichert und gesteigert.

10. Fazit und Ausblick

In diesem Schlusskapitel wird erstens die Reichweite des Interventionsframeworks illustriert, indem die drei in der Einleitung ausgeführten Anforderungen an sonderpädagogische Dienstleistungsorganisationen aufgegriffen werden. Zweitens werden einige Forschungsdesiderate und Entwicklungsmöglichkeiten benannt, welche für das Interventionsframework sensiQoL$^{©}$ aus sonderpädagogischer Sicht weiterführend sind. Drittens wird abschließend ein Fazit generiert.

10.1 Die Reichweite des Interventionsframeworks sensiQoL$^{©}$

In der Einleitung dieser Arbeit wurden drei sozialpolitische und gesellschaftliche Anforderungen an sonderpädagogische Dienstleistungsorganisationen aufgeführt. Sie werden an dieser Stelle wieder aufgegriffen. Zusammenfassend wird dargestellt, wie das Interventionsframework sensiQoL$^{©}$ diese Anforderungen einlöst.

1. *Gute Arbeit für wenig Zeit, Geld, Personal und ohne inhaltliche Zielstellungen*

Das Interventionsframework sensiQoL$^{©}$ richtet sich inhaltlich am Konzept der Lebensqualität aus. In einer sonderpädagogischen Akzentuierung sichert das Lebensqualitätskonzept die Voraussetzungen, damit behinderte Menschen ein für sie gelingendes und gutes Leben führen können. Am guten Leben orientieren sich implizit oder explizit auch bestehende sonderpädagogische Handlungstheorien, Konzepte, Modelle und Ansätze wie beispielsweise Normalisierung, Integration, Empowerment oder Selbstbestimmung. Die Lebensqualität als sonderpädagogisches Leitkonzept ist somit kompatibel mit diesen und kann als übergeordnete Zielperspektive definiert werden. Für sensiQoL$^{©}$ wurde diese Zielperspektive wissenschaftlich operationalisiert, so dass sich sonderpädagogisches Handeln daran ausrichten kann und evaluieren lässt. Inhaltlich richtet sich die Lebensqualitätskonzeption am sonderpädagogischen Bedarf der behinderten Menschen aus und stellt ihre Lebensqualität ins Zentrum. So wird die Sicherung und Steigerung der Lebensqualität zum Maßstab, an dem sich die Güte einer Dienstleistung ausrichtet.

2. *Transparenz der Leistungserbringung ohne geeignete Instrumente*

Mit den Analyse- und Planungsinstrumenten des Interventionsframeworks sensiQoL$^{©}$ verfügen Mitarbeitende sonderpädagogischer Dienstleistungsorganisationen über leistungsstarke und effiziente Instrumente. Die Analyseinstrumente identifizieren den sonderpädagogischen Handlungsbedarf sowie das organisationale Profil. Die Planungsinstrumente unterstützen die

Mitarbeitenden in der Bestimmung und Umsetzung geeigneter Interventionen. Die Interventionsmaßnahmen resultieren direkt und nachvollziehbar aus den vorangehenden Analyse- und Planungsschritten. Jede sonderpädagogische Intervention lässt sich so transparent ausweisen und begründen. Die Transparenz in der Leistungserbringung bezieht sich allerdings nicht nur auf die Herleitung und Begründung der Intervention, sondern auch auf die erzielten Wirkungen. Durch die differenzierte Erfassung der individuellen Lebensqualität der Klienten können Veränderungen zwischen zwei Messzeitpunkten detailliert ausgewiesen werden. Mit zunehmender klientenbezogener Sensitivität des Frameworks werden sich die erzielten Veränderungen vermehrt auch direkt den einzelnen Interventionsmaßnahmen zuschreiben lassen.

3. Effizienz in der Leistungserbringung ohne geeignete Handlungsstruktur

Die Ablaufsystematik des Interventionsframeworks lehnt sich an die Struktur der Problemlösungsmethodik von Gomez und Probst (1999). Diese ursprünglich aus der Betriebswirtschaftslehre und in der Praxis vielfach bewährte Methodik überzeugt durch ihre Effizienz. Sie ist darauf ausgerichtet, komplexe Probleme nachhaltig, effektiv, ressourcenschonend und schnell zu lösen. Referenzierend auf diese Stärken wurde die Struktur in ihren Grundzügen deshalb übernommen, inhaltlich und terminologisch jedoch auf die instrumentellen und normativen Grundlagen sonderpädagogischer Problemstellungen übertragen. Das Produkt ist ein aus fünf aufeinander aufbauenden Ablaufschritten bestehendes Interventionsframework, welches darauf abzielt, die Lebensqualität der sonderpädagogischen Klienten zu sichern und zu steigern. Entsprechend dieser normativen Kanalisierung sind auch die bereitstehenden Analyse- und Planungsinstrumente bereits vorgefertigt und einsatzbereit.

Insgesamt ist das in dieser Arbeit entwickelte und vorgestellte Interventionsframework als Hilfsmittel zu verstehen, um einige der aktuellen gesellschaftlichen und sozialpolitischen Anforderungen – zumindest ein Stück weit – zu erfüllen. Aus sonderpädagogischer Sicht eröffnet dieser Schritt gleichzeitig neue Forschungsfelder und beleuchtet bereits bestehende neu. Hinzu kommt, dass das Framework sich im längeren praktischen Einsatz zuerst noch bewähren muss und dass sich auch die Herausforderungen an die sonderpädagogische Arbeit – beispielsweise durch die neuen Rahmenbedingungen der Neugestaltung des Finanzausgleichs (NFA) – verändern werden. Einige solche Forschungsdesiderate und weiterführende Entwicklungsmöglichkeiten des Interventionsframeworks werden nachfolgend aufgegriffen.

10.2 Forschungsdesiderate und weiterführende sonderpädagogische Entwicklungsmöglichkeiten: Ein Auszug

Direkt auf das Interventionsframework sensiQoL© bezogen drängen sich sofort qualitative Validierungen respektive Überarbeitungen der einzelnen Erfassungsinstrumente sowie der Interventionsmethode als Ganzes auf. Die Erfahrungsberichte (Kapitel 9) zeigen zwar, dass die Mitarbeitenden dem Framework ein beachtliches Potential zuschreiben, aber noch fehlen aussagekräftige Forschungsresultate über die Reliabilität und Validität der Instrumente. Weiter wären Forschungen dienlich, welche Aussagen zu den Effektstärken der mit Hilfe des Frameworks implementierten Interventionen erlauben. Dies ist deshalb wichtig, weil ohne solche statistischen Aussagen empirische Veränderungen nicht absolut mit den getroffenen Massnahmen in Verbindung gebracht werden können. Das heißt, selbst wenn sich die Lebensqualität der Klienten nach implementierten Interventionsmaßnahmen wie beabsichtigt verändert, ist damit wissenschaftlich noch nicht sichergestellt, welchen Anteil und welche Aspekte dieser Veränderungen direkt den Interventionsmaßnahmen zuzuschreiben sind. Neben diesen vorwiegend datenbasierten Forschungsfeldern bieten sich auch anwenderbezogene an. Ein solches ist beispielsweise die Evaluation der Bedienungsfreundlichkeit. Selbstverständlich ist das Erscheinungsbild der Applikation bereits jetzt bestrebt, übersichtlich gestaltet und intuitiv anwendbar zu sein, aber Verbesserungen gehören zu einem kontinuierlichen Entwicklungsprozess. Der Verbesserungsbedarf ergibt sich einerseits aus den Rückmeldungen der anwendenden Praxispartner, andererseits aus dem technischen und wissenschaftlichen Fortschritt im Anwendungs- und Forschungsfeld. Außerdem ist zu prüfen, ob sich passend zu den sonderpädagogischen Angeboten entsprechende Vorlagen entwickeln lassen. Solche Vorlagen könnten beispielsweise für Behindertenheime mit integrierten Wohn- und Freizeitangeboten oder aber für Werk- oder Tagesstätten ohne Übernachtungsmöglichkeiten zugeschnitten sein. Entlang solcher funktionshomogenen Vorlagen ließen sich einerseits die demographischen Bedürfnisse zu den notwendigen Klientenangaben abdecken, andererseits aber auch inhaltliche Bedürfnisse zu den einzelnen Instrumenten. Bei den Analyseinstrumenten könnten so relevante Befragungs- und Beobachtungsaspekte ausgebaut respektive reduziert werden, und die Planungsinstrumente ließen sich mit vordefinierten Presets bestücken. Solche Vorlagen würden dem Zweck dienen, die für diese Einrichtungsgruppen typischen und häufig verwendeten Aspekte – beispielsweise vordefinierte Ressourcensysteme, Profilmatrizen oder Beziehungsrelationen – optional bereits vorzuschlagen. Dies steigert die Effizienz, indem einerseits die Aufmerksamkeit auf die inhaltlich relevanten Bereiche gelegt wird und andere Aspekte ausgeblendet werden, andererseits einheitsspezifische Aufgaben nicht mehr zwingend von jedem Anwendungspartner neu erarbeitet werden müssen. Wenn hier schon sonderpädagogische Angebotssysteme angesprochen werden, so ist unweigerlich auch eine Erweiterung respektive Anpassung des Lebensqualitätskataloges auf solche Systeme zu thematisieren. Denkbar ist beispielsweise ein Lebensqualitätskatalog mit entsprechend operationalisierten Instrumenten für den stationären Kinder- und Jugendbereich oder ambulante Therapieangebote.

Neben diesen direkt das Interventionsframework tangierenden Desideraten drängen sich auch aus dem nahen Umfeld weiterführende Fragen und Interessenbereiche auf. Einen solchen Bereich bilden die bestehenden Qualitätsmanagementsysteme. In ihrer primären Ausrichtung sind diese darauf ausgerichtet, die Versorgungsqualität zu gewährleisten. Das Framework sensiQoL$^©$ im Gegenzug sichert und steigert mit seinem stark normativen Zugang die Lebensqualität der Klienten. Hier wäre es spannend, die Kompatibilität und die Schnittstellen dieser beiden Systeme respektive Zugänge herauszuarbeiten und genauer zu analysieren. Ebenfalls in diesen Interessenbereich fallen Import und Exportfunktionen in und zu bereits bestehenden Systemen. Um den Arbeitsaufwand möglichst tief zu halten, müsste es auch hier möglich werden, die Daten auszutauschen. Ein für die Finanzkoordination wichtiges Element umfassender Qualitätsmanagementsysteme bilden Schlüsselkonzepte, welche die finanzielle Entgeltung von anerkannten Leistungen regeln. Bisher orientieren sich solche Konzepte vorwiegend am Grad der Beeinträchtigungen und nicht am eigentlichen Bedarf der einzelnen Klienten. Aber gerade hier wären Modelle deutlich realitätsnaher, welche sich am sonderpädagogischen Bedarf ausrichten, zumal Behinderungs- oder Beeinträchtigungsgrade keine repräsentativen Größen für den effektiv zu leistenden Aufwand darstellen. Durch die explizite Bedarfsorientierung des Interventionsframeworks und die geleistete Vorarbeit der differenzierten Erfassungsinstrumente wäre es spannend, Bedarfs-Entgeltungssyteme abzuleiten. Abschließend ist auch die Zufriedenheit und die Fachkompetenz der Mitarbeitenden als Forschungsfeld zu nennen. Auch diese Bereiche beeinflussen die Lebensqualität der Klienten, die in sonderpädagogischen Dienstleistungseinrichtungen leben und arbeiten.

10.3 Schluss

In dieser Arbeit wird das Interventionsframework sensiQoL$^©$ entwickelt und anschließend vorgestellt. Das Framework ist für Einrichtungen des Behindertenwesens wie Behindertenheime oder Werkstätten konzipiert, welche in dieser Arbeit übergreifend als sonderpädagogische Dienstleistungsorganisationen bezeichnet werden. Sonderpädagogische Dienstleistungsorganisationen repräsentieren folglich das Einsatzgebiet des Frameworks, weshalb diese im ersten Teil dieser Arbeit vorgestellt und anschließend analysiert werden. Durch diese Analyse werden insgesamt 16 für sonderpädagogische Dienstleistungsorganisationen typische Spannungsbereiche identifiziert. Die Spannungsbereiche charakterisieren die besonderen Eigenschaften dieser Organisationen und grenzen diese von anderen Nonprofit-Organisationen und von profitorientieren Unternehmen ab. Entweder lassen sich diese Spannungsbereiche direkt bei den Klienten verorten, den organisationalen Einrichtungen, externen Bedingungen zuschreiben oder sie beziehen sich auf die Relationen zwischen den genannten Entitäten (vgl. Abbildung 37). Weil für die Entwicklung des Frameworks nur diejenigen Spannungsbereiche relevant sind, welche die Klienten selber, die organisationalen Einrichtungen oder die eigentliche Leistungserbringung der Dienste betreffen, wurden für die weiteren Entwicklungsschritte alle anderen ausgeblendet. Die aus den relevanten Spannungsbereichen resultierenden Handlungsgrundlagen sind normativer, instrumenteller oder struktureller Natur. Sie bilden die Ausgangslage für den zweiten Teil der Arbeit. In diesem werden die normativen, instrumentellen und strukturellen Grundlagen des Interventionsframeworks erarbeitet. Die normative Grundlage bildet das sonderpädagogische Lebensqualitätskonzept, die instrumentellen Grundlagen bilden die vorgestellten Analyse- und Planungsinstrumente, und die strukturelle Grundlage bildet die Ablaufstruktur der von Gomez und Probst (1999) entwickelten Problemlösungsmethodik. Als Synthese dieser Grundlagen wird anschließend im dritten Teil das eigentliche Interventionsframework beschrieben und die Wirkung der Analyse- und Planungsinstrumente an konkreten Beispielen verdeutlicht. In diesem abschließenden Kapitel des dritten Teils wird schließlich zusammenfassend aufgezeigt, inwiefern das Framework sensi-QoL© den einleitend aufgeführten gesellschaftlichen und sozialpolitischen Anforderungen gerecht wird, und es werden ausblickend weitere Forschungsfelder und Entwicklungsmöglichkeiten benannt.

Literaturverzeichnis

Ackermann, Walter & Andreas Schächtele (1998): Herausforderung Altersvorsorge - Ein Beitrag zur Analyse und Entwicklung der Altersvorsorge aus systemischer Sicht. St. Gallen: Universität St. Gallen, Institut für Versicherungswirtschaft.

Albert, Steven M. & Rebecca G. Logsdon (2000): Assessing Quality of Life in Alzheimer's Disease. New York: Springer.

Andrews, Frank M. & Stephen B. Withey (1976): Social Indicators of Well-being: Americans' perceptions of life quality. New York: Plenum Press.

Angermeyer, Matthias C. et al. (2000): WHOQOL - 100 und WHOQOL - BREF (Vol. 1). Bern: Hogrefe.

Anheier, Helmut K. (1995): Theories of the Nonprofit Sector: Three Issues. Nonprofit and Voluntary Sector Quarterly, 24(1), S. 15-24.

Anheier, Helmut K. & Regina A. List (Hrsg.) (2005): A Dictionary of Civil Society, Philanthropy, and the Nonprofit Sector. London, New York: Routledge.

Anheier, Helmut K. et al. (1998): Einführung. In: Anheier, Helmut K. et al. (Hrsg.): Der Dritte Sektor in Deutschland: Organisationen zwischen Staat und Markt im gesellschaftlichen Wandel. 2. Aufl., Berlin: Edition Sigma, S. 13-25.

Antener, Gabriela & René Landolt (2005): Sind sie zufrieden? Bewohnerbefragung in einer Stiftung für Menschen mit einer geistigen/mehrfachen Behinderung. Schweizerische Zeitschrift für Heilpädagogik, 1, S. 39-46.

Antor, Georg (1989): Betroffene und Stellvertreter. Zu Ethik-Fragen in der Sonderpädagogik. In: Thimm, Walter (Hrsg.): Ethische Aspekte der Hilfen für Behinderte. Unter besonderer Berücksichtigung von Menschen mit geistiger Behinderung. Marburg: Lebenshilfe, S. 12-29.

Antor, Georg & Ulrich Bleidick (2000): Behindertenpädagogik als angewandte Ethik (Vol. 1). Stuttgart/Berlin/Köln: Kohlhammer.

Arnesen, Trude M. & Ole F. Norheim (2003): Quantifying quality of life for economic analysis: time out for time trade off. Medical Humanities, 29 (2), S. 81-86.

Badelt, Christoph (1997): Zielsetzungen und Inhalte des ‹Handbuchs der Nonprofit Organisation›. In: Badelt, Christoph (Hrsg.): Handbuch der Nonprofit Organisation: Strukturen und Management. 2. Aufl., Stuttgart: Schäffer-Poeschel, S. 3-17.

Badelt, Christoph (1999): Zielsetzungen und Inhalte des ‹Handbuchs der Nonprofit Organisation›. In: Badelt, Christoph (Hrsg.): Handbuch der Nonprofit Organisation: Strukturen und Management. 2. Aufl., Stuttgart: Schäffer-Poeschel, S. 3-18.

Badelt, Christoph (2007): Handbuch der Nonprofit Organisation: Strukturen und Management (4 Aufl.). Stuttgart: Schäffer-Poeschel.

Badelt, Christoph et al. (2007): Die Wiener Schule der NPO-Forschung. In: Badelt, Christoph (Hrsg.): Handbuch der Nonprofit Organisation: Strukturen und Management. 4. Aufl., Stuttgart: Schäffer-Poeschel, S. 3-16.

Baisch, Friedemann (Hrsg.) (2000): Implementierung von Früherkennungssystemen in Unternehmen. Szyperski, Norbert et al. Aufl. Lohmar/Köln: Josef Eul Verlag GmbH.

Baldwin, Sally et al. (Hrsg.) (1994): Quality of Life: perspectives and policies. London: Routledge.

Ballin, Dieter (2006): Szenarienentwicklung beim systemorientierten Management. In: Wilms, Falko E.P. (Hrsg.): Szenariotechnik: Vom Umgang mit der Zukunft. Bern/Stuttgart/Wien: Haupt, S. 9-38.

Bassett, S.S. et al. (1990): Reliability of proxy response on mental health indices for aged, community-dwelling women. Psychology and aging, 5(1), S. 127-132.

Bauer, Raymond Augustine (1966): Social Indicators. Cambridge: Mass., M.I.T. Press.

Bauer, Rudolph (2001): Personenbezogene Soziale Dienstleistung. Begriff, Qualität und Zukunft. Wiesbaden Westdeutscher Verlag.

Beck, Iris (1992): Normalisierung und Lebensqualität: Zielperspektiven und Beurteilungs-fragen. In: Bundesvereinigung Lebenshilfe (Hrsg.): Qualitätsbeurteilung und -entwicklung von Wohneinrichtungen für Menschen mit einer geistigen Behinde-rung. Marburg: Lebenshilfe, S. 11-36.

Beck, Iris (1994): Neuorientierung in der Organisation pädagogisch-sozialer Dienstleis-tungen für behinderte Menschen. Zielperspektiven und Bewertungsfragen. Frank-furt am Main/Bern: Lang.

Beck, Iris (1996): Qualitätsentwicklung im Spannungsfeld unterschiedlicher Interessenla-gen. Das Problem von Partizipation und Kontrolle in der Organisation von Hilfen für Menschen mit einer geistigen Behinderung. Geistige Behinderung, 1, S. 3-13.

Beck, Iris (1998a): Das Konzept Lebensqualität: eine Perspektive für Theorie und Praxis der Hilfen für Menschen mit einer geistigen Behinderung. In: Jakobs, Hajo et al. (Hrsg.): Lebensräume - Lebensperspektiven. Ausgewählte Beiträge zur Situation Erwachsener mit geistiger Behinderung. Frankfurt am Main: Afra Verlag, S. 348-388.

Beck, Iris (1998b): Gefährdung des Wohlbefindens schwer behinderter Menschen. Zeit-schrift für Heilpädagogik, 49(5), S. 206-215.

Beck, Iris (2001): Lebensqualität. In: Antor, Georg & Ulrich Bleidick (Hrsg.): Handlexikon der Behindertenpädagogik: Schlüsselbegriffe aus Theorie und Praxis. Stuttgart: Kohlhammer, S. 337-340.

Beck, Iris (2004): Teilhabe und Lebensqualität von behinderten Kindern und Jugendlichen sichern: Chancen, Probleme und Aufgaben. Zeitschrift für Heilpädagogik, 2(55), S. 66-72.

Beck, Iris (2005): Zukunftsfähige Strukturen und Konzeptionen für die Anbieter sozialer Dienstleistungen – Zentrale Herausforderungen des Wohlfahrtsstaates im Um-bruch. BEB - Fachtagung Betriebswirtschaft/Hauswirtschaft/Technik (23.-26.10. 2005). http://www.erzwiss.uni-hamburg.de/personal/beck/BEB2005.pdf (06.11.2009).

Beck, Iris (2006): Qualität in der Arbeit mit Menschen mit schweren Behinderung. In: Le-benshilfe, Bundesvereinigung (Hrsg.): Schwere Behinderung - eine Aufgabe für die Gesellschaft. Marburg: Lebenshilfe-Verlag, S. 183-193.

Beck, Iris & Andreas König (1994): Quality of life for mentally retarded people in Germany: An overview of theory and practice. In: Goode, David (Hrsg.): Quality of life for persons with disabilities. Cambridge: MA: Brookline, S. 103-125.

Beher, Karin et al. (2005): Führungskräfte in gemeinnützigen Organisationen - Bürgerschaftliches Engagement und Management. In: (Hrsg.). Westfälische Wilhelms-Universität, Institut für Politikwissenschaft.

Bellebaum, Alfred & Klaus Barheier (Hrsg.) (1994): Lebensqualität ein Konzept für Praxis und Forschung. Opladen: Westdeutscher Verlag.

Benyamini, Yael et al. (1999): Self-assessments of health. What do people know that predicts their mortality? Research on Aging, 21(3), S. 477-500.

Berekoven, Ludwig (1974): Der Dienstleistungsbetrieb. Wesen – Struktur – Bedeutung. Wiesbaden: Gabler.

Bergner, Marilyn et al. (1976): The Sickness Impact Profile: Conceptual Formulation and Methodology for the Development of a Health Status Measure. International Journal of Health Services, 6(3), S. 393-415.

Bernhardt, Stefan (1999): Finanzierungsmanagement von NPOs. In: Badelt, Christoph (Hrsg.): Handbuch der Nonprofit Organisation: Strukturen und Management. 2. Aufl., Stuttgart: Schäffer-Poeschel, S. 301-330.

Beyes, Timon & Urs Jäger (2004): Multidiskursive Organisationen. Ein organisationstheoretischer Blick auf die NPO-Managementforschung. In: Witt, Dieter et al. (Hrsg.): Funktionen und Leistungen von Nonprofit-Organisationen: 6. Internationales Colloquium der NPO-Forscher. Technische Universität München 25. und 26. März 2004. München: DUV Gabler Edition Wissenschaft, S. 159-174.

Beyes, Timon & Urs Jäger (2005): Beobachtungen von Nonprofit-Organisationen. Universität St. Gallen.

Bieberstein, Ingo (2005): Dienstleistungs-Marketing. Ludwigshafen: Friedrich Kiehl.

Biedermann, Christiane (2000): Was heißt Freiwillige managen? Grundzüge des Freiwilligen-Managements. In: Nährlich, Stefan & Annette Zimmer (Hrsg.): Management in Nonprofit-Organisationen. Eine praxisorientierte Einführung. 2. Aufl., Opladen: Leske und Budrich, S. 107-128.

Biewer, Gottfried (2000): Pädagogische und philosophische Aspekte der Debatte über Selbstbestimmung von Menschen mit geistiger Behinderung. Zeitschrift für Heilpädagogik, 6, S. 240-244.

Birnbacher, Dieter (1999): Quality of Life - Evaluation or Description? Ethical Theory and Moral Practice, 2(1), S. 25-36.

Bishop, Malachy et al. (2002): Quality of Life Among Adults with Epilepsy: An Exploratory Model. Rehabilitation Counseling Bulletin, 45(2), S. 87-95.

Blümle, Ernst-Bernd et al. (1996): Statistische Erfassung der Organisationen ohne Erwerbscharakter. Fribourg.

Bonham, Gordon Scott et al. (2004): Consumer based quality of life assessment: the Maryland ask me! Project. Mental Retardation, 42(5), S. 338-355.

Bosch, Gerhard & Alexandra Wagner (2003): Dienstleistungsgesellschaften in Europa und Ursachen für das Wachstum der Dienstleistungsbeschäftigung. Kölner Zeitschrift für Soziologie und Sozialpsychologie, 55(5), S. 475-499.

Bott, Uwe (2000): Die Messung der Lebensqualität. In: Berger, Michael (Hrsg.): Diabetes mellitus. München/Jena: Urban und Schwarzenberg, S. 106-119.

Böttner, Reinhard et al. (1997): Lebensqualität durch Offene Hilfen. Entwicklung und Bedeutung der Offenen Hilfen für behinderte Menschen und ihre Angehörigen in Hessen. Marburg: Lebenshilfe.

Bowling, Ann (1997): Measuring Health: a review of quality of life measurement scales. Buckingham: Open University Press.

Braun, Hans (2004): Wirtschaftlichkeit und Qualitätsorientierung in sozialen Diensten. In: Peterander, Franz & Otto Speck (Hrsg.): Qualitätsmanagement in sozialen Einrichtungen. 2. Aufl., München/Basel: Ernst Reinhardt, S. 31-43.

Brown, Roy I. (1997): Quality of Life for People with Disabilities. Models, Research and Practice (2 Aufl.). Cheltenham: Stanley Thornes Ltd.

Browne, John P. et al. (1997): Development of a direct weighting procedure for quality of life domains. Quality of Life Research, 6, S. 301-309.

Bruhn, Manfred (2005): Qualitätsmanagement für Dienstleistungen: Grundlagen, Konzepte, Methoden (6 Aufl.). Berlin: Springer.

Brüll, Hans-Martin & Bruno Schmid (2005): Anwaltschaftliche Ethik. Theoretischer Ansatz und schulpädagogische Perspektiven. http://www.ub.uni-konstanz.de/opus-hsbwgt/volltexte/2005/14/ (15.01.2009).

BSHG: Bundessozialhilfegesetz. Deutschland. http://www.sozialgesetzbuch-sgb.de (27.06.2010).

Bullinger, Monika et al. (2000a): Gesundheitsbezogene Lebensqualität in der Medizin - eine Einführung. In: Bullinger, Monika et al. (Hrsg.): Lebensqualitätsforschung aus medizinpsychologischer und -soziologischer Perspektive. Göttingen: Hogrefe, S. 11-24.

Bullinger, Monika et al. (2000b): Lebensqualitätsforschung aus medizinpsychologischer und -soziologischer Perspektive. Göttingen: Hogrefe.

Bundesamt für Sozialversicherung (2006): Kreisschreiben über die Gewährung von Betriebsbeiträgen an Wohnheime, kollektive Wohnformen und Tagesstätten für Behinderte. Wohnheim-Kreisschreiben, Gültig ab 1. Januar 2007. Bern: BBL. BSV. Vertrieb Publikationen.

Bundesamt für Statistik (2008): Statistik der sozialmedizinischen Institutionen 2006 – Standardtabellen - Definitive Resultate. Bundesamt für Statistik (BFS). http://www.bfs.admin.ch/bfs/portal/de/index/news/publikationen.html?publicationl D=3088 (28.04.2008).

Bundesamt für Statistik (2009): Statistik der sozialmedizinischen Institutionen 2007 – Standardtabellen - Definitive Resultate. Bundesamt für Statistik (BFS). http://www.bfs.admin.ch/bfs/portal/de/index/news/publikationen.html?publicationl D=3531 (21.04.2009).

Bundschuh, Konrad & Wolfgang Dworschak (2002): Interview zu individuellen Entscheidungsmöglichkeiten und Lebenszufriedenheit im Bereich Wohnen. In: Dworschak, Wolfgang (Hrsg.): Lebensqualität von Menschen mit geistiger Behinderung. Theoretische Analyse, empirische Erfassung und grundlegende Aspekte qualitativer Netzwerkanalyse. Bad Heilbrunn: Klinkhardt, S. 237-242.

Burla, Stephan (1989): Rationales Management in Nonprofit-Organisationen. Bern: Haupt.

Buttenschon, Jorgen (1999): Geistig Behinderte und ihre Sexualität. In: Kreuzer, M. (Hrsg.): Behindertenhilfe und Sonderpädagogik. Erfahrungen und Praxisbeispiele aus Dänemark. Berlin: Luchterhand, S. 280-289.

Campbell, Angus (1981): The Sense of Well-being in America: Recent Patterns and Trends. New York: McGraw-Hill Company.

Campbell, Angus et al. (1976): The quality of American life: Perceptions, evaluations, and satisfactions. New York: Russell Sage Foundation.

Carr-Hill, Roy A. (1991): Allocating Resources to Health Care: Is the QALY (Quality Adjusted Life Year) a Technical Solution to a Political Problem? International Journal of Health Services, 21(2), S. 351-363.

Cernavin, Oleg & Ulrich J. Wilken (1998): Dienstleistung Prävention. Bedarf, Konzepte, Praxisbeispiele. Wiesbaden: Universum.

Clark, Colin G. (1940): The conditions of economic progress. London: Macmillan.

Consideo (2009): Consideo Modeler. http://www.consideo-modeler.de (28.10.2009).

Corsten, Hans (1985): Die Produktion von Dienstleistungen: Grundzüge einer Produktionswirtschaftslehre des tertiären Sektors. Berlin: Erich Schmidt.

Corsten, Hans (1997): Dienstleistungsmanagement (3 Aufl.). München/Wien.

Corsten, Hans (2007): Dienstleistungsmanagement (5 Aufl.). München: R. Oldenbourg.

Cummins, Robert A. (1996): The domain of life satisfaction: An attempt to order chaos. Social Indicators Research, 38(3), S. 303-328.

Cummins, Robert A. (1997a): Assessing quality of life. In: Brown, Roy I. (Hrsg.): Quality of Life for People with Disabilities. Models, Research and Practice. 2. Aufl., Cheltenham: Stanley Thornes Ltd, S. 116-150.

Cummins, Robert A. (1997b): Comprehensive Quality of Life Scale – Adult. 5. Edition. http://www.deakin.edu.au/research/acqol/instruments (25.06.2010).

Cummins, Robert A. (1997c): Comprehensive Quality of Life Scale – Intellectual Disability. 5. Edition. http://www.deakin.edu.au/research/acqol/instruments (25.06.2010).

Cummins, Robert A. (1997d): Comprehensive Quality of Life Scale – School Version (grades 7-12). 5. Edition. http://www.deakin.edu.au/research/acqol/instruments (25.06.2010).

Cummins, Robert A. (2005): Moving from the quality of life concept to a theory. Journal of Intellectual Disability Research, 49/10, S. 699-706.

Cummins, Robert A. & Anna L.D. Lau (2005): Personal Wellbeing Index – Intellectual and Cognitive Disability. 3. Edition. http://www.deakin.edu.au/research/acqol/instruments (25.06.2010).

Curaviva (2008): Newsletter 1/08.

Curaviva, Heiminfo Schweiz (2009): Die Suchmaschine für soziale Institutionen in der Schweiz. Curaviva, Verband Heime und Institutionen Schweiz. http://www.heiminfo.ch (09.06.2008).

Dean, Rachel et al. (1993): The quality of interactions schedule (QUIS): Development, reliability and use in the evaluation of two domus units. International Journal of Geriatric Psychiatry, 8(10), S. 819-826.

Dederich, Markus (2005): Zur Ökonomisierung sozialer Qualität. Sozialpsychiatrische Informationen, 4, S. 2-6.

Dederich, Markus (2007): Abhängigkeit, Macht und Gewalt in asymmatrischen Beziehungen. In: Dederich, Markus & Katrin Grüber (Hrsg.): Herausforderungen: Mit schwerer Behinderung leben. Frankfurt am Main: Mabuse, S. 139-152.

Der Fischer Weltalmanach (2008): Zahlen Daten Fakten. Frankfurt: Fischer.

Dieckmann, Friedrich (2002): Wohnalltag und Kontaktchancen schwer geistig behinderter Erwachsener. Heidelberg: Asanger.

Diener, Ed et al. (2000): Positivity and the Construction of Life Satisfaction Judgments: Global Happiness is not the Sum of its Parts. Journal of Happiness Studies, 2, S. 159-176.

Dijkers, Marcel (1999): Measuring quality of life: Methodological issues. American Journal of Physical Medicine & Rehabilitation, 78 (3), S. 286-300.

DIMDI (2005): ICF - Internationale Klassifikation der Funktionsfähigkeit, Behinderung und Gesundheit. Köln: Deutsches Institut für Medizinische Dokumentation und Information.

Diserens, Catherine A. & Françoise Vatré (2000): La sexualité et les handicaps. Luzern: Edition SZH/SPC.

Donabedian, Avedis (1966): Evaluating the Quality of Medical Care. The Milbank Memorial Fund Quarterly, XLIV(3), S. 166-206.

Donabedian, Avedis (1980): The definition of quality and approaches to its assessment. Explorations in quality assessment and monitoring. Michigan: Health Administration.

Dörner, Dietrich (2006): Die Logik des Misslingens: strategisches Denken in komplexen Situationen. Reinbek bei Hamburg: Rowohlt Taschenbuch Verlag.

Drechsler, Christiane (2001): Zur Lebensqualität Erwachsener mit geistiger Behinderung in verschiedenen Wohnformen in Schleswig-Holstein, untersucht am Beispiel der Fachklinik Schleswig-Stadtfeld, des Wohngruppenprojektes der Fachklinik Schleswig-Stadtfeld und der Werkgemeinschaft Bahrenhof e.V.: Halle. http://webdoc.sub.gwdg.de/ebook/fk/2002/pub/erz/prom.pdf (26.06.2010).

Drèze, Jean & Amartya Kumar Sen (1989): Hunger and Public Action. New Delhi: Oxford University Press.

Dworkin, Robert H. et al. (2001): Assessment of pain and pain-related quality of lif in clinical trials. In: Turk, Dennis C. & Ronald Melzack (Hrsg.): Handbook of Pain Assessment. New York: Guilford Press, S. 659-692.

Dworschak, Wolfgang (2004): Lebensqualität von Menschen mit geistiger Behinderung. Theoretische Analyse, empirische Erfassung und grundlegende Aspekte qualitativer Netzwerkanalyse. Kempten: Klinkhardt.

Dworschak, Wolfgang et al. (2001): Das Konstrukt ‹Lebensqualität› in der Geistigbehindertenpädagogik. Zeitschrift für Heilpädagogik, 52(9), S. 368-375.

Eckardstein, Dudo von & Hans G. Ridder (2003): Anregungspotenziale für Nonprofit Organisationen aus der wissenschaftlichen Diskussion über strategisches Personalmanagement. In: Eckardstein, Dudo von & Hans G. Ridder (Hrsg.): Personalmanagement als Gestaltungsaufgabe im Nonprofit und Public Management. München: Hampp, S. 33-52.

Eidgenössische Steuerverwaltung (1994): Kreisschreiben Nr. 12 an die kantonalen Verwaltungen über die direkte Bundessteuer. http://www.estv.admin.ch/bundessteuer/dokumentation (11.01.2010).

Emerson, Eric & Chris Hatton (2008): Self-reported well-being of women and men with intellectual disabilities in England. American Journal of Mental Retardation, 113(2), S. 143-155.

Erne, Heinrich (2001): Der Weg vom Qualitätsmanagement zur lernenden Organisation als Entwicklungschance. Vierteljahresschrift für Heilpädagogik und ihre Nachbargebiete (VHN), 70(3), S. 238-248.

Eschenbach, Rolf & Christian Horak (Hrsg.) (2003): Führung der Nonprofit Organisation - Bewährte Instrumente im praktischen Einsatz. Stuttgart: Schäffer-Poeschel.

Estermann, Josef & Hans-Ulrich Kneubühler (2008): Warum Lebensqualität im Pflegeheim bedeutsam ist und wie sie gemessen werden kann. Schweizerische Zeitschrift für Soziologie, 34(1), S. 187-210.

Etzioni, Amitai (1973): The Third Sector and Domestic Missions. Public Administration Review, 33(4), S. 314-323.

Europäische Vereinigung der ILSMH (1998): Sag es einfach! Europäische Richtlinien für die Erstellung von leicht lesbaren Informationen für Menschen mit geistiger Behinderung. http://www.inclusion-europe.org/documents/101.pdf (02.02.2009).

Eysenck, Hans Jürgen (1984): Die Ungleichheit der Menschen: Ist Intelligenz erlernbar? Kiel: Orion-Heimreiter-Verlag.

Fayers, P.M. & D.J. Hand (1997): Factor analysis, causal indicators and quality of life. Quality of Life Research, 6 (2), S. 139-150.

Felce, David (1997): Defining and Applying the Concept of Quality of Life. Journal of Intellectual Disability Research, 41(2), S. 126-135.

Felce, David & Jonathan Perry (1996): Assessment of quality of life. In: Schalock, R.L. (Hrsg.): Quality of life. Conceptualization and measurement. Washington, DC: American Association on Mental Retardation, S. 63-72.

Felce, David & Jonathan Perry (1997): Quality of life: The scope of the term and its breadth of measurement. In: Brown, Roy, I (Hrsg.): Quality of life for people with disabilities. Models, research and practice. Cheltenham: Stanley Thornes Ltd, S. 56-71.

Felce, David & Jonathan Perry (1995): Quality of Life: Its Definition and Measurement. Research in Developmental Disabilities, 16(1), S. 51-74.

Ferdinand, René & M.A. Smith (2000): Nebraska Developmental Disabilities Provider Profiles. The ARC of Nebraska: Lincoln.

Ferring, Dieter et al. (1996): Die ‹Skala zur Lebensbewertung›: Empirische Skalenkonstruktion und erste Befunde zu Reliabilität, Stabilität und Validität. Zeitschrift für Differentielle und Diagnostische Psychologie, 3, S. 141-153.

Feuser, Georg (2006): Advokatorische Assistenz für Menschen mit Autismus-Syndrom und/oder geistiger Behinderung. Vortrag im Rahmen der Impulsveranstaltung „Integration und Selbstbestimmung" der Autismushilfe Fachstelle Ostschweiz (17.05.2006), St. Gallen.

Finis-Siegler, Beate (2001): NPOs ökonomisch betrachtet. In: (Hrsg.): Münsteraner Diskussionspapiere zum Nonprofit-Sektor. Münster: Arbeitsstelle aktive Bürgschaft, Institut für Politikwissenschaft, Westfälische Wilhelms-Universität Münster.

Finlay, William M.L. & Eventhia Lyons (2002): Acquiescence in interviews with people who have mental retardation. Mental Retardation, 40(1), S. 14-29.

Fischer, Lorenz & Frank Belschak (2006): Objektive Arbeitszufriedenheit? Oder: Was messen wir, wenn wir nach der Zufriedenheit mit der Arbeit fragen? In: Fischer, L. (Hrsg.): Arbeitszufriedenheit: Konzepte und empirische Befunde. Göttingen: Hogrefe, S. 80-110.

Fischer, Ute et al. (Hrsg.) (1998): Wohlbefinden und Wohnen von Menschen mit schwerer geistiger Behinderung. Reutlingen: Diakonie-Verlag.

Flanagan, John C. (1982): Measurement of quality of life: current state of the art. Archives of Physical Medicine and Rehabilitation, 63(2), S. 56-59.

Flora, Peter & Heinz-Herbert Noll (1999): Sozialberichterstattung und Sozialstaatsbeobachtung. Frankfurt am Main: Campus.

Forschungsinstituts gfs-zürich (2007): Spendenmonitor. http://www.gfs-zh.ch/?pid=8&searchtxt=U3BlbmRlbm1vbmlob3l= (10.03.2009).

Forschungsinstituts gfs-zürich (2008): Spendenmonitor. http://www.swissfundraising.org/download_temp/Fund2009.pdf (10.12.2009).

Franke, Guido (2003): Ansätze zur Förderung des strategischen Denkens und Handelns. In: Franke, Guido & Reinhard Selka (Hrsg.): Strategische Handlungsflexibilität : Grundlagen für die Entwicklung von Trainingsprogrammen. Bielefeld: Bertelsmann, S. 105-138.

Franz, Daniel & Iris Beck (2007): Umfeld- und Sozialraumorientierung in der Behindertenhilfe. Empfehlungen und Handlungsansätze für Hilfeplanung und Gemeindeintegration (Vol. 13). Hamburg/Jülich: Eigenverlag DHG.

Fukuda-Parr, Sakiko (2003): The Human Development Paradigm: Operationalizing Sen's Ideas on Capabilities. Feminist Economics, 9(2-3), S. 301-317.

G.B., Fisher Allan (1935): The clash of progress and security. London: Macmillan.

Galloway, Susan et al. (2005): Quality of Life and Well-being: Measuring the Benefits of Culture and Sport: Literature Review and Thinkpiece. In: Research, Scottisch Executive Social (Hrsg.). Glasgow/Stirling.

Gälweiler, Aloys & Markus Schwaninger (1986): Unternehmensplanung. Grundlagen und Praxis. Frankfurt a. M/New York: Campus.

Gardner, James F. & Sylvia Nudler (1997): Beyond compliance to responsiveness: accreditation reconsidered. In: Schalock, Robert L. (Hrsg.): Quality of Life: Volume II: Application to Persons with Disabilities. Washington, DC: American Association on Mental Retardationities, S. 135-148.

Gauggel, S. et al. (2002): Beurteilungsübereinstimmung beim Barthel Index: Eine Rasch-Analyse der Fremd- und Selbstbeurteilung älterer Schlaganfall-Patienten. Zeitschrift für Gerontologie und Geriatrie, 35, S. 102-110.

GBM (2004): GBM – Gestaltung und Betreuung von Menschen mit Behinderung. EDV-gestütztes Verfahren zur Qualitätssicherung und -gestaltung in sozialen Einrichtungen. Stuttgart: Bundesverband evangelische Behindertenhilfe e.V.

Gerbershagen, Hans Ulrich (1995): Quality of Life Research in Pain Patients. In: Guggenmoos-Holzmann, Irene et al. (Hrsg.): Quality of Life and Health. Berlin/Vienna: Blackwell, S. 107-124.

Gettings, Robert M. & Valerie J. Bradley (1997): Core Indicators Project. In: (Hrsg.). Alexandria, VA: National Association of State Directors of Developmental Disabilities Services.

Gill, T.M. & A.R. Feinstein (1994): A critical appraisal of the quality of quality-of-life measure-ments. Journal of the American Medical Association, 272 (8), S. 619-626.

Glatzer, Wolfang (2002): Lebenszufriedenheit/Lebensqualität. In: Greiffenhagen, Martin & Sylvia Greiffenhagen (Hrsg.): Handwörter zur politischen Kultur der Bundesrepublik Deutschland. Wiesbaden: Westdeutscher, S. 248-255.

Glatzer, Wolfgang & Wolfgang Zapf (1984): Lebensqualität in der Bundesrepublik: Objektive Lebensbedingungen und subjektives Wohlbefinden. Frankfurt am Main: Campus.

Gmür, Markus (1999): Strategisches Management für Nonprofit-Organisationen Unpublished manuscript, Konstanz.

Gomez, Peter & Gilbert J. B. Probst (1987): Vernetztes Denken im Management: eine Methodik des ganzheitlichen Problemlösens. Bern: Schweizerische Volksbank.

Gomez, Peter & Gilbert J.B. Probst (1999): Die Praxis des ganzheitlichen Problemlösens: vernetzt denken, unternehmerisch handeln, persönlich überzeugen (Vol. 3). Bern: Paul Haupt.

Gössler, Martin & Thomas Schweinschwaller (2008): Spezifika von Nonprofit Organisationen und deren Beratung. Organisationsentwicklung, 2, S. 48-56.

Greving, Heinrich (2008): Management in der Sozialen Arbeit. Stuttgart/Regensburg: Julius Klinkhardt.

Gromann, Petra (1996): Nutzerkontrolle – ein wichtiger Bestandteil von Qualitätssicherung. Geistige Behinderung, 3, S. 211-222.

Gromann, Petra (1998): Die Problematik der Beurteilung von Wohlbefinden aus der Aussenperspektive. In: Fischer, Ute et al. (Hrsg.): Wohlbefinden und Wohnen von Menschen mit schwerer geistiger Behinderung. Reutlingen: Grafische Werkstätte Diakonie-Verlag der Gustav Werner Stiftung zum Bruderhaus,

Gromann, Petra & Ulrich Niehoff (2003): Schöner Wohnen. Ein Instrument zur Bewohner(innen)-Befragung. Marburg: Lebenshilfe.

Gröschke, Dieter (2000): Das Normalisierungsprinzip: Zwischen Gerechtigkeit und gutem Leben. Eine Betrachtung aus ethischer Sicht. Zeitschrift für Heilpädagogik, 4, S. 134-140.

Grunow, Dieter & Olaf Köppe (2000): Qualität und Quantität der Entwicklung sozialer Dienste in der Bundesrepublik Deutschland. In: Boessenecker, Karl-Heinz et al. (Hrsg.): Sozialpolitik und Sozialmanagement. Privatisierung im Sozialsektor. Rahmenbedingungen, Verlaufsformen und Probleme der Ausgliederung sozialer Dienste. Münster: Votum, S. 39-63.

Guggenmoos-Holzmann, Irene et al. (1995): Quality of life and health: concepts, methods and applications. Berlin Blackwell Wissenschafts-Verlag.

Günther, B. et al. (1989): Die Arbeitssituation des Pflegepersonals - Strategien zur Verbesserung. Ergebnisse einer Untersuchung im Auftrag der Gesundheits- und Fürsorgedirektion des Kantons Bern. Bern: GFD.

Güttler, Karen & Almut Lehmann (2003): Eine Typologie für Pflegeprozesse am Beispiel des Projektes ‹Pflegeprozess, Standardisierung und Qualität im Dienstleistungssektor Pflege›. Pflege, 16(3), S. 153-160.

Hagen, Jutta (2002): Zur Befragung von Menschen mit einer geistigen oder mehrfachen Behinderung. Geistige Behinderung, 2002(4), S. 293-254.

Hagerty, Michael R. et al. (2001): Quality of Life Indexes for National Policy: Review and Agenda for Research. Social Indicators Research, 55(1), S. 1-96.

Hagerty, Michael R. et al. (Hrsg.) (2002): Assessing Quality of Life and Living Conditions to Guide National Policy: The State of the Art. Dordrecht: Kluwer.

Hamel, Thomas & Matthias Windisch (2000): QUOFHI. Qualitätssicherung Offener Hilfen für Menschen mit Behinderung. Marburg: Bundesvereinigung Lebenshilfe für Menschen mit geistiger Behinderung.

Hartel, Ingo (2004): Virtuelle Servicekooperationen: Management von Dienstleistungen in der Investitinosgüterindustrie. Zürich: vdf Hochschulverlag AG an der ETH Zürich.

Hartmann-Kreis, Stefan (2000): Der Unterschied zwischen Sportwagen und sozialen Dienstleistungen. In: Bernath, Karin (Hrsg.): Qualitätsmanagement - vom Unterschied zwischen Sportwagen und sozialen Dienstleistungen. Luzern: Edition SZH/CSPS, S. 23-36.

Hasitschka, Werner & Harald Hruschka (1982): Nonprofit-Marketing. München: Vahlen.

Heel, Sabine & Nicole von Steinbüchel (2000): Epilepsie. In: Ravens-Sieberer, Ulrike & Alarcos Cieza (Hrsg.): Lebensqualität und Gesundheitsökonomie in der Medizin. Konzepte, Methoden, Ansätze. Landsberg: Ecomed, S. 243-258.

Heinonen, Heikki et al. (2004): Is the evaluation of the global quality of life determined by emotional status? Quality of Life Research 13(8), S. 1347-1356.

Heinze, Rolf G. et al. (1997): Zur politischen Ökonomie der sozialen Dienstleistungsproduktion. Der Wandel der Wohlfahrtsverbände und die Konjunkturen der Theoriebildung. Kölner Zeitschrift für Soziologie und Sozialpsychologie, 2(49), S. 242-271.

Heller, Daniel & Dieter Weber (2001): Auch für Spitäler ist die Aktiengesellschaft ein adäquates Rechtskleid. Schweizerische Ärztezeitung, 34(82), S. 1786-1788.

Helmig, Bernd et al. (2009): Defining the Nonprofit Sector: Switzerland. In: Salamon, Lester M. (Hrsg.): The Johns Hopkins Comparative Nonprofit Sector Project. Working Paper (46).

Hensel, Ute & Michael Wunder (2001): Qu An Ta: Qualitätssicherung der Angebote in der Tagesförderung für erwachsene Menschen mit geistiger Behinderung. Ein Instrumentarium zur Qualitätssicherung im ‹Zweiten Milieu›. Marburg: Bundesvereinigung Lebenshilfe f. Menschen mit geistiger Behinderung.

Herdman, M. et al. (1997): ‹Equivalence› and the translation and adaptation of health-related quality of life questionnaires. Quality of Life Research, 6, S. 237-247.

Herrmann, Karin (2005): Was leistet Qualitätsmanagement in sozialen Organisationen? Qualitätsmanagement am Beispiel der Behindertenhilfe. In: Brunner, Ewald Johannes (Hrsg.): Konzepte Pädagogischer Organisationsberatung. Qualitätsentwicklung und Qualitätsmanagement in pädagogischen und sozialen Einrichtungen. Jena: Verlag IKS Garamond, S. 69-82.

Hodgkinson, Gerard P. & Mark P. Healey (2008): Cognition in Organizations. Annual Review of Psychology, 59, S. 387-417.

Hoffmann, R. (1984): Erleben ist Glück – eine empirische Untersuchung. Psychologi-sche Beiträge, 26, S. 516-532.

Hollenweger, Judith (2000): Bedeutung der Behinderung für eine alternde Bevölkerung. Intercura, 72(2), S. 16-22.

Honegger, Jürg (2005): Ganzheitliches Management in der Praxis. Zürich: Versus.

Honegger, Jürg & Urs Heiniger (2007): Leistungsträgermanagement. Langfristiger Erfolg durch systematisches Komplexitätsmanagement: King Point Lodge. In: Seitz, Erwin & Dominik Rossmann (Hrsg.): Fallstudien zum Tourismus-Marketing. Marketingerfolg trainieren. München: Vahlen, S. 31-47.

Horak, Christian (1993): Controlling in Nonprofit-Organisationen: Erfolgsfaktoren und Instrumente. Wiesbaden: Deutscher Universitätsverlag.

Horak, Christian et al. (2007): Ziele, Zielsystem und Zielbeziehungen. In: Badelt, Christoph (Hrsg.): Handbuch der Nonprofit Organisation: Strukturen und Management. 4. Aufl., Stuttgart: Schäffer-Poeschel, S. 178-201.

Horch, Heinz-Dieter (1983): Strukturbesonderheiten freiwilliger Vereinigungen. Analyse und Untersuchung einer alternativen Form menschlichen Zusammenarbeitens. Frankfurt/New York.

Horch, Heinz-Dieter (1992a): Geld, Macht und Engagement in freiwilligen Vereinigungen. Grundlagen einer Wirtschaftssoziologie von Non-Profit-Organisationen. Berlin: Duncker & Humblot.

Horch, Heinz-Dieter (1992b): Zur Sozioökonomie der Vereine. In: Zimmer, Annette (Hrsg.): Vereine heute - zwischen Tradition und Innovation. Ein Beitrag zur Dritten-Sektor-Forschung. Basel: Birkhäuser, S. 43-75.

Horst, Ines (2006): Die Bewertung der Lebensqualität im Bereich Wohnen aus der Sicht von Menschen mit geistiger Behinderung. Heilpädagogik online, 1, S. 21-56.

Hoyningen-Süess, Ursula et al. (2007): Lebensqualität als Zielperspektive sonderpädagogischen Handelns: Das Modell ‹sensiQoL›. Heilpädagogische Forschung, 2, S. 88-96.

Hub, Hanns (1994): Ganzheitliches Denken im Management - Komplexe Aufgaben PC-gestützt lösen. Wiesbaden: Gabler.

Hughes, Carolyn et al. (1995): Quality of life in applied research: a review and analysis of empirical measures. American Journal on Mental Retardation, 99(6), S. 623-641.

Hunfeld, Joke A.M. et al. (2001): Chronic Pain and Its Impact on Quality of Life in Adolescents and Their Families. 26(3), S. 145-153.

Hunt, S.M. (1997): The problem of quality of life. Quality of Life Research, 6, S. 205-212.

IFEG: Bundesgesetz über die Institutionen zur Förderung der Eingliederung von invaliden Personen (IFEG). Bundesversammlung der Schweizerischen Eidgenossenschaft. Bern. http://www.admin.ch/ch/d/ff/2006/8385.pdf (06.10.2006).

Innerhofer, Paul & Christian Innerhofer (1996): Qualitätssicherung nach ISO 9000 in sozialen Einrichtungen. In: Opp, Günther & Franz Peterander (Hrsg.): Focus Heilpädagogik - Projekt Zukunft. München/Basel: Reinhardt, S. 370-379.

IVSE-Datenbank (2009): Bereich B: Erwachsene Personen mit Behinderungen. http://www.sodk.ch/de/ueber-die-sodk/ivse/datenbank.html (12.02.2009).

Jäger, Urs & Timon Beyes (2004): Multidiskursive Organisationen. Ein organisationstheoretischer Blick auf die NPO-Managementforschung. In: Witt, Dieter et al. (Hrsg.): Funktionen und Leistungen von Nonprofit-Organisationen: 6. Internationales Colloquium der NPO-Forscher. Technische Universität München 25. und 26. März 2004. München: DUV Gabler Edition Wissenschaft, S. 159-174.

Jakobs, Hajo et al. (1987): Kategorien des Alltags - Zu Lebenssituation und 'Lebenszufriedenheit' Erwachsener mit geistiger Behinderung. In: Jakobs, Hajo (Hrsg.): Lebensräume, Lebensperspektiven: Erwachsene mit geistiger Behinderung in der Bundesrepublick. Frankfurt am Main: AFRA, S. 201-249.

Janse, A.J. et al. (2004): Quality of Life: Patients and Doctors Don't Always Agree: a Meta-Analysis. Journal of Clinical Epidemiology, 57(7), S. 653-661.

Janssen, Christian et al. (2003): Selbstbestimmung und Nutzerorientierung – dargestellt am Beispiel einer Nutzerbefragung zur Lebensqualität in den v. Bodelschwinghschen Anstalten Bethel, Stiftungsbereich Behindertenhilfe – Eckardtsheim. Behindertenpädagogik, 3(4), S. 273-288.

Jantzen, Wolfgang (1999): Unterdrückung mit Samthandschuhen. Über paternalistische Gewaltausübung (in) der Behindertenpädagogik. In: Müller, A. (Hrsg.): Sonderpädagogik provokativ. Bericht über die Dozententagung in Landau. Luzern: SZH,

Jenkinson, Crispin et al. (1988): The Nottingham health profile: An analysis of its sensitivity in differentiating illness groups. Social Science & Medicine, 27(12), S. 1411-1414.

Jenney, Meriel E. M. & Stephen Campbell (1997): Measuring quality of life. Archives of Disease in Childhood, 77(4), S. 347-350.

Jurgelucks, Matthias (2008): Computerbasierte Wirkungsnetzmodellierung und - simulation. Saarbrücken: Vdm Verlag Dr. Müller.

Kantone Basel-Stadt und Basel-Landschaft (2007): Grundlagen des ‹Konzeptes zur Förderung der Eingliederung von invaliden Personen›. Projektleitung des Projekts Einführung der NFA in die Sonderschulung und Behindertenhilfe der Kantone Basel-Landschaft und Basel-Stadt.
http://www.nfa-bs-bl.ch/behindertenhilfe/berichte.php (09.03.2009).

Karon, Sarita L. & S. Bernard (2002): Development of Operational Definitions of Quality Indictors for Medicaid Services to People with Developmental Disabilities. Submitted to Centers for Medicare and Medicaid Services.

Kaufmann, Martin (2007): Der Baum der Kybernetik: Die Entwicklungslinien der Kybernetik von den historischen Grundlagen bis zu ihren aktuellen Ausformungen. Dornbirn: proEval.

Keith, Kenneth D. & Robert L. Schalock (2000): Cross-cultural perspectives on quality of life. Washington, DC: American Association on Mental Retardation.

Keupp, Heinder (2000): 25 Jahre Gemeindepsychiatrie – Erfahrungen für Community Care? In: Ev. Stiftung Alserdorf (Hrsg.): Selbstbestimmung von Menschen mit Behinderung. Dokumentation des Kongresses Community Care vom 23. Bis 25. Oktober 2000. Hamburg: Ev. Stiftung Alsterdorf, S. 12-15.

Keupp, Heiner (2004): Die Suche nach der Qualität Sozialer Arbeit im Spannungsfeld von Markt, Staat und Bürgergesellschaft. In: Peterander, Franz & Otto Speck (Hrsg.): Qualitätsmanagement in sozialen Einrichtungen. 2. Aufl., München/Basel: Ernst Reinhardt, S. 326-340.

King, Cynthia R. & Pamela S. Hinds (Hrsg.) (2001): Lebensqualität: Pflege- und Patientenperspektiven: Theorie, Forschung, Praxis. Bern: Huber.

Kiyak, H. Asuman et al. (1994): Physical and Functional Health Assessment in Normal Aging and in Alzheimer's Disease: Self-Reports vs Family Reports. Gerontologist, 34(3), S. 324-330.

Klauss, Theo (2006): Menschen mit schweren Behinderungen im Spannungsfeld unterschiedlicher Interessen. Geistige Behinderung, 45(1), S. 3-18.

Klieme, Eckhard & Ulla Maichle (1994): Modellbildung und Simulation im Unterricht der Sekundarstufe I. Auswertung von Unterrichtsversuchen mit dem Modellbildungssystem MODUS. In: (Hrsg.). Institut für Bildungsforschung.

Klir, George J. (2001): Facets of Systems Science. Berlin: Springer.

Klotzbücher, Ralf (1996): Objektorientierte Planspielentwicklung. Konzept für den Versicherungssektor: Gabler.

Kniel, Adrian & Matthias Windisch (2002): Selbstvertretung und Lebensqualität von Menschen mit kognitiven Beeinträchtigungen. Kassel: Universität Kassel.

Kniel, Adrian & Matthias Windisch (2005): People First. Selbsthilfegruppen von und für Menschen mit geistiger Behinderung. München: Ernst Reinhardt.

Kosiol, Erich (1972): Die Unternehmung als wirtschaftliches Aktionszentrum – Einführung in die Betriebswirtschaftslehre. Reinbek bei Hamburg: Rowohlt.

Kuckartz, Udo & Anke Rheingans-Heintze (2006): Trends im Umweltbewusstsein. Umweltgerechtigkeit, Lebensqualität und persönliches Engagement. Wiesbaden: Vs Verlag für Sozialwissenschaften.

Kunz, Johannes (2006): Strategiefindung von Non-Profit-Organisationen. Universität St. Gallen, Hochschule für Wirtschafts-, Rechts- und Sozialwissenschaft (HSG). Dissertation.

Lehman, A. et al. (1993): Convergent validation of quality of life assessments for persons with severe mental illness. Quality of Life Research, 2(5), S. 327-333.

Leser, Markus (2008): Markus Leser skizziert Trends im Heimbereich. Curaviva, 10, S. 23-24.

Liesen, Christian (2006): Gleichheit als ethisch-normatives Problem der Sonderpädagogik: Klinkhardt.

Lindmeier, Bettina & Christian Lindmeier (2002): Professionelles Handeln in der Arbeit mit geistig behinderten Erwachsenen unter der Leitidee der Selbstbestimmung. Behinderte in Familie, Schule und Gesellschaft 4 u. 5, S. 63-74.

Long, K. et al. (1998): Elder-proxy agreement concerning the functional status and medical history of the older person: The impact of caregiver burden and depressive symptomatology. Journal of the AmericanGeriatrics Society, 46(9), S. 1103-1111.

Löwe, Marion (2003): Rechnungslegung von Nonprofit-Organisationen. Anforderungen und Ausgestaltungsmöglichkeiten unter Berücksichtigung der Regelungen in Deutschland, USA und Grossbritannien. Berlin: Erich Schmidt Verlag (ESV).

Luhmann, Niklas & Karl Eberhard Schorr (1982): Zwischen Technologie und Selbstreferenz. In: Luhmann, Niklas & Karl Eberhard Schorr (Hrsg.): Zwischen Technologie und Selbstreferenz: Fragen an die Pädagogik. Frankfurt am Main: Suhrkamp, S. 51-86.

Lung, Helmut (1998): Nonprofit-Management: führen, verwalten, ISO 9000. München/Basel: Ernst Reinhardt.

Luschei, Frank & Achim Trube (2001): Der Stand der Kunst – Zur Frage sozialpolitischer und fachlicher Standards des Qualitätsmanagements für Angebote der Beschäftigungsförderung. In: Schädler, Johannes et al. (Hrsg.): Der Stand der Kunst. Qualitätsmanagement sozialer Dienste. Münster: Votum, S. 192-223.

Mack, James L. & Peter J. Whitehouse (2001): Quality of Life in Dementia: State of the Art-Report of the International Working Group for Harmonization of Dementia Drug Guidelines and the Alzheimer's Society Satellite Meeting. Alzheimer Disease & Associated Disorders, 15(2), S. 69-71.

Maleri, Rudolf (1994): Grundlagen der Dienstleistungsproduktion (3 Aufl.). Berlin: Springer.

Marmann, Josef & Kracht Grosse (2001): Politik mit dem ‚Dritten Sektor'? Gesellschaft, Markt und Staat im Kontext korporativer, liberaler und zivilgesellschaftlicher Politikansätze. In: Jahrbuch für Christliche Sozialwissenschaften: Der Dritte Sektor. Münster: S. 42-81.

Mayerhofer, Helene (2003): Der Stellenwert Ehrenamtlicher als Personal in Nonprofit Organisationen In: Eckardstein, Dudo von & Hans G. Ridder (Hrsg.): Personalmanagement als Gestaltungsaufgabe im Nonprofit und Public Management. München: Hampp, S. 97-118.

Mayring, Philipp A.E. (1994): Die Erfassung des subjektiven Wohlbefindens. In: Abele, A. & P. Becker (Hrsg.): Wohlbefinden. Theorie – Empirie – Diagnostik. Weinheim: Juventa, S. 51-70.

McGill, Michael E. & Leland M. Wooton (1975): A Symposium: Management in the Third Sector. Public Administration Review, S. 443-455.

Meeberg, Glenda A. (1993): Quality of Life: a Concept Analysis. Journal of Advanced Nursing, 18(1), S. 32-38.

Meier-Hayoz, Arthur & Peter Forstmoser (1998): Schweizerisches Gesellschaftsrecht (8 Aufl.). Bern: Stämpfli.

Meier-Hayoz, Arthur & Peter Forstmoser (2007): Schweizerisches Gesellschaftsrecht (10 Aufl.). Bern: Stämpfli.

Meinecke, Christian (2003): Gewinnung von Kriterien der Effektivität aus einem Berichtswesen der Jugendhilfe. In: Möller, Michael (Hrsg.): Effektivität und Qualität sozialer Dienstleistungen. Ein Diskussionsbeitrag. Kassel: kassel university press, S. 50-80.

Merchel, Joachim (2003): Zum Stand der Diskussion über Effizienz und Effektivität sozialer Dienstleistungen. In: Möller, Michael (Hrsg.): Effektivität und Qualität sozialer Dienstleistungen. Ein Diskussionsbeitrag. Kassel: kassel university press, S. 4-25.

Metzler, Walter (1990): Eine ökonomische Theorie caritativer Organisationen. Sozioökonomische Forschungen. Bern/Stuttgart: Haupt.

Mirow, Michael H. (2002): Systeme aus kybernetischer Sicht. In: Sommerlatte, Tom (Hrsg.): Angewandte Systemforschung. Ein interdisziplinärer Ansatz. Wiesbaden: Gabler, S. 31-37.

Mohler, Björn (2005): Heimfinanzierung im Wandel. Ist-Analyse, Entwicklung und Herausforderungen der Finanzierung von IV-Heimaufenthalten. Institut für Betriebs- und Regionalökonomie (IBR) der Hochschule für Wirtschaft Luzern (HWW). Diplomarbeit im Rahmen des Nachdiplomstudiums Sozialversicherungsmanagement 2004/2005 (NDS SVM 4).

Monika, Bullinger & Kirchberger Inge (1998): Der SF-36 Fragebogen zum Gesundheitszustand. Göttingen: Hogrefe.

Mülhauser, I. (2000): Diabetes mellitus. In: Ravens-Sieberer, Ulrike & Alarcos Cieza (Hrsg.): Lebensqualität und Gesundheitsökonomie in der Medizin. Konzepte, Methoden, Ansätze. Landsberg: Ecomed, S. 135-143.

Müller, Jörg Paul (1999): Grundrechte in der Schweiz : im Rahmen der Bundesverfassung von 1999, der UNO-Pakte und der EMRK (Vol. 3). Bern: Stämpfli.

Müller-Hohagen, Jürgen (1994): Selbstbestimmung und Persönlichkeitsentwicklung. Eine Lebensqualität: Selbständigkeit des geistig behinderten Erwachsenen in der Spannung von persönlicher Fähigkeit und Verwirklichung. Geistige Behinderung, 3, S. 171-184.

Mummendey, Hans Dieter & Ina Grau (2008): Die Fragebogen Methode: Grundlagen und Anwendung in Persönlichkeits-, Einstellungs- und Selbstkonzeptfoschung (Vol. 5). Göttingen: Hogrefe.

Mürner, Christian & Susanne Schriber (Hrsg.) (1993): Selbstkritik der Sonderpädagogik? Stellvertretung und Selbstbestimmung. Luzern: Edition SZH.

Nährlich, Stefan & Annette Zimmer (Hrsg.) (2000): Management in Nonprofit-Organisationen. Eine praxisorientierte Einführung. 2. Opladen: Leske und Budrich.

Noll, Heinz-Herbert (1999): Konzepte der Wohlfahrtsentwicklung: Lebensqualität und ‹neue› Wohlfahrtskonzepte. Towards a European System of Social Reporting and Welfare Measurement. In: (Hrsg.). EuReporting Working Paper (3). Mannheim: Centre for Survey Research and Methodology (ZUMA). Sozial Indicators Department.

Nowotny, Christian & Stefan Fida (2007): Rechtliche Gestaltungsformen für NPOs. In: Badelt, Christoph (Hrsg.): Handbuch der Nonprofit Organisation: Strukturen und Management. 4. Aufl., Stuttgart: Schäffer-Poeschel, S. 202-230.

Nussbaum, Martha C. (1999): Gerechtigkeit oder Das gute Leben (4 Aufl.). Frankfurt am Main: Suhrkamp.

Nussbaum, Martha & Amartya Kumar Sen (Hrsg.) (1993): The Quality of Life. Oxford: Clarendon Press.

Nybo, Hanne et al. (2001): Functional Status and Self-Rated Health in 2262 Nonagenarians: The Danish 1905 Cohort Survey. Journal of the American Geriatrics Society, 49(5), S. 601-609.

Oberholzer, Daniel (2003): Was ist eine gute Dienstleistung? Auf der Suche nach möglichen Standards für person- und interaktionsbezogene Dienstleistungen. Schweizerische Zeitschrift für Heilpädagogik, 6, S. 6-14.

Oberholzer, Daniel (2009): Das Konzept der Funktionalen Gesundheit. Bern: INSOS Schweiz.

Oelerich, Gertrud & Andreas Schaarschuch (2005): Der Nutzen Sozialer Arbeit. In: Oelerich, Gertrud & Andreas Schaarschuch (Hrsg.): Soziale Dienstleistungen aus Nutzersicht. zum Gebrauchswert sozialer Arbeit. München: Reinhardt, S. 80-98.

Oppikofer, Sandra (2008): Lebensqualität bei Demenz (Vol. 5). Zürich: Universität Zürich, Zentrum für Gerontologie.

Osbahr, Stefan (2000): Menschen mit geistiger Behinderung verwirklichen Selbstbestimmung. Überlegungen aus der Sicht einer konstruktivistisch-systemtheoretischen Sonderpädagogik. Vierteljahresschrift für Heilpädagogik und ihre Nachbargebiete (VHN), 69(1), S. 58-69.

Ossimitz, Günther (1991): Qualitatives und quantitatives Modellieren. In: Winkelmann, Bernard (Hrsg.): Systemdynamik und Mathematikunterricht. Bielefeld: Institut für Didaktik der Mathematik Bielefeld, S. 1-10.

Ossimitz, Günther (1996): Stand und Perspektiven der Forschung zum systemischen Denken. Schriftenreihe Didaktik der Mathematik, Universität Klagenfurt (7. Internationales Symposium zur Didaktik der Mathematik, Klagenfurt). In: Kadunz, Gert et al. (Hrsg.): Trends und Perspektiven in der Mathematik. Wien: Hölder-Pichler-Tempsky, S. 278-286.

Ossimitz, Günther (2000): Entwicklung systemischen Denkens. Theoretische Konzepte und empirische Untersuchungen. München: Profil.

Ossimitz, Günther (2010): Qualitatives und Quantitatives Systemdynamisches Modellieren. http://wwwu.uni-klu.ac.at/gossimit/pap/qualqua.htm#N_2_ (12.03.2010).

Ostbye, Truls et al. (1997): Reported activities of daily living: agreement between elderly subjects with and without dementia and their caregivers. Age Ageing, 26(2), S. 99-106.

Otto, Hans-Uwe & Holger Ziegler (2008): Der Capabilities-Ansatz als neue Orientierung in der Erziehungswissenschaft. In: Otto, Hans-Uwe & Holger Ziegler (Hrsg.): Capabilities - Handlungsbefähigung und Verwirklichungschancen in der Erziehungswissenschaft Wiesbaden: Vs Verlag für Sozialwissenschaften, S. 9-13.

Pankau, Elmar (2002): Sozial-ökonomische Allianzen zwischen Profit- und Nonprofit-Organisationen: Kooperationsbedarf, Kooperationskonzept, Kooperationsmanagement. Wiesbaden: Dt. Univ.-Verlag.

Parasuraman, A. et al. (1985): A Conceptual Model of Service Quality and Its Implications for Future Research. Journal of Marketing, 49, S. 41-50.

Perkins, Kenneth B. & Darryl G. Poole (1996): Oligarchy and Adaptation to Mass Society in an All-Volunteer Organization: Implications for Understanding Leadership, Participation, and Change. Nonprofit and Voluntary Sector Quarterly, 25(1), S. 73-88.

Perry, Jonathan (2002): Subjective and objective quality of life assessment: Responsiveness, response bias and agreement between the responses of people being supported and those of staff responding on their behalf. Mental Retardation, 40(6), S. 445-456.

Perry, Jonathan & David Felce (1985): Objective assessments of quality of life: How much do they agree with each other? Journal of Community and Applied Social Psychology, 5(1), S. 1-19.

Peterander, Franz (2004): Neue Technologien und Qualitätsentwicklung in sozialen Einrichtungen. In: Peterander, Franz & Otto Speck (Hrsg.): Qualitätsmanagement in sozialen Einrichtungen. 2. Aufl., München/Basel: Ernst Reinhardt, S. 311-325.

Petermann, Franz & Karl-Christian Bergmann (Hrsg.) (1994): Asthma und Lebensqualität. Berlin: Quintessenz.

Petry, Katja et al. (2005): Domains of Quality of Life of People with Profound Multiple Disabilities: the Perspective of Parents and Direct Support Staff. Journal of Applied Research in Intellectual Disabilities, 18(1), S. 35-46.

Pleitner, Hans J. (1986): Aspekte einer Managementlehre für kleinere Unternehmen. Berlin/München/St. Gallen: Duncker & Humblot GmbH.

Preis, Heinz & Eberhard Arbeiter (1989): Lebensqualität aus der Sicht körperbehinderter Menschen. Aktivitäten und Forderungen des Bundesverbandes Selbsthilfe Körperbehinderter e.V. In: Wacker, E. & H. Metzler (Hrsg.): Familie oder Heim. Unzulängliche Alternativen für das Leben behinderter Menschen? Frankfurt am Main/New York: Campus, S. 187-196.

Principe, Sandro (1994): Anwendungsorientierter Modelleinsatz im Management : konzeptionelle Grundlagen für den Einsatz des Sensivitätsmodells (Vol. 31, IVW-Schriftenreihe). Sankt Gallen: Universität St. Gallen, Institut für Versicherungswirtschaft.

Rapley, Mark (2003): Quality of life research: A critical introduction. London: Sage.

Reichard, Christoph (1988): Der Dritte Sektor. Entstehung, Funktion und Problematik von ‹Nonprofit›-Organisationen aus verwaltungswissenschaftlicher Sicht. Die Öffentliche Verwaltung, 9, S. 363-370.

Renwick, Rebecca et al. (2000): Person-centered quality of life: contributions from Canada to an international understanding. In: Keith, K.D. & Robert L. Schalock (Hrsg.): Cross-cultural Perspectives on Quality of Life. Washington, DC: American Association on Mental Retardation, S. 5-22.

Richardson, George P. (1991): Feedback Thought in Social Science and Systems Theory. Philadelphia: University of Pennsylvania Press

Richardt, Michael (2003): Lebensstandard, Lebensqualität und Zufriedenheit. Eine Modellskizze zur Qualitätsentwicklung in Wohneinrichtungen für erwachsene Menschen mit geistiger Behinderung. Vierteljahresschrift für Heilpädagogik und ihre Nachbargebiete (VHN), 72(4), S. 342-253.

Ridder, Hans G. & Sven Neumann (2003): Personalplanung in Nonprofit Organisationen. In: Eckardstein, Dudo von & Hans G. Ridder (Hrsg.): Personalmanagement als Gestaltungsaufgabe im Nonprofit und Public Management. München: Hampp, S. 119-140.

Rodgers, Willard L. & A.Regula Herzog (1992): Collecting data about the oldest old: Problems and procedures. In: M., Suzman Richard et al. (Hrsg.): The oldest old. NewYork: Oxford UniversityPress, S. 135-156.

Roggo, Joseph (1983): Konzeptionelle Grundlagen für ein strategisches Management in Wirtschaftsverbänden. Marburg: Mauersberger.

Rüegsegger, Otto (1995): Die zweckmässige Firmenform (Vol. 2). Muri/Bern: Cosmos.

Salamon, Lester M. & Helmut K. Anheier (1992): In Search of the Nonprofit Sector I: The Question of Definitions. In: Salamon, Lester M. & Helmut K. Anheier (Hrsg.): The Johns Hopkins Comparative Nonprofit Sector Project. Working Paper (2). Baltimore: The Johns Hopkins Institute for Policy Studies.

Salamon, Lester M. & Helmut K. Anheier (1999): The Emerging Sector Revisited: A Summary Revised Estimates. The Johns Hopkins University: Center for Civil Society Studies Institute for Policy Studies.

Sanders, Caroline et al. (1998): Reporting on quality of life in randomised controlled trials: bibliographic study. BMJ (British Medical Journal), 317 (7167), S. 1191-1194.

Schädler, Johannes (2001): Qualitätsentwicklung und Qualitätssicherung – Plädoyer für ein professionesnahes Konzept in der Sozialen Arbeit. In: Schädler, Johannes et al. (Hrsg.): Der Stand der Kunst. Qualitätsmanagement sozialer Dienste. Münster: Votum, S. 13-38.

Schäfers, Markus (2008): Lebensqualität aus Nutzersicht. Wie Menschen mit geistiger Behinderung ihre Lebenssituation beurteilen. Wiesbaden: VS Verlag für Sozialwissenschaften.

Schalock, Robert L. (1990): Quality of Life: Perspectives and Issues. Washington, DC: American Association on Mental Retardation.

Schalock, Robert L. (1996a): Quality of Life. Conceptualization and Measurement (Vol. 1). Washington, DC: American Association on Mental Retardation.

Schalock, Robert L. (1996b): Reconsidering the Conceptualization and Measurement of Quality of Life. In: Schalock, Robert L. (Hrsg.): Quality of Life. Conceptualization and Measurement. Washington, DC: American Association on Mental Retardation, S. 123-139.

Schalock, Robert L. (1997): Quality of Life. Application to Persons With Disabilities (Vol. 2). Washington, DC: American Association on Mental Retardation.

Schalock, Robert L. (2000): Three Decades of Quality of Life. Focus on Autism and Other Developmental Disabilities, 15(2), S. 116-127.

Schalock, Robert L. (2004): The Concept of Quality of Life: What we know and do not know. Journal of Intellectual Disability Research, 48(3), S. 203-216.

Schalock, Robert L. et al. (2000): Quality of Life: its Conceptualization, Measurement, and Application. The International Association For The Scientific Study Of Intellectual Disabilities.

Schalock, Robert L. et al. (2002a): Conceptualization, measurement, and application of quality of life for persons with intellectual disabilities: Report of an international panel of experts. Mental Retardation, 40, S. 457-470.

Schalock, Robert L. et al. (1989): Quality of Life: Its measurement and use. Mental Retardation, 27(1), S. 25-31.

Schalock, Robert L. et al. (2002b): Handbook on Quality of Life for Human Service Practitioners. Washington, DC: American Association on Mental Retardation.

Scheuch, Fritz (1993): Marketing (5 Aufl.). München: Vahlen.

Scheuch, Fritz (2007): Marketing (6 Aufl.). München: Vahlen.

Schmidtke, Hans-Peter (1997): Lebensqualität - Reflexionen über (sonderpädagogische) Assistenzen für Menschen mit Behinderungen. Das Beispiel Zentralamerika. Behindertenpädagogik, 36(3), S. 300-309.

Schmidtmayr, Hartmut (2003): Rechtliche Rahmenbedingungen für die Betätigung im Nonprofit-Sektor. juridikum, 3, S. 138-141.

Schneekloth, Ulrich & Hans Werner (2007): Möglichkeiten und Grenzen selbständiger Lebensführung in stationären Einrichtungen (MuG IV). Integrierter Abschlussbericht. In: (Hrsg.): Forschungsprojekt im Auftrag des Bundesministeriums für Familie, Senioren, Frauen und Jugend. München,: Bundesministeriums für Familie, Senioren, Frauen und Jugend.

Schnell, Martin W. (Hrsg.) (2002): Pflege und Philosophie. Interdisziplinäre Studien über den bedürftigen Menschen. Bern: Huber.

Schnell, Rainer et al. (2008): Methoden der empirischen Sozialforschung (Vol. 8). München: Oldenbourg.

Schnurr, Stefan (2001): Partizipation. In: Otto, Hans-Uwe & Hans Thiersch (Hrsg.): Handbuch der Sozialarbeit/Sozialpädagogik. Neuweid: Luchterhand, S. 1330-1345.

Schnyder, Sebastian (1994): Statistische Erfassung von Organisationen ohne Erwerbscharakter (Nonprofit-Organisationen, NPO). Schweizerische Zeitschrift für Volkswirtschaft und Statistik, 130(3), S. 391-401.

Schönemann-Gieck, Petra et al. (2003): Übereinstimmungen und Unterschiede in der selbst- und fremdeingeschätzten Gesundheit bei extrem Hochaltrigen. Zeitschrift für Gerontologie und Geriatrie, 36(6), S. 429-436.

Schönig, Wolfgang & Ewald Johannes Brunner (1993): Organisationen beraten: Impulse für Theorie und Praxis. Freiburg in Breisgau: Lambertus.

Schumacher, Jörg et al. (2003): Diagnostik von Lebensqualität und Wohlbefinden - Eine Einführung. In: Schumacher, Jörg; Klaiberg, Antie; Brähler, Elmar (Hrsg.): Diagnostische Verfahren zu Lebensqualität und Wohlbefinden. Göttingen: Hegrefe, S. 18.

Schütte, Norbert (2000): Bezahltes Personal in Nonprofit-Organisationen. Pro und Contra-Argumente zur Professionalisierung. In: Nährlich, Stefan & Annette Zimmer (Hrsg.): Management in Nonprofit-Organisationen. Eine praxisorientierte Einführung. 2. Aufl., Opladen: Leske und Budrich, S. 129-146.

Schütze, Roland (1992): Kundenzufriedenheit. Wiesbaden: Gabler.

Schwaninger, Uli (1993): Behinderte Personen im Arbeitsprozess. In: Weiss, Walter (Hrsg.): Gesundheit in der Schweiz. Zürich: Seismo, S. 82-85.

Schwarte, Norbert & Ralf Oberste-Ufer (1994): Indikatoren für Lebensqualität in Wohnstätten für erwachsene Menschen mit geistiger Behinderung - Konturen eine Forschungsprojektes. Geistige Behinderung, 4, S. 282-296.

Schwarte, Norbert & Ralf Oberste-Ufer (2001): LEWO II – Lebensqualität in Wohnstätten für erwachsene Menschen mit geistiger Behinderung. Ein Instrument für fachliches Qualitätsmanagement. Marburg: Lebenshilfe Verlag.

Schwarz, Peter (1985): Nonprofit-Organisationen. Problemfelder und Ansätze einer ‹Allgemeinen› BWL von nicht-erwerbswirtschaftlichen (Nonprofit) Organisationen. Die Unternehmung, 39(2), S. 90-111.

Schwarz, Peter (1986): Management in Nonprofit-Organisationen. In: Die Orientierung, 88, Schriftenreihe der Schweizerischen Volksbank, Bern.

Schwarz, Peter (1996a): Management in Nonprofit-Organisationen (Vol. 2). Bern/Stuttgart: Haupt.

Schwarz, Peter (1996b): Management-Brevier für Nonprofit-Organisationen. Bern/Stuttgart/Wien: Paul Haupt.

Schwarz, Peter (2005): Organisation in Nonprofit-Organisationen. Bern, Stuttgart, Wien: Haupt.

Schwarz, Peter et al. (1996): Das Freiburger Management-Modell für Nonprofit-Organisationen (NPO) (Vol. 2). Bern/Stuttgart/Wien: Paul Haupt.

Schweizer Gesundheitsobservatorium (2005): Betten und Plätze in sozialmedizinischen Institutionen pro 1000 Einwohner.
http://www.obsandaten.ch/indikatoren/5_2_4/2005/d/524.pdf (19.11.2009).

Seeberger, Bernd (2003): Qualitätsmanagement in der Alten- und Krankenpflege. In: Möller, Michael (Hrsg.): Effektivität und Qualität sozialer Dienstleistungen. Ein Diskussionsbeitrag. Kassel: kassel university press, S. 81-104.

Seibel, Wolfgang (1994): Funktionaler Dilettantismus: erfolgreich scheiternde Organisationen im ‹Dritten Sektor› zwischen Markt und Staat (2 Aufl.). Baden-Baden: Nomos Verlagsgesellschaft.

Seifert, Gerhard & Joachim-Jungius-Gesellschaft der Wissenschaften (1992): Lebensqualität in unserer Zeit Modebegriff oder neues Denken? Referate gehalten auf dem Symposium der Joachim Jungius-Gesellschaft der Wissenschaften Hamburg am 23. August 1991. Göttingen: Vandenhoeck & Ruprecht.

Seifert, Monika (1994): Autonomie als Prüfstein für Lebensqualität von Menschen mit schwerer geistiger Behinderung in Wohneinrichtungen. In: Hofmann, T. & B. Klingmüller (Hrsg.): Abhängigkeit und Autonomie. Neue Wege in der Geistigbehindertenpädagogik. Berlin: VWB, S. 223-252.

Seifert, Monika (1997a): Lebensqualität und Wohnen bei schwerer geistiger Behinderung: Eine Studie zur Lebensqualität (Berliner Beiträge zur Pädagogik und Andragogik von Menschen mit geistiger Behinderung) (Vol. 4). Reutlingen: Diakonie.

Seifert, Monika (1997b): Wohnalltag von Erwachsenen mit schwerer geistiger Behinderung: eine Studie zur Lebensqualität. Reutlingen Diakonie-Verlag.

Seifert, Monika (1998): Wohlbefinden von Menschen mit schwer geistiger Behinderung in der Familie. In: Fischer, U. et al. (Hrsg.): Wohlbefinden und Wohnen von Menschen mit schwerer geistiger Behinderung. Reutlingen: Diakonie, S. 207-228.

Seifert, Monika (2002): Menschen mit schwerer Behinderung in Heimen. Ergebnisse der Kölner Lebensqualität-Studie. Geistige Behinderung, 41(3), S. 203-222.

Seifert, Monika (2003): Mehr Lebensqualität. Zielperspektiven für Menschen mit schwerer (geistiger) Behinderung in Wohneinrichtungen – mit Checklisten zur Evaluation der professionellen Arbeit (Vol. 1). Marburg: Lebenshilfe-Verlag.

Seifert, Monika (2007): Lebensqualität als Zielperspektive für Menschen mit schweren Behinderungen. In: Demmer-Dieckmann, Irene & Annette Textor (Hrsg.): Integrationsforschung und Bildungspolitik im Dialog. Bad Heilbrunn: Klinkhardt, S. 197-208.

Seifert, Monika et al. (2001): Zielperspektive Lebensqualität. Eine Studie zur Lebenssituation von Menschen mit schwerer geistiger Behinderung im Heim. Bielefeld: Bethel.

Sen, Amartya Kumar (1987): Commodities and capabilities. New Delhi: Oxford University Press.

Sen, Amartya Kumar (1992): Inequality Re-examined. Oxford: Clarendon Press.

Sen, Amartya Kumar (1999): Commodities and Capabilities. New Dehli: Oxford University Press.

Sen, Amartya Kumar (2000a): Der Lebensstandard: Vorlesng I. In: Sen, Amartya (Hrsg.): Der Lebensstandard. Hamburg: Rotbuch, S. 17-41.

Sen, Amartya Kumar (2000b): Der Lebensstandard: Vorlesng II. In: Sen, Amartya (Hrsg.): Der Lebensstandard. Hamburg: Rotbuch, S. 41-66.

Sen, Amartya Kumar (2000c): Development as freedom. New York: Anchor books.

Sen, Amartya Kumar (2000 (1987)): Der Lebensstandard. Hamburg: Rotbuch.

Sen, Amartya Kumar (2002): Rationality and freedom. Cambridge, Massachusetts: Belknap Press of Harvard University Press.

Sen, Amartya Kumar (2005): Ökonomie für den Menschen. Wege zu Gerechtigkeit und Solidarität in der Marktwirtschaft (Vol. 3). München: Deuscher Taschenbuch Verlag.

Sen, Amartya Kumar (Hrsg.) (1993): Capability and Well-Being. Nussbaum, Martha; Sen, Amarty (Hrsg.). Aufl. Oxford: Claredon Press.

Sen, Amartya Kumar & Bernhard Williams (Hrsg.) (1982): Utilitarianism and Beyond. Cambridge: Cambridge University Press.

Senat SAMW (2008): Medizinische Behandlung und Betreuung von Menschen mit Behinderung – Medizinisch-ethische Richtlinien und Empfehlungen. In: 2008, Vom Senat der SAMW (Schweizerische Akademie der Medizinischen Wissenschaft) genehmigt am 20. Mai (Hrsg.).

Shin, D.C. & D.M. Johnson (1978): Avowed happiness as an overall assessment of the quality of life. Social Indicators Research, 5(1-4), S. 475-492.

Sieker, Axel (2000): Qualitätssicherung bei Dienstleistungen (Vol. 4). Hamburg: Verlag Dr. Kovac.

Simsa, Ruth (2001a): Gesellschaftliche Funktionen und Einflussformen von Nonprofit-Organisationen: eine systemtheoretische Analyse. Frankfurt am Main: Lang.

Simsa, Ruth (2001b): Management der Nonprofit Organisation. Gesellschaftliche Herausforderungen und organisationale Antworten. Stuttgart: Schäffer und Poeschel.

Simsa, Ruth (2003): Nonprofit-Organisationen und der Staat. juridikum, 3, S. 134-137.

Smith, Kevin W. et al. (1999): Distinguishing between quality of life and health status in quality of life research: A meta-analysis. Quality of Life Research, 8, S. 447-459.

Sonnenberg, Kristin (2004): Wohnen und geistige Behinderung. Eine vergleichende Untersuchung zur Zufriedenheit und Selbstbestimmung in Wohneinrichtungen. http://kups.ub.uni-koeln.de/volltexte/2005/1322/pdf/PHD_gesamt_sonnenberg.pdf (28.16.2010).

Sozialgesetzbuch (SGB): Sozialgesetzbuch (SGB), Neuntes Buch (IX): Rehabilitation und Teilhabe behinderter Menschen. Deutschland. http://www.sozialgesetzbuch-bundessozialhilfegesetz.de/_buch/sgb_ix.htm (22.05.2009).

Sozialgesetzbuch (SGB): Sozialgesetzbuch (SGB), Zwölftes Buch (XII). Deutschland. http://www.sozialgesetzbuch-bundessozialhilfegesetz.de/_buch/sgb_xii.htm (22.05.2009).

Speck, Otto (2000): Qualitätsentwicklung unter Ökonomisierungsdruck. Vierteljahres-schrift für Heilpädagogik und ihre Nachbargebiete (VHN), 3, S. 240-247.

Speck, Otto (2001): Heil- und sozialpädagogische Qualität unter dem Druck zunehmen-der Marktorientierung. Vierteljahresschrift für Heilpädagogik und ihre Nachbarge-biete (VHN), 70(3), S. 215-227.

Speck, Otto (2003): System Heilpädagogik. Eine ökologisch reflexive Grundlegung. Mün-chen: Reinhardt.

Speck, Otto (2004a): Marktgesteuerte Qualität – eine neue Sozialphilosophie? In: Pete-rander, Franz & Otto Speck (Hrsg.): Qualitätsmanagement in sozialen Einrichtun-gen. 2. Aufl., München/Basel: Ernst Reinhardt, S. 15-30.

Speck, Otto (2004b): Solidarität unter Ökonomisierungsdruck. Festschrift zum 25-jährigen Jubiläum der Vereinigung Integrations-Förderung e.V. (ViF). http://www.vif-selbstbestimmt-leben.de/oeffentlichkeitsarbeit/publikationen/vif25_7.pdf (13.02.2010).

Stamm, Hanspeter & Markus Lamprecht (2003): Indikatoren zur Lebensqualität in der Schweiz. Schlussbericht zu einem Pilotprojekt im Auftrag des schweizerischen Ge-sundheitsobservatoriums und von Gesundheitsförderung Schweiz. Lamprecht und Stamm Sozialforschung und Beratung AG Zürich. http://www.lebensqualitaet.ch/de/pro/pdf/LQIND_Schlussber_d.pdf (04.05.2004).

Stancliff, Roger J. (2000): Proxy respondents and quality of life. Evaluation and Program Planning, 23(1), S. 89-93.

Staquet, Maurice J. et al. (Hrsg.) (1998): Quality of Life Assessment in Clinical Trials. Methods and Practice. Oxford: Oxford University Press.

Steinhagen-Thiessen, E. et al. (1999): Der Zahn der Zeit. Körperliche Veränderungen im Alter. Subjektive Gesundheitswahrnehmung im Alter: das „Altersinvarianz-Paradoxon". In: Niederfranke, A. et al. (Hrsg.): Funkkolleg Altern 1. Die vielen Ge-sichter des Alterns. Opladen/Wiesbaden: Westdeutscher Verlag GmbH, S. 285-287.

Stöger, Roman & Martin Salcher (2006): NPOs erfolgreich führen. Handbuch für Nonpro-fit Organisationen in Deutschland, Österreich und der Schweiz. Stuttgart: Schäffer-Poeschel.

Stosberg, Manfred (1994): Lebensqualität als Ziel und Problem moderner Medizin. In: Bellebaum, Alfred & Klaus Barheier (Hrsg.): Lebensqualität. Ein Konzept für Praxis und Forschung. Opladen: Westdeutscher, S. 101-119.

Strachwitz, Rupert Graf (2000): Management und Nonprofit-Organisationen - von der Vereinbarkeit von Gegensätzen. In: Nährlich, Stefan & Annette Zimmer (Hrsg.): Management in Nonprofit-Organisationen. Eine praxisorientierte Einführung. 2. Aufl., Opladen: Leske u. Budrich, S. 23-36.

Strassmeier, Walter (1990): Berufsbelastungen von Mitarbeitern an Schulen für Geistigbehinderte speziell durch den Umgang mit schwer behinderten Schülern. Universität München. Habilitationsschrift.

Sutter, Stefan (2005): Die NFA-Gesetzte mit Inhalt füllen. Curaviva (Verband Heime und Institutionen Schweiz), 4, S. 42-43.

Sutter, Stefan & Bernhard Schneider (2009): Leistungserfassung sozialer Einrichtungen. Subjektbezogene Instrumente für Menschen mit Behinderung. Ottenbach: Schneider Communications.

Taillefer, Marie Christine et al. (2003): Health-Related Quality of Life Models: Systematic Review of the Literature. Social Indicators Research, 64(2), S. 293-323.

The WHOQOL-Group (1995): The World Health Organization Quality of Life Assessment (WHOQOL): position paper from the World Health Organization. Social Science Medicine, 41(10), S. 1403-1409.

Theunissen, Georg & Wolfgang Plaute (2002): Handbuch Empowerment und Heilpädagogik. Freiburg im Breisgau: Lambertus.

Thimm, Walter (1977): Behinderungsbegriff und Lebensqualität. Ansätze zu einer Vermittlung zwischen sonderpädagogischer Theorie und Praxis. In: Verband Bildung und Erziehung (Hrsg.): Brennpunkt Sonderschule – Sonderschultag '77. Bonn: VBE, S. 24-30.

Thommen, Jean-Paul (2002): Management und Organisation: Konzepte, Instrumente, Umsetzung. Zürich: Versus.

Thommen, Jean-Paul (2004): Managementorientierte Betriebswirtschaftslehre (7 Aufl.). Zürich: Versus.

Toffler, Alvin (1981): The third wave. London: Pan Books.

Trimble, Michael R. & Edwin W. Dodsen (1994): Epilepsy and quality of life New York: Raven Press.

Trube, Achim et al. (2001): Fach- und nutzerorientiertes Qualitätsmanagement für soziale Dienste. In: Schädler, Johannes et al. (Hrsg.): Der Stand der Kunst. Qualitätsmanagement sozialer Dienste. Münster: Votum, S. 227-233.

Ulrich, Hans & Gilbert J.B. Probst (1991): Anleitung zum ganzheitlichen Denken und Handeln (Vol. 3). Bern: Haupt.

Vester, Frederic (1988): Leitmotiv vernetztes Denken: für einen besseren Umgang mit der Welt. München: Heyne.

Vester, Frederic (1990): Ausfahrt Zukunft. Strategien für den Verkehr von morgen: eine Systemuntersuchung (Vol. 2). München: Heyne.

Vester, Frederic (1991): Vernetzt denken, ökologisch handeln. Luzern: Hans-Erni-Stiftung.

Vester, Frederic (2003): Die Kunst vernetzt zu denken. Ideen und Werkzeuge im Umgang mit Komplexität (Vol. 3). München: Deutscher Taschenbuch Verlag.

Vester, Frederic (2005): Die Kunst vernetzt zu denken. Ideen und Werkzeuge im Umgang mit Komplexität (Vol. 5). München: Deutscher Taschenbuch Verlag.

Vollmer, Matthias (2008): Einsatz der Szenario-Technik zur Planung unternehmerischer Entscheidungen. Norderstedt Germany: Grin.

Wacker, Elisabeth (1994): Qualitätssicherung in der sozialwissenschaftlichen Diskussion - Grundfragestellungen und ihr Transfer in die bundesdeutsche Behindertenhilfe. Geistige Behinderung, 4, S. 267-281.

Wacker, Elisabeth (2001): Wohn-, Förder- und Versorgungskonzepte für ältere Menschen mit geistiger Behinderung - ein kompetenz- und lebensqualitätsorientierter Ansatz. In: Altersfragen, Deutsches Zentrum für (Hrsg.): Expertisen zum 3. Altenbericht der Bundesregierung, Versorgung und Förderung älterer Menschen mit geistiger Behinderung. Opladen: Leseke und Budrich, S. 45-123.

Wacker, Elisabeth (1998): Leben im Heim. Angebotsstrukturen und Chancen selbständiger Lebensführung in Wohneinrichtungen der bundesdeutschen Behindertenhilfe. Baden-Baden.

Wacker, Elisabeth et al. (1985): Belastungselemente in der Arbeitssituation professioneller Behindertenbetreuer. In: Wacker, Elisabeth (Hrsg.): Geistige Behinderung und soziales Leben. Frankfurt am Main: Campus, S. 281-299.

Wacker, Elisabeth et al. (2005): Personenbezogene Unterstützung und Lebensqualität: Teilhabe mit einem persönlichen Budget. Wiesbaden: Deutscher Universitäts-Verlag.

Wagner, Antonin (1999): Der Nonprofit Sektor im gesellschaftlichen System der Schweiz. In: Badelt, Christoph (Hrsg.): Handbuch der Nonprofit Organisation: Strukturen und Management. 2. Aufl., Stuttgart: Schäffer-Poeschel, S. 43-59.

Wagner, Antonin (2007): Der Nonprofit Sektor in der Schweiz. In: Badelt, Christoph (Hrsg.): Handbuch der Nonprofit Organisation: Strukturen und Management. 4. Aufl., Stuttgart: Schäffer-Poeschel, S. 40-54.

Wahren, Heinz-Kurt E. (1996): Das lernende Unternehmen: Theorie und Praxis des organisationalen Lernens. Berlin: Gruyter.

Waldschmidt, Anne (2003): Diskursives Ereignis 'Selbstbestimmung': Behindertenpädagogische und bioethische Konstruktionen im Vergleich. In: Dederich, Markus (Hrsg.): Bioethik und Behinderung. Bad Heilbrunn: Klinkhardt, S. 138-166.

Walker, Stuart R. & Rachel M. Rosser (Hrsg.) (1993): Quality of Life Assessment: key issues in the 1990s. Dordrecht, Boston, London: Kluwer Academic Publishers.

Wansing, Gudrun (2005): Teilhabe an der Gesellschaft. Menschen mit Behinderung zwischen Inklusion und Exklusion. Wiesbaden: VS Verlag für Sozialwissenschaften.

Weick, Stefan (2006): Starke Einbussen des subjektiven Wohlbefindens bei Hilfe- oder Pflegebedürftigkeit. ISI (Informationsdienst Soziale Indikatoren), 35, S. 12-15.

Weihrich, Margit & Wolfgang Dunkel (2003): Abstimmungsprobleme in Dienstleistungsbeziehungen. Ein handlungstheoretischer Zugang. Kölner Zeitschrift für Soziologie und Sozialpsychologie, 55(4), S. 758-781.

Weinberger, M. et al. (1992): Comparing proxy and patients' perceptions of patients' functional status: results from an outpatient geriatric clinic. Journal of the American Geriatrics Society 40(6), S. 585-588.

Weisbrod, Burton A. (1977): The voluntary nonprofit sector : an economic analysis. Lexington/Mass: Lexington Books.

Wetzler, Rainer (2009): Modernisierung karitativer Nonprofit-Organisationen - Modernisierungstheoretische Betrachtungen. Vierteljahresschrift für Heilpädagogik und ihre Nachbargebiete (VHN), 1, S. 46-54.

Wex, Thomas (1998): Die Modernisierung der Nonprofit-Organisation und die Frage der Auflösung ihrer Spezifika. In: Arbeitskreis Nonprofit-Organisationen (Hrsg.): Nonprofit-Organisationen im Wandel. Das Ende der Besonderheiten oder Besonderheiten ohne Ende? Frankfurt am Main/Stuttgart: Schriften des deutschen Vereins für öffentliche und private Fürsorge/Kohlhammer, S. 251-277.

WHO (1948): Definition of Health: Preamble to the Constitution of the World Health Organization as adopted by the International Health Conference, New York , 19-22 June, 1946; signed on 22 July 1946 by the representatives of 61 States (Vol. (Official Records of the World Health Organization, no. 2, p. 100) and entered into force on 7 April 1948).

WHO (1993): 138th Session of the Executive Committee. Disability: Prevention and Rehabilitation in the Context of the Enjoyment of the Highest Attainable Standard of Health and other Related Rights. Other Basic Concepts, Quality of Life. http://www.amro.who.int/english/gov/ce/ce138-15-e.pdf (Washington, DC, USA, 19-23 June 2006).

Wieland, Heinz (Hrsg.) (1987): Geistig behinderte Menschen im Alter. Empirische und theoretische Beiträge zu ihrer Lebenssituation in der Bundesrepublik Deutschland, in Österreich und in der Schweiz. Heidelberg: Schindele.

Windisch, Matthias (1997): Wohnsituation älterer Menschen mit geistiger Behinderung - Situation und Perspektiven. Soziale Arbeit, 12, S. 407-413.

Windisch, Matthias (2007): Subjektive Lebensqualität bei Erwachsenen mit so genannter geistiger Behinderung. Ansatz und Ergebnisse einer empirischen Analyse von Lebenszufriedenheit. In: Demmer-Dieckmann, Irene & Annette Textor (Hrsg.): Integrationsforschung und Bildungspolitik im Dialog. Bad Heilbrunn: Klinkhardt, S. 209-217.

Wolf, Thomas (1990): Managing a Nonprofit Organization. New York/London/Toronto/Sydney/Tokyo/Singapore: Prentice Hall.

Wong, Yvonne (2008): Die Methode der Stellvertreterbefragung in der sonderpädagogischen Lebensqualitätsforschung bei einer Klientel mit einer schweren geistigen Behinderung. Universität Zürich. Lizentiatsarbeit.

Zapf, Wolfgang (1984): Individiuelle Wolfahrt: Lebensbedingungen und wahrgenommene Lebensqualität. In: Glatzer, Wolfgang & Wolfgang Zapf (Hrsg.): Lebensqualität in der Bundesrepublik. Objektive Lebensbedingungen und subjektives Wohlbefinden. Frankfurt/Main/New York: Campus, S. 13-26.

Zapf, Wolfgang & Roland Habich (1996): Wohlfahrtsentwicklung im vereinten Deutschland Sozialstruktur, sozialer Wandel und Lebensqualität. Berlin: Edition Sigma.

Zimmer, Annette (1996): Vereine - Basiselemente der Demokratie. Eine Analyse aus der Dritte-Sektor-Perspektive. Opladen: Leske und Budrich.

Zimmer, Annette & Stefan Nährlich (1993): Nonprofit-Management und Marketing mehr als Betriebsführung und Marktorientierung. 3, S. 345-354.

Zimmer, Annette & Eckhard Priller (1998): Zukunft des Dritten Sektors in Deutschland. In: Anheier, Helmut K. et al. (Hrsg.): Der Dritte Sektor in Deutschland: Organisationen zwischen Staat und Markt im gesellschaftlichen Wandel. 2. Aufl., Berlin: Edition Sigma, S. 249-283.

Zimmer, Annette & Eckhard Priller (2007): Gemeinnützige Organisationen im gesellschaftlichen Wandel. Ergebnisse der Dritte-Sektor-Forschung (2 Aufl.). Wiesbaden: Verlag für Sozialwissenschaften.

Zimmer, Annette & Martina Scholz (1992): Der Dritte Sektor zwischen Markt und Staat. Ökonomische und politologische Theorieansätze. Forschungsjournal Neue Soziale Bewegungen, 4, S. 21-39.

Züger, Rita-Maria (2008): Betriebswirtschaft – Management-Basiskompetenz. Theoretische Grundlagen und Methoden mit Beispielen, Repetitionsfragen und Antworten (Vol. 3). Zürich: Compendio Bildungsmedien AG.